澄净烟霞

中国禁绝鸦片史话与鸦片烟具

周仰东◎著

中国商业出版社

图书在版编目（CIP）数据

澄净烟霞：中国禁绝鸦片史话与鸦片烟具 / 周仰东著. -- 北京：中国商业出版社，2019.1

ISBN 978-7-5208-0634-3

Ⅰ. ①澄… Ⅱ. ①周… Ⅲ. ①毒品—历史—中国②吸烟—生活用具—介绍—中国 Ⅳ. ① D669.8 ② K875.2

中国版本图书馆 CIP 数据核字（2019）第 015053 号

责任编辑：孙锦萍

中国商业出版社出版发行

010-63180647 www.c-cbook.com

（100053 北京广安门内报国寺 1 号）

新华书店经销

廊坊市佳艺印务有限公司印刷

*

787 毫米 ×1092 毫米 16 开 16.75 印张 340 千字

2019 年 3 月第 1 版 2019 年 3 月第 1 次印刷

定价：188.00 元

* * * *

（如有印装质量问题可更换）

序

周仰东是我北京医科大学的同学，确切地说，他比我们早一年入学，我们入学看迎新生演出时，周仰东代表学校话剧队表演了一段“哈姆莱特”，妆化得浓，也没留意人长啥样，演的什么也记不得，只知道他当时穿了条牛仔裤，穿仔裤的王子还真没见过。

一年后，周仰东留级到了我们班，倒不是因为挂科，而是他患肝炎，休学了一年。后来知道，他在这一年休学中也不安分，去北京那些刚有萌芽的古玩市场去混迹，认识了一大帮社会上的朋友。

在我们班念书的期间，周末他必去市场，有时甚至还翘课倒腾古玩。后来知道，他甚至有时还摆个古玩地摊，将重复的、稍次的东西，掉换成精品，在大二的下半学期，他就在北医举办的一次古币展览上展出了几百种钱币。当时参观的师生颇多，将不小的展室塞得满满的。

现在看来，周仰东留到我们班算是因祸得福，虽然有时候翘课，但功课一直还不错，在不用功的同学中，成绩也还不错，专业基础课居然全班六十多人中排第四名，也算会读书了。个人感情也有收获，和同班赵同学结成班对，伉俪至今。

毕业实习时期，他去胶东地区做肿瘤流行病学研究，业余时间也走街串巷、城镇乡村地收集古玩。但他收藏资金倒没有从家里要，而是以藏养藏。毕业后一统计，他收藏的古玩市价也值个几万美金。也就是说，他上医学院这六年，月月有相当于校长的收入，轻松念完了大学。相比之下，我们这些只知道用功念书的同学显得太单纯了。

周同学毕业后，先在北京肿瘤所工作了三年，后赴美深造，光阴似箭，日月如梭，同学们分散离别，再聚的机会也少多了。前几天，周同学打电话说：他写了一些关于鸦片烟史及烟具实物的书，因我一直负责控烟工作，所以想请我写篇序言。同学相托，无由拒绝，只好大胆老脸应承下来。

自前清到解放前，中国人因为大量嗜好鸦片被东洋人、西洋人讥为“东亚病夫”。国力民力因此受到极大的限制，也给了各国列强瓜分的可乘之机，形成了恶习→落后→挨打→穷困的恶性循环。解放后，新政府以铁的决心根除了鸦片在中国的消费。

但现在烟草问题也变成亟需解决的问题，从 20 世纪 70 年代到今天，中国民众大量抽吸纸烟而大大影响了大众健康，外国人耻笑中国人的纸烟是“棺材钉”。从治理空气的角度说，工业污染、农业污染、交通污染大大影响了我们的生存大环境。而影响居室小环境的祸首就是烟草。

愿全民统一思路，杜绝公共场所吸烟，像当年消灭鸦片一样，逐渐让吸烟行为远离人类生活。

姜垣

2019 年 1 月

前 言

20 世纪 70 年代初，我在北京市海淀区西山附近的和平小学读四年级。有一天下午放学后，到合作社旁边的理发店去剪头发。理发店自然是国营的，规模很小，只有一位师傅服务。这里只剃平头，推一个平头一毛钱，加洗多收五分钱。

我推门进店，那位瘦高体型的师傅正给一个青年剪头，木头长椅上还坐着两位顾客等候。看来起码得等半个多小时了。我按顺序坐在长椅上，百无聊赖地翻起一张人民日报，看上面评论员以阶级斗争观点，评论《红楼梦》中王凤姐的“大有大的难处”。看来看去，也不是太明白。

这时又走进一位老者，穿一件黑色钉了补丁的外衣，戴一顶蓝色干部帽，年纪有 60 开外吧，好像合作社边上冷泉村（当时叫冷泉大队）的居民。老人没按顺序排队坐下，而是直接走到理发师傅旁边，拉张椅子坐下和师傅聊起天来。看来他不是为剃头，而是找人来闲扯的。

我闲坐本也无事，也就跟着听听大人聊天。谁知他们聊的竟是我从来没有概念的话题：抽大烟。理发师傅称老者为张大爷。真不知他是什么阶级成分，聊起抽大烟如数家珍。

“有钱人抽大烟和没钱人可不一样”，张大爷连比划带说：“有钱人吸完几个泡，拿簸子从斗里将烟灰清干净，打了泡接着吸。穷人抽完一个泡，赶紧把烟灰掏出来，用点水，没水用吐沫把烟灰重新捏成泡子，烧了再吸”。很多年后我才知道，烟泡烧完的烟灰，实际上是提得更纯的鸦片，玛啡含量更高，吸了容易上瘾。

这是我平生第一次听人谈鸦片话题。十来岁的小孩的大脑如同海绵，正是汲取知识的时候，那时记忆力也好，事隔 40 年，张大爷的言谈、手势，恍然在耳在目，宛如昨日。

80 年代初，我上大学一年级时，开始撬课，泡民间古玩市场。30 多年来，我在收集玉器、钱币、铜器、字画、碑帖等古玩的同时，遇见有特色的鸦片用具也会收集一些。长期下来，也略有集攒。

我也曾与几位吸过或见过鸦片的先辈老者请教过这种东西。记得有位老陆在琉璃厂开店，他的店里经常坐着位90岁的老者，后来知道是老陆的父亲。我向陆老爷子问及有关鸦片的事，得知他在旧社会曾吸过鸦片，这虽然不是什么光彩的事，但因为他没有成瘾，所以也略说一些。还有一位住北京南城菜市口的高姓老者，解放前是个打硬鼓收旧货的，改革开放后又重操旧业，也做起古玩的买卖。我曾几次到他家，这个人看上去80来岁，我试探着问他，是否接触过大烟。他说小时候闹肚子（拉稀），一直止不住，大人给烧上个烟泡，让他吸了，可以治肚子疼（鸦片治疗痢疾，百试百灵）。他说当时年纪小，烟枪嘴大，他的口小，塞得满满的，一口烟进去，呛得拔出枪来，将烟咳出去，大人直心疼，说他浪费了好东西，让他吸进烟去，不许吐出。在肺里憋着，实在喘不过气来时，再吐出去。吸了大烟，肚子果然不疼了。

我的宗亲周艾若先生，小时在湖南乡下也见过人吸食鸦片，但他身为知识性青年，自然是不会碰的。

鸦片毒祸中国200余年，有它发生、发展、衰灭的原因，只是中国人描写它的文章专著很少，反而国外的论著很多，鸦片历史就像我们身上一条不光彩的尾巴，一旦切掉了，就不愿再提及。

中国文化源远流长，从春秋战国的诸子百家，到汉以后的儒学系统，宋明的理学思想，科技的四大发明，建筑的瑰宝长城与紫禁城，都为人类文明贡献了中华民族的聪明才智。但是每个民族的进步与发展，中间也伴有倒退与阻碍。对中华民族来说，明代的妇女缠足与清代的鸦片流行是两个限制生产力的恶劣文化，为害很多代人，缠足一直延续到清代的汉族妇女，鸦片一直延续到民国时期，对于劳动力发展都起了阻碍作用。

因此，在我们继承、保持我中华良好文化和品质（如孝顺、仁义、勤劳、好学）的同时，也要正视历史上的恶劣文化，才能不重蹈覆辙。只有扔掉包袱，方可达到民族腾飞。

目录

第一章
鸦片物语

第一节　鸦片的起源与种植

鸦片的原料是罂粟果，罂粟植物学分类，为罂粟科中的28个罂粟属，共有250多个品种，原产地在欧洲偏南部。它高约1.2至1.5米，是越年生的草本植物，叶子呈白绿色，长圆形，锯齿样。花苞常下垂，初夏开花，有红色、白色、暗红色、白心、红边等多种色彩。花瓣分四片，有雌蕊一枚，雄蕊多枚。花开很大，成片种植。在开花时期，一片白、一片红的非常美丽。曾有一位东北籍朋友告诉我，在东北地区，有不法分子在深山里种植罂粟，这种植物非常容易生长，不用农药，不用化肥，春天种上，秋天去收就可以了。每年夏至，国家缉毒部门派飞机到山区巡视，只要看到大片的盛开罂粟花阵，就会派人进山销毁。大规模私种罂粟在我国是违法的。

花落结果，罂粟果实呈长圆形。种植者在果实未成熟的时候，用小刀将其表皮割出一些小口，随着生长成熟，一些白色乳状的黏液就会顺割口流到果实外面，初流出时是白色的，不久氧化变成黑色，时候久了则变成黑褐色，收集起来在阳光下晒干，就成为黑褐色胶软状固体，这就是生鸦片（Raw Opium）。

直到今天，在美国的购物网络上仍可以轻易地买到罂粟的种子，只是批量种植是违法的。

在瑞士的屋村遗址（公元前4000年新石器中晚期），在考古发掘中，找到能够制作鸦片的罂粟种子和果实，而且是人工杂交品种。

在伊拉克的两河流域，有证据证明于公元前三四千年，已经就大面积种植罂粟了。

在古埃及，早在公元前1500年，就有底比斯鸦片。

在古希腊，西医鼻祖希波格拉底于公元前500年已经发现罂粟汁的医疗作用，而希腊哲学家兼植物学家乔弗拉斯多则发明了新的提汁法。公元前300年，整个希腊地区都把罂粟汁作为日常饮料，并被描绘成解忧药。居民还把晒干的果实当零食服用。

将生鸦片制成熟鸦片，开始吸食之风，始于波斯和印度。所用的吸食工具也很相近。熟鸦片的吗啡纯度高了很多，中国的近邻有了这种邪恶美丽的东西，却是中国的不幸。

▲ 罂粟的种植　清末照片

盐基照片，配木框，鸦片种植罂粟花开时节，一男子持旱烟站于其间。

照片上印“归化合记照像镶牙”。

长 14 厘米 宽 8.5 厘米

▲ 罂粟种子

2012 年笔者从美国 ebay 上，很容易购得罂粟种子，种在花盆中，几天后生出小绿芽，因不会管理，又过了几天，芽死盆内。

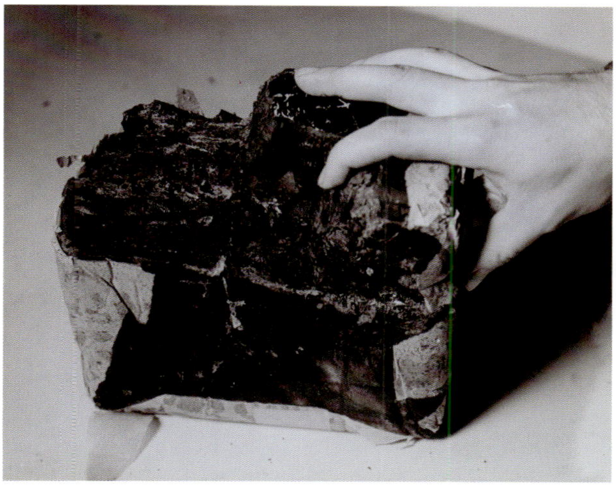

▲ 生鸦片塑砖型照片

Culver Pictures, INC 原版盐基相片

长 26 厘米 宽 20 厘米

▲ 民国云南省鸦片收割照片

日本所印“阿片的收获”

长 15.2 厘米 宽 10.7 厘米

第二节 鸦片在中国的传播

鸦片何时传到中国，大家说法不一，很多学者认为在公元前139年，张骞及副使出使西域，带回了罂粟种子。我个人认为有此可能，但可能性很小，因为张骞出使人数不多，又是马队，主要装载的是使团日常用品，出使的目的是政治、军事上寻求合作伙伴，而不是商业上的物流。不可能像明代的郑和一样，驾着大船，想带多少就能带多少。可以想像，最早从西方带来罂粟籽与成品的应该是沿丝绸之路及玉石之路往来贸易的波斯商人或华裔商人。

最早的鸦片是属于药品或休闲食品被运到中国，数量非常少。有人说三国名医华佗在外科手术麻醉时所用的麻沸汤中放入鸦片，这个观点笔者不敢苟同，第一是当时进口鸦片极少，只有极富贵者可以得到；第二是当时的鸦片提炼纯度很低，而且也只有罂粟籽与整果实压缩成的饼状物，少数是生鸦片或半熟鸦片，起不到强烈镇痛作用。华佗用的多半是国产的臭大麻，直到清代给太监净身时所用的麻药还是用臭大麻煮的汤。

罂粟进入中国有文字记载的可以找见的是唐代乾封二年（公元667年）记载：拂霖国（指东罗马帝国，又称拜占廷）遣使进献底也伽，底也伽是当时西方的灵药，主要成分就是罂粟籽，主治痢疾及食品中毒。

宋代的上流社会，将罂粟籽炒熟，碾细，加上蜂蜜制成蜜丸，是旅行消乏的佳品。或者兑水加蜜烧开，煮成汤供饮用。大诗人苏东坡在《归宜兴留题竹西寺》中写有诗句“道人劝饮鸡苏水，童子能煎罂粟汤”，苏轼的弟弟苏辙在《种药苗》中写到“老人气衰，饮食无几；食肉不消，食菜寡味。柳槌石钵（指将罂粟籽碾碎），煎以蜜水，便口利喉，调养肺胃”。另一宋代诗人李复在《种罂粟》中写道“饱闻食罂粟，能涤胃中热”。

明代李时珍在《本草纲目》第二十三卷称罂粟入药“其味平无毒，性寒，多食利二便，动膀胱之气。主治胆石发动，不下饮食，行风气，逐邪热，治反胃，胸闷痰滞，治泻痢，解燥，反胃吐食，益阳补遗”。

以上看来，罂粟传入中国，形象还是很正面的，中国人还是把罂粟当成药品及保健休闲食品来消费的。直到第一个受害人上场。

这位闪亮登场的竟是大明朝神宗皇帝，我们还是称他最通俗的名字万历皇帝。大明会典记载，暹罗、爪哇、孟加拉这几个藩属国，每次进贡方物中就有乌香（鸦片）。暹罗每次给皇帝进贡 200 斤，皇后 100 斤。万历皇帝使用方法有些不同，他不是拿这些东西作为休闲零食，而是用它来炼丹。万历给这种乌香起名为福寿膏。这说明这种鸦片已成半流体状态，起码也成为半熟鸦片。所以他得到的鸦片纯度就比较高。炼丹过程非常复杂，一般是用玉屑、朱砂（琉化汞）、黑铅……再加各种添加剂，烧炼浓缩而成。万历皇帝加了鸦片后，使烧制过程中的鸦片再度提炼，这样做成的丹丸，其中吗啡的含量已经达到空前的高浓度了。万历皇帝服用后，当然很快就上了瘾。他三十年不上朝的主要原因就是毒瘾作怪。他虽是第一个受害者，但运气却不错，因为他是服食，不是吸入，所以胃肠吸收的吗啡要比肺吸收的少得多。另外，货源充足，因为进贡的量不够时，他会委派采买太监去南方海港购买。虽然鸦片当时与黄金等价，但万历皇帝是最不缺钱的。因为万历朝国民生产总值极高，万历皇帝还为自己私人征收矿银。也就是开采矿产者，按比例交纳皇帝本人税金，这是一种小型的万历通宝背矿银的银制方孔钱。我曾见到这种钱，还直发愣，皇帝要这些私人内帑作什么，现在看来，一个很重要的用途就是购买鸦片。

看来，想当第一个鸦片受害者还不是容易的事，需要资格，需要有足够的银两。我说他运气好的原因是，他不勤政，但身体只是慢性中毒，国运也不太坏，早期内有张居正在中枢为他挡风遮雨，外有举世名将李成梁、戚继光、俞大猷为他守边杀敌，后期又有李家军的抗日英雄李如松、麻贵为他排忧解难。虽然万历身体一直不好，鸦片慢性中毒，病病歪歪地也拖了个执政四十八年。

1958 年，中国政府对定陵进行考古挖掘，医务工作者在万历皇帝遗骨内检测出吗啡成分。这个检测结果证明万历皇帝摄入鸦片的传说不误。

清代早期满人入关，征战连年，那些满州八旗官兵自然不会沾到这些奢侈品，但天下大定，到了康雍乾盛世，民众生活水平普遍提高，少数富贵之人有钱有闲，消遣的最妙佳品自然是鸦片。

自英国占领并殖民印度，在东方建立东印度公司以后，鸦片的种植、加工、销售国有化。各国的大批商人看好了这千年不遇的商机。包括美国都有句俗话：如果一个人不见了，不是死了，就是到中国贩卖鸦片了。（钱锺书先生在《围城》一书里，将这句话改为“如果一个人不见了，不是死了，就是教书去了”）

印度产地距离中国广州不远，短途运输，快速脱手就能得到暴利。一时间伶仃洋成当时世界上最热闹的海面。

我们可以列举一些进口鸦片的部分资料：

雍正七年（公元 1729 年）	输入鸦片 200 箱
乾隆三十三年（公元 1767 年）	输入鸦片 1000 箱

嘉庆二十二年（公元 1821 年） 输入鸦片 3698 箱

道光元年（公元 1821 年） 输入鸦片 4770 箱

道光七年（公元 1827 年） 输入鸦片 10025 箱

道光十八年（公元 1838 年） 输入鸦片 28307 箱

从进口数量看，雍乾时期，主要消费鸦片的人非富既贵，到了道光年间，已经全民皆烟了。

道光十八年时，全国吸鸦片人数已经超过 400 万。国防军（八旗与绿营）80 万人之中有 20 万吸鸦片成瘾的。东南沿海地区，超过十户的集镇，就一定会有烟馆。每天都有因大烟之害造成妻离子散、家破人亡的事情发生。

京城里也一样，烟雾飞扬。身份最高的大烟客居然是住在紫禁城的旻宁先生（道光皇帝）。

道光是一个有双面人生的皇帝。一方面，他从做亲王时就常吸鸦片，并和一些皇族贝勒共同享用。他曾写过一篇文章，讲述吸食鸦片之后变得心清气爽，耳聪目明，认为鸦片是快乐之源，并曾赋过一首赞鸦片的律诗。另一方面，他执政时，勤俭律己，将宫中开销节省到最低，内衣破了加补丁。想喝一碗粉条汤，一问御膳房，价格惊人，也就忍着不喝了。而想吃的一味家常菜“炸响铃”也因为太贵而作罢了。从当上皇帝起，连在当亲王时喜欢吃的菜也不敢吃。所以当他发觉帝国的银两都流出大海，换回使国民消沉的鸦片时，道光皇帝下令禁烟，并引发了鸦片战争。

鸦片战争失败后，外来的鸦片顶着圣旨，交着税金，堂而皇之地进到中国民众的罗汉床、架子床、木炕、土炕上。在清末，由于资金外流太严重，所以清政府默许在中国的土地上大规模种植罂粟，与外烟抗争鸦片市场。

光绪末年，中国反鸦片运动到了高潮，英属印度政府不得不与中国在 1907 年订立协定，以十年为期，印度输入中国的鸦片每年递减 10%，而中国栽种的罂粟每年亦减少 10%。至清代灭亡，民国建立，民国的戒烟规则自然比大清要严格得多，印度政府不得不在 1913 年停止对华出口鸦片。届时中国的瘾君子们吸的绝大多数是国产鸦片了。

民国成立后，积重难返，民众吸食鸦片仍十分严重。

1924 年世界鸦片产量

国家	中国	印度	土耳其	波斯	阿富汗	暹罗	日本
产量	2500 万磅	200 万磅	65 万磅	45 万磅	2.5 万磅	1.5 万磅	1.1 万磅

再看民国 15 年（公元 1926 年）资金分配

中国每年国立及私立学校费用	7300 万元
中国境内的华商洋商纺纱厂总资金	505000 万元
中国国有铁路总投资	603527 万元
中国境内每年鸦片及其他毒品消耗	800000 万元

▲ “THE LUVSTRATED LONDON NEWS” 1882.2.4 原件

木刻，鸦片通道——鸦片烟庄
长 27 厘米 宽 20 厘米

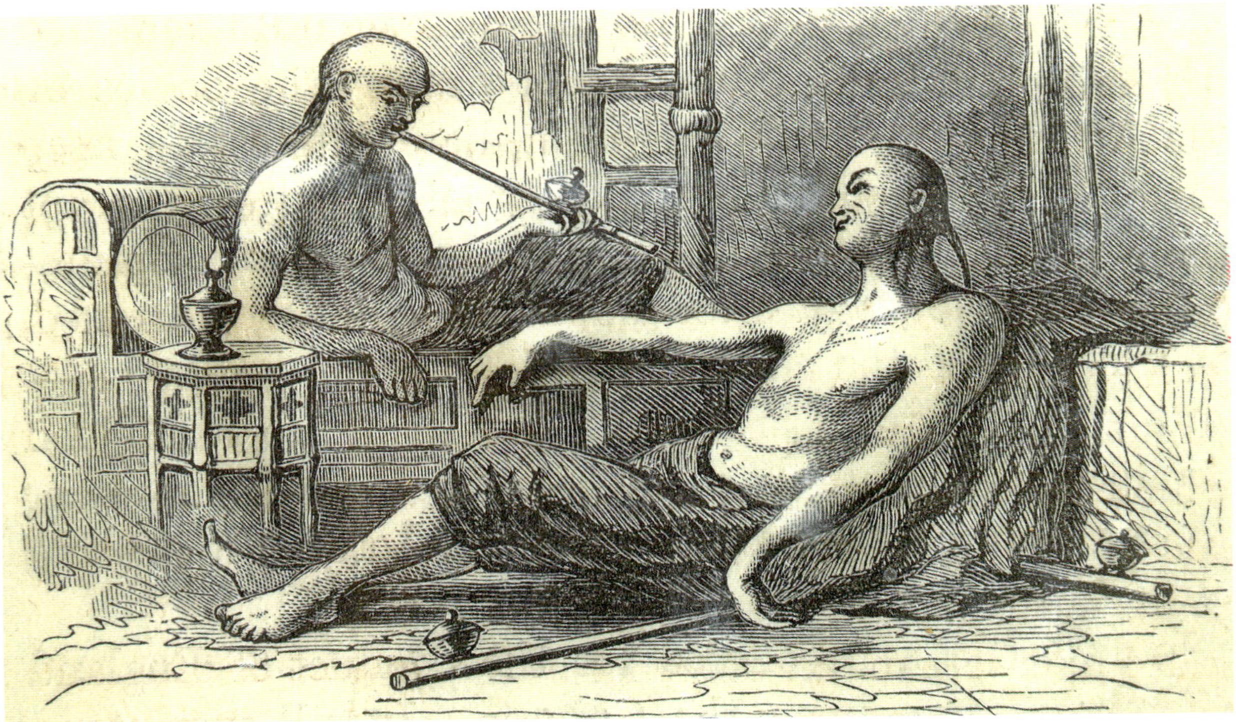

▲ 十九世纪末铜版画“两个鸦片吸食者”

因创作者不了解当时中国国情，家具及烟灯俱为欧式
长 9 厘米 宽 7 厘米

▲ 1880 年 Frenzeny 的铜版画

名为“旧金山的高级中国鸦片烟馆”

长 23 厘米 宽 17 厘米

▲ 1900 年鸦片吸食者玻璃洋片

1900 年手绘玻璃洋片，为西方制作，有因纽特人，有高加索人，也有吸食鸦片的中国人，是在发明电影前传到中国的幻灯片，在中国称为洋片。

长 22 厘米 宽 6 厘米

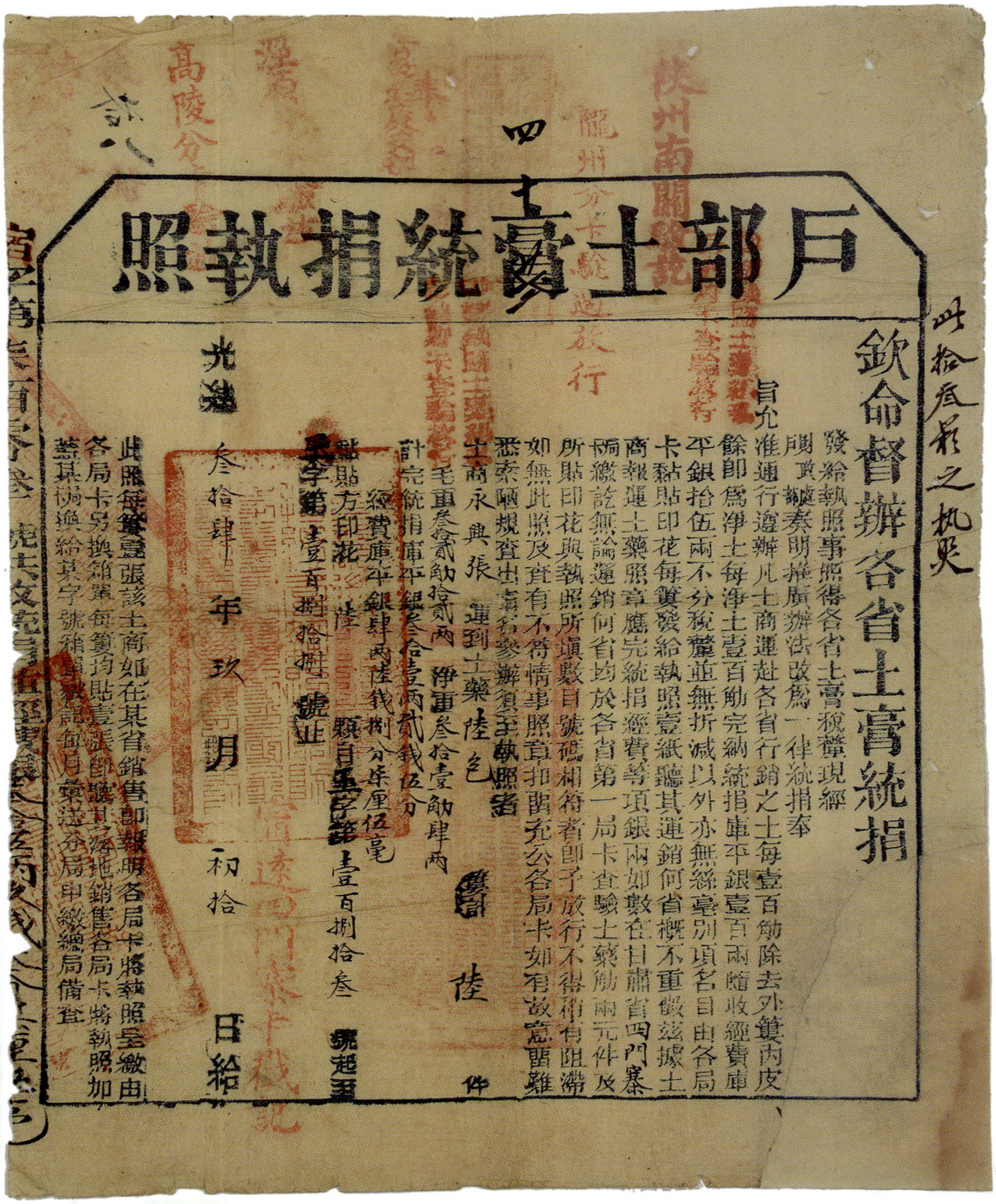

▲ 清代户部土膏统捐执照

光绪三十四年（公元 1908 年）上书户部财政处奉旨统捐：凡土商运赴各省行销之土，每一百斤净土完纳统捐库平银一百两。

该执照所有者土商永兴张氏所运烟土六包，毛重三十二斤十二两，净重三十一斤四两，交捐库平银三十一两二钱五分，杂费库平银四两六钱八分七厘五毫。

土商凭这张执照过关卡，上有很多关卡印章，如“陕州南关验讫”“陇州分卡验过放行”“宁远四门寨卡戳记”“泾原分卡验收”“高陵分卡验收”等。

长 27 厘米　宽 23 厘米

2015 年以万元购于姚华先生处

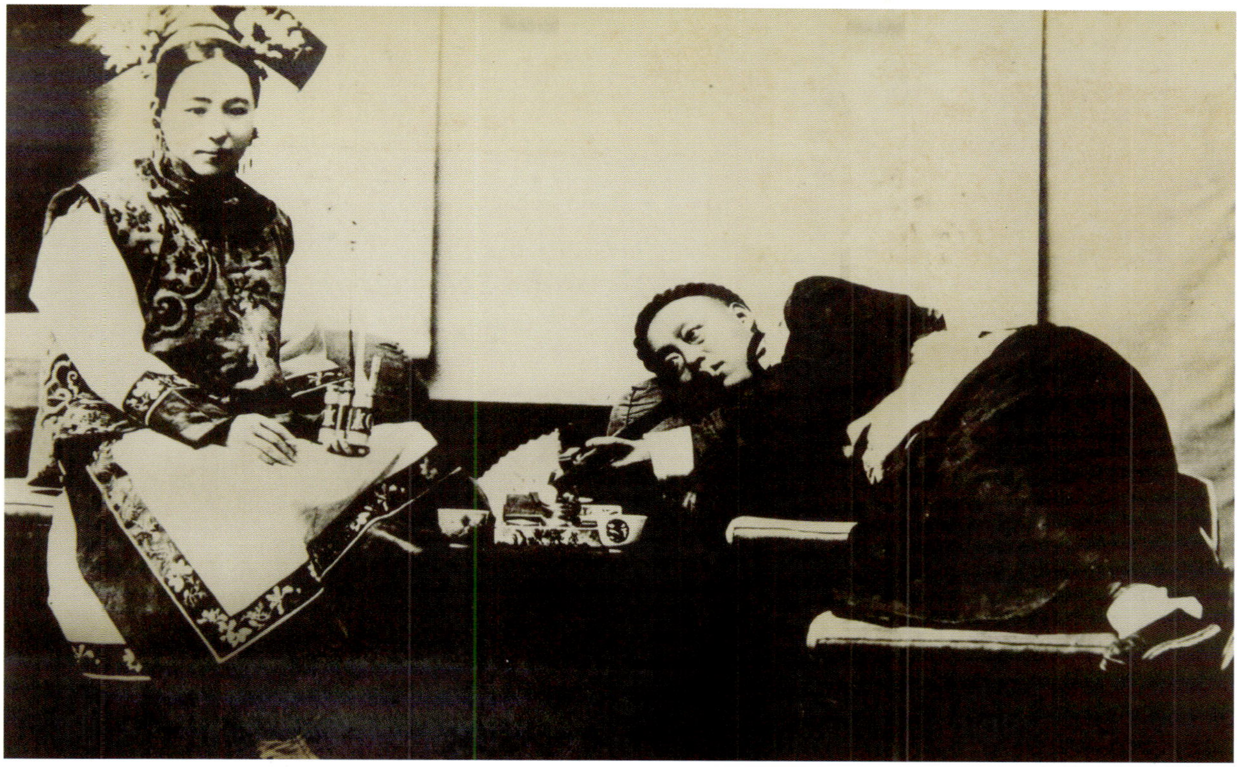

▲ 清代满洲夫妇吸鸦片相片

盐基相片
长 13.5 厘米　宽 9.5 厘米

◀ 绢本印刷波斯女子吸食鸦片图

三名波斯女子，一位手执鸦片烟枪，与中国烟枪相似，旁有一具波斯传统的多软管烟斗

长 34 厘米　宽 19 厘米

第三节　鸦片产地与种类

鸦片（OPIUM）在希腊被称作阿扁，传到波斯被阿拉伯人称为阿片（ATYUM），传到中国被称为鸦片、雅片；唐代称为阿芙蓉，明代称为福寿膏，后世则有各种名称，如大烟、烟土、大土、大烟土、高土、老土、黑货、黑粮、洋烟，洋药、土膏、芙蓉膏、烟膏、药料等。

根据产地不同分为进口货与国产货。

一、进口鸦片产地

1. 印度

英国东印度公司规定，除了蓬介一省外，各省所生产的罂粟原料只能卖给政府。它在加尔格达设厂，制造鸦片，主要售往中国，其收入归英属印度政府。早期的出口品，包装得非常讲究，浓缩烟浆制成球状固体，外边用罂粟花瓣及粗制烟浆制成硬壳包装，再裹上罂粟干叶，放到用一种硬杂木——芒果木特制的木箱里，每个木箱分两层共 40 格，可装 40 只土，这种精装鸦片被称为公班土、刺班土。国人有时也叫大土。每只 2 公斤左右。后期减掉硬壳和干叶，改用油绵纸层层包裹，绵纸骑缝处加盖印记水印，以防假冒。还有一种鹰头标记的小号，不足一公斤，也是用油绵包装。这种烟土也被华人称为人头土。印度大土的吗啡含量为 6%。瘾君子们称大土味道最厚，醇香廻美。如果患了痢疾，用真正的人头土，吸上两筒，立刻止泻住痢。民国以后印度大土已在中国绝迹，有人将包大土的油绵纸拿出来出售，也能卖上个两三块大洋，为的是取其上面遗留一些真人头土的渣滓，熬烟时用这种油绵纸过淋，用过淋的鸦片打烟泡，也能治疗痢疾。印度还出口一种在产地熬成的烟膏，放在扁形的洋铁皮盒子中，盒子正面压着老鹰展翅的标帜，外有金红两色的亮漆。国人叫它老鹰膏子。

2. 波斯

波斯政府对于鸦片贩卖，采取放任自流的办法，所产鸦片四分之一为本土消费，其余出口。波斯土被制成圆锥形、饼形，或棒形，每只重 180 克 ~ 800 克不等。国人称为红土。波斯红土含吗啡最高，约为 15%，在中国鸦片土膏店，它的售价最高。

3. 土耳其

土耳其人种植罂粟很多，不单为制鸦片，主要是为了榨取食用油，罂粟油的成本在当地比橄榄油还低，当地人也用罂粟做食物，制肥皂或做灯油。土耳其土在鸦片市场被做成圆饼或面包样，重300 ~ 700克，或10 ~ 25英两，用罂粟叶包裹，装入铁皮木箱，所余空间用果子填塞，每箱重75公斤。土耳其土在华被称为小亚细亚土。吸起来据说有一股果香。土耳其土的吗啡含量为10%。

4. 埃及

埃及在三千多年前，就有了底比斯鸦片，但输入中国的量很少，大都制成饼形，国人称之为埃及土，吗啡含量为8%。

二、国产鸦片产地

1. 云南

云南是南方出产鸦片最多的省份。出产的鸦片称为云土。民国初年，云南全省税收7000万元，其中烟土所纳的税就有5000万元。全省人民几乎人人吸食鸦片。有烟瘾者占70% ~ 80%，真是骇人听闻。云土吗啡含量为10%左右，云南与缅寮（缅甸、老挝）、越南交壤，气候适宜，所以是我国最早种植鸦片的省份，众多烟客认为云土味淡逸馨，芬芳似桂。以味道而言其在国产土中首屈一指。

2. 四川

川省培植是继云南植入鸦片之后，在广大四川地区试种成功，四川鸦片被称为川土，烟客形容它味正劲足，苦后回甘。吗啡含量为10%。

3. 热河

热河鸦片称热河土，亦被称为北土或北口土，是中国鸦片著名品牌，行销于华北、东北各地，烟客认为是国产土中劲力最大者，吸起来醇厚甘柔，温而不燥。

4. 陕西

陕西鸦片产量在民国初期不亚于云南、四川。被称为西土，在陕西省内，曾作为金钱使用，并有浮动市价，购物以烟土折算，在军阀军队中，竟有每月发烟土折薪的奇闻。

5. 其他地区

中国适宜种植鸦片的地区很多，利益趋使，鸦片在旧中国四处开花。萨拉齐的西口土，也是烟民的瑰宝，称之入口香中带涩，湛香绕鼻。另外，东北等省有东土（曲波先生所著《林海雪原》里，

“提起那宋老三，两口子卖大烟”，土匪卖的就是东土）。安徽有亳州浆，福建有建浆（含吗啡 6%），贵州有充云土，流毒之广，可以想见。

三、国内鸦片贸易通道

1. 长江道：云贵川三省的烟土，以汉口为集散地，转运到其它口岸销售。

2. 津浦道：由安徽及邻境地区，将烟土运往上海、南京。

3. 海洋道：由香港、广州、福建运往湘江及周边各省。

4. 贵黔道：由云南、贵州运往两广地区。

5. 海沪道：来自外国之洋烟土，均至上海港，以上海为鸦片贸易之中心。

▲ 民国文士罂粟花花丛照片

12位文士站在盛开罂粟花丛中合影，原版盐基相片

长20厘米 宽14厘米

▲ 装在黑瓷罐中的鸦片烟熟土

罐中五分之二部分为阴干的鸦片烟熟土，用针烧红插进干膏，有一股清烟飘出。有烤花生的味道。

瓷罐直径5.5–8.8厘米 高9.5厘米

2004年购于美国德克萨斯古玩秀。售者说该物品是1949年前从中国山西带来的。

▲ 瓜棱式生鸦片制帐钩坠

用生鸦片压入模具成型，制成瓜棱状，镶以白铜穿钉。用做帐子钩的坠饰。当吸食鸦片者一时断档，也可临时救急。

直径40厘米 高28厘米

2013年购于美国德克萨斯古玩秀。售者说该物品是1949年前从中国山西带来的。

▲ DELAKRUA EJEN 油画明信片

"吸鸦片的阿吉安女孩"

长15厘米 宽10.5厘米

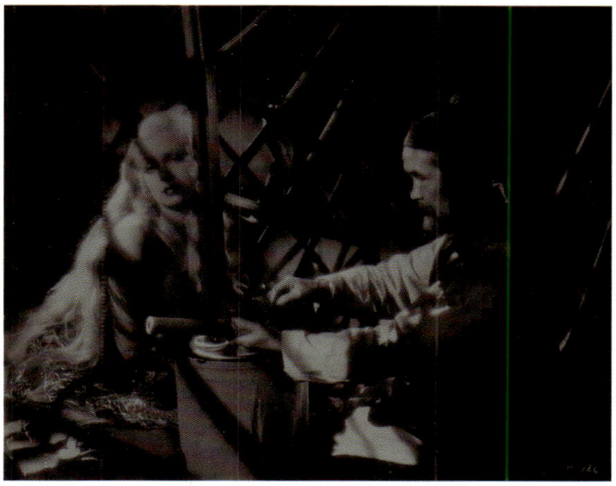

▲ "DESFILE DE CANDICEJAS" 剧照

—中国老人为女主角装烟上枪

长22厘米 宽14厘米

▲ 鸦片烟干烟泡

为熟烟风干的一种，将烟膏烧成烟泡，用手揉圆，风干后以锡纸包裹，犯瘾而不能开灯烧烟时，用热茶将干烟泡溶于茶水服下，也可以抵瘾。

直径1.5厘米

2013年购于美国德克萨斯古玩秀，售者说该物品是1949年前从中国山西带来的。

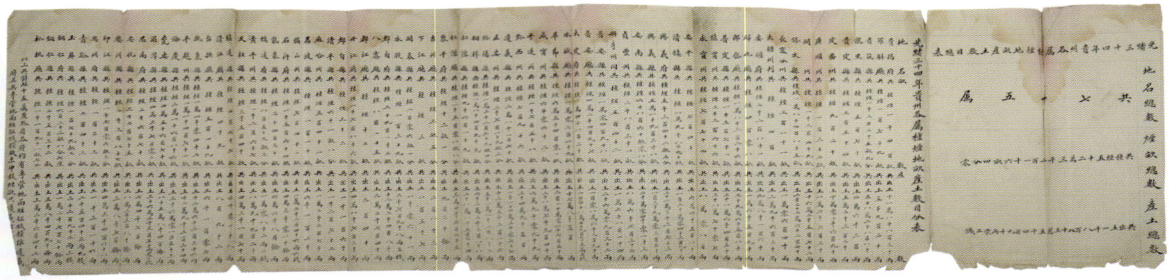

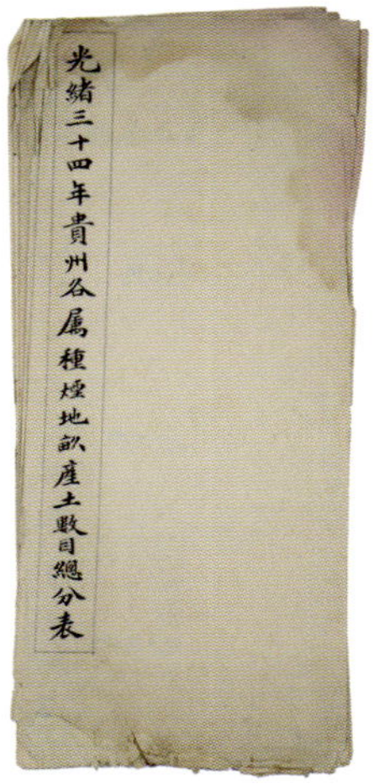

▲ 光绪三十四年贵州各属种鸦片及产生数目总表

为光绪三十四年（1907 年）贵州省向户部呈报的全省各属地种烟产土总表。全省共种鸦片烟 523216 亩 4 分。共产烟土 18855496 两零 2 钱。

共有 75 处府州县厅属地申报。户部要此总表不过为了征税。

长 120 厘米 宽 26.5 厘米

购于中国嘉德 2015 年 9 月 21 日拍卖会。

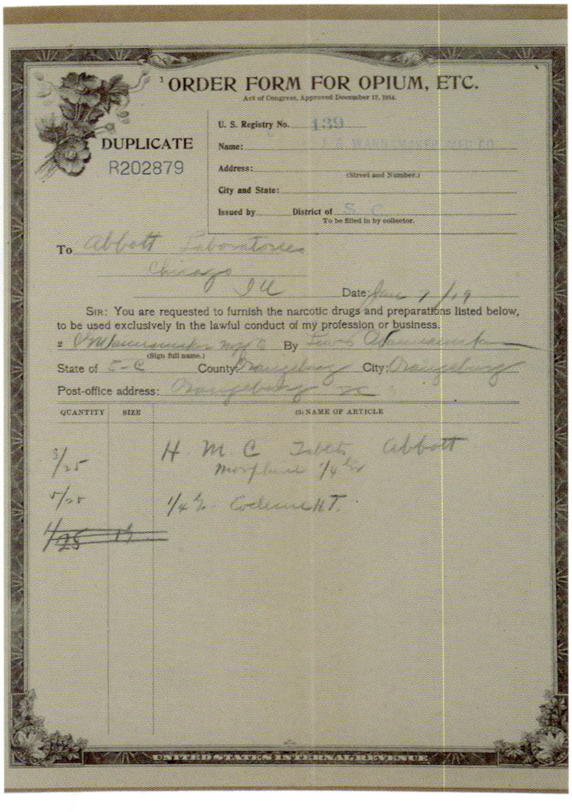

▲ 1919 年美国药用鸦片申请单

长 27 厘米 宽 21 厘米

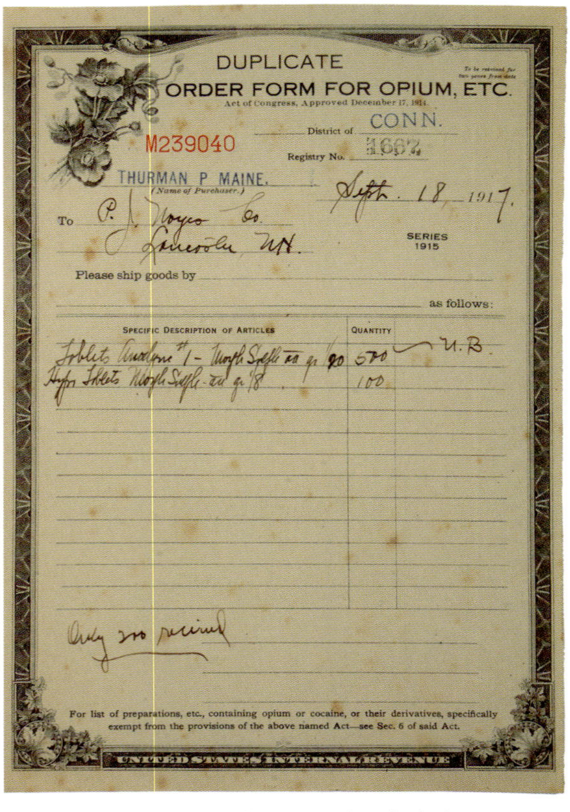

▲ 1917 年美国药用鸦片申请单

长 27 厘米 宽 21 厘米

第四节　鸦片及其衍生物的化学成分与临床研究

鸦片的成分极为复杂，其成分的含量因其种类而不同。一般生物碱是主要有效成分。其中吗啡含量为 6% ~ 15%（平均 8%），可待因含量 1% ~ 3%，蒂巴因含量 0.2%，罂粟碱类占 0.5% ~ 1%，那可汀类生物碱占 4% ~ 8%。

其它的成分有糠酸 3% ~ 8%（平均 4%），糠林 1%，树蜡及树胶 5% ~ 10%，脂类 1% ~ 4%，溶性臭莫酸 4%，纤维等不溶物 18% ~ 20%，矿物质 4% ~ 8%，水 8% ~ 30%（平均 20%）。

鸦片的药用方面，主要是止痛、催眠、镇 静 、发汗、麻痹等，是西医几世纪来常用的必备药品。英国文学大师威尔基·柯林斯在名著《月亮宝石》里，描写了英国人在 19 世纪上半叶使用鸦片汀作为催眠剂的情节，并产生致幻作用，使故事显得更为曲折。

鸦片的生理作用主要是影响神经系统，最初作用于延髓，先是暂时兴奋，随后抑制，然后作用于控制脑意识的中枢神经，使其麻钝并有幻觉出现；随后作用于心脏神经，阻碍传导能力，并波及脑视神经等，使瞳孔缩小，呕吐，呼吸徐缓，心脏血管也受到抑制，呼吸中枢和运动神经受到阻碍，引起骨骼肌麻痹，行动困难。

过去我对吸鸦片者全部用侧卧姿势吸烟，感到不解，认为坐着不是更方便操作吗？后来问过一个白粉客，他先是说躺着舒服，又说容易发飘，终说不到要领。后来他又说用毒品后，一直躺在床上幻想，连上厕所都需要扶着墙走，我才明白，原来是吸入鸦片后，人的运动神经受阻滞，造成身体肌肉麻痹，只有躺着最安全。

关于吗啡类药物对人体的生理作用知识，我是在北大医学部读生理课时学到的。讲述这一章课的是韩济生院士，他是中外闻名的神经科学家，曾在 1965 年接受周恩来总理指示研究针刺镇痛原理，几十年来，学术成就硕果累累。笔者曾在课下向他请教过这些问题。

连续服食鸦片，会产生药物依赖性，也就是有了烟瘾，长期服用就有了顽固性烟瘾。如果停吸，会产生强烈的戒断症状。

一次大量服食鸦片则造成急性中毒，不管服食的是生鸦片，还是熟鸦片烟膏，只要口服一定量后，都会产生急性中毒，症状为浑身出粘稠的冷汗，脉搏迟缓，呼吸徐徐而带鼾声，渐渐变得虚弱不堪，面色青紫，神经反射消失，昏睡渐深，瞳孔缩至极小，临终时瞳孔又放大，最后因呼吸中枢麻痹而亡。在清代、民国时期，服鸦片已经成为主要的自尽手段之一，甲午海战中国北洋舰队全军覆没，主帅水军提督丁汝昌不肯投降，服鸦片自尽。清末太平天国起义中，忠王李秀成攻破杭州，浙江巡抚王有龄求死心切，同时用吞金、服鸦片、上吊三法自尽。

吸食鸦片成瘾后，戒断症状也叫慢性中毒，俗称犯瘾，最初的症状是浑身不适，感觉神经过敏，兼以郁闷渐增，又如有急迫之祸将临，继以哈欠、喷嚏、流泪、流涕、四肢冰冷、出粘稠汗、呕吐、腹泄、肌肉颤抖、腹痛加重、腿痛、抽筋、脉搏不定（极速或极缓）、血压下降。以上症状，个体差异较大。还有的人戒断症状为耳咽有被击穿感、家中有鬼喧哗、或有括约肌失效、大小便失禁等。戒断症状持续 36 ~ 120 小时，平均为 60 小时。急性戒断期过后，其烦恼仍然不断，心理依赖可达数年。所以毒品复吸的病例极多。有一个吸毒者说起熬瘾的感觉，是身体上的任何一根毛发都不舒服，比死还难受。

民国后，化工科技水平提高，药化工厂有能力将鸦片致幻的有效成分提炼出来，并重新化合成新的毒品。计有吗啡、醋酸吗啡、盐酸吗啡、硫酸吗啡、奇沃宁（盐酸乙酯吗啡）、百欧宁（盐酸苯基吗啡）、海洛因（盐酸双醋酸基吗啡）。其中海洛因的毒性最大，是白色细粉，不溶于蒸馏水，溶于淡酸中，也叫“白粉”或称“白面”“老海”，对人类的危害一直延续到今天。

民国期间，除了鸦片衍生物如吗啡、白粉被直接使用外，还存在几种混合毒品，就是红丸、白丸、金丹，外染红色为红丸，呈白色的是白丸，外观呈黄色的称金丹，其中金丹粒最小，好像清凉仁丹一样。这些混合毒品，成分大多相同，由海洛因、可卡因、番木鳖新高那、咖啡因五种成分制成。也有另加高根、安他匹林、乳糖等成分。

红丸畅销于浙江的金衢严三处，以及长兴、安吉等县，江苏宜兴和无锡，长江沿岸如芜湖、安庆，直到汉口。抗战前，有很多日人批发贩卖红丸，毒害我国民众。

白丸、金丹行销于山西、河北、山东等省，这些鸦片衍生物一经服用，极易上瘾，危害之大，十倍于鸦片。

第五节　鸦片加工及吸食方法

一、熬烟膏

罂粟果实的浆液流出凝固后，收集起来晾干，这种不成规则状黑褐色的固体就是生鸦片（Raw Opium）。生鸦片是不能吸用的，误食会中毒。产地的生鸦片常常被塑成不同形状出售，有的则用发酵与简单煮制的方法，制成半熟鸦片，然后再制成块状、饼状、球状的成品出售。生鸦片有股强烈的陈旧尿氨气味，所以一般人家客厅烟榻上只放熟烟膏，不放生鸦片。笔者曾在一晋籍古玩商处，见到过一罐陈年生鸦片，颜色暗黑，不规则块状，没什么味，想来是因为搁置时间太久，氧化失效了。

生鸦片经过加工提纯可成为熟鸦片（Prepared Opium），加工方法是发酵和烧煮，中国人的习惯制法是煮烟。用木炭大火将生鸦片提炼成一种棕色、浓稠膏状半固体，也就是烟膏。烟膏属于熟鸦片，其吗啡含量高于生烟。二十年前，我曾买到一只白铜烟膏盒，打开内有一些淡褐色的膏状物，嗅一嗅，有点果香，我以为是戒烟用的桂圆膏之类，后来才知道应该就是烟膏。

清末李伯元先生写了一本《官场现形记》，当时人说当时事，可信度很高，中间有一段描写钦差童子良（暗指大军机徐桐）在南京受贿煮大烟的情景。现抄录如下：

……万太尊搭讪着说道："上吐下泻的病，只要吃两口鸦片烟就好的"。童子良道："是啊！我从前原兴不忌这个东西的，现在到了江南来，因为天天要起早办公事，见客，吃了他很不便当，又要耽搁工夫，又要糜费，像愚兄从前的瘾，总得一两银子一天，所以到了州就立志戒烟，天天吃药丸子。前头还觉撑得住，如今有了病，倒有点撑不住了"。万太尊道："老师是朝廷的栋梁，就是一天吃一两银子也不打紧"。童子良道："小处不可大算，一天一两，一年三百六十两。近年来大土的价钱又贵，三百六十两，不过买上十二三只土。还要自己看着煮，才不会走漏，一转眼，就被他们偷了去了"。万太尊道："老师毛病要紧，多化几两银子，值得什么？如果要土，门生那个地方是出土的地方，而且的的确确是我们中国的土，门生这趟带来的不多，大约只够老师一年用的，等到门生回去，再替老师办些来，就是老师回京之后，门生年年供应些，谅还供应得起"。童子良一听万太尊有烟土送他，自然喜欢，因为病后恐怕多说了话劳神，当时示意送客。

万太尊回到寓处，把从徐州带来的烟土取出好些，送到行辕，童子良一齐收下，当天就传话出来，叫到烟馆里挑选四名煮烟的好手到行辕伺候。又叫办差的置办锅炉、木炭、瓷缸等件预备应用。又特地派了大少爷及三个心腹随员监督煮烟。大少爷道："一天就是抽二两，一时那里就抽得这许多？有这些土，只要略为煮些，够路上抽的就是了，其余的不必煮，路上带着，岂不便当些。如今一起煮了，缸儿罐儿堆了一大堆，还要人去照顾他，一个不留心，不是打碎了罐子，或倒翻了烟，真正不上算"。童子良低低的说道："你们小孩子家真正糊涂。我为的如今煮烟，炭是有人办差的；就是缸儿罐儿，也不要自己出钱买。等到上起路来，船上不必说，走到旱路上，还怕没有人替我们抬着走吗？每罐多少，每缸多少，我上头都号了字，谁敢少咱们的？打翻了，少不得就叫地方官赔，用不着你操心！如今倘若不把他煮好了，将来带到京里，那一样不要自己拿钱买呢？谁来替咱们办差？你们小孩子家，只顾得眼前一点，不晓得瞻前顾后，这点算盘都不会打，我看你们将来怎样好啊？"一席话说得儿子无言可答，不多一会，煮烟的也来了，童子良吩咐他们明天起早来煮。

到了第二天，他老人家病也好些，居然也能到外面来走走了。就在花厅上摆起四个炉子煮烟，除掉大少爷之外其余三个随员，虽然不戴大帽子，却一齐穿了方马褂上来，围着炉子，川流不息的监察。童子良也穿了一件小夹袄，短打着，头上又戴了一个风帽，柱着拐杖，自己出来监督，弄得三间厅上，烟雾腾天，碰着有些不要紧的官员来见，他就吩咐"请"，人家进来之后，或是立谈数语，或是让人家随便旁边椅子上坐坐，人家见了，都为诧异……

从上面的故事里，我们可以得知进口大土的价格，童钦差讲 360 两银子不过买到十二三只土，那么东印度公司出品的公班大土在当时（清光绪末年）的零售价应该是每只约 30 两银子。那么每箱生土的售价是 1200 两白银，这么一箱大烟在当时北京城二环以内能够换一个中型四合院了（这院子留到今天可以值一个亿），难怪当时那么多人吸鸦片吸的家财散尽，妻离子散。原来鸦片这样昂贵。

官衙之中最外的厅是大厅（也叫大堂），是办公的地方，里面的厅叫花厅（也叫二堂），是半公半私的地方，再里面的书房叫签押房，是官员完全的私人地方。花厅里摆放一些花卉植物，窗子大而多，很像现代的阳光房，采光好，空气也通畅。童钦差在这里煮烟是因为可以大开门窗，能让烟雾有出路，这也是熬制熟鸦片的必备条件。所以说，烧瓷器、烧砖、烧木炭都要沏窑，但熬大烟绝不行，因为熬出的烟气很浓，又有毒，如在密封的窑里煮烟，就连积年老枪都受不了，何况是八路军的中央警卫员们（他们绝对不可能吸食鸦片上瘾）。连林则徐虎门露天销烟，有典史陈容（副县长）都被烟所薰蒸，当场发病，不久身亡。

熬烟是个技术活，火大火小，何时翻炒，何时出锅，都有讲究，没有经验的人，是熬不出来的，几百两银子片刻化为乌有。金易先生所著《宫女谈往录》一书中，有一段是宫女何荣儿对慈禧太后弟弟承恩公桂祥的议论：

“此人是文不文、武不武的大烟鬼，不但肚子里没墨水，甚至说不出一句整齐的话来。用老太后的话说：‘只知道云土（云南出的大烟土）、广土（广东出来的大烟土）、什么西口土（娘子关进来的大烟土）、北口土（古北口进来的大烟土），整天跟底下人看什么珍珠泡、栗子泡，老牛眼”。这都是熬鸦片烟的术语。烟土是生烟坯子，必须经过熬才能成为熟烟膏。熬烟要有很高的技术，火小了，鸦片不香，火大了，糊锅，吸起来呛人，一定要吸起来像一股炒新芝麻粒的香味才行，熬的时候要看火候，水泡要由小到大，也就是烟膏由稀到浓的过程，先看珍珠泡用多长时间，后看栗子泡用多长时间，最后大泡起到老牛眼一般大小，就快出锅了。过去富贵人家专门有熬烟的听差，像厨师一样，彼此炫耀。客人往来，稍稍知己的，必须端上烟盘子来，品尝品尝，才算有交情。当时敬鸦片就像现在敬纸烟一样，可见当时的腐败情形了。听太监告诉我们，桂公爷是整年拖拉着鞋的，永远不提鞋后跟。吸鸦片要用两个榻，在左边吸完，又要换右边吸，叫换边。这是鸦片瘾深的缘故，吃早饭要在太阳傍落的时候，是个真正的烟鬼”。

这段描写熬烟的过程非常详细。慈禧皇太后是个懂鸦片的内行，而宫女何荣儿也明白得很，唐鲁孙（珍妃的侄孙）先生曾讲，慈禧皇太后有时也抽上几口，这话可能属实，他讲慈禧皇太后在国事繁忙、身疲心累时，躺在床上左边抽两口，换右边抽两口，不睏烟榻，立即起身，用热毛巾焐脸，脸上就不会带有烟容。慈禧皇太后是极爱面子的人，吸鸦片是她的隐私，何荣儿是职业侍候太后吸水烟的，可能也侍候过老太后抽鸦片，但以她的愚忠，对老太后的隐私，她会守口如瓶，把这事带到棺材里的。凡吸鸦片的人，最怕痢疾，这个病，平时不会轻易患上，一旦发作，在当时无药可治。慈禧太后就是因痢疾突发，没几天就去世了，太医科院御医们束手无策，慈禧太后死前用砒霜毒死了光绪皇帝，可能她明白吸鸦片的人，痢疾就是绝症。

熬制烟膏及烤烟膏时，都会有股烤坚果的香味。我认识的一个山西古玩商，他有一小块陈年熟土，当店中没客人而闲得发慌时，将一要银簪子的尖部用火烧红，往烟土上扎下去，烧出一股小烟，他形容这是一股邪香。我到他店时，那块烟土上已经有几十个洞了，他曾为我示范过一次，确实有股淡淡的烤焦花生的味道，好在烟土过期很久，吸进去的也极少，不会上瘾的。

二、烧烟泡

烟膏熬好了，端上烟盘，但不能直接吸用，要将烟膏烧成烟泡才能上斗。这是一个将半流体的烟膏转变为固体烟泡的过程。打烟泡是个纯手艺活，技术含量很高，一般高手能把烟泡打得“黄、松、高”，这样才算合格。有钱有地位的烟客，自己大多不会打烟泡，一是人在侧卧，一只手压在身下使不上劲，二是吸完一个泡，还得停下枪来烧下一个泡。因此一般富贵烟民都有人帮忙烧烟泡，官宦人家大都是姨太太或通房大丫头来烧。这也有一个原因，有些官场要事，是让客人在烟塌上谈，亲近的人在旁边没关系，若是让外人听见就麻烦了。上海长三堂子的倌人、天津侯家后窑子的姑娘、北京八大胡同清音小班……大凡从事花事营生的姐们，不管自己有没有烟瘾，都必须烧得一手好烟，否则留不下客人。

庚子年红极一时的赛金花，本人也是大瘾烟客，侍候她烧烟泡的小陈妈是个中高手，赛金花每天要吸三次烟，每次十二口，小陈妈给她将烟泡打得火候不老不嫩，形状既小又紧，赛金花已经到了不是小陈妈打的烟泡都不过瘾的地步。后来有一家北平煤市街一家大土地膏店的老板，看中了小陈妈的好手艺，将她聘入店中当了二老板。一时间，这家土膏生意兴隆，其原因是既能享受到小陈妈打的精巧烟泡，又能听小陈妈讲赛二爷的往事。唱评剧（过去叫蹦蹦戏，因为台上一敲蹦蹦鼓，台下看座的就要收钱）的小白玉霜在拜老白玉霜学戏之前，就曾向小陈妈学习烧烟，是这家店中的烧烟女郎。

大部分烟馆主要还是雇用男性伙计打烟泡。烟客叫他们烟猴子，每人用一块汉玉或翡翠烟板打烟，看着烟泡在玉板上来回翻滚，能让人眼花缭乱。汉口烟馆业有一名最出名的烟猴子，叫胡老四，他能打出弥勒佛，大肚长耳，神态逼真，憨态可掬；还能打成十二生肖样的烟泡，用锡纸包起三天不溶。

李佶人先生在《大波》一书中描写四川绅士郝达三犯烟瘾烧泡的事：

郝达三从轿厅走回上房，气喘吁吁，两只腿觉到有千斤重，满头沁着豆大的汗，来不及脱去那件旧绸衫，便往铺有香牛皮的凉榻上一躺，连连呻唤：“快点拿出来，……快点，……真要命，……”

鸦片烟盘摆在老爷身边，烟灯也迅速点燃。但是老爷手颤，一根钢签在一只嵌花银盒内搅了好一阵，始终把那乌黑的，稠得像胶清的鸦片烟膏，裹不上签子。

老爷叹息了一声。拿眼睛把春英瞅着，同时把嘴一努到：“烧。”

“我不会烧。”春英定睛盯着老爷，脸上摆出一种可怜他的样子，忽然念头一转道：“我试试看。”

接过钢籤，挑了一点烟膏，在烟灯火尾上一烤，这烟膏立刻就发泡了，从那发泡的地方猛然射出一股香气。她高兴了，又拿这东西在银盒内一蘸，这下可就蘸得很多，三番两次，烤成了一个拇指大的泡。然后拿起一块小小的长方玉石，就着烟灯，把钢签尖上挑着的那个泡，在玉石上两搓、两揉、两卷，一枚不成名堂的烟泡居然烧成。

“烧到烧好了，我上不来烟斗。”春英正自为难……

烧烟泡实际上是一种鸦片的再次提纯。烧烟泡有用两根烟籤打泡，也有用一块玉板、一根籤子打烟泡的。土膏店（土指生土，膏指熟烟膏）将烧好的烟泡用锡纸包起来，卖给那些猴急过瘾烟民吸食。

三、吸大烟

烟泡打好了，用烟扦子安在斗上，就可以开始吸食了，上烟泡也有窍门，不能将斗门塞住。吸大烟的基本工具是烟枪、烟斗、烟灯、烟签。吸之前要把烟枪检查一遍，套牢烟嘴，把烟斗坐在烟枪上，还必需套得牢固，试吸一下要不漏气，如有漏气的地方用丝线缠绕，务求通畅。将上好烟泡的带斗烟枪，斗门向下，就着烟灯之火，烧燃烟泡，利用烟斗中空聚气的原理，吸入烟泡燃烧香化成的烟气。有人喜欢将烟斗侧烧，习惯不同，姿势各异。但都要保证上斗烟泡所接触的是烟灯玻璃罩上端最热的地方（可达摄氏 1000 多度）才能快速烧泡化烟。烧制烟泡虽也在烟灯上，但要掌握离灯距离，把控温度，不能总在最热的地方烧。

清代官场，左边是主座，右边是客座，很大原因，是为了吸鸦片的关系，如果客人很熟，很亲密，主人会请客人“升炕香一筒”，客人躺在右边而面对左边，右手方便持枪就火，瘾也过得痛快。吸大烟讲究一个泡一口吸尽，闭上嘴，憋上一会，实在忍不住时，才将一口淡烟喷出。如果是大瘾，这边吸着烟，那边有人打着烟泡，架子上的扎着烟泡的烟籤子排成一排，吸烟都依次吸下，过足了瘾，烟客口中必定发苦，这时炕桌上早有一只沏得滚开茶水的小紫砂茶壶，不怕烫的紧喝两口，将苦味压下去，也将口腔里残留的毒品冲下肚中，这样最易上瘾。有的吸食者本来只是吸一筒玩玩，没想上瘾，不敢喝热茶，只取一块洋糖放进嘴里，压压苦味。吸鸦片时因为斗是内空的，吸吞时会发出轰轰的声音。直鲁军阀褚玉璞，就有本事吸鸦片时发出冲锋号声。

至于这些繁琐的吸食方法是如何发明、发展的呢，国外的人，普遍认为是中国人发明的。麦天枢、王先明先生在描写鸦片战争纪实中有下列的描写。

“说是在乾隆年代，粤东有一巨富人家的媳妇，新婚后不久便失去丈夫，为了坚守青春寡居的长久寂寞，出家作了尼姑，娘家也是富室，特为守节之女建造庵寺为居。被监守着的青春是最易枯萎的，多年过去，竟下肢瘫痪，两腿僵硬，不能起坐，娘家人十分悯惜女儿的孤苦，想方设法让她闷中一乐。出身世族，亲友多为巨富，时常有珍贵玩意儿。恰有一亲友当时为广东十三行行商，偶尔送来下列小东西：西洋人经常掌玩于手中的竹棍一支，花露水瓶一个，舞会上用的玻璃灯一具，还有一盒鸦片膏，都是当时广州富家子弟引为时尚的东西。孤尼闲卧无事，便不时点灯帐中把玩。偶尔一日，她拔下头上簪儿（带发出家），挑了些鸦片膏，放在灯上烧烤，膏泥不时鼓成一大包，很觉有趣，一日又取瓶儿、棍儿玩弄，误将竹棍末端插入瓶中，摇瓶作戏，不意玻璃瓶被竹端戳穿一孔，恰又在烧烤膏泥处，立闻香气刺鼻，即就灯以时人吸烟草的法儿抽吸，烟入腹中，顿觉异常舒泰……多日吸食，她的两条腿竟然能够坐起，旧疾若失。消息传出去，乡里人还难以置信，于是纷纷来看，来试，这故事此鸦片吸食法，便不胫而走。

一尼之乐，顿为天下之恨。

所以有些人认为鸦片的吸法是中国广东人偶然创造的。

但我个人认为，这么复杂的使用流程，一定有它的源头和发展，在波斯，阿拉伯人既用长软管（可多人共用一个大烟斗）吸食，也有便携式硬短管（已经和中国烟枪很相像了）吸鸦片。石鲁先生画的一幅印度老者吸食鸦片图，也很说明问题。这具烟斗座在地上，烟斗却高高竖起，烟杆竹制弯曲，老者在短绳床上吸食。看来不管是波斯还是印度，这些鸦片原产地的原住民都有自己吸鸦片的工具，形状差异不大，看来吸烟工具由外埠传到中国又由中国人改进发展了。我想当初鸦片烟进中国时，一些烟民曾尝试用紫砂茶壶来吸大烟，将烟泡放在茶壶盖上，用口吸住壶嘴，从壶盖小孔吸取。后来的烟鬼们在没有烟枪的情况下也有取茶壶吸食的。因此在改良外传进中国的烟枪时，将烟斗设计成一个小茶壶样，算是当时烟民的智慧吧。笔者曾购到一只民国制小型紫泥壶，壶体小巧与一只大号鸦片烟斗从体积和形状看，非常相似。壶体内有一层黑色沉积物，没有陈茶味道，反有一些哈拉油的坚果味。看来这只壶就曾派过饮茶之外的用场。

吸完了烟泡的烟枪，斗外、斗内和烟杆里都留下了一些烟灰，需要用烟籤将其清理，清斗门也是要技术的，一不留神，将斗门碰坏，一只好斗就交待了。清下的烟灰非常可贵，实际上是一种提得更纯的熟鸦片。一般老烟客，会将烟灰和水制成干烟泡，外出犯了烟瘾时，如没有烟具及鸦片救急，用热茶兑着吞两个干烟泡也能挡瘾。

还有渗以饮料、咖啡来饮的，更有将烟灰渗进烟膏重新烧烟泡的。吸了渗烟灰的鸦片，更易上瘾，这样的烟民以后不掺烟灰都过不了瘾。

盛宣怀的小姐盛老三嫁的是李鸿章的侄孙李瑞九，两个人烟瘾都很深，但两人脸上都无烟容，男的儒雅雍穆，女的柔丽华艳。问他们有何妙招，盛三小姐说：第一，他们吸的是不加任何烟灰的清水膏子；第二，他们不困烟灯，吸完立即起身，并不喝浓茶压烟；第三，睡前要喝上一碗生折子鸡的鸡粥。三法一起施用，所以面相少嫩。

张老者曾说穷人加烟灰抽大烟，结局一定很惨。肯定是烟瘾越来越大，花钱越来越多，最后只得落下个家破人亡的下场。

▲ 百年前香港明信片“吸食鸦片”

套色，文人侧卧，一手烟枪，一手团扇。

长 14 厘米　宽 9 厘米

▲ 20 世纪 40 年代法国鸦片吸食者摄影照片复制品

长 15 厘米　宽 10 厘米

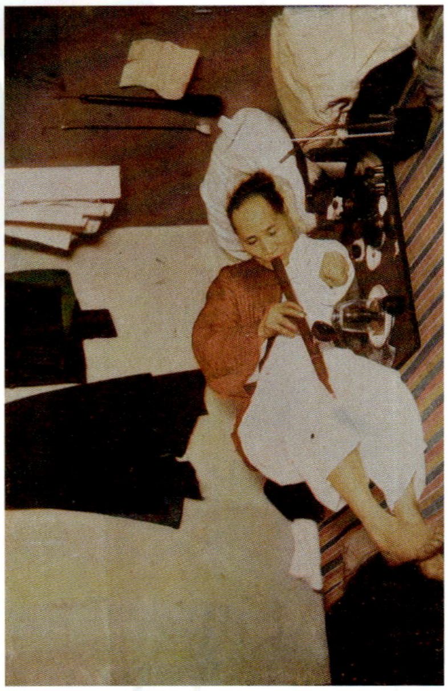

▲ 中国城内吸食鸦片明信片

1907 年印刷，彩色片。

长 14 厘米　宽 9 厘米

▲ 1953 年石鲁绘，名为“印度吸鸦片者”明信片

长 15 厘米　宽 10 厘米

▲ 19世纪末铜版画

“烧袅鸦片烟”
长10厘米 宽8厘米

◀ 20世纪初香港“吸食者”明信片实寄品

M.Sternberg 出品

其中有持鸦片烟炝者、旱烟杆者及水烟袋者

长14厘米 宽9厘米

◀ 20 世纪初美国“中国城中吸鸦片烟者”明信片
Raphael Tuak & Son 出版
其中有亚洲人及洋人吸食者
长 14 厘米 宽 9 厘米

▲ 20 世纪初德国“吸鸦片的中国男人”明信片
F. E. L 公司出版
背景有大清国旗——黄龙旗，盘中有鸦片烟具、水烟袋、舶来品纸烟
长 14 厘米 宽 9 厘米

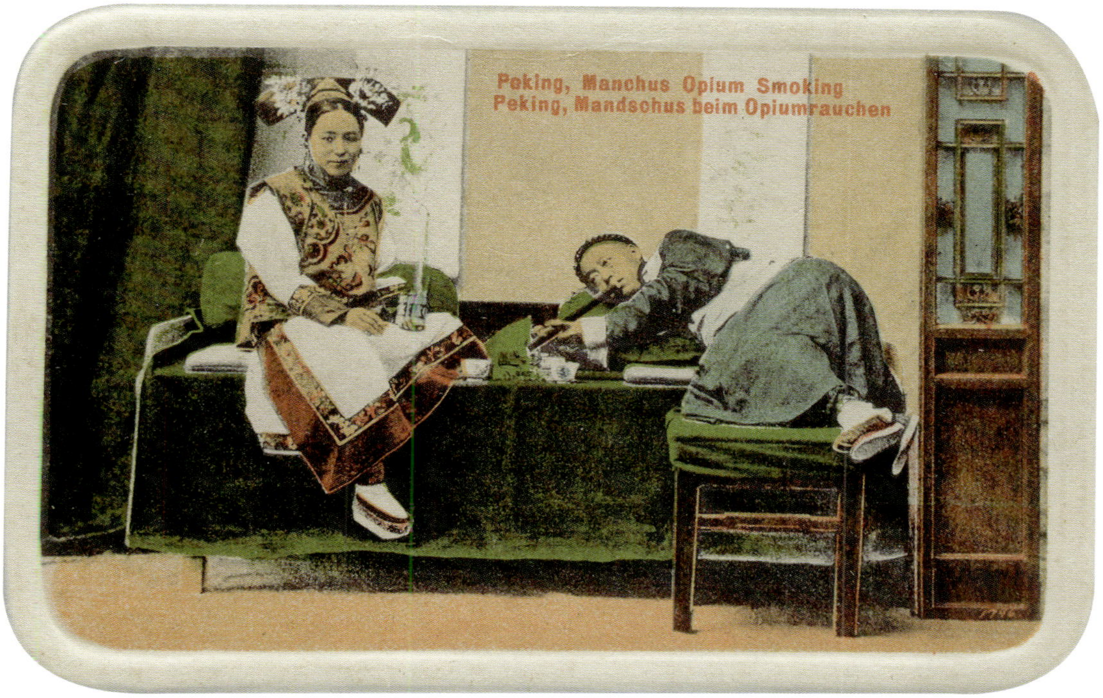

▲ 20 世纪初香港“北京吸食鸦片之满洲人”明信片

长 14 厘米　宽 9 厘米

▲ 20 世纪初美国“华人鸦片烟馆”明信片

长 14 厘米　宽 9 厘米

▲ “HAPRPER’S WEEKLY” 1874.3.7 原刊

木刻纽约的华人

长 39 厘米 宽 26 厘米

▲ “黑鸦片”电影广告明信片

1958 年电影黑鸦片

长 15 厘米 宽 10.5 厘米

▲ 晚清美国华埠秘密鸦片烟馆照片复制品

长 28 厘米 宽 22 厘米

第六节 鸦片之黑籍名人故事

鸦片在中国为害200多年，许多名望之士也不免受其蛊惑。

一、大军机徐桐

李伯元先生在《官场现形记》中以童子良暗指徐桐，曾如此写道：

童子良生平却有一个脾气，最犯恶的是洋人，无论什么东西，吃的、用的，凡带一个“洋”字，他决计不肯亲近，所以他浑身上下，穿的都是乡下人自织的粗布，洋布、洋呢之类是找不出一点的。但是到了50多岁上，因为生病抽上了鸦片烟，再戒不脱。一天在朝房里，有位王爷同他说笑话道：“子良，你不是犯恶洋货吗？你为什么抽洋烟呢？”一句话恼了他，回得家来，就把烟灯、烟枪统通摔掉，对家里人说：“我从今再不吃这捞什子了！”谁知他老人家烟瘾很大，两个时辰不抽，眼泪鼻涕就一齐来了，家里人看他难过，想要劝他，又不敢十分相劝，才劝得一句，他便回道：“你们随我罢，我宁可死也不破戒的了。”后来实在熬不过了，一息奄奄，说不出话来，来拿眼睛望着他大儿子，意思想叫他大少爷替他备办后事。

他大少爷此时也有十八九岁了，读书虽不成，外才是有的，见了父亲这个样子，便追问所以立志戒烟的缘故，当时就有人提起，只因某王爷说了一句笑话，所以把老头子害到这步田地，到底大少爷有主意，想了一想道：“说了洋烟，无怪乎他老人家要不吃了，如今你们只说云南土熬的广膏，云南、广东都是中国地方，并不是外洋来的，自然他老人家没得说了。”家人遵命，慌忙另外取了一付烟盒，端到房中，童子良见了，连忙摇手，意思不要他们进来，后来家人照着大少爷的话回了。方才一连吸了几口，这一顿竟比平时多吃了三钱，方才过瘾。

过了几天，恰巧前头同他说笑话的那位王爷请他吃饭，见面之后，童子良便叫着自己名字告诉王爷，说道：“童某现在不吃洋烟了。”王爷一听大喜，连连夸奖他，说道：“有志不在年高，你老先生竟能立志戒烟，打起精神替主子办事，真正是国家之福。”一面吃酒，一面留心看他到底吃不吃，谁知他吃到一半，叫值席的倒了一碗热茶给他，趁人不见从荷包里摸出一个烟泡，化在茶里吃了，这位王爷是同他向来说惯笑话的，今天拿住了这个把柄，便问他："既然不抽洋烟，为什么还要吞泡呢？"他便正言厉色地答道："童某吃的是本土，是不相干的。"王爷说："吃烟吞泡还不是一样吗？怎么叫做不相干呢？"童子良道："回老爷话，所谓戒烟者，原戒的是洋药，本不是戒的本土。但看各关报销册，洋药进口税一年有多少，便晓得我们中国人吃洋烟的多少。如今先从童某起，头一个不抽洋烟，拿本土来抵制他，以后慢慢另他人，倘或天下人一齐都吃本土，不吃洋烟，还愁什么利源外溢呢？童某并不是欢喜一定要吃这个捞什子，原不过以身作法，叫天下人晓得我是为洋药节流，便是为本土开源，如此一片苦心而已。"王爷道："不想老先生抽抽鸦片烟，却有如此的一番大经济在内。可佩，可佩！"

当时，官场吸大烟成风，六部堂官与各省督抚沉溺于此的大有人在，两江总督刘坤一也是大瘾。

二、名妓赛金花

赛金花原名赵彩云，同治朝首科状元洪钧纳之为妾，并携她出使欧洲。洪钧亡故后，赛金花下课，重赴上海、北京再举艳帜。庚子年八国联军占据北京，赛金花因为略晓德文，所以在稳定市面、解救人犯方面做出一些贡献，李鸿章奉旨求和，也请赛金花帮过忙。一时间曾有"香艳钦差，议和大使"的美称。

赛金花过了盛年之后，六庭车马渐稀，抑郁伶俜，闷思不畅，也就染上了大烟这一口嗜好，每天要吸五钱鸦片才过得去，而且有个毛病，一到要吸的时候，一定要烟枪立即到嘴。有一次夜里从饭局回家，小陈妈的烟泡还没打好，烟灯的灯捻又发生状况，急得赛金花抢过没打好的烟泡吞下肚去，立刻头晕目眩，呕吐不停。有位小报记者得知后，不论青红皂白，在报上发了一条消息，说名妓赛金花与新欢发生口角，一气之下服毒自杀（看来媒体炒作、八卦新闻不是今天才有的）。害得赛金花需要到处辟谣。

三、名伶谭鑫培

谭鑫培又称小叫天，是清末民国以来最著名的老生名伶。早年曾多次在宫中供奉，给慈禧太后、光绪皇帝唱过戏，得到过多次赏赐，直到今天西皮、二簧的很多唱腔还是谭叫天的原创。谭叫天偶尔发现如果抽了几口大烟，嗓子变得有磁性，韵味十足。于是就毅然上瘾。以烟嗓唱老生，确实动听，所以自谭以来，余叔岩、马连良、王凤卿、言菊朋等唱老生的大万儿（现代人把万改成腕，谬也。）全是瘾君子。谭叫天最爱在烟榻上研究唱腔，教授弟子也是在吸大烟之际，一时高兴，说上那么两句。谭叫天是著名的架子大，心高气傲，圈里大家都戏称他为谭贝勒，曾朴先生在《继孽海花》中有一段，谭叫天到内务府堂官杨立山家唱堂会，那桐亲自提调招待的故事。

袁世凯五十大寿，在锡拉胡同袁宅堂会上，谭叫天一出台，还没走到“九龙口”，只见军机大臣那桐站起来，遥遥一揖，让满堂宾客大为动容。

民国以后谭鑫培的架子依然不倒，但和别的同行关系却有些紧张，其中最大的对头是演旦角的田桂凤。当时田桂凤的名声极大，他的“打面缸”排在谭鑫培的“空城计”之后。就是说谭叫天唱压轴，田桂凤唱大轴。但田桂凤架子比老谭还大，每次配戏，谭叫天早就扮好了坐着，田桂凤却慢条斯理地用细油石磨手指甲上的鸦片烟油。一磨能磨上半个小时。最终两人因意见不合分手，不再合作。

民国五年，南海相国徐世昌生日，在东单五条大办寿宴，堂会戏更精彩，戏提调本事大，居然说动谭叫天、田桂凤合演一出“乌龙院”的“坐楼杀惜”（水浒故事，讲宋江怒杀阎婆惜）。两人多年不配戏，说好这次合作大家客客气气，循规蹈矩，把这出做工戏的精妙之外演出来，给梨园后辈做个典范，话虽讲的大方，但二人都互相了解本性，生怕对方临时给自己出什么妖蛾子。所以上台前二人都着意过足烟瘾，比平常多抽了二钱。一到台上，田桂凤首先违反了约定，坐楼谈笑之间，整顿精神，自加新词，将阎婆惜厌恶宋江，手拿招文袋，有恃无恐，尽情恶谑的言行，描画得淋漓尽致。尽管谭叫天见多识广，见招拆招，还是被啃得狼狈不堪。台下观众原本对这出精典戏目都熟得不能再熟了，一听出了新词，立刻集中精力观看，互相还使个眼色“今天算来值了”。谭鑫培实在说不过了，只得求饶，口白曰：“我们两人有二十年的交情，需要为我留点面子才是。”田桂凤反应极快，扬起清脆的嗓子答：“谁人不知我们两人的交情，还留什么面子。”台下顿时哄堂大笑，谭叫天更加窝火，等到了杀惜的时候，总算能够出这口恶气了，照戏本，宋江从靴中拔出刀子，冲过来，杀过去，三个回合就要了阎婆惜的命，谭叫天气极而大卖力气，要杀不杀，平添了好多身段。他有武生的底子，腹筒又宽，每个身段不同，每个身段却又都出奇好看。台下观众见所未见，都看得如醉如痴，有的半天舍不得眨眼，有的口角流涎而不自觉。可田桂凤却苦不堪言，杀惜老生为主，花旦配合，宋江追杀阎婆惜便得尽力迩避，他脚上踩着跷，上了年纪，腿脚也不比当年，要不是烟瘾过得足，这种疲于奔命的戏，早一跤摔在台上了。最后实在跑不动了，田桂凤也求饶了，他跪在地上，合掌而拜“求求您，你早点把我杀了吧。”这下观众沸腾了。之后几十年，曾有幸瞧过这一出的看客，还会津津乐道地提及。

另一次，兵工厂厂长蒋梓舒在崇文门外纺织公所给母亲做八十整寿。大轴是谭叫天和梅兰芳的《四郎探母》，可巧，谭老板在上场前吸食鸦片时，不小心，将一只古月轩京料鼻烟壶掳在地下，摔成碎片，这只壶是老谭心爱之物。心里不痛快，烟也没吸好，瘾没过足。平常仗着排辈大，经常和晚辈小梅拍老腔。上场前感觉身体不适，又不便明说，就让跟包的告诉梅兰芳，今天的戏要好生点唱，梅兰芳却误会了意思，以为谭老板特别高兴，今晚要格外卯上。两人这场戏都用梅兰芳伯伯梅大琐的胡琴，梅兰芳还特别关照了一声，要格外用心些。等一上场，唱到坐宫，是对口快板，梅兰芳用足精力，越唱越快，老谭可惨了，烟瘾没过足，身上没力，唱腔也没劲，心想，这小子不是跟我老头子开玩笑吗，叫你悠着点唱，你倒越唱越来劲了，幸亏谭叫天功夫扎实，临场应变能力也强，能闪就闪，总算没有脱板儿，梅大琐一看情况不对，直给小梅使暗号，梅兰芳这才知道把事情弄拧了。等戏一完梅兰芳还来不及解说，老谭早一甩手走人了，这个疙瘩也就结上了。

过了一段，那桐在王府井金鱼胡同那家花园唱堂会，谭叫天自告奋勇要和小梅再来一出探母回令，梅大琐觉得不对劲，里面可能有事，也只能知会梅兰芳小心一点。这一次老谭过足了烟瘾，而且放下烟枪就扮戏，一到坐宫那段，老谭神满气足，使出全身解数，嗓门起的是又高又亮，对口板如算珠走盘，而且烟榻上想出来的新调新腔，一古脑全使上了。梅兰芳一看，了不得，这是真的较上劲了，事到临头只好咬紧牙，抖擞精神全力应付。过去梅兰芳上台，不管什么样的重头戏，脸上从不见汗，可这一场下来，卸装时，一头一脸汗珠直往下滴答。

后来宗室贝子溥伦和红豆馆主溥侗两人联名，摆过一桌给二人说和，但以后两人还是面和心不和。谭叫天去世，用的六十四抬大杠，五爪蟒缎官罩。北京、天津、上海等地著名同人都来送殡，只有梅兰芳是礼到人不到。

按杨小朵的话："小梅一向对梨园老一辈的，从来是敬老尊贤，执礼顺恭。看来谭老板上回把小梅大概真挤兑急了，实在太伤这孩子心了。"

四、名公子袁克文

乍著微绵强自胜，阴晴向晚未分明。

南回寒雁掩孤月，西去骄风黯九城。

驹隙留身争一瞬，蛩声吹梦欲三更。

绝怜高处多风雨，莫到琼楼最上层。

这首诗是袁世凯推动筹安会，准备登基作皇帝时，袁克文写的。

袁克文是袁世凯的第二个儿子，身上有一半的韩国血统，是袁世凯征朝鲜时，朝鲜国王送给他的姬妾所生，字豹岑，号寒云。袁克文当时属四大公子之首，诗才无双，堪比陈思王（曹植）。上面这首诗，旨在劝戒父亲不要妄登大宝，以遇朝野的寒风暴雨。但袁世凯正热衷皇位，兄长克定更是看中皇太子宝座，所以对袁克文的婉转劝告，非但不听，袁世凯反而命袁克文搬到北海雁翅楼思过，言明不许与当代名士唱和，并加派警卫，不准克文离开北海。

袁克文深晓皇家骨肉相残，人伦沉变的历史掌帮，所以就学魏信陵君，醇酒妇人，不问政事，他在这一段时间，娶了好几个姨太太，也开始收集古玩。以印章和钱币最为丰富。最后为了不被猜忌，将鸦片抽上了瘾。袁世凯登基只做了两个多月皇帝，就被推翻下台。民国政府惩办罪魁祸首，克定自然在列，但袁寒云（克文）未被波及。

袁克文在北京最喜欢的馆子是家乡河南菜馆盛德福，北京的老字号饭庄、饭馆通常都名为某某楼，某某堂，某某轩，某某居。还真找不出什么福，其实这个盛德福是开在前门大栅栏，原是个鸦片烟馆。始建于清光绪二十八年（1902 年），这家烟馆因民国禁烟而倒闭，接手的河南餐馆为了避免注册麻烦也就没有改字号。也还是原来的小门，单电灯招牌，初到北平的人还找不到呢。厚德福酒楼近年先在礼士路，后搬到德胜门内大街 262 号，听说最近也关张了。

袁克文最爱吃厚德福的三样菜，第一个是红扒熊掌，这是当年河督的名菜，后来原料稀缺，厚德福只做代客加工；第二个菜是黄河鲤鱼，这家店里做的毫无腥味，吃完的鱼骨还加汁放上炸面再送上来；第三个菜是铁锅蛋，也叫涨蛋，端上来时，一边冒着青烟，同时还吱吱地响。袁寒云移居上海后，吃不到铁锅蛋了，他自己想办法，在吸鸦片时，同时点起两盏太古烟灯，一盏吸烟，另一盏上面架着一个小铁架子，上面座着一个小型铜锅，用上好的蒋腿三肥七瘦剁成末，调入蛋中。这边三筒鸦片吸完，那边铜锅蛋也熟了，一开盖确实顶锅香。

袁克文因在上海没有政治势力，便请人介绍入了清帮，他还请师兄代师收徒，做了行辈为大字辈的帮友。当时活着的清帮前辈，最大辈分就是大字辈。也有很多空子，冒充在帮，都说自己是“通”字辈，本师是“皇二子”袁克文。这样越传人越众，害得袁克文只能在上海晶报上辟谣，并把正式收入的门生开列名单，一共只有 16 人。

袁克文后在上海坐吃山空，只能卖字维生，但他不到黑粮不济，弹尽粮绝的时候，绝不动笔。实在没办法了，就躺在烟榻上，让两个书童将一张宣纸扯平，举在克文上方，袁克文躺着用毛笔向上一挥而就。书童盖上印章，就能去换钱。

袁克文一生姬妾众多，知道名字的就有温雪、眉云、无尘、小桃红、雪里青、琴韵楼、苏台春、小莺莺、花小兰、高齐云、于佩文、唐志君等。在上海遇到富春楼老六，袁克文爱她浓艳冷香，善解人意，还烧得一手好烟，本想纳为内宠，但当时直鲁联军首领张宗昌手下的大将毕庶澄，迷上了富春楼老六，三天两头往富春楼跑。袁克文竟不管不顾和拿枪的丘八冲突。有会看相的朋友劝他，富春楼老六命犯七煞，结理后恐有不测，袁克文这才丢开手。谁知没过几个月，张宗昌恨毕庶澄治游不治公，没将发行债券一事办好，就被打出上海，于是派褚玉璞前去宣布罪状并执法。一枪毙杀了毕庶澄。袁克文算逃过一劫，民国二十年（公元 1931 年）三月，袁克文因患猩红热不治，年仅 42 岁。

袁克文去世后，身后丧事都是朋友们操办的，办的也很风光，灵堂里的挽联挽诗，层层叠叠，以至无处悬挂。最出名的挽联是黄峙青的："风流不作帝王子，更比陈思胜一筹"。

五、直鲁军阀褚玉璞

褚玉璞出生于光绪十二年（公元 1887 年）七月，地点为山东汶上县本九区褚家庄，童年家境贫寒，青年时终日放荡不羁，为人骠悍狡诈，反复无常，在鲁南山区拉起大帮，当了土匪。

手下人马达到 3000 人时，被清政府派兵清剿，手下大半溃逃，他带领残匪投靠了陈其美手下的张宗昌，张宗昌也是草莽性格。褚玉璞手里有两件珍宝：一件是一匹赤身银鬃宝马，一件是翡翠并蒂莲莲蓬斗烟枪。烟斗是用翡翠雕的，有两个并蒂莲双斗门。一次可以吸两个烟泡。褚玉璞晋见张宗昌，见面礼就是这只烟枪。张宗昌本也是黑籍中的资深人士，一生最大的爱好，就是吃狗肉，抽鸦片。送他烟枪正是投其所好，两人一拍即合。张宗昌问他为什么外号叫褚三双？原来褚玉璞是因为他能双手放盒子炮，百发百中；二是要起双刀，泼水不进；三是用双斗门烟枪，两口大烟一起吸，能吹出冲锋号的声音来。张宗昌兴趣很高，让他当众表演，褚玉璞手持两管德国造三号匣子枪，抬手就打，无论单发、双发都是命中靶心。接着又施展一路五虎断门刀，刀光闪闪，渐渐人刀不分；最后表演烟枪吹号。这时褚玉璞陈明效帅（张宗昌字效坤），一定要卧吸才可奏效，张宗昌命人抬出自己过瘾的烟榻。褚玉璞点开烟灯，自己打成姆指大的烟泡，就在大家面前卧倒，对好烟灯，一口气吹起冲锋号来，把张宗昌和众军官笑得乐不可支。

在军阀混战中，褚玉璞崭露头角，从连长干到军长，后随张宗昌投靠了东北王张作霖。喜峰口一仗，直鲁联军大败冯玉祥，褚玉璞作为副司令，带兵占领了天津，在军事会议上被任命为直隶督办兼省长。这是前清督抚的要缺，相当于直隶总督北洋大臣。褚玉璞到达了人生的官运顶点。任职期间，横征暴敛，搜括民财，培植同乡亲信，当时有句顺口溜："会说汶上话，便把洋刀挎。"他驻在天津，看中天宝班的一个 16 岁的小姑娘，便马上花 2000 大洋纳为五姨太。

五姨太年少好玩，经常出去看戏，迷上了刘汉臣的武生戏，后来向刘汉臣的把兄弟汪派老生高三奎要了一张刘汉臣《卧薪尝胆》剧照。后来刘汉臣、高三奎到北京第一舞台献演，五姨太亲自乘胶皮车到军站送行，竟被八卦小报记者添油加醋、无中生有地编造出一件"桃色新闻"。这事早有耳报神传给褚大帅，褚玉璞最怕戴绿帽，回家斥问五姨太，五姨太当然不服软，褚玉璞立即翻检五姨太的东西，发现这张剧照，更是怒不可遏，五姨太受了冤枉，便不知深浅地和老褚对骂起来，褚玉璞土匪习性发作，拔出手枪，两枪打死了五姨太。即使这样，褚玉璞怒气仍未消，马上给直隶省军警督察处处长厉大森发去密电，称伶人刘汉臣、高三奎以演戏为名，宣传赤化。厉大森接令后马上到北京第一舞台将刘汉臣、高三奎捉拿回天津，伶界马上展开营救运动。当时北京伶界领袖杨小楼、余叔岩、梅兰芳联名给张宗昌发去保释刘、高的电文。同时还通过李景林给第八军军长、海军总司令毕庶澄献上重金，请他帮忙。

褚玉璞在徐州同时接到张宗昌和毕庶澄的求情电报，可他这口气仍咽不下去，便命人立即将刘、高二人枪决。然后回电给张、毕二人，曰："电文到日，刘、高二犯已枪决，甚惋。"可怜刘汉臣、高三奎二人，临死都不知道犯的是哪家王法。

后来著名作家秦瘦鸥以此事为素材，创作了小说《秋海棠》，一时风靡全国，连续再版、加印，历 80 年而不衰。

褚玉璞的下场也不佳，褚玉璞的当年部下刘珍年与褚玉璞早有旧怨，他整编了五个师，加特种部队号称胶东王，在与张宗昌、褚玉璞作战中先败后胜，张宗昌出海逃走，褚玉璞投降，刘珍年在收到赎金后，仍然处死了褚玉璞。看来恶人自有恶人磨吧。

六、盗墓将军孙殿英

孙殿英是河南永城人，光绪戊戌年生（公元 1889 年），自幼家贫，年龄稍长后，结识流氓、赌棍，出入大小赌场，练就一手出神入化的老千技巧，成为当地公认的赌博高手，弄到了人生第一桶金。

后来投骰从戎，最早跟的是淮军姜桂题部，淮勇将领自李鸿章始，一般都是读书人，不是举人，也是秀才，唯有姜桂题是营混子出身，粗鲁不文，字也识得不多。有一次在防区的集市看见有店铺支起大型布招，上书"賣挂麵"，姜桂题停足大骂："谁这么无聊，把老子的名字写在招牌上。"姜镇的兵勇军纪极坏，营务废弛。孙殿英倒是如鱼得水，他以军职作掩护，居然开了一个鸦片作坊，制作并贩卖鸦片。他自己有时亲自动手制出鸦片，并加盖"殿鹰"商标（现在看来他还很有品牌意识和炒作水平）销往各地，他还加入了一贯道，招收不少徒子徒孙。

1922 年，吴佩孚驻守洛阳，严令禁毒，通辑毒犯孙"殿鹰"。孙殿英逃往陕州。先投河南豫西镇守使丁香玲，在其保护下，继续制造贩卖鸦片，同时还开启了白粉、红丸、金丹的生意（虽然思想与时俱进，但白粉、金丹等化学成分复杂，科技含量较高，不是小作坊能操作的。大概只是倒买倒卖）。

1922年，趁第二次直奉战争之乱，孙殿英率机关枪连及骑兵连在陕州哗变，立即流窜，招兵买马，带起了一支几千人的队伍。

之后孙殿英连投憨玉昆、叶荃、张宗昌，频频改换门庭。孙殿英部军纪很差，他在山东的第五师，是著名的祸害师。后与冯玉祥部作战中被击溃，只得接受蒋介石改编成为国民革命军，成为第十二军军长。

孙殿英虽然成为国军，但蒋介石对杂牌军的粮饷一向是打折发放的，孙殿英只得重操旧业，以贩黑养军，他曾送给上海大亨黄金荣价值20万两银子的鸦片，目的是让他的“殿鹰”牌大烟能够流通进上海租界。

1928年6月，孙殿英率部驻在河北蓟县，清东陵正是他的防区，当时有惯匪马福田，带领一股匪徒来东陵盗墓，孙殿英动用一个团的兵力，打垮这批匪徒。正是这个经历，一个筹饷的方法涌入孙殿英脑海：“土匪动得，为什么我动不得？”

6月下旬，孙殿英借口军事演习，在东陵三十里内戒严，命工兵用爆破方式打开墓道，先后挖开慈禧太后及乾隆皇帝的坟墓，盗得珠、玉、翠、牙、金器、法书、绘画等一大批文物。装在大箱中，由孙殿英亲手加封、盖章，送到蓟县司令部。

这批珍宝，至今下落不明，但还不时民间会有“孙殿英藏宝图”出现。另有一种传说，这些珍宝被国民党带到台湾云云。

我认为孙殿英所盗珍宝，可能是一小部分被手下浙籍军官吞没，另一小部分事发之后，用于上下打点。有人说：“宋美龄、宋子文、孔祥熙、戴笠、徐源泉、阎锡山等人都曾得到过好处。孙殿英手中还留有几件自己最喜欢的宝物。”

很有可能大部分珍宝已经换成给养、饷银和军火了。孙殿英认为实力才是生存的硬道理，与其坐拥宝物，被别人抢夺追杀，不如换成人、枪，以实力说话。

据考证，孙殿英曾派手下师长谭某人前往六国饭店洽谈生意。六国饭店长年居住几个白俄和捷克军火商，他们卖出军火，在中国收集文物带回欧美。

当时北京琉璃厂各古玩店传言，东西在六国饭店成交价最高。我想孙殿英的珍宝就是这样换成大洋和军火的。作为旁证，后来谭姓师长被法庭传讯过，一起被传讯的是作为中人的北京大古玩商黄伯川。

这批东西应该远赴欧美，到了一些不知名的国际收藏家手中。估计有部分毁于第二次世界大战。余下的有些可能被捐到世界各大博物馆，有些仍在欧美沉淀。不时会有一两件跳出来，出现在各拍卖行，当然已经被洗白了。

祖坟被挖，前清的遗老遗少如丧考妣，住在日租界张彪宅子里的溥仪更是悲痛万分，他上告蒋介石，要求严惩凶手，社会各界也声讨不绝，但经过孙殿英金弹操作，查办只是雷声大雨点小，最后不了了之。

溥仪气愤至极，过去冯玉祥逼宫，将他赶出紫禁城，都没有孙殿英盗墓对他的打击大。加上蒋介石中央政府连一封安慰信都没有，这让溥仪最终下定决心，和国民党分道扬镳，接受了日军中国通土肥原贤二的诱骗，出走东北，成立了伪满洲国，并担任执政和皇帝。所以有人说：孙中山缔造了中华民国，孙殿英“缔造”了伪满洲国。

因为孙殿英曾恬不知耻地为自己盗墓辩解：“满清杀了我祖宗三代，不得不报仇革命，孙中山有同盟会，国民党革了满清的命，冯焕章（冯玉祥）用枪杆子去逼宫，把末代皇帝溥仪和皇族赶出了皇宫，我孙殿英枪杆子没得几杆，只有革死人的命。不管他人说什么盗墓不盗墓，我对得起祖宗，对得起大汉同胞。”

中原大战，冯阎倒蒋，孙弃蒋归阎，到张学良易帜拥蒋，提兵关内时，孙殿英又倒了边，改投了张学良。

九・一八事变后，孙殿英率第四十一军在赤峰阻击日军，仗打得很艰苦，但比起其他东北将领一触即溃，还算是可圈可点。在抗战初期，他的队伍中有很多共产党、共青团和左派青年。他的将领宣侠父就是共产党员。

七・七事变后，蒋介石借刀杀人，将孙殿英的部队解散，但孙殿英又将溃兵、警察、土匪以抗日的名义拉出一万多人，当上新五军军长，归战区长官庞炳勋指挥，孙殿英尽力讨好庞炳勋，重作冯妇，亲自为庞熬制烟膏，他用海洛因和鸦片混合起来熬出烟膏，抽惯了这种烟膏，别的烟土熬的膏就过不了瘾（写到这里想起笔者一位相识，是位协和毕业研究生，忽发奇想，用辉瑞公司的伟哥有效成分加入二锅头，创出一种“神酒”品牌，在一段时间风靡市场，后被取缔。）

1943 年 4 月，日军用几个主力师团 20 万人，进攻太行山区。孙殿英在被包围的情况下率部投敌，做了汉奸，日军要求孙殿英劝降庞炳勋，孙殿英知道庞炳勋吸惯了自己加白粉的烟膏，一定会派人到镇上寻买大烟，所以借这个机会，将庞炳勋诱捕。庞炳勋在孙殿英的劝说和特制鸦片的诱惑下，叛变投敌。真可叹，鸦片这东西能将一个抗日英雄、台儿庄战役的功臣变成了一个汉奸，魔力太大了。日军组建伪军第二十四集团军，庞任总司令，孙任副总司令，驻在新乡，此时，孙殿英也变换面孔彻底和八路军翻了脸。

岗村宁次在回忆录写到：“1944 年 3 月 22 日，我在北京宴请了全部降将，有庞炳勋、孙殿英、孙良诚、张岗峰、杜锡钧、李守信、吴化文、胡毓坤、荣子恒等，并进行了恳谈，当他们得知不久将发动进攻时，仍表示碍难参加对中央军作战，但愿协助维持地方治安……他们到北京或在当地初次见到我时就说：“我们不是投敌叛国的人，共产党才是中国的叛逆，我们想和日军一起消灭他们的。如果贵军要与中央军作战，我们不能协助。这点请能谅解。”这就解释了为什么国民党正面战场，与之对阵的都是日本军队，而在根据地，八路军对上的大多数是伪军。

1945 年 8 月日本无条件投降，孙殿英又向蒋介石献忠，蒋介石知道孙能打仗，内战用得上，所以将孙的部队重组成新编第四路军。孙殿英在内战戎间积极为蒋介石卖力。

1947 年春，刘邓大军包围汤阴，孙殿英据险顽抗，以为蒋介石会派兵解围，谁知蒋介石回电曰：“望兄以当年守亳州的精神顽强坚守，顽强坚守！”这才是对着光头骂贼秃。当年中原大战，孙殿英在阎锡山命令下，坚守皖北重镇亳州城，蒋系军队屡进屡挫，伤亡惨重。所以蒋介石对此一直耿耿于怀。

孙殿英接到电报大骂蒋介石，说：“老蒋身为大总统，一肚子鸡零狗碎，党国岂有不败之理。”

5 月 1 日，陈赓部十六旅、廿七旅攻破汤阴城防，并迅速推进。孙殿英率司令部退到石家庄，五十三团跟进，乘夜爬越壕沟围墙，孙殿英见大势已去，现身投降。当时缴掉他带在身上两只枪。在刘邓首长准备见孙殿英的前一小时，保卫部门根据孙殿英身上藏枪多的传言，又对孙殿英搜了一次，果然在礼帽中搜出一只小手枪。

孙殿英被押解到河北武安县战俘营，因戒鸦片，引起多种病症，不久因救治无效而亡。

七、名媛陆小曼

陆小曼原为陆军次长（国防部副部长）王赓的夫人，著名现代诗人徐志摩追林徽因不成，改为追求陆小曼，陆小曼作为新女性代表，立刻接受这份感情，与王次长离婚后，改嫁徐。陆小曼多才多艺，画得一手好画，票几出京戏也是中规中矩。但这个有绝代佳人之称的名媛却受了上海名票翁瑞午的诱导。翁端午本是世家子弟，家境富裕，本人有一座茶山，还有祖上传下的很多古玩字画。在天马会彩装献演时，陆小曼和翁端午合作唱了一出“贩马记”和一出“玉堂春。”翁端午就借说戏为由，柔情款款地缠上了陆小曼，小曼自幼体弱多病，翁端午会推拿，在给小曼推拿时，要点上烟灯吸几筒，还劝小曼也板个尖（开灯后，抽的第一筒烟）小曼不时香一筒，日久天长也就抽上了瘾。陆小曼本来就能花钱，抽上鸦片，更是所需多金，徐志摩一介书生，虽用尽气力，给各刊投稿，甚至做房产中介，也满足不了娇妻所耗。徐志摩见小曼越陷越深，一直劝她戒烟并远离翁瑞午。两人为此时时绊嘴，最后反目。有一次，两人吵架升级，陆小曼突然发了小姐脾气，从烟榻上抓起烟具，从楼上掷下楼来，有一只白铜烟盘正好从徐志摩额角飞过，虽然只擦伤一点油皮，却将徐志摩的近视眼镜打得粉碎。诗人愤然离家，一怒之下乘飞机飞往北平，打算重回大学教书。不幸飞机在济南附近的党家庄上空遇雾撞山，机毁人亡。一代大诗人，英华早没，魂归文曲了。小曼得知消息后，深感内疚，从此终生着素服以纪念志摩。但她原本就体弱多病，加上心情郁闷，大烟抽的越来越多，满脸烟容，面目青黑，骨瘦如柴，哪里还有一丝名媛的样子。解放后，翁瑞午茶山被没收，古董字画变卖一空。1961年大病一场，不治身亡。弥留之际，唏嘘对来和他诀别的陆小曼说了句良心话："我劝你抽鸦片，我把你害苦了。"

陆小曼并无恒产，坐困愁城，陈毅元帅同情她，作为志摩遗孀，给予介绍，让她教授绘画，但不久后也香消玉殒，随阿芙蓉轻烟逝去了。

八、名伶言菊朋

著名京剧老生言菊朋年轻时，就享大名，饮誉之盛超过了余叔岩。想当年，他作为名票，和尚小云在大饭庄福寿堂合作"汾河湾"，大放光彩，一句"家住绛州县龙门"倒板，用真嗓挑起来唱，韵足气爽，满式满调，余叔岩和张伯驹在台下搂叶子（偷学），都称赏不已，自叹不如。

言菊朋刚下海就南下上海，和梅兰芳同台在黄金荣的舞台献艺。此时正是言菊朋的艺术巅峰。还有一班上海的老谭迷天天在捧，一时在沪上名声大振。

言菊朋将谭派分成新旧两派，自命为旧谭派正宗传人，他言谈举止、爱好和习惯，处处都模仿谭鑫培。老谭爱闻鼻烟，言菊朋也淘换只京料内画鼻烟壶揣在身上，动不动就嗅上一溜。老谭进后台扮戏前要先洗鼻子，言菊朋也照方抓药，后台总有他的一只铜水盆。言菊朋生就的一张西字脸（短而宽）为弥补缺陷，他上台扮老生，必戴一顶高方巾，并把髯口弄得非常短。梨园行说话不饶人，有人说他："高帽子，宽脸子，短胡子，洗鼻子，外带装孙子。"给他起个外号号"言五子。"这也刻薄到家了。

另外，老谭嗜好吸大烟，言菊朋更是照单全收。他夏天爱穿黑纺绸大褂，冬天爱穿黑摹本缎的棉袄。他家住在北新桥箍桶胡同，而唱戏的地方在旧刑部街哈尔飞大戏院，从北城到西城，就是包汽车，也要走半个多小时，如果在家抽好鸦片，等到了戏园子，前半齣有烟劲顶着还可以，但到了后半齣，烟力一过，可就抗不住了。民国的时候，禁烟时紧时松，而梨园行的规矩，多大的万儿，也不能在后台点灯过瘾。幸亏言菊朋的好友桑多罗大律师，住在西单白庙胡同，隔一条胡同就是刑部街，所以只要哈尔飞有夜场戏，言三爷准是先到桑宅过足了烟瘾，然后再去戏园子。桑大律师虽然招待言三爷上好鸦片，但言三爷在烟灯前喜欢一边烧烟，一边给桑律师教戏，得！烟膏钱就当交了家教学费吧。言菊朋给他进身段的时候，用烟签子比比划划，将烟膏子甩得满身都是。

有一次桑多罗求他教《让徐州》，他偏偏给说《伐东吴》，桑律师不痛快，故意把装烟膏的瓷缸子藏起，想出他个洋相。等言三爷到了，就告诉他烟膏子刚抽完，新的还没来得及熬呢。言三爷无可奈何，点上烟灯发呆，忽然看见袖子上有以前甩上的小块烟膏子，于是扒下衣服，左抠右刮，居然让他打成了几个烟泡过瘾。桑律师见状无计可施，对言三爷说："您的这件黑大褂，可真是名副其实的富贵衣啊！"

言菊朋成名以后，脾气越来越大，以前傍他的是琴师高手陈彦衡，后来也闹翻了，接着找的琴师是郭眉臣的侄子郭五，两人天天琢磨着创造新腔，主张以腔就字，用的疙瘩腔，十八弯越唱越怪，除了郭五跟他熟，能托得严实，梨园行的名琴师个个摇头，谁也不敢给言三爷拉琴。

言菊朋最看不起马连良，说马回回贫腔俗调，满口倒字，给马连良起外号叫"马大舌头"。但言菊朋的儿子言少朋却看不惯乃父的自创腔调，反而非常欣赏马连良，后来还拜马连良为师。言菊朋窝火之余，自我解嘲：大丈夫难免妻不贤子不孝。好像为了印证他这句话似的，他的夫人高洁云加入电影演艺圈后，居然韵事频发。

后来，言菊朋的鸦片越抽越勤，嗓子真的回去了。加上他的唱腔越来越怪，欣赏他的戏迷就逐渐少了。幸亏他钟爱的两个女儿，慧珠、慧兰也长大了。慧珠扮相柔嫚修婷，人又聪明，唱腔武功都不错，会演全套梅派戏。慧珠搭上老父的班子，卖座又上去了。但有一点，如果慧珠在老爸前面唱，唱完以后，客人抽签，竟没人听言菊朋，如果放在老爸的后面唱，言三爷的脸面搁不住。结果父女俩大吵一场，从此分道扬镳。

有一年，言菊朋在上海演唱，言慧珠赶到上海，唱开了对台戏。结果是一边人头攒动，一边冷冷清清。言菊朋知道在上海唱不过女儿，躲到芜湖，但嗓子已让鸦片压得完全不济事了，只凭着假嗓鬼音对付。上海名票大律师鄂吕工，公出路过芜湖，听了一出言菊朋的《火烧连营》带《白帝城》，把刘备托孤一场唱得哀恻凄凉，气若游丝，简直是哭起来了。鄂律师回到上海，把乃父穷愁凄苦的情况告诉言慧珠，总算言慧珠念及父女之情赶到芜湖，把老爸接回上海。从此言菊朋就隐出戏台了。谭派以后就再没听过言菊朋的满宫调。偶尔言慧珠反串，来个一赶三的《二进宫》或《让徐州》，倒也可以乱真。

言菊朋的艺术生命就这样毁在鸦片烟上，唱老生的只知道烟嗓好听，孰不知却也能透支艺术生命呢。

▲ 黄杨木雕夫妇鸦片吸食雕件

清末民初黄杨木雕件，清装夫妇对躺烟塌吸食鸦片，男留辫，女缠足

长 9 厘米 宽 5 厘米 高 2.5 厘米

2013 年购于姚华先生处

▲ 20 世纪初香港“吸鸦片者及友人”明信片

C.Plens Kowloon 出版

长 14 厘米 宽 9 厘米

◀ 20 世纪初法国“东南亚吸鸦片者”明信片

L.Carsple Seisen 出版

长 14 厘米　宽 9 厘米

◀ 20 世纪初“中国鸦片吸食者”明信片

Gevaect 出版

吸食者似民国时期装束

长 14 厘米　宽 9 厘米

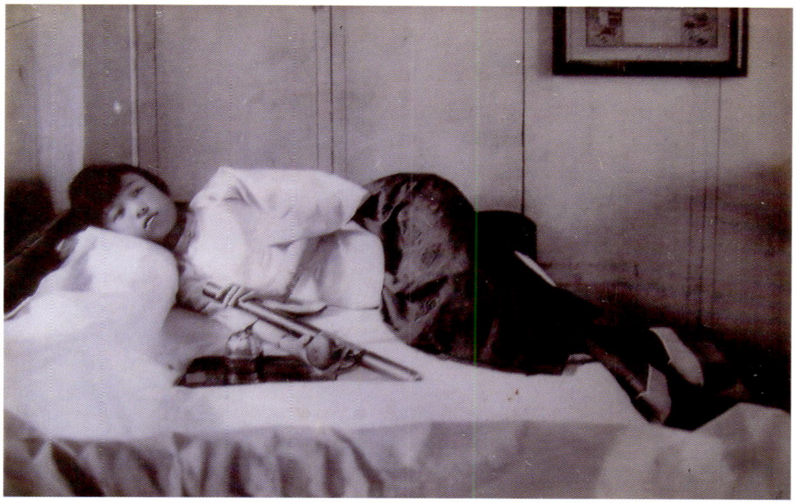

◀ 中国山西富家女吸食鸦片照片原件

长 18 厘米　宽 10 厘米

第七节　中英鸦片战争与鸦片烟害

关于鸦片战争的资料在很多教科书、史学著作、文艺作品中反复出现，在这里只做简单介绍。

康乾盛世晚期，中国经济表面看起来非常繁荣，但脚下却已暗流涌动。乾隆成就的十大武功，已将雍正准备万一急需时备用，所建封椿库中的银官宝，用了个爪干毛净。乾隆时期所经历的都是境外局部战争，而整体军事实力还是在下降，有明显的重文轻武趋向。青年子弟如果能中秀才、举人、进士，或考上公务员当文官，就绝不会考武举去当武将。当时的情况是，一个二品文官（巡抚）可以将一品武将（绿营提督）喝来呼去。1793 年，英使马戈尔尼出使中国，在给英王报告中这样写道："中国人虽然迷信，他们的佛教、道教、喇嘛教很流行，但不是宗教，如果勉强可以说是宗教的话，那就是作官"。

中国不曾与别国订立条约，没有官方通商，不知世界大势，闭关自守。没有成规模的工业，没有真正的银行业。加上官员腐化，旗营满兵追求享受，绿营暮气沉沉……照曹雪芹的话说："如今外面的架子虽未甚倒，内囊却尽上来了。"如今骆驼已没有以前那么强壮了，这落在它背上的最后一根，不是稻草，而是如桅大木——鸦片。

最早，中英之间的贸易一直是顺差，中方的红茶、瓷器（青花、粉彩、广彩）、中药、丝绸……一直是西方人的最爱，每年有稳定的大量需求。而对于英方的优势产品，如细纺棉布（又称机器布），中国人却兴趣少少。英制棉布，的确比中国土布精良得多，但中国人信奉"贫者着棉麻，富者穿绸缎"。对于英制机纺布，中国人贫者买不起，富者不屑买。因为丝绸中的织锦、縴丝、纳纱、熟罗、亮纱、摹本缎、大缎、香罗纱比英国的机造布质量高得多。

而英国最新的蒸汽机、火枪、开花大炮等利器，对清政府而言，不过是雕虫小技。乾隆朝大将军福康安对英军的火器操练不屑一顾："这种军器操法，量也没什么稀奇，看也可，不看也可"。当杂要看看还行，若要花钱买，免谈。

对英国的钟表、乐器等，中国人即使消费，也占不了太大的贸易配额。这种巨大的顺差持续了几十年，直到鸦片隆重登场。

鸦片伴随新式吸食方法，先进入沿海港口城市，然后如水银泻地般的速度，以几何级数的增长率，迅速流入内地各大中小城市、乡镇、农村。马克思说："资本逃避动乱和纷争，它的本性是胆怯的。这是真的，但还不是全部真理，资本害怕没有利润或利润太少，就像自然界害怕真空一样。一旦有适当的利润，资本就胆大起来，如果有10%的利润，它就保证到处被使用，有20%的利润，它就活跃起来，有50%的利润，它就铤而走险，为了100%的利润，它就敢践踏一切人间法律，有300%的利润，它就敢犯任何罪行，甚至冒绞首的危险。”

鸦片的利润毫无疑问是暴利。东印度公司每箱大土出行价约为100洋元（东印度公司铸出的鹰洋和站人银币），在广州海港成交价400多元，到了内陆零售价为4000元左右。这巨大的利润，不仅让外国商人，也让中国十三公行商人、中国广州缉私官员、中国内地各级土膏商贩趋之若鹜。直到20世纪80年代，在产地金三角1公斤从鸦片加工合成的海洛因，当地价格为6000美元，而在美国的零售价为每公斤300万美元。正是这巨大的利润诱发巨大的犯罪。

道光十八年（公元1838年）大量进口鸦片，共进口28307箱，付给洋商大量银元银两，导致贸易逆差持续出现。这就让这位连粉条汤都舍不得喝的皇帝恼怒了。本国军民沉溺鸦片，失去作战和生产的能力，同时又导致大量纹银流出。双重的麻烦，促使道光皇帝下了禁止鸦片的决定，并指派持禁烟论最坚决的大臣林则徐作为钦差前往督导禁烟。

林则徐这个后世敬仰的民族英雄以最朴素的方式，以最快的速度赶往广州（不带师爷，不带书吏，自雇轿夫，不准沿路官员办差）。

在当时，像林则徐这样有操守、有道德、一心办实事的官员，也绝非凤毛麟角。

林则徐之所以得享民族英雄之大名，个人素质是一方面，另一方面也是他运气好得出奇了。首先，他以强硬方针逼外国商人上缴鸦片，受各国列强全面保护的从事非法交易的商人，居然照办了。所有囤积的鸦片，全部交送大清钦差。其次，林则徐收缴的18197箱及2119袋（一袋相当于一箱）鸦片，没有一两被卖、被盗、被换。而是在虎门加上生石灰彻底销毁，让全世界看到中国人民远离毒品的决心。其三，在义律被赶到海上后发生的九龙及穿鼻洋小规模炮战中提督关英培英勇督战，中英双方各有死伤，因大清水师虚报战功，林则徐上奏获胜。其四，在1848年，英国皇家海军派出主力战舰三只、战舰十一只，蒸汽战船四只，和一批运输舰及补给舰。这时英方军事力量大大超出林则徐防守力量。但义津认为打下广州不足以让道光皇帝感到心痛，决定主力北上，攻陷了宁波的重镇定海（舟山）。林则徐未因失土而担责任。其五，道光皇帝因失定海，迁怒林则徐办事不利，革职发配新疆伊犁。命满州人能员琦善以钦差之名来广州，办理善后，琦善战和两难。最后在义律哀的美顿书的威胁下，只得匆忙备战。1841年1月，英军以绝对优势的火力侵入沙角、大角炮台，后攻虎门，民族英雄提督关天培阵亡。在之后的广州大战中，大将军奕山、副帅隆文、杨芳虽尽了全力，仍大败，不得不交出600万元退兵费给英军。在这一场连连失败的保卫战中，虽然林则徐临时充当杨芳的高参，但不负失城责任。其六，林则徐在发配途中，大学士王鼎奏请，林则徐襄助办理河工，第二年，工程合龙，林文忠又办了一件利国利民的好事。其六，林则徐在继续发配的路途中，受到沿途官员、士绅、百姓的热烈欢迎及欢送，他们不认为林则徐是罪臣，而是忠臣。被发配地的大小官员也非常善待林则徐。其七，太平天国运动爆发，朝廷重新启用林则徐去镇压这场农民运动，林则徐奉旨出发，幸运的是，未到领地，就患病不治而亡，也成就了他一生的好名声。如果从事了镇压洪杨起事，他的威名也就被玷污了。

时至今日，林则徐还是清代最大的民族英雄，上世纪 90 年代，英国交还香港，中华人民共和国外交部特派老外交家林青（林则徐第五代玄孙）前去签约。

中英鸦片战争是一边倒的。英人连续将厦门攻下，总督颜伯焘被革职。虽有重兵把守的舟山，总兵王锡朋、郑国鸿、葛云飞以下军官数十人阵亡，舟山失守。接着镇海、宁波失守，总督裕谦自尽。

道光二十二年三月（公元 1842 年），扬威将军协办大学士宗室奕经发动宁波反攻战役，分三路同时发兵，伤亡 600 余人，而英军仅死一人，又以失败结束。英军再犯慈溪，主将朱贵阵亡，慈溪弃守。英军侵犯乍浦，虽受到清陆军最顽强的抵抗，英军上校汤林森被鸟铳铅弹射穿颈部，战事结束，副都统长喜自杀身亡。英军在乍浦停留几天，五月进攻上海吴淞口，提督陈化成亲自在主炮台督战，后因士兵牺牲过多，陈化成自己也充当填炮手，最后与吴淞口炮台全部守军一同战死。上海城的官兵，丢下有 200 门大炮的工事逃亡，上海失陷。

英人沿长江北上，攻占镇江，镇江守军在破城后，进行了巷战，使英国人付出了代价。37 人死亡，128 人受伤，3 人失踪。清军主将副都统海龄自焚。镇江失守。扬州付出赎城费。在南京城下，道光皇帝不得不承认失败。

► 英文版“GLEASON’S PICTORIAL DRAWING–ROOM COMPANION” 1855R 年剪报

《中国鸦片走私及贸易》

内刊有 1842 Patma 鸦片的包装

长 36 厘米　宽 22 厘米

GLEASON'S PICTORIAL DRAWING-ROOM COMPANION.

OPIUM SMUGGLING IN CHINA.

alpacca. There seem to be some pair in Germany, but the most curious experiment of all, from the circumstances under which it has been tried, is that made by the King of Holland, William II., in one of his parks near the Hague. On the flats of Holland, as in Paris, in England, and in the mountains of Scotland, the lama and alpacca have succeeded perfectly, and in a few years a flock of more than thirty individuals has been formed. The time is therefore near at hand,—everything warrants the conclusion,—when we shall witness the naturalization in our mountains, of a species destined to rank at once with the most valuable of our domestic animals. Peculiar among all of them, it will serve at once as a beast of burden, and furnish food or wool. Each of the varieties having its peculiar advantages: one, for instance, the lama, being most robust and best adapted to carrying burdens; the other, the alpacca, laden with a fleece as remarkable for beauty as for abundance; sometimes growing to such a length as to sweep the ground. In 1765, Buffon wrote, "I imagine that the lama, the alpacca and the vigogna would be an excellent acquisition for Europe (particularly for the Alps and Pyrenees, he says elsewhere); that they would produce more real wealth than all the metal of the new world." And this great man remarked, a few years later, in 1782: "The minister who shall have contributed to enrich the country with an animal so useful, would be applauded as the hero of a most important conquest." But the minister to whom Buffon appealed in these words did not listen to him. The great naturalist received for answer the criticisms of half-learned men. He was accused even of having misconceived the principles of science in having imagined its naturalization possible in France. Where can we find, people said, localities among us like those the lama inhabits in the Cordilleras? Where can we find that particular herb, the *icho*, on which it is accustomed to feed? Miserable objections, to which Buffon, then more than seventy years old, replied: "I persist in believing that it would be as possible, as it would be important, to naturalize among us those three species of animals so useful in Peru." On this occasion, as well as where he had a presentiment of all the great ideas now prevailing in natural history, Buffon was right in the face of all opposition. Time has justified the predictions he so firmly presented and sustained. Now that the possibility of naturalizing the lama has been demonstrated conclusively, the French government have sought to perpetuate the stock.

OPIUM PACKAGES.

THE OPIUM TRADE.

The engraving below represents a Chinese indulging in the intoxicating use of opium by means of the pipe. The Turkish opium is made into flat cakes, and was at one time the only kind of the drug in use. The article is pressed up and usually bound with hides, making small bales, of immense cost, of the appearance represented herewith. The baneful effects produced upon the human constitution by an immoderate indulgence in smoking this drug aroused the attention of the better disposed amongst the Chinese authorities, and about the year 1796 the importation of opium was not only entirely prohibited, but a severe punishment was ordered to be inflicted upon all who were detected in smoking it. But the traffic had now as a pecuniary matter become of considerable national importance, for, as the Chinese made us pay for all our teas in hard cash, so also, in return, the opium-dealers received back that money in payment for the opium.

War-junks, were, nevertheless, fitted out expressly to put a stop to the traffic. As the trade attained to an extent which made it particularly valuable, a number of remarkably fine vessels were built expressly for the purpose, having, with great beauty and symmetry, the more essential quality of excellent sailers, which gained for them the name of opium clippers. They were well manned, and, in some instances, not badly armed. The largest are barque-rigged, resembling the illustration which we give at the head of this page. The high prices caused by prohibition, and the determination of the people themselves to indulge in this pernicious luxury, enabled the smugglers to give large bribes to the madarins and officers of customs; so that the trade, instead of decreasing, became every succeeding year more and more extensive and lucrative. The number of Chinese addicted to the habit of opium smoking and chewing has been variously estimated, but may, on a moderate computation, be taken at three millions, though in all probability that amount is greatly exceeded in reality. All accounts from China represent the people as being to a great extent excessively addicted to its use, and its influence is described as debasing and brutalizing to the lowest degree. No wonder the nation is so weak and effeminate!

OPIUM SMOKING.

▲ 20 世纪初铜版画“满洲鸦片吸食者”

图为欧洲人设计，家具为洋式，席子破损，暗指因沉溺毒品，家道中落

长 24 厘米　宽 17 厘米

◄ 20 世纪初铜版画“鸦片吸食者”

长 11 厘米　宽 10 厘米

Fig. 2.

Fig. 3.

OPIUM-SMOKING IN CHINA.—FROM DRAWINGS BY A NATIVE ARTIST.

reclines on a couch, with his head supported on a pillow. With one hand he applies a small portion of the drug to the nozzle of the pipe, holding the same in the flame of a lamp. The heat of the lamp converts the opium into vapour, which by a deep inspiration the smoker draws into his lungs, and after a short retention discharges by his nostrils and mouth. The opium thus received into the system acts at first as a pleasant and refreshing stimulant, and produces an artificial vigour, quickly, however, followed by great relaxation and listlessness. In order to produce the pleasurable effects, a constantly recurrent quantity of the drug is necessary. The habit once formed, its evil effects do not long lag behind. These are pains in the limbs and bowels, loss of appetite, disturbed sleep, emaciation, loss of memory, horrible apprehensions, and a general decay of the entire man—moral, mental, and physical. Even the Chinese themselves refuse to trust an inveterate opium-smoker, and regard him as capable of any crime. At length that which was first resorted to for pleasure is sought only to relieve pain. The unhappy victim is intolerably wretched without his periodical stimulant. To procure it he will sell his clothing, his furniture, his wife, his children, himself. If he cannot obtain it, he will not unfrequently end his misery by suicide; whilst, if he does obtain his coveted potion, he only prolongs a little while his wretched existence.

Engraving No. 3.—Our victim, having exhausted all his money, for some time gratifies his ruinous indulgence by selling or pawning the contents of his clothes-chest. To his intense chagrin his wife now reports the chest to be empty. The wealth of the Chinese, like other Orientals, frequently consists in stores of costly garments, the sale of which presents oftentimes a too ready mode of meeting any sudden emergency, or of gratifying any extravagant propensity.

Engraving No. 4.—Having disposed of all his costly garments, the victim next sells his furniture, and at a ruinous sacrifice obtains the means of further indulgence.

Engraving No. 5.—The means of our opium-smoker's being all exhausted, he becomes dependent upon his wife and child, who support him by the scanty wages obtained by winding silk. The husband in abject misery humbly supplicates the price of another pipe of opium.

Engraving No. 6.—Here we have the last scene of all. Disease and misery have done their work, premature death has seized its prey. The wife and brother mourn over the body laid out on a mat: a few sticks of incense, and a few rice-cakes, are presented as an offering to the dead.

The accompanying Engravings show the views of the Chinese themselves as to the evil effects which follow opium-smoking. Reliable witnesses assure us that these Illustrations are by no means exaggerated, and that the "progress" here depicted is one only too often met with in the history of those addicted to its use. If there be only one such case to each thousand or each ten thousand consumers, we do not envy the wealth obtained by traffic in this drug. We cannot but regard it as a blot on the character of our East Indian Government that for purposes of revenue it should be engaged in cultivating and selling a drug which, invaluable as a medicinal agent, is so antagonistic to the weal of all who employ it as an indulgence. Every well-wisher of his fellow-men must sincerely desire the suppression of a traffic which carries destitution and death into so many Chinese families.

◀ "The Illustrated Landon News" 1858.12.18 原件 No950

中炭笔连环画，描写一个鸦片烟客的命运

38 厘米 ×28 厘米

392 THE GRAPHIC Oct. 20, 1883

THE FIRST DOWNWARD STEP

The opium-smoker, just making his first essay in the vice, is seen reclining on a costly black wood couch, inlaid with marble, while his companion is indulging in tobacco through the water-pipe common in China.

PARENTAL EXPOSTULATIONS

The opium-smoker, who has been detected in his secret indulgences, is now seen kneeling before his father to ask forgiveness and promise amendment. His mother leans on her staff in an adjoining room, and his child runs away with the dreaded pipe.

PLEASURE GOES: SORROW COMES

One dissipation leads to another. Demoralised by opium-smoking, he now seeks the society of musicians and singing women, for whose particular companionship he has qualified himself by his vice.

HABIT FIXED: ESTATE RUINED

The wife is painting scrolls for a livelihood, and a servant in the foreground preparing opium by the usual method of boiling for his master's use.

DEAF TO ENTREATY

Wife and child are now seen weeping at the side of the couch. The house is no longer thronged with attendants, and the aged mother brings him tea, leaning on her staff.

RESENTMENTS SOWN

The wife in her indignation dashes the opium utensils to the ground, and prepares to split up the pipe. The husband, outraged by this interference with his pleasures, seizes a bamboo stick and beats her. He is restrained from violence only by some friend or attendant.

THE OPIUM APPETITE KEENER THAN THAT FOR FOOD

Some old friend or attendant is offering him charity in his retirement. He has lost all appetite, however, for ordinary food.

WEEPING OF WIFE AND CHILD

Wife and child look with hopeless sorrow on the living half-naked skeleton of the once portly and well-dressed gentleman.

THE EMPTY HOUSE

The comfort and shelter of the paternal home are things of the past. His present home is a partially roofed shed, his cook-house a makeshift arrangement of mats. All the furniture is gone, and he now smokes on the floor.

SELF-INDUCED WRETCHEDNESS

Crime too often follows the destitution caused by opium smoking, for at all costs opium must be had. Possibly the bucket in which the wanderer carries his pipe, and the labourer's hat slung behind him, are both stolen. The very dogs, recognising him for a loafer, give chase.

HOMELESSNESS

The downward course of the opium smoker is now very rapid. Exposure to the weather and want of food accelerate the injurious effects of the opium. No one would think of giving a night's shelter to a man whose imperious craving for opium would compel him to rob his benefactor before morning.

THE END

Winter comes on apace. With trembling steps and a shivering frame, he seeks the shelter of a cave among the rocks, in which he will lie down and die. Nor is he alone in his misery. Thousands of such victims are living, dying, dead. They are to be found everywhere.

THE EVILS OF OPIUM SMOKING, FROM FAC-SIMILES OF NATIVE CHINESE DRAWINGS

▲ The Graphic 期刊 1883.10.20

“鸦片烟鬼”连环画。描写一个富豪因吸食鸦片，家道中落，最后变得无家可归的悲惨命运

41 厘米 ×30 厘米

第八节　鸦片吸食之原因及戒断

一、吸食鸦片的原因

吸烟成瘾的原因，各不相同。民国名医蔡禹门说：大多数是因肠症之疼痛不舒，或用脑致精神过甚，开始服用鸦片以减其痛苦，助其快感，导致不知不觉久积成瘾。另一名医宋梵仙说：烟瘾之成，原因不一，有因失意而成瘾者，有因狎妓恋娼放浪生活而成瘾者，有以赌场俱乐部之关系而成瘾者，有以玩弄鸦片自入陷阱而成瘾者，有为爱情而成瘾者，有因疾病而成瘾者。民国二十一年（公元1932年）宗舒先生调查列表如下：

用法		百分率	
治病	止咳嗽	25%	81%
	止胃病	24%	
	止白浊	22%	
	止疝气	4%	
	止其它疼痛	6%	
提神	助赌博	9%	18%
	助狎妓	9%	
玩	娱乐之吸食	0.9%	1%
	药用之吸食	0.1%	

还有一种吸鸦片的原因说来可笑。山西财主很多，有的大财主发现自己的哪个儿子不成器，不能作官，也不能做生意，游手好闲，就让他们吸食鸦上瘾。财主的理论是：我们家财产足够，儿子每天就是吸八钱、吸一两的大瘾，我也供得起，只要他吸上大烟，懒得出屋，就不会到外面招事。如没有烟瘾，去了赌场，说不定一晚上就能把整个家业输光。这种想法，要说也有一定道理，但也分时期，若太爷在的时候，可以管住鸦片哥，不让他出门，一旦老太爷去世，鸦片哥就会像出了笼子的鸟乱跑。吸足鸦片的人都会很兴奋，认为世界上没有他办不成的事，不管是投机，还是赌博，都会追求高

风险、高回报的机会。这样诺大的财产还是保不住。正所谓财大、业大、烟瘾大，什么事情都不怕。

以前也曾听说过，千万富豪抽白粉，抽得倾家荡产，当时还想过，白粉有那么贵吗？既然有那么多钱，就是抽几辈子也抽不完啊。原来多少人因为精神作用造成投资失败，吸毒后，有些小概率成功事件，也被吸毒者看成大概率成功事件。

在美国、中国澳门的大赌场内，灯影摇动，满耳钱声，美女巡梭，不由得让赌客体内肾上腺素及内啡肽分泌。内啡肽是一种内生吗啡类，分泌后，有兴奋感，会去追求小概率事件的赌钱，幻想在赌场获利。

笔者在医学院学习期间，曾问诊过一个北医三院精神科收治的患者。这是一位二十多岁漂亮的女护士。因为工伤，腿部做了手术，术后疼痛，曾用杜冷丁止痛，持续用了一段时间，结果造成杜冷丁成瘾，因在医院工作，拿药容易。就这样，杜冷丁加盐酸吗啡，越打越多。直到绝望，才转到北京，关在精神科戒毒。她说：药瘾一上来，人就控制不住自己了，一定要出去找药。这时，谁也拉不住，就是亲妈拦，也敢用菜刀砍。由此可见，毒品能将一个人的人性完全吞噬掉。

二、鸦片的戒断

鸦片一旦吸食上瘾，便是终身之累，但禁绝时，痛苦万状：恶寒、头痛、神经痛、哈欠、喷嚏、流泪、涕泗、厥冷、稠汗、恶心、呕吐、泄泻、振颤、掣动、腹痛、肢痛、抽筋、滑精等 18 种症候。若有超强的忍耐力，熬过 36 小时到 140 小时（平均为 60 小时），则急性戒断期可以忍过。但过了戒断期，心理之烦恼，会无止境地涌现。从思想上还是怀念鸦片。身体是属于易感的，这种情况可持续几个月至几年。在这期间，一旦再次吸食鸦片二三次，又会出现以上的戒断症状。

确实，鸦片戒断难于上青天。曾有法官说“一度成瘾，便会成为终身吸烟之人。”

笔者曾认识古玩行一人雷某，对铜器所知甚多，为人谦和好学。笔者曾有一套金银币，雷某曾说要拿去看看，但过了大半年，不闻音信。后来遇到和他相识者，才得知，他竟吸上粉了，并告诉我，你要想把金银币拿回来，一个字“难”，两个字“不能”。等我找到雷某时，那一整本金银币只剩三四枚最廉价的，其余的大概都换成“粉”了。据雷某人对别人讲，他也不愿沉溺毒品，确实狠戒过几次，但每次戒毒，腿上打的针眼就开始溃烂，竟能插进一个拳头，只得复吸。据公安部门统计，戒毒者，完成戒毒后的复吸率在 90% 以上。

我在医学院读书时，教授生理学的教授是韩济生院士，他一直从事疼痛学研究，他发现人和动物的脑内有种作用类似于吗啡、化学结构属于多个氨基酸串联而成的肽类物质，名为“内啡肽”，这是一类化合物的总称。若能设法加速这种内啡肽的生成及分泌，就可以显著减轻曾吸毒人员的戒断症状并解除心瘾。问题在于：如何加速其生成呢？韩先生根据科学研究发现，只要在人体的一定穴位上施以特定参数的电刺激，就能加速内啡肽的释放。大量的动物实验和人体观察结果证明，对解除戒断症状，高频刺激较低频刺激更为有效；对解除心瘾，低频刺激较高频刺激更为有效；低频和高频自动交替的 DD 波则对二者都有效，从而发明了“韩氏治疗仪”。他的研究成果曾获国家自然科学奖两次，国家科技进步奖一次，并荣获首届立夫国际中医药针灸奖、首届紫荆花奖、何梁何利奖等奖项。他连续 12 年获得美国国立卫生研究院科研基金，他的系统理论研究成果，以及他发明的“韩氏穴位神经刺激仪’，对针灸疗法在全世界的应用起到了巨大的推动作用。

笔者和杨京力先生及美国律师庄德苓先生曾与韩院士的研发团队联系，准备以韩氏戒毒法为主要医疗手段，先在北京的一家三甲医院设立戒毒门诊，逐步再建立戒毒医院，此倡议得到了一些领导的支持。

按照自然科学的实施规律，笔者先作了一次试验，将一台韩氏治疗仪借给一位已经有十年毒瘾的古玩界人士试用。他当时感谢万分，他说知道有这种仪器，但不知道在什么地方买。我让他先试用，再拿它去救别人。他千恩万谢地抱走了，一连很多天，没有音讯，我也不知效果如何。后见到他，他推说，正在找电池，还没开始用，真让我无语。再遇到一位知情者告诉我：这个人拿到治疗仪的第二天，就把仪器卖了，换了白粉。知情者感慨地说：“沾了这东西，就不是人了，变成鬼了。”

清代禁烟开展的同时，不少人开始研究戒烟的药方。最出名的是林文忠公（林则徐），他的戒烟原方是：生洋参（五钱），白术（三钱），柴胡（二钱半），黄连（四钱），沉香（二钱，忌火），炙黄耆（三钱半），归身（二钱），升麻（一钱半），黄柏（四钱），木香（二钱，忌火），炙甘草（三钱半），陈皮（二钱半），天麻（三钱）。

以上各品，研成细末，加入生附子七钱，用米汤浸透后，在石臼中捣成泥，再加入烟灰一两，搅匀，加面糊与药一同搓成小桐子大的药丸，成后称重。有瘾一分者（指每天吸一分重鸦片），第日所服之药丸需有烟灰一厘二毫，饭前服用。

除这一种，林则徐还留下戒烟补正丸、四笏饮、瓜汁饮等戒烟成品配方。

后人也发现有一些植物可作为鸦片代用品，从面慢慢将烟瘾戒除。如牛蹄花（产自西印度岛）、英苣菜（产自欧亚大陆）、耳鸟草（产于叙利亚）。

也有人用桂圆膏混搭烟膏缓戒的。

还有的医生主张戒补双上，用一方十全大补汤加烟灰成戒烟饮。

笔者曾购到古籍《戒烟说理》一书，内夹一民国钢笔手抄戒烟方一个，特点是不用烟灰，用熟烟土。

有一些不法商人打着戒烟旗号，用更强的毒品（如吗啡、海洛因），假名戒烟丸，来坑害想要戒毒者，开始时他卖得很便宜，一旦上瘾，再复吸鸦片都不能过瘾，只能高价买药丸。其心可诛。清末李伯元先生在《官场现形记》里描写了一段奸商卖伪戒烟丸的情况：

刘大侉子道："我从京里来的时候，路过上海，听说上海也有一种什么戒烟丸药，是咖啡做的。虽然能够抵得烟瘾，然而吃了下去，受累无穷，一世戒不脱的。不要你这丸药亦是那个东西做的？"胡镜孙听了诧异道："咖啡只好当茶吃，从来没有听说可以抵得烟瘾的。想必外国人又出了甚么新法了？"刘大侉子道："外国人想赚钱的法子本来很多。"胡镜孙想了一回，恍然大悟道："不要是吗啡罢？"刘大侉子听他一提，心上亦明白过来是吗啡，但是不肯自己认错，怕人家笑他外行，也把脸一红道："不管他是咖啡是吗啡，横竖是外国来的就是了。"胡镜孙道："卑职开办这个善会是发过誓的，如今封袋上都刻明白：'如以吗啡害人，雷殛火焚'。大人不信，请验。"说着，顺手在抽屉里取出一包戒烟丸药。刘大侉子接过一看，果然不错，有此十字，一头看，又一头念了一遍。

刚刚念到"火焚"二字，忽然隔壁人家大声呼唤起来，登时合店的人都赶到后头来看。再一听，不是别事，原来为这边厨房里有个学徒的烧开水泡饭吃，烧的稻柴太多了，火焰上冲，轰了烟筒，火星直冒，隔壁人家当是起火，登时声张起来。亏得这边人手众多，上屋的上屋，打水的打水，灌了几桶的水，弄得灶肚里开了河，灶也坏了，火也灭了。胡镜孙才把心放下。他堂客此刻也顾不得店堂内有客无客，手里拿了一串佛珠，站在天井里，举头朝上，不住的念："阿弥陀佛！救苦救难白衣观世音菩萨！"刘大侉子见他家有事，只得辞别回去。胡镜孙还要再三的相留，刘大侉子不肯，只得送了出来。胡镜孙道："大人如要戒烟，卑职立刻就送一百包丸药过来。"刘大侉子道："用不着这许多，吃了有效验再来取。"说罢，上轿而去。胡镜孙赶到街上站了一个班，还他做卑职的规矩，方才进店。

当然也有一些意志坚强者成功戒除了毒品，可以举几个例子。

一、席胜魔

原名子直，山西平阳府人，祖产颇富，后因追求道家长生不老之术，意志消沉，体力渐差，开始吸食鸦片，不料吸食上瘾，欲罢不能，家道中落。光绪五年（1879 年）基督教传教士李修善发布悬赏征文，题目有"真道之源""正心""大烟"等，席子直寄出应试文章四篇，全部获奖，与李修善晤面后，开始研读圣经，领悟耶稣基督的道路，自觉早年求长生，继而食鸦片，罪恶深重，痛悔不已，求主宽恕，决定信奉耶稣为救主。为了戒除烟瘾，席子直经历了七个昼夜的磨难和诱惑，并不断祈祷，终于取胜，从此改名为“胜魔”，后接受洗礼。光绪十四年（公元 1886 年）席胜魔被牧师团和中华内地会接受其为牧师，在山西平阳、洪洞一带传教。他在山西广设“天招戒烟局”，用中西医方法使许多人戒除鸦片烟瘾，后来还在河南、直隶（河北）等省设立戒烟所，受其影响者计一万余人。席胜魔还将讲道编成诗歌，1912 年出版了《席胜魔诗歌》。

二、张学良

1925 年，奉系大将郭松龄倒戈反奉。郭松龄是张学良的老师兼好友，他的造反对张学良打击很大，郭松龄进兵打到沈阳以南，张学良领兵隔着巨流河与之对峙。每天张学良在高音喇叭里劝说叛军：不要拿着老张家的饷打老张家。夜以继日不胜劳顿，张学良以前吸几口大烟，只是小玩玩，没有瘾，这次在战场上全靠一口大烟撑着不倒。等到吴俊升黑龙江马队增援，捉住了郭松龄，打死林长民（林徽因的父亲），解除了叛乱之后，鸦片也成瘾了。

1928 年，大帅张作霖在皇姑屯被炸死。张学良对日本人恨之入骨，想戒除鸦片，他说：“一个活人不能叫一个死东西管着”，决意戒烟，总参议杨宇霆介绍一种日本进口的注射药叫巴文耐鲁，并宣称对戒除鸦片有特效，张学良便开始注射，不料这种日本进口药内含海洛因，虽然戒掉鸦片，但再也戒不掉药针，扎上针之后的张学良昼夜颠倒。杨宇霆接管了所有政务、军务，就包括派放大员都不和张学良商量。张学良这才知道杨是心怀叵测，给他介绍毒品，又专权欺主，竟把自己当成了阿斗。一怒之下杀掉了杨宇霆、常荫槐，易帜投靠中央。

“九·一八”之后，张学良执行不抵抗政策，失了东北，日军进攻热河，张学良扬言力守三个月，结果不到十天就溃败失地。全国上下一致谴责张学良，马君武先生还写了两首打油诗登在报上。在背负不抵抗将军的罪名下，张学良被迫引咎辞职。

蒋介石的外藉顾问端纳劝张学良戒除吸毒的嗜好，洗心革面，休养身体，恢复健康，发愤图强，做一名真正的大丈夫。平时端纳和张学良谈话用英文，但此一番话，是一字一字用中文认真说的。

宋子文也对张学良说：“汉卿，我劝你一定要戒除毒瘾，这不仅是为了你本人的健康，也关系到国家的体面观瞻！你不要忘了，日本人叫我们是东亚病夫啊！”

这些肺腑之言让张学良下定戒毒决心。戒毒前，还开了个新闻发布会，对上海名流说：“诸位，学良我为能收复失地，上前线杀敌，现借岳军（张群）兄这方宝地戒毒，从今天起，我闭门谢客，不戒毒干净，清除毒根，学良绝不出门见人。”

张学良召集家人，将一把荷枪实弹的手枪，放在枕头下，说：“从我戒治之日起，无论任何人，看见我怎样难过，也不许理我，如果有人拿毒品给我的话，我马上拿这支手枪打死他。”

宋子文为张学良请来德国名医米勒博士，开始为他治疗，戒除毒品。米勒博士用换血疗法加安眠剂，辅助戒毒。当张学良戒断症状严重时，将张学良四肢用绳索绑在床柱上。米勒博士说：“我可以坦率地说，戒毒从来就没有什么特效药，完全靠戒毒人的意志和体力，凭我观察，张将军是意志坚强的人，完全可以挺住戒毒的痛苦。”

张学良在忍受了两周如同亿万毒虫咬噬般的烧灼与疼痛之后，终于脱离了苦海，成功戒除了毒瘾。

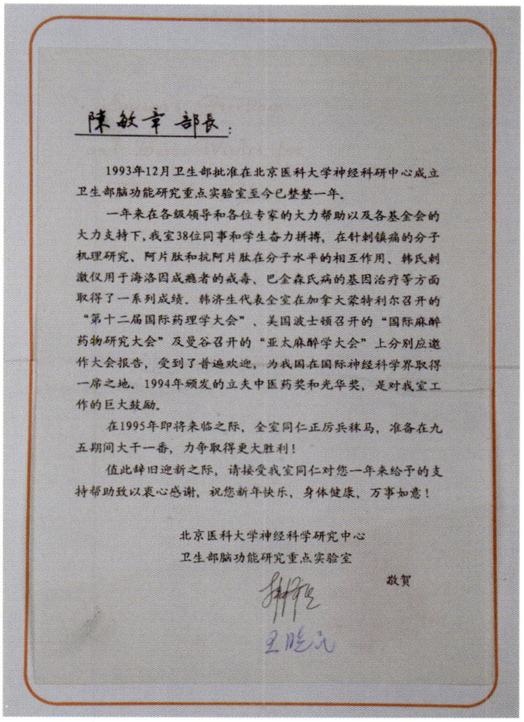

陳敏章部長：

1993年12月卫生部批准在北京医科大学神经科研中心成立卫生部脑功能研究重点实验室至今已整整一年。

一年来在各级领导和各位专家的大力帮助以及各基金会的大力支持下，我室38位同事和学生奋力拼搏，在针刺镇痛的分子机理研究、阿片肽和抗阿片肽在分子水平的相互作用、韩氏刺激仪用于海洛因成瘾者的戒毒、巴金森氏病的基因治疗等方面取得了一系列成绩。韩济生代表全室在加拿大蒙特利尔召开的"第十二届国际药理学大会"、美国波士顿召开的"国际麻醉药物研究大会"及曼谷召开的"亚太麻醉学大会"上分别应邀作大会报告，受到了普遍欢迎，为我国在国际神经科学界取得一席之地。1994年颁发的立夫中医药奖和光华奖，是对我室工作的巨大鼓励。

在1995年即将来临之际，全室同仁正厉兵秣马，准备在九五期间大干一番，力争取得更大胜利！

值此辞旧迎新之际，请接受我室同仁对您一年来给予的支持帮助致以衷心感谢，祝您新年快乐，身体健康，万事如意！

北京医科大学神经科学研究中心
卫生部脑功能研究重点实验室
敬贺

▲ 韩济生院士致卫生部长陈敏章部长信札原件

1995 年韩济生在新春贺信中介绍阿片肽分子研究及韩氏刺激仪，用于海洛因成瘾者的戒毒，韩济生院士签字，王晓民教授签字。

长 28.5 厘米 宽 29 厘米

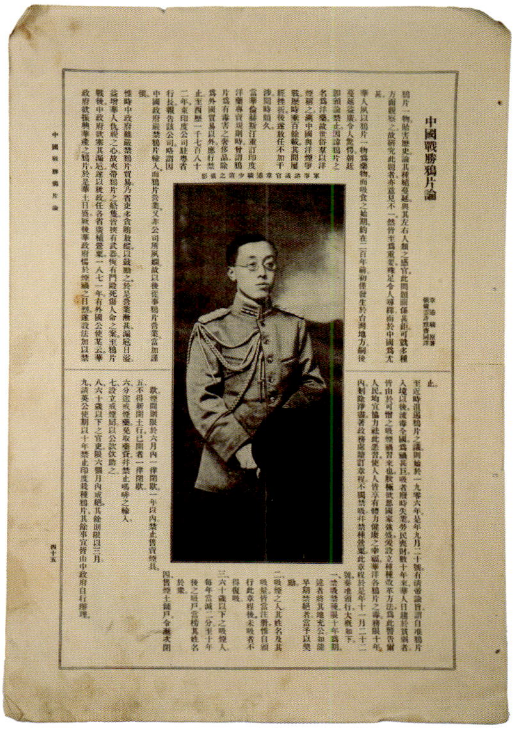

中國戰勝鴉片論

▲ 章骏将军著《中国战胜鸦片论》

中华民国早期印刷品，描述中国人民十年来与鸦片烟毒作斗争的情况。收录了当时焚烧烟具的照片

长 42 厘米 宽 29 厘米

▲ 20 世纪初“鸦片吸食者”明信片

根据时代周刊报道，30%~40% 的中国人吸鸦片，在一些城镇中每 70 个居民就有一个鸦片烟馆。1907 年中国政府认为戒除鸦片是中国第一要务。

长 14 厘米 宽 9 厘米

第九节　鸦片之查禁

明朝中叶，葡萄牙人推广远东贸易，从各港口将鸦片当做药品输入。而万历十七年（公元1589年）甚至把鸦片列入关税品内，视同一般进口货物。崇祯年间，国人已觉醒到滥用鸦片的危害。朝廷也恐鸦片相习成风，流毒无穷，有意查禁。但此时大明朝内忧外患，号令不通，且鸦片从各个渠道输入，无从截堵。首次禁烟不了了之。

到了清代，烟毒蔓延，售货者及吸食者与日俱增，雍正七年（公元1729年）朝廷下禁售诏书，并订立以下条例：

贩鸦片烟，照收买违禁货物，枷号一个月，发边卫充军；

私开鸦片烟馆，引诱良家子弟者，照邪教惑众，拟绞监侯；

从者杖一百，流三千里；

船户、地保、邻人等，俱仗一百，徒三年；

兵役等人借端勒索，照贪赃枉法治罪；

失察之口岸文武各官，及不行监察之海关监督，均交部严加议处；

……

雍正的禁令从一开始就十分之严，因此在雍正一朝和乾隆早期，在小范围人群中的抽鸦片一族受到了一定的控制。

嘉庆元年（公元1800年），鸦片输入比乾隆时高了一倍，朝廷再申禁令，但效果不显。嘉庆十八年（公元1918年）颁如下谕旨：

上谕内阁刑部议奏，侍卫官员买食鸦片烟者，革职杖一百，加枷号二个月，军民人等买鸦片烟者杖一百，枷号一个月，均照所议办理。近日侍卫官员中，朕风闻即有违禁买食者，姑因事未发觉，免其查究；若不知悛改，将来或经举发，即照新例惩办，不能宽贷。再太监供役内廷，闻亦有买食者，其情节尤为可恶，著总管内务府大臣先通行晓谕：如有违禁故犯者，立行查拿，枷号两个月，发往黑龙江给该处官员为奴。到鸦片烟一项由外洋流入内地，蛊惑人心，戕害生命，其祸与鸩毒无异。

奸商嗜利贩运，陷溺多人，皆由各处海关私纵偷越。前曾降旨各省海关监督等严行查禁，乃数年来迄未遏止，并闻各海关竟有私征鸦片烟税银者，是竟导奸民以贩鬻之路，无怪乎流毒愈炽也。著再严饬广东、福建、浙江、江苏等省沿海各关，如查有奸民私贩鸦片烟，一经拿获，将鸦片烟立时抛弃入海，奸民按律治罪。倘管关监督等阳奉阴违，并私收税课，著该省督抚实力查参，将该项监督先行革职，由驿具奏，朕必从重惩治。其各处辗转营贩之徒，并著五城顺天府步军统领衙门，及各直省督抚等一体严查，按律究办。

此禁令一出，鸦片销路颇受影响。但后来有土耳其玛拉瓦鸦片降价输入，与印度鸦片竞争，导致整体鸦片数量反而激增，仅广东海口，每年就是几千万两白银外流。

道光十二年再降旨谕：夷船不准夹带烟土，否则不准开舱，立即逐回。并令直隶、闽、浙等省各督抚，严饬海口各地方官，凡出洋贩货船只，逐一发给牌票，查验出入货物，毋许仍如前有偷贩情弊。

当时又因国内亦渐有人栽种罂粟，收浆煮烟，故特制订禁种条例如下：

一、内地奸民人等，有栽种罂花葵花，收浆煎熬鸦片烟，及买土煎熬信卖图利者，均照造卖赌具例，为首发边远充军，为从杖一百，流二千里，田地船只房屋照例入官。

二、其知情租给田地记产之业主，及知情受雇容留之船户，但在一年以外者，发边远充军，一年之内，杖一百，流二千里，半年以内，杖一百，徒三年。雇租之田地船只房屋一例入官。

三、有能自行首告，将私栽私熬之犯，指拿到官者，免罪，田地和船只房屋，并免入官，首告而无获者，但准免罪，田地船只房屋仍行入官。

四、左右紧邻据实首报，照例给赏。知而不举，杖一百，受财者，计赃，准照枉法从重论。

五、地保受贿故纵，照首犯一体治罪，赃重者计赃，以枉法从重论。其知情容隐，虽未受贿，亦照为从例问拟。

六、各督抚，责成该管道上道府，实力查禁，出具所属并无栽种鸦片烟切实结，年底由司汇齐咨部；并著该督抚，于每年具春天编查保甲析内，一并详细声叙。其有查禁不力者，交部分别议处。

道光中期，朝臣分为弛禁派及严禁派两派。弛禁派的代表人物是：太常寺少卿许乃济（副部级），他的主张是，为防止白银外流，应采取早年以货易货的方法，和洋商交易，另外，宽容国内人民栽种罂粟，可以夺夷人之利。官员士子、兵丁仍旧不准贩卖、吸食，氓众听其自然。

也有一些官员支持弛禁，其中就著名的是两广总督邓廷桢，他原想在上奏中写明：同意以货易货，鸦片与其它洋货一同交易，不必设局专办，税额也依旧制，不必增加，价格不必预定，民间栽种罂粟，可以适当放宽；官员士子兵丁，仍然不准吸食。就在要封奏、放炮、拜折上发之时，他的智囊，越华书院教授陈鸿墀救了他，避免了万人唾弃的后果，成就了他千古留传的美名。陈鸿墀对他说："事情关系天下风化，累在吾师声名。百世后，青史特书鸦片弛禁是某人所请，那怎么好呢"。虽然没有证据显示邓廷桢总督从鸦片贸易上直接得到利益，但间接的好处自然是有的，清朝官场潜规则的三节（新年、端午、中秋）两寿（官员和夫人的生日），下属官绅都会有一份重礼，这也为朝廷所默认的。鸦片贸易繁荣，从中得到好处的官绅（如水师营将领，稽私局总办、会办，十三行商人）的红包就会大得多。虽然如此，邓廷桢还是听了陈鸿墀的话，明白身后名声比当前利益重要得多，立刻改奏"从此再努力支持严禁三年，如果仍无效果，再虑它法"。在道光立意禁烟后邓廷桢全力配合钦差林则徐，合作无间，为自己留下了千古英名。

大臣中持严禁者众，其中御史袁玉麟、鸿胪寺卿黄爵滋为代表人物，黄氏上奏：鸦片产自英吉利（实系英属殖民地印度），严禁本国人食用，专以诱他国人，使其软弱，既以此取哥伦坡（柬埔寨），又欲以此而诱安南（越南），幸安南知其意，从严禁绝，未受其祸，今日蔓延中国，槁人形骸，蛊人心志，丧人身家，实生民未有之大患，非雷厉风行，不足以振聋发聩，请仿周官重典之法，治以死罪。

外官中执禁者首属湖广总督林则徐，他的上奏尤为沉痛：鸦片之毒，甚于洪水猛兽，天下万世之人，断无有以鸦片为不禁者，此祸不除，十年后，无可用之兵，无可筹之饷，鸦片流毒内地，如病疽流毒人身，病疽生则渐以成脓，鸦片来则以成寂，必将鸦片烟销灭净尽，乃为杜绝根株。

道光皇帝乃下决定，贬许乃济为六品（处级），并开除公职，命林则徐为钦差大臣兼节制广东水师，实行杜绝鸦片贸易，并令军机处订以下章程。

查禁鸦片章程三十九条（道光十九年）

（一）沿海奸徒，开设窑口，勾通外洋，囤积鸦片，首犯拟斩枭，为从同谋及接引护送之犯，并知情受雇船户，拟绞监候；该管官知情故纵者革职，失察者分别议处。

（二）沿海员弁兵丁，受贿故纵，拟绞立决；知情徇纵，俱发往新疆，官弁充当苦差，兵丁为奴；失察者分别议处，兵丁杖徒。

（三）合伙开设窑口并合伙兴贩者，以造意为首，余具以为从论。

（四）沿海奸徒，寄存洋船烟土，照开设窑口从犯治罪。

（五）官役拿获贩烟吸食之犯，得财卖放者，与犯同罪；赃重者，计赃以枉法从重论；失察之该管官，分别议处。

（六）收禁人犯，如有禁卒人等将鸦片烟私行传递或为代买者，发极边烟瘴充军；其递解之犯，解役人等有犯前项情弊，发近边充军；赃重者，计赃以枉法论；失察之该管官，分别议处。

（七）兵役匪棍，以查烟为由，肆行抢夺，并挟雠诬赖者，俱发极边充军；赃一百二十两以上者，为首拟绞监候；失察之该管官，分别议处。

（八）鸦片烟案内，流罪以上人犯，告称留养者，概不查办。

（九）事未发而自首者免罪，闻拿投首者减一等，首后复犯加一等治罪。

（十）吸食之案，止准官弁访拿，不许旁人讦告。

（十一）开设烟馆，首犯拟绞立决，从犯及知情租屋者，发新疆给官兵为奴；兵役包庇，与犯同罪；有赃计赃，准枉法从重论；失察之该管官，分别议处。

（十二）栽种罂粟，造制烟土，及贩烟至五六百两，或兴贩多次者，首犯拟绞监候，为从发极边烟瘴充军；兴贩一二次，数不及五百两者，为首发新疆给官兵为奴，为从发边足四千里充军；兵役贿庇，与首犯同罪；赃重者，计赃以枉法从重论；其知情租给房地之业主，受雇之船户，一年以外者，发边远充军，一年以内杖流，半年以内杖徒；州县官知情故纵者，革职永不叙用；失察之该管官，分别议处。

（十三）栽种罂粟尚未制烟售卖，及收买烟土、烟膏未售卖者，为首发极边烟瘴充军，为从杖流。

（十四）吸烟人犯，均予限一年六个月。限满不知悛改，无论官民，概拟绞监候。

（十五）平民吸烟，在一年六个月限内者，拟杖流。如系旗人，销除旗档，一体实发。

（十六）在官人役，并官亲幕友，一年六个月内在署吸烟者，照平民加一等治罪。该管官知情故纵者革职，失察者降调。

（十七）职官吸烟在一年六个月内者，发新疆充当苦差。

（十八）兵丁吸烟在一年六个月内者，发近边充军。该管官知情故纵者革职，失察者分别议处。

（十九）开设烟馆，栽种罂粟，制烟兴贩，首从各犯除见拟死罪外，其余俟一年六个月后，拟绞监候。

（二十）吸烟人犯虽经改悔戒绝，但有存烟灰者，杖一百。

（二十一）制卖鸦片烟具者，照造卖赌具例，分别治罪。失察及拿获之该管官，分别议处议叙。

（二十二）同居子弟有吸烟家，家长照不能禁约子弟为窃例治罪。

（二十三）职官因吸烟发往新疆者，概不准各城大臣因事保奏。

（二十四）宗室觉罗吸烟者，发往盛京，严加管束。如系职官及王公，均革职革爵，发往盛京，永不叙用。如犯在一年六个月限满后者，照新定章程加重拟绞监候，宗人府会同刑部，恭进黄册请旨。

（二十五）太监内如有从前吸食者，限一个月内自首免罪；再限三个月内，令总管太监认真搜查。如有收藏烟具者，审明从重治罪。如三个月限满，半年以内，有在禁门以内各值房吸食者，均拟绞监候，在外围值房吸食者，枷号六个月，发极边烟瘴，永远枷号，遇赦不赦。失察之总管首领及同屋太监，奏请分别降革治罪。如系首领吸食，均照禁门以内新拟罪名办理。失察之本管总管，奏请分遣究出贩烟之人同罪，若系民人，交刑部加等治罪。至陵寝首领太监等有吸食者，照外围办理。其王公门上及各大臣宅中之太监等有吸食者，交慎刑司永远枷号不赦。如半年以后，仍有吸食，在宫门以内者，拟斩监候。外围等处及陵寝当差，并王公门上大臣宅中并已为民太监等，拟绞监候。各项失察处分，仍照前议办理。

（二十六）洋商住澳住行，卖货完竣，即饬遵照定限起程。如一逾限久留，照违制律治罪。

（二十七）官兵查拿鸦片烟，遇有大夥拒捕者，准放鸟枪，格杀勿论。销毁烟土，令督抚亲验真伪，以防偷换。

（二十八）沿海各省洋船进口，督抚派公正大员实力搜查。

（二十九）各督海关监督，于洋船带烟进口，知情纵放者革职，失察者分别议处。

（三十）各督拿获烟犯，将由何处购买，何人包庇护送，及经过地方，逐一根究，分别惩办。该管官受贿故纵者革职治罪，知情者革职，失察者分别议处。

（三十一）拿获吸烟人犯，承审徇情开脱，照故出入罪例治罪。

（三十二）吸食已戒，平民例得免罪，惟职官为民表率，如曾经吸食者，均勒令休致。

（三十三）拿获囤积兴贩各犯，无论邻境本境，均准给予议叙，仍分别送部引见。

（三十四）访获吸食者，亦准酌请议叙。

（三十五）在京各衙门及外省督抚，将吸烟之员列入京察卓异，即将原保举官议处。

（三十六）京城地面，五方杂处，稽查尤应严密。应责成步军统领衙门、顺天府、五城随时访察。仍严禁番役等讹索扰累。

（三十七）各省保甲，饬地方官认真编查。如牌长有受贿知情等弊，一体惩办。

（三十八）地方官朔望宣讲后，即将吸食鸦片之害，传齐众人，明白宣示，庶父诫兄勉，咸知自爱。

（三十九）销毁烟土，令督抚亲验真伪，以防偷换。

林则徐到广州后，雷厉风行，对来港走私船只派水师驱逐，包围商馆，逼外商交出所有的鸦片，并在虎门销烟。这是禁烟运动的一大胜利。义律代表洋商准备在具结上签字，但看到“有夹带鸦片者，船货没收，人即正法”的条件时，请求除去“人即正法”的条款。理由是：如果某船员私带鸦片，难道船主就要家破人亡吗？林则徐正在考虑是否修改具结，却接到道光皇帝谕旨。

道光皇帝这时已经被禁烟的胜利冲昏头脑。谕旨中有“不患卿等孟浪，但诫卿等不可畏葸”。林则徐最终拒绝义律请求。由于英商没有具结保证，道光皇帝下旨宣布停止与英吉利贸易，将所有英人赶下海去。这一着痛快是痛快，也给英政府找到借口。

在鸦片被收缴，虎门销烟时，英国的鸦片商及代理人就游说国会和政府，出兵干涉。英政府不能直接因为鸦片这一不名誉的事情出兵，就借中英贸易被叫停为由。海上贸易是英国的血管，如果其它国家也效法，英国的经济心脏就会因无血而停跳。加上用解救被赶到公海的英国公民的旗号，英议会和政府通过了对华用兵，引发了鸦片战争。以现代思维，如果清政府乘胜订立合理条约，不给英人以口实，也许能避免这次战争。

林则徐竟轻信夷人，见夷人缴烟，还奖励夷人 1640 箱茶叶，却不知其暗藏祸心。当然林则徐只是执行者，不是决策者，面对朝廷断绝中英贸易，驱赶洋人的谕旨，只能照办。俗话说;“光棍只打九九，不打加一。”

鸦片战争失败之后，鸦片之禁已废，外来的鸦片不受限制，国内又广种烟卉。清末时，民间兴起禁烟运动，各地组织的劝戒会、戒烟局、禁烟会等风起云涌，相继成立，其中非常努力行动的是基督教会及下属，1877 年基督教总会在上海提出三条：

一、就体育、德育和社会言，认定吸烟为最大之坏事。

二、鸦片贸易，虽不违禁，但于中、印、英以及其它贩卖国家，均有莫大损害，尤其是过去的历史和现在的畅销，使华人怀疑西方宣教的善意，这是基督教会事业的致命伤，本会极应努力从事禁烟运动，使毒人的鸦片及早灭迹。

三、本会恳请所有教会热心人士祷求上帝，帮助所用诸般禁烟方法大著成效，俾鸦片大害，得以迅告终止。帮助他们热切呼吁的声音，达到英国和其它信奉基督的人民和政府的耳中，籍以促醒他们的良心。

1809 年秋，基督教在上海举行百年布道大会时，又通过建议如下：

一、坚决维持向来反对鸦片贸易的无畏态度。

二、尽力唤起民意，反对鸦片流行。

三、推广禁烟运动，在各地倡设禁烟分会。

四、本大会切望全世界之基督教会恳求神力除此大害。

英国教士摩力牧师说："我们最大的目的，是要把贩卖鸦片的过错和羞耻从信奉耶稣基督的英国洗除，这比治疗不信奉耶稣基督的中国吸烟恶习还要紧。英国贩运鸦片，不但伤害了中国，并且残废了中国的能力。"

有的教士亦常于英伦各处宣传鸦片流毒在中国的情形，披露英商贩卖鸦片之耻，并奔走于政府官员、议员之间。力陈停止对华鸦片贸易，他们携带的宣传品最有说服力的就是前钦差林则徐致英领事的照会，因文章通畅，理直气壮，由英教士翻译成英文，遍登各大报纸，并印刷单张分送要人。

这样的宣传收效巨大，光绪三十二年（公元1906年）英众议院5月30日通过下列决议：本院坚信中国、印度间的鸦片贸易在道德上是不能维护的，应请行政当局采取相当行动骤以制止之。促使英政府与中国清政府订立中英禁烟条约，约期十年，禁绝。

清政府在光绪三十四年（公元1908年）由民政、度支两部联合公布禁烟章程。

附 件

第一章 减种

第一条 各省应通饬地方官，将境内现种罂粟地亩确切调查亩数、地主姓名及收获多寡，于六个月内分造清册，申由各该督抚汇报度支部，并分报民政部各一分存查。

第二条 禁烟定限十年，系自光绪三十二年起，此次各省减种办法，应遵照政务处奏定章程，除向非种罂粟之田永远不准再种外，向种罂粟地亩按照三十四年册报数目，每年减少八分之一以上，统限于光绪四十一年尽绝根株，并随时将某处某姓田亩改种何项植物详细报部。

第三条 各省应印制鸦片栽种凭照，由各地方官发给各种户收执，每年更换一次。其未领凭照私行栽种者，一律查禁，种烟各户于呈领栽种凭照时，应按每亩纳费制钱十五文，此外不得分毫需索。

第二章 分行

第四条 自开办土药统税后，安徽、河南、山西等省皆设有土市公行，由统税分局会同地方官填给执照，承充不收照费，公行有担任查土报税之责，种户须凭行卖土，店商须凭行买土，凡土不经公行买卖，均以私论，至囤户收土，亦须一律凭行，不准私自下乡收买，由该公行将某囤户收买土数登注循环簿内，随时送局卡备查，俟有客买运，再行照章报税稽核，至为精密，嗣后各省应次第设立公行，由局卡发给循环印簿，逐日登载买卖土药斤两及客人姓名，呈送该局卡核明造册。于年终申报督办土药统税大臣，按年比较该行经理土药减少数目，开列简明总表，分咨送部备查，其四川、云南、贵州、新疆及东三省等处土药不在统税之列，即由各该督抚一律仿照办理，囤土各户应由统税分局会同地方官一并填给执照。以为到行收土凭据，不收照费。其未领执照者，不得向公行买土，亦不得私自下乡自向种户收买，违者查出议罚。

第三章　烟店

第五条　各省应通饬地方官，将境内现开膏土各店调查确数详记字号，地址，成本及店主姓名，于六个月内造具清册，申由各该督抚分咨报部备查。

除现开各店外，如有续行增设者，一律禁止。

第六条　各省应印制鸦片营业凭照，由各地方官发给膏土，各店收执，每年更换一次。其未领凭照私行开设者，一律查禁。

膏土各店于呈领营业凭照时，应按照成本，分上中下三则，成本一万元以上者，为上则，每年缴费六元，成本不及万元及五千元以上者，为中则，每年缴照费四元，成本不及五千元者，为下则，每年缴照费二元。此外，不得分毫需索。

第七条　膏土各店应将每月销售实数按月向该管衙门呈报一次，不得隐漏或售于未领牌照之人，该管衙门于年终汇计造册，申由各该督抚分咨报部备查。

第八条　膏土各店应设立期限，于膏土营业以外兼为他项营业，逐渐替换，务于定限以内，将膏土贸易一律停止。

第四章　烟馆

第九条　各省烟馆业于光绪三十二年经政务处奏定，将开灯之烟馆由地方官禁止，勒限六个月内一律停歇改业，逾限概行封禁，等因通行在案。现在各省境内，如有已禁未尽各烟馆及茶肆，酒馆，娼寮等处附设烟铺者，迅即严饬一律查禁，违者重罚。

第五章　烟具

第十条　售卖烟具各店于光绪三十二年经政务处奏定，统限六个月停止。现在早已限满，应由各该省督抚通饬地方官，严查境内制造或贩卖烟具各店是否一律停止，如尚有营业者，即行封禁议罚。

第六章　吸食

第十一条　各省应设立期限，通饬各地方官将境内吸烟人数确切调查，详记姓名、籍贯、年岁、造具清册，于年终申由各该省督抚分咨报部备查。

第十二条　各省应印制购烟牌照，由各地方官发给吸烟者收执，每年更换一次。其未领牌照私行购买吸食者，一律查禁。

吸烟者于呈领牌照时，应将一日间吸用分量确实报明，填注牌内，按照定量购买吸食，只准减少，不准加多，多须按期减尽。

第七章　戒烟

第十三条　各省应通饬各地方官设立戒烟官局，按照民政部颁发戒烟中西药方制备药品，发交各处药铺善堂，按照原价发售，无力贫民准其免缴药费，如有精通医学之人，于部颁戒烟药方外，发明戒烟良药者，应将其方药申由该省督抚咨送民政部查验。

第十四条　各地方官应通饬境内公正绅商设立戒烟会社，刊布戒烟白话书报。

第十五条　各地方官应检查境内药铺及寄售戒烟药品处所，如药品内含有吗啡性质或私售吗啡等药，一律查禁。

第八章　考成

第十六条　各省地方官于本章程内应行册报各条依限造报，无误者，每届三年，准由各该省督抚奏请，交部议叙。

第十七条　各省地方官于本章程内应行查禁各条依限禁绝者，查明属实，准由各该督抚随时奏请，交部议叙。

第十八条　各省地方官能将境内栽种罂粟地亩，膏土各店及吸烟人数，于一年以内减至十分之三以上，且并无骚扰情事者，查明属实，准由各该督抚奏请，交部从优议叙。

第十九条　各省地方官于应行册报各条限满不报者，交部议处，册报不实者 交部严加议处。

第二十条　各省地方官于应行查禁各条限满未经禁绝者，交部议处，若未经查禁，捏称禁绝，交部严加议处，该管上司知情不行参揭者同。

第二十一条　各省地方官于境内栽种罂粟地亩，膏土各店及吸烟人数，统计一年内递减数目，不及八分之一者，交部严加议处。

第九章　附则

第二十二条　本章程应参照政务处奏定章程办理，其施行细则，准由各该省督抚酌量地方情形，拟定奏明办理。

第二十三条　本章程所定栽种营业各项照费，应将收数若干随时报部，以便拨为禁烟经费等项之用，至各项照费，既经分别奏定，数目以外不得另有需索，倘将来察看情形，可将照费酌量加收，应由度支部会同民政部奏明办理。

满清逊位，民国成立，烟禁仍然有效。民国元年 3 月 2 日，临时大总统孙中山重申前禁：“鸦片流毒中国垂及百年，……须知保国存家匹夫有责，束修自好，百姓与能。其有饮鸩自安、沉湎忘返者不可为共和之民，当咨行参议院于立法时，剥夺其选举被选举一切公权，示不与齐民齿。并由内务部转行各省都督，通饬所属官署，重申种、吸各禁，勿任废弛。其有未尽事宜，仍随时筹划举办。尤望各团体讲演诸会，随分劝导，不惮勤劳，务使利害大明，趋就知向，屏绝恶习，共作新民，永雪东亚病夫之耻，长保中夏清明之风，本总统有厚望焉！”

洪宪之后，袁世凯病逝，各地军阀四起，中央号令不申，军阀急于筹饷，视鸦片为利源所在，于是包庇贩运，甚至逼民种罂粟。如福建、四川、热河、陕西、甘肃、云南、贵州都在军队强压下遍地种大烟。鸦片又复活一时。

有识之士，咸抱隐忧，因要求军阀禁烟，无异与虎谋皮，只得组织起来，借国际力量申请召开国际禁烟大会。

在 1925 年召开日内瓦国际禁烟会议后，中华民国政府终于在民国十七年八月（公元 1928 年）成立禁烟委员会，督理全国禁烟事宜，并出台第一部禁烟法。

国府禁烟法

第一章　总纲

第一条　本法称烟者，指鸦片及其代用品。

前项代用品，指吗啡、高根、海洛因及其同类毒性物或化合物。

第二条　本法施行期间，于违犯烟禁者之科刑，应依本法之规定，本法所未规定者，依刑法之规定。

第二章　禁烟机关

第三条　禁烟机关及其职务如下

一、全国禁烟会议　建议及审议一切禁烟事宜；

二、行政院禁烟委员会　督理全国禁烟事宜；

三、省政府或其它省立之禁烟机关　管理全省禁烟事宜；

四、特别市政府、市政府、县政府　执行各该市县禁烟事务；

五、水陆公安机关　办理该管区域禁烟事务；

六、地方自治团体　协助县、市、政府执行各该地方禁烟事务。

第四条　禁烟机关应随时查禁烟之栽种、制造、运输、贩卖、持有或吸用，及一切专供制烟、吸烟之器具，查禁方法，于本法施行规则中定之；

第五条　对于禁烟机关人员之奖惩，应依照禁烟考绩条例所规定。

第三章　科刑

第六条　制造鸦片或其代用品，或贩卖，或意图贩卖，而持有，或运输者，处一年以上五年以下有期徒刑，得并科五千元以下罚金；

第七条　制造专供吸食鸦片之器具，或贩卖，或意图贩卖，而持有，或运输者，处三年以下有期徒刑，得并科五百元以下罚金；

第八条　意图供制造鸦片，或其代用品之用，而栽种罂粟，或鸦片代用品之种子者，处五年以下有期徒刑，得并科三千元以下罚金；

第九条　意图供制鸦片，或其代用品之用，而贩卖或运输罂粟，或鸦片代用品之种子者，处三年以下有期徒刑，得并科一千元以下罚金；

第十条　意图营利，为人施打吗啡针，或以馆舍供人吸用鸦片，或其代用品者，处一年以上五年以下有期徒刑，得并科一千元以下罚金；

第十一条　吸食鸦片，施打吗啡，或使用鸦片之代用品，处六个月以下有期徒刑，拘役，或三百元以下罚金，有瘾者，并应限期令其戒绝；

第十二条　第六条到第十一条之未遂罪罚之；

第十三条　意图供犯本法各罪之用而持有鸦片或代用品或专供鸦片吸食之器具者，处五百元以下罚金；

第十四条　凡查获之鸦片，及其代用品，或专供制造吸食鸦片之器具，不问属于犯人与否，均没收焚毁之；

第十五条　公务员犯本法第六条至第十三条之罪者，依各本条加倍处罚；

第十六条　公务员庇护他人犯本法第六条至第十一条之罪者，处二年以上十年以下有期徒刑，得并科五千元以下罚金，其有要求期约，或收受贿赂情事者，处无期徒刑；

第十七条　公务员利用权力，强迫他人犯本法第八条罪者，处死刑；

第十八条　负有禁烟责任之公务员，有要求期约，收受贿赂，纵容他人犯本法第六条至第十一条之罪者，依第十六条最高之刑论处。

第四章　附则

第十九条　关于医药用科学用之鸦片及其代用品，由国民政府指定机关办理之；

第二十条　公务员有吸用鸦片及其代用品之嫌疑者，应依公务员调验规则调验之，前项调验规则，由行政院定之；

第二十一条　本法施行规则，由行政院定之；

第二十二条　本法自公布之日施行。

抗日战争期间，凡日军占领之地，鸦片禁令立即作废，日军官兵严禁吸食鸦片，但对占领区的中国人民却变相鼓励种烟、吸烟。

在满洲国，表面公布“不准吸食鸦片”，但关东军自己成立专卖机构，指定批发商与零售商（一般是朝鲜人），东北老百姓把给日军当走狗的朝鲜人称为高丽棒子，一是因为他们不允许配炝，随身携带木棒镇压百姓，另一点是绝大多数大烟馆是朝奸开的，卖一种鸦片棒子。在满洲国，吸食鸦片的中国人可到关东军领个人吸烟许可证。实际上是承认鸦片合法。

自“七七事变”后，日军以天津日租界为制毒、贩毒的基地，向上海、香港等地贩卖毒品。日制红丸在当时是人人侧目的毒品。

日军占领山西后，大坏阎锡山的禁烟成效。山西最好的水浇地全种上了大烟，当地老百姓说：“日本人来了八年，我们就种了八年大烟。”日军占据山西的时候，山西吸毒成瘾人数超过20万。1940年日军在白晋路沿线规定《春耕方法》，规定铁路沿线十里以内，禁止种五谷，只准种植大烟和棉花。1942年仅太谷县烟田就超过6000亩。

日本军方曾断言：“中国只要有40%的吸毒者，中国必将永远是日本的附属国。”

抗战期间共产党晋冀鲁豫政府曾颁布《晋冀鲁豫边区查获烟土暂行办法》，禁止毒品进入根据地。

解放战争胜利，中国终于等到了全国禁毒的一天。

新中国成立后，中央政府决心根治烟毒，政务院总理周恩来在1950年2月24日发布《严禁鸦片毒品通令》，设立禁毒禁烟委员会。全民禁绝种烟（少数民族地区可有步骤慎重执行），禁止贩运、制造及售卖烟土毒品，违者从严治罪。限期缴出散存民间的烟土毒品，并由政府酌于补偿，逾期不缴者没收并治罪，吸食烟毒成瘾者限期登记。卫生机关免费发放戒烟戒毒药品，或对成瘾者留置戒烟所。

1952年下半年，政务院发布《关于严禁鸦片烟毒及其它毒品命令》，在这一场群众运动中，至1957年底，新中国就基本上肃清了鸦片毒品。

附录：林则徐照会英国领事全文

为照会事：

洪惟我大皇帝，抚绥中外，一视同仁，利则与天下公之，害则为天下去之，盖以天地之心为心也。贵国王累世相传，皆称恭顺。观历次进贡表文云：“凡本国人到中国贸易，均蒙大皇帝一体公平恩待”等语。窃喜贵国王深明大义，感激天恩，是以天朝柔远绥怀，倍加优礼，贸易之利，垂二百年。该国所由以富庶称者，赖有此也。

惟是通商已久，众夷良莠不齐，遂有夹带鸦片，诱惑华民，以致毒流各省者。似此但知利己，不顾害人，乃天理所不容，人情所共愤。大皇帝闻而震怒，特遣本大臣来至广东与本总督部堂巡抚部院会同查办。凡内地民人贩鸦片食鸦片者，皆应处死。若追究夷人历年贩卖之罪，则其贻害深而攫利重，本为法所当诛。惟念众夷尚知悔罪乞诚，将趸船鸦片二万二百八十三箱，由领事官义律禀请缴收，全行毁化，叠经本大臣等据实具奏。幸蒙大皇帝格外施恩，以自首者情尚可原，姑宽免罪，再犯者法难屡贷，立定新章。

谅 贵国王响化倾心，定能谕令众夷，兢兢奉法，但必晓以利害，乃知天朝法度，断不可以不懔遵也。

查该国距内地六七万里，而夷船争来贸易者，为获利之厚故耳。以中国之利利外夷，是夷人所获之厚利，皆从华民分去，岂有反以毒物害华民之理！即夷人未必有心为害，而贪利之极，不顾害人，试问天良安在？闻该国禁食鸦片甚严，是固明知鸦片之为害也。既不使为害于该国，则他国尚不可移害，况中国乎！中国所行于外国者，无一非利人之物，利于食，利于用，并利于转卖，皆利也。中国曾有一物为害外国否！况如茶叶、大黄，外国所不可一日无也。中国若靳其利而不恤其害，则夷人何以为生！又外国之呢羽毕几，非得中国丝斤，不能成织。若中国亦靳其利，夷人何利可图。其余食物自糖料、姜桂而外，用物自绸缎、磁器而外，外国所必需者，曷可胜数。而外来之物，皆不过以供玩好，可有可无，既非中国要需，何难闭关绝市！乃天朝于茶、丝诸货，悉任其贩运流通，绝不靳惜，无他，利与天下公之也。

该国带去内地货物，不特自资食用，且得以分售各国，获利三倍，即不卖鸦片，而其三倍之利自在。何忍更以害人之物，恣无厌之求乎！设使别国有人贩鸦片至英国诱人买食，当亦贵国王所深恶而痛绝之也。向闻贵国王存心仁厚，自不肯以己所不欲者施之于人。并闻来粤之船，皆经颁给条约，有不许携带禁物之语，是贵国王之政令，本属严明。只因商船众多，前此或未加察，今行文照会，明知天朝禁令之严，定必使之不敢再犯。

且闻贵国王所都之兰顿及斯葛兰、爱伦等处，本皆不产鸦片。惟所辖印度地方，如孟阿拉、曼达拉、萨孟买八、达拿默拿、麻尔洼数处，连山栽种，开池制造，累月经年，以厚其毒，臭秽上达，天怒神恫。贵国王诚能于此等处，拔尽根株，尽锄其地，改种五谷。有敢再图种造鸦片者，重治其罪。此真兴利除害之大仁政，天所佑而神所福，延年寿、长子孙，必在此举矣！

第二章
鸦片烟具图说

为使读者了解鸦片枪各部件专业名称，将标准烟枪各部位简图如下。

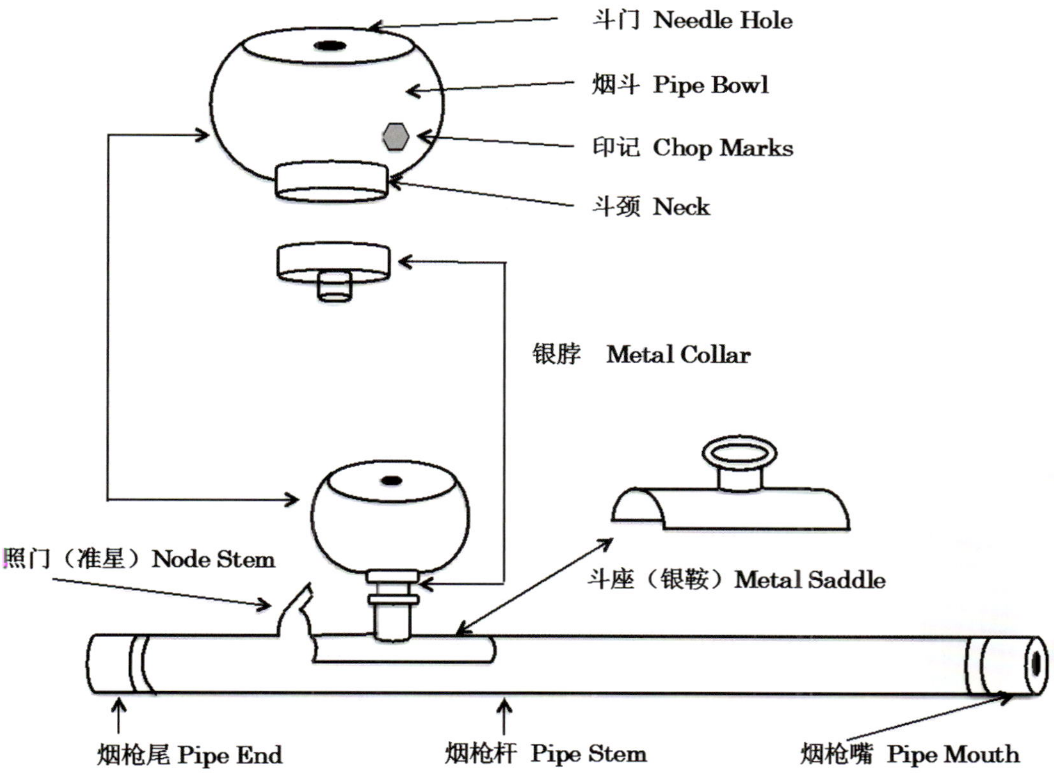

▲ 传统标准鸦片烟枪示意图（Typical Opium Pipe）

第一节　鸦片烟枪

▲ 红木杆双色刻花澄泥斗鸦片烟枪

烟杆通体红木，嵌金丝，烟嘴及枪尾由翠玉制成，烟斗为大型双色澄浆泥烧成，中心刻仕女老树，上刻“王受之写”，斗身刻“潘庆和”“丙寅”“光号名斗”印记。银白铜斗座雕刻云纹如意头图案，镶各色宝石。

全长 48 厘米

2005 年夏，史致广先生介绍说，报国寺有一老者摆地摊，货品中有一只大烟枪。立刻请他领路前往，老者称一生中买卖过几十条烟枪，最著名的是卢汉将军所用的象牙杆枪，老者自重身份，这只红木嵌金的枪，咬定 4000 块，一分不降，笔者认为物有所值，争财不争气。照数付之，携烟枪请史致广先生到报国寺外四川饭馆吃饭，离开时光顾将包好的烟枪小心携走，手机丢在饭馆中。

▲ 银质黑珐琅官品瑞雀图玉斗鸦片烟枪

烟枪杆及枪尾斗座一体连作，银质烧黑珐琅，中留白呈神仙人物图，这种工艺俗称乌银，并镌出“一品仙鹤，二品锦鸡，三品孔雀，四品云雁”的祝福。前后两枚烧兰（蓝珐琅）活环。绿色虬角烟嘴。和田青白玉烟斗，近烟斗处，枪杆上雕一双“囍”字鎏黄金。想来是富贵人家的嫁妆。

长 38.5 厘米

1999 年，北京南城举办全国钱币交流会，我在会场见到人称“大老伯子”的齐兰根先生，他说：“有根好烟枪，快跟我走！”到了一个山西汉子面前，拿出一本钱币册和一根全银鸦片烟枪，我见工艺精湛，形状雅观，立即问价，答：2 万元。后经一阵讨价还价以 1200 美元成交，山西老客还搭给我两枚清代铸母铜钱。回来后我为了酬谢“大老伯子”，送了他一条登喜路的皮带。

2010 年，我到分钟寺古玩城去转转，走过一家店面，有人和我打招呼，我一看不认识也没在意，但他走上几步对我说：你不是以前买我烟枪的吗？我一愣：什么烟枪？他说就是那只乌银的。我恍然想起，这就是十年前卖我银珐琅枪的山西老客，我不禁很惊讶：“十年了，你还认得出我？”他咧嘴一笑：我就那么支好烟枪，出给谁当然记得住。我和他聊了一会儿才知道他是个退休的警官。原来在山西平遥当二级警督。难怪看人眼力那么好，专业水平嘛。

2011 年元旦，“大老伯子”齐兰根找报国寺宁建忠办事，我正好遇上，一同在“东兴楼”吃午饭，我提起十年前卖烟枪的山西人，齐先生说这么好的烟枪就一直没再看见过，又对我说：你给我的那条皮带我到今天还系着呢。

聚会两天后，北京突降大雪，兰根兄到居民楼下义务扫雪心脏病发作，抢救无效死亡，北京晚报还报导此事。人生无常莫过于此。

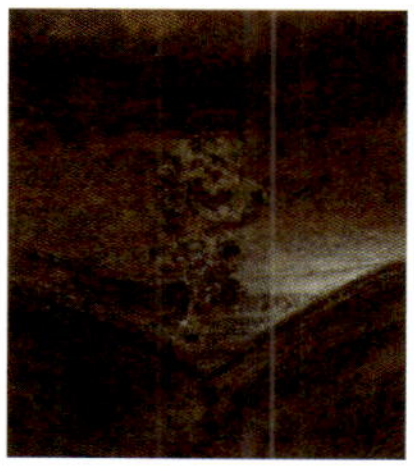

▲ 象牙杆元霸锤式玉手砂斗鸦片烟枪

象牙烟杆已使用多年，呈紫红包浆，娃娃脸红沁，澄泥八楞烟斗，上阴刻同心结，底印记“思茅”及“柳水已”。

全长 43 厘米

1986 年购于鼓楼古玩市场

▲ 象牙杆青花暗八仙斗鸦片坤式烟枪（2104 缺图）

象牙烟枪杆，有黄色包浆，青花八仙宝图案烟斗，斗座银鞍为银烧珐瑯，翠玉嘴尾

长 34 厘米

2012 年夏天，世交 Frank 打电话给我说有一位地产经纪人通知他有一富人区豪宅出售，里面有很多中国古玩。一般美国人家的中国古玩以 20 世纪七八十年代工艺品为多，那时中美刚建交，大量工艺美术品冲入美国市场，等我进了这栋售价 200 万美元的湖边豪宅，才发现我想错了。房主是位六旬左右的华裔夫人，大家称她为刘太太，是一位虔诚的基督徒，将私产捐到大陆建立福音学校，而且全部投在西南部贫困地区，这次回美是变卖家产准备加大投入的，除了卖房，家里的古玩也要处理。

我到了客厅，果然有很多中国文物古玩，有一些瓷器、字画、象牙雕品，还有首饰。我在一幅对联上找到陈宝琛的落款，上款写的是给重孙婿某人，刘太太说陈宝琛的重孙婿就是他的公公，而他夫家是林文忠公（林则徐）的后裔，是林少穆第二个女儿的玄孙。我以前听过很多人自报家门，说自己是名门望族，我也半信半疑的。但看了刘太太出席林则徐诞辰在故乡举办的活动的纪念册时，才认可了她家的确是忠臣之后。刘太太说因为她不懂古玩，所以用招标的形式给价多者得之。但我看这些古玩都是老的但缺乏珍品，世家之中难道没有精品吗？刘太太说她的东西保利拍卖行的旅美团队看过不少，精品都挑走了。原来如此！见我无太多兴趣，刘太太拿出一支象牙杆鸦片烟枪，说这件保利说不错，但他们拍卖行不允许拍卖鸦片用具及象牙制品。这条烟枪不长但很精致，银珐琅彩片斗鞍，青花瓷暗八仙的烟斗，枪嘴及枪尾都是冰种翠玉的。配上象牙杆，是坤枪精品。我大惑不解，林则徐是禁烟大臣，平生节俭清廉，怎么会留下这种精品鸦片烟枪？问过刘太太才知道这种鸦片烟具是她公公和先生在早年于古玩店搜集以纪念先人的。

我标了 2000 美元就回家了，正好有一加州藏友来电话，我告他我标了一支烟枪并把用手机拍的照片发过去，他说他喜欢要我割爱，我说东西还不知人家卖不卖，要标下来就给你。

刘太太打电话来说那只烟枪我标的最高，但她要加 500 美元，问我可否，我答应了。但加州藏友听说加了钱，就变得蛇蛇蜇蜇起来，有点嫌贵的意思，我只好告诉他：那我自己收了。后来，我求证于大学同学沈凯，她是林则徐、沈葆桢的后裔，她说刘太太应是文忠公一支，后来称“电气刘家”。这只鸦片烟枪全须全尾，细巧精良，想是哪家名媛贵妇的闺中恩物了。

▲ 竹杆银斗座六棱澄泥斗鸦片烟枪

长竹节烟枪杆，银制斗座镶珊瑚及彩色料珠，六棱澄泥烟斗，刻花草，上有“建阳”人型防伪标印，“癸未年”“中秋月”“张庆记”“定做”等印记，天然竹苞照门，翠玉枪嘴、枪尾。

全长 636 厘米

1986 年购于北京长椿街古玩市场

▲ 竹杆黄铜缕空喜字斗座紫砂大扁斗鸦片烟枪

竹制烟枪杆，黄铜镂空喜字斗座，无照门，紫砂大型扁烟头，上有“广人”“钢火门”印记，地方玉枪嘴，翠玉枪尾。

全长 50 厘米

2014 年购于北京琉璃厂常忠义先生店中。

▲ 象牙杆元霸执锤式白铜斗鸦片烟枪

亚州象牙烟枪杆，玉制枪手，白铜锤型烟斗，紫砂斗门，虬角隔嘴环，冰种翠玉烟枪嘴。

全长 40 厘米

2002 年 800 美元购于北京牙雕厂赵德胜先生处。

▲ 仿玳瑁大漆杆紫砂斗鸦片烟枪

大漆仿玳瑁（海龟壳）烟枪杆，白铜錾蝴蝶纹斗座上镌“味香”，紫砂圆形烟斗，地方玉烟嘴，象牙枪尾。

全长 34 厘米

2013 年购于报国寺宁建忠先生店中。

▲ 黑漆杆银鞍座紫砂斗鸦片烟枪

木质黑大漆烟枪杆，银质斗座银鞍，银脖连体，上雕一立体青蛙作为照门，紫砂烟斗，上有“康吉祥”“吉羊”印记，玉质枪嘴，无枪尾。

全长 43 厘米

2003 年购于北京琉璃厂。

▲ 象牙刘海戏金蟾杆鸦片烟枪

通体亚洲象牙制成，枪杆、枪嘴、枪尾一器连作，近尾部高浮雕刘海戏金蟾。刻画生动，后配紫砂烟斗及银斗座。

长 51 厘米

1998 年冬天我赴延庆找行内七师兄购买古玩，七兄大我近 20 岁，但为人很有朝气，帮我找到过很多好东西，他出身文物系统，后来辞职单干，在八达岭长城下开了一个大古玩工艺品店。在我们交往的日子里，曾给我找到过文物局代买的成箱玉件和成袋的银器。但这次没什么看上眼的古玩。七兄见我意兴索然，拿出一支象牙烟枪杆来，入手沉重，遍身宝光（包浆）。他说这是他当县知事的岳父解放前自己用的，本来想留着，看我实在没买到东西才拿出来。我当然喜欢，付了他 1000 美元又送他一块 K 金洋表。

我将烟枪包好，放进酒店客房后，就在酒店餐厅里请七兄喝酒，感谢他割爱珍品。我不会喝酒，七兄先喝白酒再饮红酒，晚餐结束也到十点钟了，七兄已醉得拾不起个了，我只得扶他回家，但他指了条相反的道，我再三确定后才扶他前行。太晚了延庆区打不到出租车，这一趟竟走了快三个小时，路上七兄吐了三四回，出酒以后，神志清醒，才告诉我他已离婚，新娶了个二十五六岁的女孩，这是到他的新家去。

等到了七兄的三卧一厅的新房也过了十二点了。他的新夫人和妻妹一起来照顾他，给他准备热茶、热手巾。七兄可能是感激我送他这么久，留我在他家里过夜休息，我想再花两三个小时深夜走回去，一是怕不安全，二是怕迷路，于是就答应在这里过夜。我锁好卧室躺在床上却怎么也睡不着。眼前浮动着那根烟枪，花钱定了酒店却住到别人家里，酒店安全吗？象牙烟枪要是被人拿走怎么办？

第二天一清早我起床赶紧把七兄叫醒，昨天他说了什么，自己一点都没印象。早饭没吃，打了辆出租，直奔酒店，进了房间，看见那用衣服包裹的长型东西，先放了一半心，上前伸手一抓，硬硬的还在。

▲ 竹杆粉色澄泥斗元霸执锤式鸦片烟枪

竹制烟枪杆，竹杆呈甘草黄包浆，斗座与斗尾合一，为牛角制握拳状，上坐粉色澄泥圆斗，该枪类型，枪杆如臂，斗座如拳，烟斗如槌，故旧称元霸执锤式，民间传说使锤的武将最骁勇的是隋唐李元霸，故以之命名，斗上有“寿州”“怡和”印记，象牙枪嘴。

全长 41 厘米

2005 年云南昆明古城购得。

▲ 竹杆银白铜斗座雕照门紫砂斗鸦片烟枪（原配枪套）

竹杆枪嘴与枪尾一体，照门天然竹苞加雕工，银白铜斗座紫砂六棱烟斗上有“寿州”“怡和”印记，翠玉枪尾，原配漳绒枪套。

全长 54.5 厘米

▲ 竹杆澄泥斗鸦片烟枪

竹枪杆黑色厚包浆，白铜錾花斗座，紫砂多瓣锤型烟斗，天然竹苞准星，地方玉烟枪嘴，褐黄沁色，白色翠玉枪尾。

全长 37 厘米

1992 年购于宣武门古玩早市。

▲ 白云石杆元霸执锤式古玉斗鸦片烟枪

云南白色大理石烟枪杆，白银雕花双联环白云石手，白铜斗颈，古玉瓜棱锤型烟斗，沁成墨黑色，地方玉枪嘴，沁成秋葵色。

全长 43 厘米

1987 年购于礼士路钱币古玩自由晚市。

▲ 木杆缠银丝白铜包尾斗座六棱紫砂孙氏斗鸦片烟枪

木枪杆髹大漆，稍裂，被银丝缠绕固定，白铜斗座，枪尾一体连做，紫砂六棱烟斗，上有“寿州”“孙记”印记，翠玉枪嘴。

全长 47 厘米

2013 年购于北京琉璃厂常忠义先生店中。

▲ 竹杆银白铜浮雕斗座杯状澄泥斗鸦片烟枪

竹烟枪杆，银白铜浮雕狮子滚绣球斗座，准星镶两粒珊瑚，杯状澄泥烟斗，雕六角冰纹并有“大元元”印记，古玉烟枪嘴，无枪尾。

全长 50.5 厘米

2013 年购于北京琉璃厂常忠义先生店中。

▲ 竹杆细长型配六棱澄泥烟斗鸦片烟枪

修长竹管枪杆，紫铜刻花斗座，配青色六棱澄泥烟斗，“颖州氏”“梅花杆”“加定制”印记，方中圆式翠玉嘴，翠玉枪尾。

全长 52 厘米

1983 年春季购于官园花鸟鱼市王姓回民老考处，购价人民币 16 元。

▲ 硬木杆澄泥孙氏斗鸦片烟枪

硬杂木烟枪杆，铜制斗座，澄泥烟斗有“寿州”“孙氏”印记，应为当时得享大名的孙寡妇烟斗。翠玉枪嘴及枪尾。

全长 52 厘米

1997 年赴山西张兰村内淘古者手中购得，当时该家还有七八个青铜鼎，其中一个花纹做工很好，应该都是汉代的，因疑心是出土文物未敢递价。

▲ 烫花湘妃竹杆澄泥圆型斗鸦片烟枪

火烫花湘妃竹制烟枪杆，澄泥多棱烟斗，上有“东院”“胡记”“擒铜”印记。黄铜斗座银鞍。红珊瑚准星嵌在下方，地方玉烟枪嘴

枪长 37 厘米

笔者藏品。

▲ 大漆槐木杆简约式鸦片烟枪

奇异槐树枝修削为烟枪杆，髹以木漆，准星部分雕一狸猫，简约式球状玉斗，玉制枪嘴。

全长 62 厘米

2005 年购于北京成田古玩城。

▲ 朱色犀皮漆杆，错金银澄泥斗鸦片烟枪

木杆髹以朱红色犀皮漆，纹格毕见，白铜银鞍，澄泥烟斗，错以金银线，组成寿字及花卉，翠玉枪嘴及枪尾。

全长 58 厘米

1992 年购于北京后海土山古玩旱市。

▲ 竹杆简约式紫砂斗鸦片烟枪

这种简单制作的烟枪将枪尾、烟斗和斗座融三为一，这种起码货烟枪当年被称作乞丐枪，小康以上的烟客不会使用。由于一斗三用，掏烟灰时从纵面掏灰，变为费力的水平面掏灰了。另外直接伸枪进斗的连接使烟杆容易受热伤杆，所以这种枪是越用越短。锤状紫砂烟斗，仿翠料枪嘴。

全长 36 厘米

1991 年购于北京宣武门古玩旱市，向一位喝街者 36 元购得。

▲ 竹杆简约式玉斗鸦片烟枪

竹制枪杆包浆厚泽，简约式玉斗，斗门凸成，玉斗为地方玉制，多年使用已呈鸡骨白状，枪嘴为地方玉制，镶铜部分大部分锈蚀，烟嘴玉呈琥珀色。

全长 31 厘米

2002 年购于北京成田古玩城。

▲ 竹制累珠式杆广州澄泥斗鸦片烟枪

竹制烟枪杆雕成累株式，铜制斗座及银脖，澄泥莲蓬斗，上有“羊城”“春城氏制”印记，杆嘴尾一体。

全长 73 厘米

201C 年于北京红木大观楼古玩市场购得。

▲ 乌木螺旋纹杆简约式瓷斗鸦片烟枪

老乌木枪杆，雕成螺旋式便于持抓，简约瓷制粉彩烟斗，上有花卉图案，由一个铜制斗托与枪杆相连，老塑料烟嘴，外包白铜。

全长 56 厘米

1998 年购于东北沈阳古玩店。

▲ 斑竹杆元霸执锤氏孙氏斗鸦片烟枪

斑竹烟枪杆，象牙手，澄泥烟斗，上有“寿州”“孙记”印记，为寿州孙寡妇斗。角制烟枪嘴。

全长 38 厘米

1983 年北京官园花鸟鱼市淘换。

▲ 竹杆小六棱紫砂斗鸦片烟枪

长竹枪杆，天然竹包准星，铜制斗座，小型六棱紫砂烟斗，阴刻盘肠，上有“陈万荣”印记，翠玉枪嘴、枪尾。

全长 48 厘米

1983 年于北京官园花鸟鱼市购得。

▲ 古藤杆玉质斗及斗座鸦片烟枪

古藤制成烟杆体，上有铜镶照门准星，中镶一颗眼珠状琉璃，八角青白和田玉烟斗，铜制斗托，古玉改制八角锤状斗座及烟枪嘴。

全长 56 厘米

1996 年夏于陕西省宝鸡市古玩从业者手中购得。

▲ 紫檀杆银镶宝接口斗座黑白砂斗象牙嘴尾鸦片烟枪

双截紫檀烟枪杆，包浆紫黑，银斗座镶翠玉三枚、红宝书一枚，黑白砂大六楞烟斗，拼成荷叶荷花图案，底有“庆峰”“公一合记”。象牙嘴尾，尾上镶翠玉。

全长 46 厘米

▲ 鞭竹杆大准星乞儿斗鸦片烟枪

长鞭多节竹枝内打通作烟枪杆，头顶乞儿型陶制烟斗，有一漆制大型准星套在斗后，象牙烟枪嘴，该枪为大烟、旱烟双用，如换上旱烟铜锅就可吸旱烟。

全长 79 厘米

1985 年于北京长椿街古玩市场购得。

▲ 象牙杆玉手元霸执锤型鸦片烟枪

象牙枪杆已使用成蜜蜡深黄色，玉手，紫砂小起棱烟头，“寿山”“元大美”印记，象牙枪嘴，也是土烟、旱烟两用。

全长 49 厘米

1999 年于北京古玩城购得。

▲ 元霸执锤袖珍式银錾金杆白玉斗座鸦片烟枪

小烟枪长不盈握，极为小巧，银质鎏金，烟杆两端接白玉座及白玉枪嘴。白玉斗座握拳型。配小型窝头型澄泥斗。

全长 12 厘米

这种袖珍式烟枪是在科举考试时，考生夹带入考场的工具，号子里地方小，考场关防严密，这种可以放在荷包里的小烟枪自是有烟瘾的考生的恩物，还有可藏鸦片烟膏的中空牙柄团扇，内有夹层的铜制钱盒，福建鼓楼店中的特制空心鞋底夹带靴子，都是携进贡院的伪装品。该烟枪是 1984 年冬天在北京天桥福长街六条古玩集市上以 20 元向一外地摊主买到的。

▲ 白玉杆银手便携式鸦片烟枪

小型白玉枪杆，银制拳手，缺烟斗，为科场夹带小枪。

全长 14 厘米

1999 年延庆祁亚明先生出售给笔者文物公司一箱玉件，从中挑选出。

▲ 印度铜镀金烤匣式鸦片烟枪

为 20 世纪初印度人吸鸦片之器具，紫铜质，部分镀金，前方烟斗可以取下打开放置熟鸦片，合上烤匣，插回烟管，在火上通过烤匣上多个细孔蒸烧鸦片吸入。

全长 19.5 厘米

2013 年在美国达拉斯一古玩中心购得。

▲ 青玉杆紫砂斗鸦片烟枪残件

和田青玉枪杆，已残存枪尾部分有一圆眼留作斗，铜制斗座紫砂烟斗，曾破裂被粘合修复。

残长 15 厘米

2014 年在北京报国寺碎瓷摊位上购得，应属前人戒烟毁烟具的结果，因无玉杆烟枪，了以充数。

▲ 湘妃竹杆紫砂斗鸦片烟枪

大号湘妃竹烟枪杆，嘴杆尾体，尾部镶南红玛瑙，紫砂烟斗，花楞做工，刻有“潘吮香”及花押印记。

全长 50 厘米

▲ 老塑料杆元霸执锤式紫砂斗鸦片烟枪

日本制造老化学塑料材料，仿虬角绿色烟杆，仿象牙黄色枪手、嘴，另有两个可移动仿象牙活环。烟斗紫砂制，为八棱花卉型，斗门凸起，斗上有“寿州”“王永和”“自造”“铜门”印记。

全长 38 厘米

2003 年北京报国寺古玩交流会该枪于一摊位上闲置，初看以为虬角杆烟枪，大喜过望拿在手中，分量不对，原来是老化学的，要价低廉，购入。

▲ 粗型竹杆锡斗座象牙首尾鸦片烟枪（无斗）

长粗型竹制烟杆，竹苞照门锡铜盖及斗座，象牙嘴及象牙尾。

2017 年初夏赴加拿大渥太华大学同学聚会，微价购于该市古玩店中。

长 63 厘米 直径 3.5 厘米

第二节　鸦片烟斗

▲ 大型白砂扁圆型鸦片烟斗

斗身扁平，正面刻万字迴廻文及枝叶图案，背有“汀”“建阳”“邹记”“适记”印记。

另有一个葫芦形印记，上刻“适记”

直径 9.3 厘米　高 2.7 厘米

2005 年于北京分钟寺古玩城购得

▲ 灰白澄泥六角型鸦片烟斗

边刻莲叶及古钱，背刻“用久方知妙，年深始见奇”，有“阳临”“贝香元”印记。

直径 6.2 厘米　高 4.5 厘米

▲ 双色六角型澄泥诗文鸦片烟斗

黑白双色澄泥斗，斗面以白澄泥写“奇书古画不论价”“岁在甲辰孟夏月书”

直径 6.3 厘米　高 3.2 厘米

2005 年购于云南昆明古玩城

▲ 青白玉六棱鸦片烟斗

直径 5.5 厘米

▲ 青玉圆型鸦片烟斗

直径 5 厘米

▲ 允鸣氏错银倭角方型黑澄泥鸦片烟斗

四方倭角形错银花纹及允鸣氏错银字

宽 4.5 厘米　高 4.5 厘米

▲ 允鸣氏错银圆型黑澄泥鸦片烟斗

圆型，错银花纹及允鸣氏错银字

直径 6 厘米　高 5 厘米

▲ 银砂六棱鸦片烟斗

银砂烧成，六棱形，刻有“福”及“不合勿用，带回价换，用过不认”印记。

有一天眼防伪印及一菊花印。

斗内装满烟灰

宽 5.2 厘米

▲ 白澄泥六棱兽首鸦片烟斗

六楞澄泥斗，双兽首扑手，有“思茅”“银煊”印记。

宽 6 厘米

▲ 紫砂车轮边圆型鸦片烟斗

紫砂制，周边车轮齿纹，底面有“青州”“掛”印记。

内存烟灰。

直径 7.8 厘米

▲ 紫砂磨光圆型鸦片烟斗

暗红紫砂制，磨光有包浆，底面有“青州黄占香”“乙亥”“黄家刻”印记，斗内贮满烟灰。

直径 6.8 厘米

▲ 紫砂花瓣式鸦片烟斗

紫砂烧作成六瓣花形，上有“内造顶上”“闽杭”“西山”“三合”“不二价”“假冒三合，男盗女娼”。

烟斗直径 8 厘米 银鞍长 12 厘米

▲ 银砂梅花楞小型鸦片烟斗

银砂云纹梅花楞，上有“东院”“鞏德”“擒铜”印记。

直径 4.8 厘米

▲ 澄泥加烧珐琅水题图鸦片烟斗

黑色澄浆泥浇成，上镶白绿红三色珐琅，水草，螃蟹及青蛙，有“当朝一品”“玉堂”印记。

直径 5 厘米 高 4 厘米

▲ 紫砂加白砂诗文圆型鸦片烟斗

磨光紫砂制，以白砂写成草书诗文，上有“正铭记”葫芦形防印记。

直径 6.5 厘米

▲ 朱砂色紫砂圆型鸦片烟斗

朱色紫砂圆斗，周围有围线起棱

上有“迼晴”印记。

直径 6.5 厘米

▲ 软玉圆型鸦片烟斗

圆型地方软玉烟斗，漆成褐黄色

配铜质斗座鞍盖。

烟斗直径 4.5 厘米 鞍长 10 厘米

▲ 紫砂海棠式鸦片烟斗

紫砂浇成海棠形，阴刻“一片冰心在玉壶”“以畅亲友”“康富兴”印记。

直径 6 厘米 高 4.2 厘米

▲ 地方黄玉窝头型鸦片烟斗

直径 4.2 厘米 高 3 厘米

▲ 铁瓦瓜棱圆型鸦片烟斗

“三合”及双叶印记。

直径 5.5 厘米 高 3 厘米

▲ 紫砂寿字乞丐型鸦片烟斗

阴刻蝙蝠寿字，“同和”印记。

直径 4.2 厘米 长 5 厘米

▲ 紫砂寿州孙氏八棱鸦片烟斗

八棱紫砂制，黄铜斗颈。

斗身刻“寿州”“孙氏”。

宽 5 厘米 高 5 厘米

▲ 白澄泥六角型鸦片烟斗

背刻一圈莲座纹，刻“用先”“逋”“何元记”“何记”等印记。双葫芦防伪印章。

直径 9.5 厘米 高 26 厘米

▲ 岫玉八棱鸦片烟斗

八楞形，浅刻线饰。

直径 3.5 厘米　高 4 厘米

▲ 褐紫砂八棱鸦片烟斗

角上浅刻花朵，印记“囗记”，不清楚。

直径 4.5 厘米　高 3.5 厘米

▲ 紫砂圆型鸦片烟斗

上刻“陈湘舟”。

直径 5 厘米　高 3.5 厘米

▲ 黑砂六棱镶银丝鸦片烟斗

银丝嵌暗八仙及迴文，做工极细。

直径 5 厘米　高 3.5 厘米

▲ 黑砂倭角鸦片烟斗

四棱开窗，上刻贝叶团纹。

直径 4 厘米　高 3.5 厘米

▲ 灰砂六棱鸦片烟斗

灰色沙，上刻十八蝴蝶，有“羊城”“春”“池”“金记”印。

直径 5.5 厘米　高 4 厘米

▲ 黑澄泥错银倭角鸦片烟斗

六棱倭角，斗面错银花卉蝴蝶，六棱面错银人物、动物、花卉、蝴蝶，并有错银丁酉年，允鸣氏。

直径 5.5 厘米　高 4.3 厘米

▲ 允鸣氏澄泥嵌银丝鸦片烟斗

圆型澄泥斗，三层台阶，嵌银丝装饰圈带，侧面白泥错出允鸣氏字样，黄铜斗托。

直径 6.5 厘米　高 4.0 厘米

▲ 错银佛八宝圆型澄泥鸦片烟斗

曾经入土，错银佛八宝（伞、盖、盘长、鱼、海螺、法轮、宝瓶、莲花）及万字不到头图案。
直径 5.8 厘米

▲ 币齿边圆型白澄泥鸦片烟斗

白澄泥斗，波浪丝及币齿边图案。
双印郑记印记。
直径 5.4 厘米

▲ 北京圆明园出土鸦片烟斗残片

2005 年北京圆明园遗址边，卡车拉出一些渣土。拾荒者从中发现有一些紫砂碎片，就将这些碎片拾走了。正巧有一古玩行外围某人，专吃拾荒一系，只要花几个小钱，就能把东西买到手中。该人在报国寺周边摆地摊，我过去曾购买过他的东西，他对我说，曾问过拉渣土的司机，司机告诉他，这些东西是从圆明园西南部拉出来的，是皇家御用的东西。我因有收藏烟具的爱好，就廉价购得。

我往这个摆摊人的袋子里看，有些像鸦片烟斗的残片，还有少量的铜斗颈和银制打烟勺。鸦片烟斗俱为坤斗，品质极高。计有瓷质、紫砂质和澄泥质三种。下面简单介绍几种：

A. 银砂圆型相片烟斗残件

银砂烧制，上有“寿州”“老春台”“最上等”“真银砂”“玉翠色”“铜斗门”印记

直径 5.3 厘米 高 4.5 厘米

B. 青花瓷制，六楞鸦片烟斗残件

青花加巩红六楞斗，表花款“方益茂造”

宽 5.2 厘米 高 3.5 厘米

C. 紫砂活芯莲蓬型鸦片烟斗残件

紫砂质莲蓬形烟斗，莲蓬芯为白砂质，可活动

直径 6 厘米 高 4.8 厘米

D. 黑橙泥圆型鸦片烟斗残件

上有“甲甲”“8”印记

直径 4.8 厘米

E. 紫砂莲蓬型活芯鸦片烟斗残件

紫砂斗身为莲蓬型，白砂凸雕梗枝，黑砂作活芯，莲蓬籽上有“冯□□”印记

直径 5.5 厘米

F. 澄泥上圆下六棱型鸦片烟斗残件

上有“寿山”“哲兴造”“马记”印记

G. 黑澄泥圆型鸦片烟斗残件

直径 5 厘米　高 3 厘米

H. 白砂圆型鸦片烟斗残片

上有“寿山”“马记”“哲卿氏”印记

I. 白瓷圆型鸦片烟斗残片

J. 错金银澄泥方型烟斗残片

金银线错出盘肠、书画等图案

K. 错银圆型鸦片烟斗残片

银线错出钱币、围线等图案

另外还有一些各种材质的烟斗碎片和一些红铜及白铜斗颈，有两只烟枪上的铜套环，有两枚银质打烟板，其中一枚完整，上镌字号“宝源足银”。

这批烟斗残件的出现，笔者初步分析：

一、在大清御宛圆明园内，鸦片曾大行其道，鸦片残件极大可能是出土在圆明园后宫一带，因为出土的全部是坤枪烟斗（女用鸦片烟具），它们的主人大概是后宫嫔妃。根据这批烟斗中瓷质、砂质及澄泥质的斗具年代分析，鸦片盛行于后宫的时期大约在道光早期。

二、推测圆明园内曾经发生过一次彻底的禁烟活动。所有鸦片烟具被专差从后宫嫔妃手中查收，统一销毁。各种竹、木、牙制烟枪被焚烧，而各种烟斗被击碎后，统一埋入园中地下（以免流入民间被百姓耻笑）。这一年代大约在林则徐上疏劝禁时期。道光皇帝下决心根除鸦片的道光后期。

三、清宫造办处未曾制造过鸦片烟具。这批烟具虽然非常精美，但都是属于中国南方民间工艺，多数烟斗上都有斗坊字号。银烟板上也有银楼称号。它们制作精良，其中套色烧砂，活芯技法，错金银丝工艺，比起造办处作品毫不逊色。

造办处作活，绝大多数是皇帝交办。道光皇帝继位后非常勤俭，御膳连“炸肉皮”都不敢点。即便是在未颁布戒烟的情况下，也不会下旨制作鸦片烟具，何况所有造办处作工都入“活计档”。我想那个皇帝也不愿留下这么一笔，让后世贻笑大方吧。

第三节 鸦片烟手嘴尾佩件

▲ 染色虬角铜锅鸦片烟手

染绿色虬角，底雕团寿字。

长 5 厘米 高 3.5 厘米

▲ 软玉鸦片烟手

长 3.4 厘米 高 2.3 厘米。

▲ 京料仿玛瑙烧鸦片烟手

长 3.5 厘米 高 2.5 厘米

▲ 地方绿玉方型鸦片烟手

长 3.6 厘米 高 2.5 厘米

▲ 地方玉腰鼓型鸦片烟手

长 2.8 厘米

▲ 地方白玉微型鸦片烟手

长 2 厘米 高 2 厘米

▲ 白石鸦片烟手

长 4 厘米 高 3 厘米

▲ 和田仔玉鸦片烟嘴

和田仔玉制，上有黄色土沁纹。

直径 3 厘米 长 4 厘米

▲ 玉质鸦片烟嘴

有和田山料玉、古玉、地方玉等。
尺寸不同。

▲ 地方玉鸦片烟嘴

尺寸不同。

▲ 和田青白玉凤尾型鸦片烟嘴

和日青白玉，有黑色水沁，凤尾型。
直径 2.5 厘米　长 5.5 厘米

▲ 和田玉竹节型鸦片烟嘴

和田古玉竹节型，有褐黄色，竹金沁色。
直径 2 厘米　长 3.2 厘米

▲ 象牙短型鸦片烟嘴

直径 2.6 厘米　长 1.7 厘米

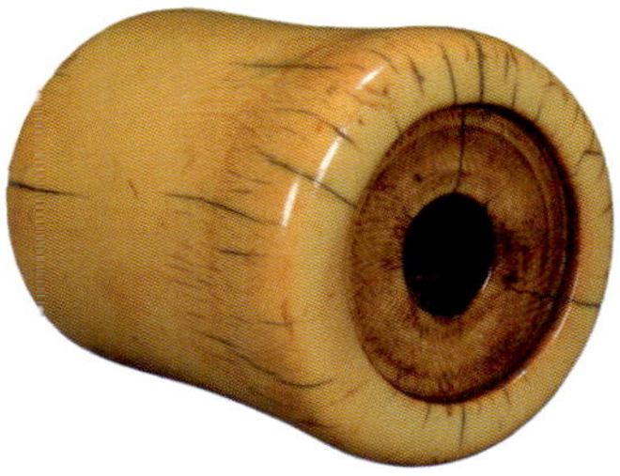

▲ 象牙镶片鸦片烟嘴

镶片遗失，两头直径分别为 2.9 厘米及 2.5 厘米　长 3.5 厘米

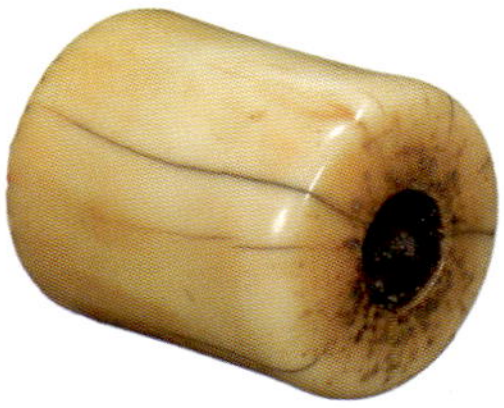

▲ 象牙筒型鸦片烟嘴

直径 2.4 厘米　长 2 厘米

▲ 仿红珊瑚烧料鸦片烟嘴

直径 1.2 厘米　长 2 厘米

▲ 各式翠玉鸦片烟嘴

尺寸不同。

▲ 地方玉鸦片烟尾

尺寸不同。

▲ 各式翠玉鸦片烟尾

尺寸不同。

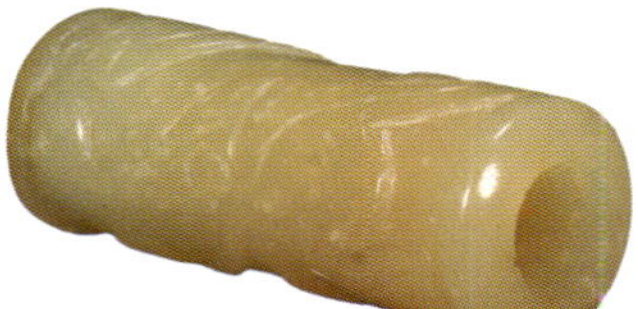

▲ 地方黄玉雕螭龙鸦片旱烟两用枪嘴
长 5 厘米

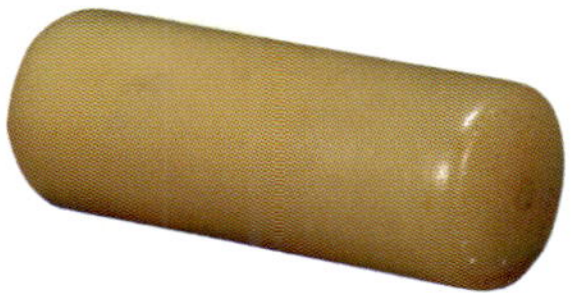

▲ 地方黄玉管状鸦片旱烟两用枪嘴
长 4.4 厘米

▲ 和田青玉鸦片旱烟两用枪嘴两只
长 4.5 厘米及 4.6 厘米

▲ 仿黄玉料鸦片烟枪嘴
直径 2.4 厘米 长 2.8 厘米

▲ 绿虬角佛手鸦片烟枪准星
虬角染绿色镂空雕佛手及枝叶，座烟枪中，佛手凸起成照门准星。
长 2 厘米 宽 1.5 厘米
2014 年 3 月购于磁器口淘宝城刘忠新先生店中，购价 800 美元

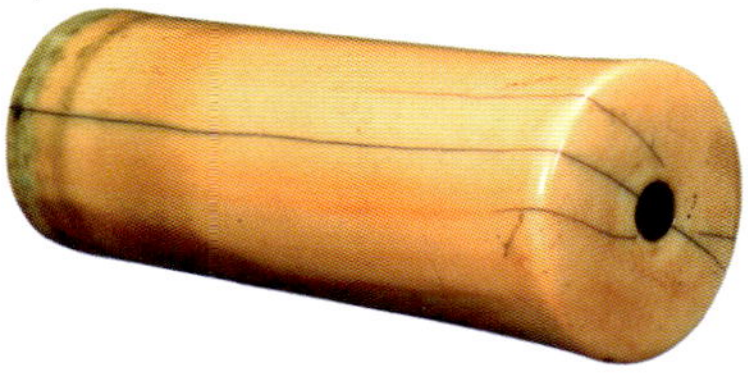

▲ 象牙长型鸦片烟枪嘴
象牙制长形嘴，光素无工，包浆褐黄色。
直径 3 厘米 长 7 厘米

▲ 云南地方玉鸦片烟枪嘴
青白色玉，有褐色石纹，类大理石性地方玉。
直径 2.0 厘米 长 3.5 厘米

▲ 战国红玛瑙鸦片烟嘴
四川产红白黄三色玛瑙，坤制烟嘴。
直径 1.9 厘米 长 3.3 厘米

▲ 白翠玉高冠形鸦片烟枪尾
白翠玉有浅绿斑，梯形起线倒楞枪尾。
直径 3.3 厘米 长 3.5 厘米

第四节 鸦片烟灯

▲ 白铜六棱底座，银烧蓝围饰。车料玻璃罩鸦片烟灯

最大直径 6.5 厘米 高 11 厘米

▲ 浅刻黄铜底座，车料玻璃罩鸦片烟灯

最大直径 6.5 厘米 高 8.5 厘米

▲ 黄铜镶紫铜底座，镂空铜围饰。车料磨面玻璃罩鸦片烟灯

最大直径 7.2 厘米 高 8 厘米

▲ 袖珍式黄铜底座，翠玉围饰车料罩鸦片烟灯

白里青翠玉闪紫罗兰。

高 9.5 厘米

▲ 白铜雕花填蓝底座，紫檀围饰，玉质罩鸦片烟灯

高 15 厘米

1999 年购自琉璃厂马明先生。

▲ 暗八仙白铜座镂空围饰鸦片烟灯

全套灯具白铜制作，内胆封闭，灯捻尚在，底座凸雕八仙法宝。围饰镂空雕窗格寿字，白料明玻璃烟灯罩。

底座长 8 厘米 高 12 厘米

▲ 黄铜镂空围饰车料玻璃罩鸦片烟灯

出土品，围饰镂空勾子莲图案。

直径 6.1 厘米 高 4.4 厘米

▲ 白铜镶红铜诗文底座，镂空围饰，车料罩鸦片烟灯

诗文：“落花无言，人淡如菊，书之岁华，其曰可读”“宜子孙”并刻四时花卉

最大直径 7.5 厘米　高 12.5 厘米

▲ 黄铜底座，镂空围饰，磨花车料罩鸦片烟灯加盖

最大直径 8 厘米　高 8.2 厘米

▲ 黄铜底座，紫铜镂空万字纹围饰，磨花车料罩鸦片烟灯

最大直径 7.5 厘米　高 7.5 厘米

▲ 白铜六棱戏出四艺底座，紫铜镂空围饰，加盖磨花车料罩鸦片烟灯

底座阴刻戏出人物及琴棋书画。

最大直径 8 厘米　高 5.8 厘米

▲ 青铜莲花座底，磨花车料罩，低身鸦片烟灯

最大直径 8 厘米　高 5.8 厘米

▲ 黄铜镂空围饰车料玻璃罩鸦片烟灯

出土品，围饰镂空拉钱，万字图案。

直径 6.1 厘米　高 4.4 厘米

▲ 黄铜镂空花卉暗八仙底座车料罩鸦片烟灯

最大直径 9 厘米　高 15 厘米

▲ 黄铜绳纹底座，高桩磨花车料罩鸦片烟灯

最大直径 9 厘米　高 12.9 厘米

▲ 白铜诗文底座，黄铜镂空围饰车料罩加盖鸦片烟灯

诗文曰：“曰永可心，人淡如菊，灯火因缘，吹气似氤，宝斗玉干，云为永之，洋烟美气，别又一天”。

最大直径 7 厘米　高 8 厘米

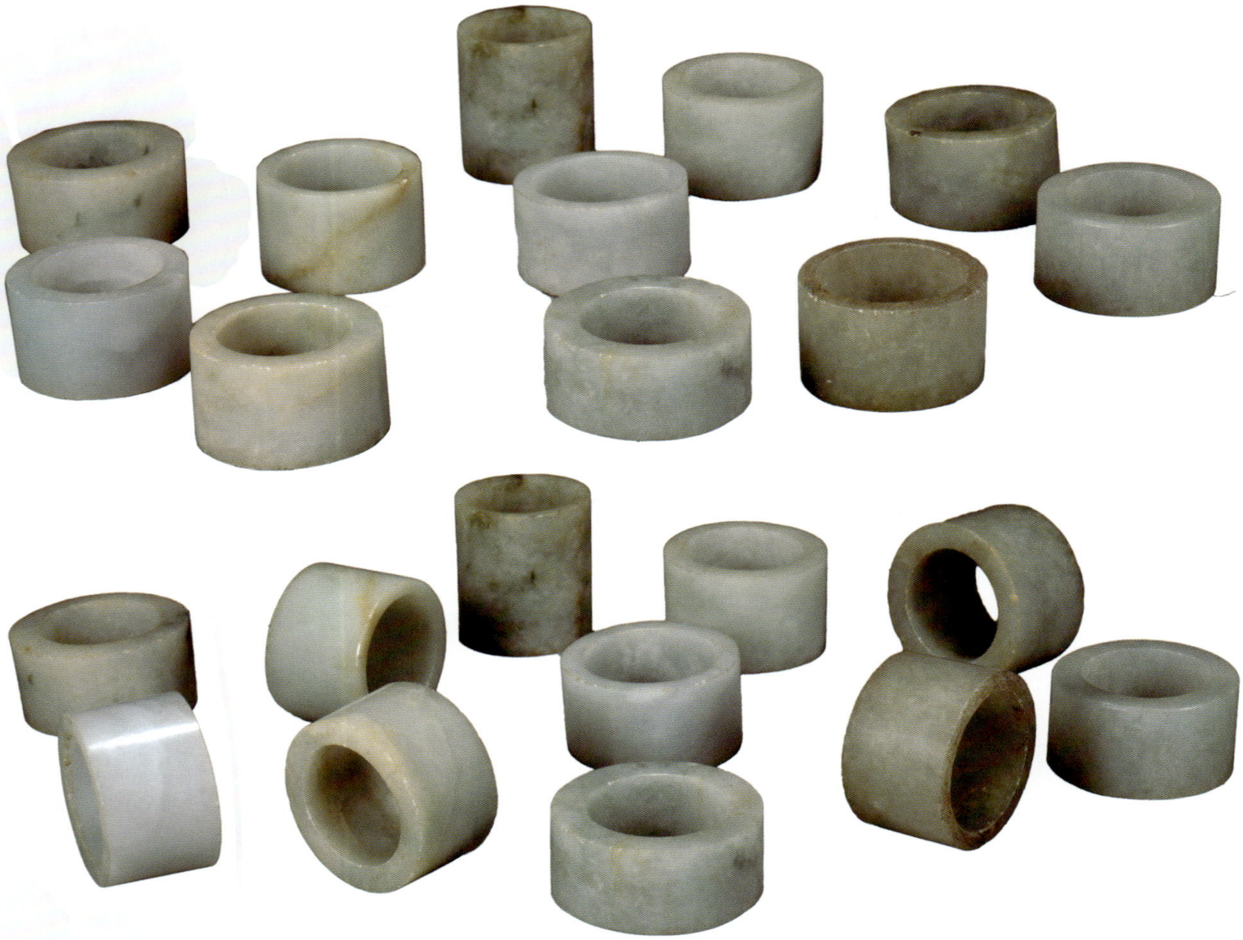

▲ 翠玉质鸦片烟灯围饰

尺寸不一，并非搬指。

▲ 玉质鸦片烟灯围饰

玉质

尺寸不一。

▲ 磨光天然水晶鸦片烟灯罩头（两枚）

尺寸不一。

▲ 白铜镶银鸦片烟灯油座

戏出人物镶片。

长 6.5 厘米　高 2.8 厘米

▲ 筒式玻璃杯式鸦片烟灯

燃料为酒精，内有可移动贮燃料罐。

长 9 厘米　高 10 厘米

第五节　鸦片烟簸

▲ 牛骨柄耳勺型鸦片烟簸

长 15 厘米

▲ 葫芦样红木柄立刀型鸦片烟簸

长 14.5 厘米

▲ 红木柄点铜弯钩型鸦片烟簸

长 13.5 厘米

▲ 紫檀柄立刀型鸦片烟籤

长 14.5 厘米

▲ 红木柄殳型鸦片烟籤

长 20 厘米

▲ 乌木柄生鸦片烟锯

长 15.5 厘米

▲ 红木柄腰刀式生鸦片切刀

长 15 厘米

▲ 红木柄弯钩型鸦片烟籤

长 15.5 厘米

▲ 牛角柄弯钩型鸦片烟籤

长 13.5 厘米

▲ 折叠式红木喜鹊形柄生鸦片烟切刀

长 17 厘米

▲ 牛角柄弯钩型鸦片烟籤

长 14 厘米

▲ 青铜方便禅铲型鸦片烟铲

长 17.5 厘米

▲ 犀皮漆柄鸦片烟铲

长 14.5 厘米

▲ 硬杂木柄小头弯钩型鸦片烟籤

长 16 厘米

▲ 白铜荷叶型锅扦连做鸦片烟籤

可烧烟泡，又可挑起烟泡。

长 16 厘米

▲ 钢质锥铲一体鸦片烟籤

长 20.5 厘米

▲ 黄铜鸦片烟铲

长 14.5 厘米

▲ 钢质绳纹袖珍锥铲一体鸦片烟籤

长 9.5 厘米

▲ 钢质金瓜槌尾袖珍型鸦片烟籤

长 9 厘米

▲ 柴木柄微钩型鸦片烟籤 长 15 厘米

▲ 银质簪扦两用针勺连作鸦片烟籤 长 22.5 厘米

▲ 钢质双头铲型鸦片烟籤 长 14.5 厘米

▲ 黄铜葫芦柄锥型鸦片烟籤 长 13 厘米

▲ 钢质勺殳连做鸦片烟籤 长 17 厘米

▲ 牛角柄弯钩型鸦片烟籤 长 13 厘米

▲ 乌木柄鸦片烟烧勺 长 13 厘米

▲ 黄铜鸦片烟铲 长 6.5 厘米

▲ 红木柄黄铜生鸦片烟切刀 长 9 厘米

▲ 白铜团扇型鸦片烟板 长 10 厘米

▲ 青铜鸦片烟勺 长 9.5 厘米

▲ 黄铜鱼柄折叠式生鸦片烟切刀 长 8 厘米

▲ 黄铜加链鸦片烟烧勺
全长 17.5 厘米

▲ 黄铜海棠式鸦片打烟盘
长 5.5 厘米
宽 4 厘米

▲ 红木镶角柄鸦片烟烧勺
长 10.5 厘米

▲ 铜镀银簪扦两用蝙蝠头针勺式鸦片烟簸
长 11.5 厘米

▲ 黄铜细柄鸦片烟铲
长 7 厘米

▲ 骨柄黄铜生鸦片切刀一组
长分别为 15、12.5、12、12、11.5、8 厘米

▲ 竹根柄鸦片烟铲
长 19 厘米

▲ 红木马腿柄折叠式生鸦片烟切刀

长 11 厘米

▲ 钢质匙形鸦片烟籤

钢铁质，钥匙形。
长 13 厘米

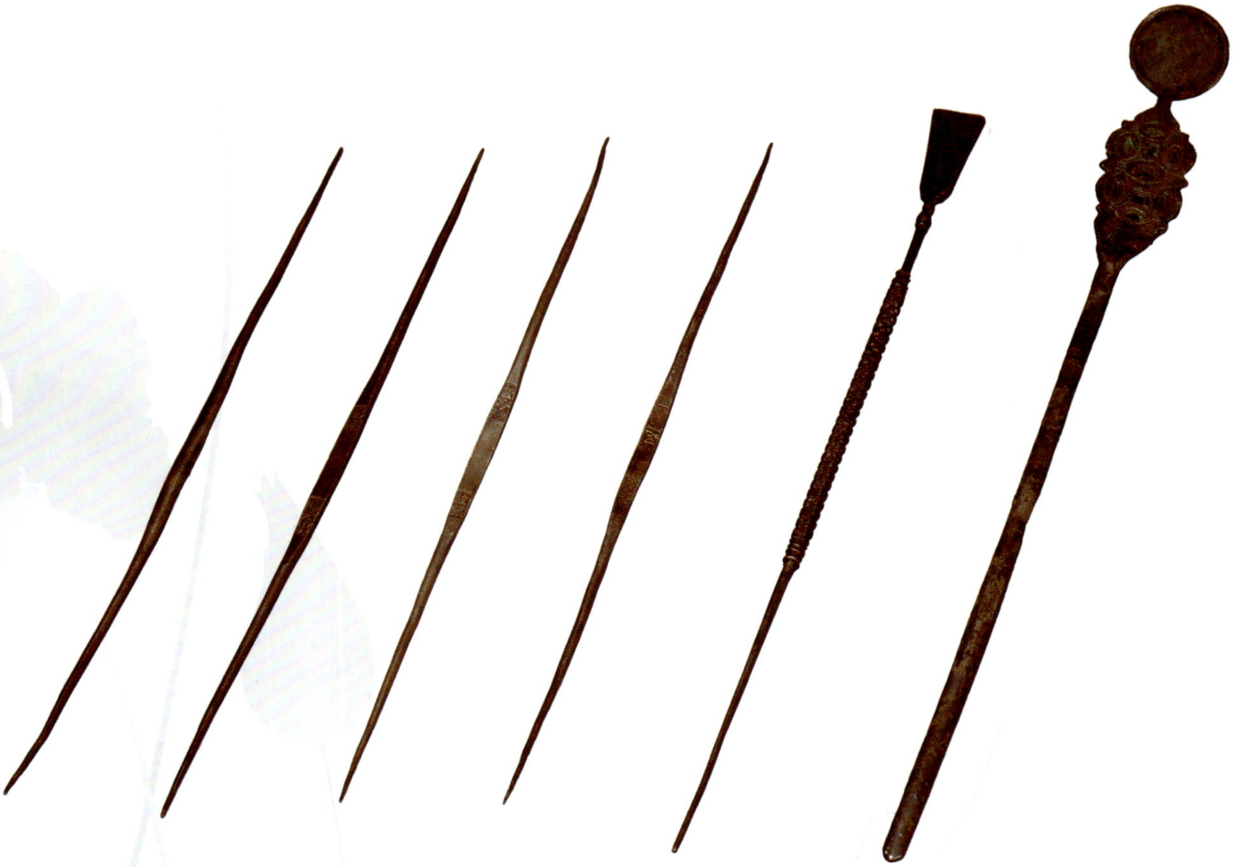

▲ 银质双头针式鸦片烟籤一对
上打“永开纹银”印记。
长 14 厘米

▲ 银质双头针式鸦片烟籤
上打“景记永开”“纹银”印记。
长 14 厘米

▲ 银质双头针式鸦片烟籤
上打“永开”“十足纹银”印记。
长 14 厘米

▲ 钢质针铲连做鸦片烟籤
上打“晴记”印记。
长 16 厘米

▲ 银质簪扦两用针勺式鸦片烟籤
上打“寅成”印记。
长 17.5 厘米

▲ 钢质针弯连做鸦片烟籤

长 26 厘米

▲ 银后簪扦两用龙首针式鸦片烟籤
长 11 厘米

▲ 银质鸦片烟烧勺
长 5.5 厘米

▲ 钢质拳尾锥型鸦片烟籤
长 5.5 厘米
笔者藏品

▲ 银质簪扦两用针勺连做鸦片烟籤
长 10.5 厘米
笔者藏品

▲ 银质绳纹尾针式鸦片烟籤
上打“镇万年”“纹银”。
长 10 厘米

▲ 银质法杖尾锥型鸦片烟籤
长 11.5 厘米

▲ 象牙柄浅钩鸦片烟籤

钢质戋钩象牙柄，黄铜穿钉。
长 15 厘米

▲ 银质短柄鸦片烟铲

长 6 厘米 宽 2 厘米

▲ 银质禅杖首鸦片烟籤

长 13 厘米

▲ 象牙柄钢质弯形鸦片烟籤

象牙柄，铜钉固定。乃富贵之家所置。

长 14.8 厘米

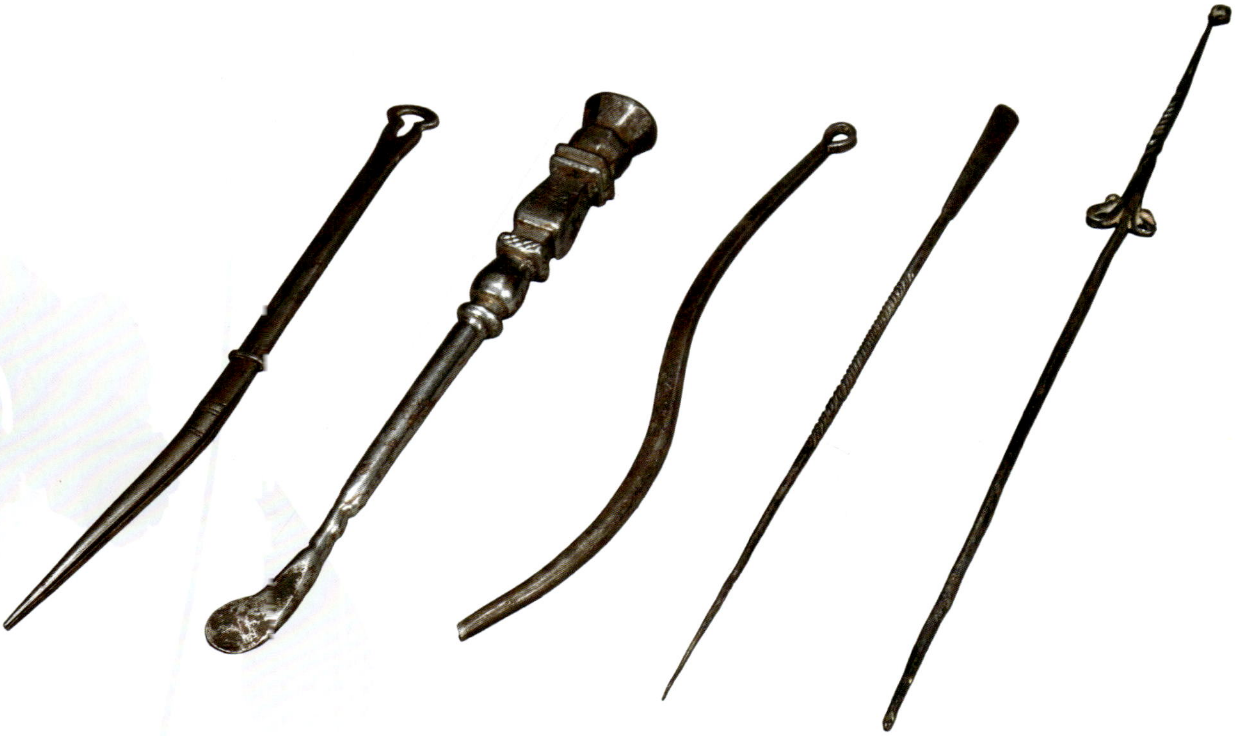

▲ 钢质加固定环鸦片烟夹

长 17 厘米

▲ 钢质重型持手弯形鸦片烟籤

长 16.5 厘米

▲ 钢质 S 型鸦片烟铲

葫芦印记

长 17 厘米

▲ 钢质铲针一体鸦片烟籤

长 18 厘米

▲ 钢质挡手鸦片烟籤

长 22 厘米

▲ 象牙柄弯形鸦片烟簸

钢质象牙柄，黄铜穿钉。
长 14.8 厘米

▲ 红木柄黄铜鸦片烟铲

长 23 厘米

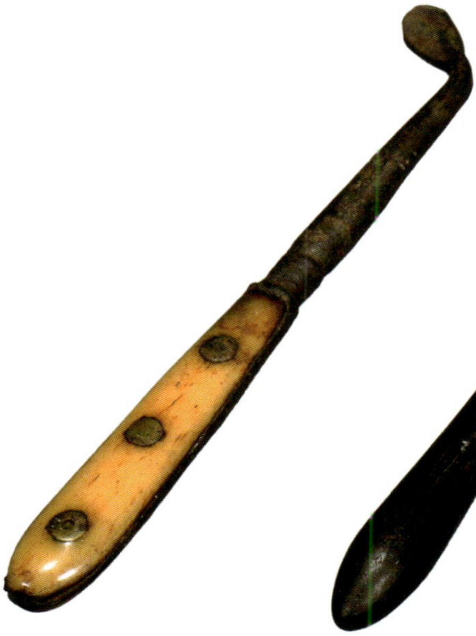

▲ 骨柄表铜钉钢质弯形鸦片烟簸
长 13.5 厘米

▲ 乌木柄钢质锏式鸦片烟簸
长 15.5 厘米

▲ 钢质弹簧盘纺柄三角削形鸦片烟簸
钢质三角削形，柄为盘肠弹簧线缠成。
长 14 厘米

▲ 黄花梨木柄鸦片烟簸

钢质簸，上留两个缺弯便于清理烟斗，黄花梨柄。
长 14.2 厘米

▲ 月牙型钢质鸦片烟籤

弧形铲便于清斗。

长 16.5 厘米

▲ 关刀型钢质鸦片烟籤

关刀头用于清斗，刀尾用于烧烟上斗。

长 14.5 厘米。

▲ 铜质滑消鸦片烟镊

钢质，有保险消，尾有红铜镶古钱，用于镊烟灯捻，也可做烟签用。

长 16.2 厘米。

▲ 紫檀柄风磨铜垂曲弯型鸦片烟籤

紫檀柄，下探弯形风磨铜内刃烟签，弯曲自然，便于清理烟斗。

长 16 厘米。

第六节　鸦片烟膏匣盒

▶ 明代嘉靖四色铜蛋形鸦片烟膏盒

蛋形铜盒，四种铜加镶。

其一，为盒端顶蛋体的红铜。其二，为盒体的黑铜。其三，为中间黑铜梁上绘成藤枝的白铜。其四，是包蛋体的两道黄铜环，其中黄铜中加入赤金，所以色彩最为丰丽。盒体黑铜上错银乱云纹，盒上黄铜环上有阴刻“嘉靖丙午夏八月沱江子涑括戏笔”，刀法苍桑有力。嘉靖丙午年为明嘉靖二十五年（公元 1546 年）。看来自郑和航海后，各种舶来品，自海上进入中国，最早鸦片作为最昂贵的奢侈品，不是一般人消费得起的，所以，装烟膏的盒子也做得精美非常。

长 5 厘米　宽 3.5 厘米　高 3.5 厘米

1999 年购于琉璃厂罗振生店中

▲ 寅生制白铜腰型鸦片烟膏盒

阴刻“自是吾身长仙骨，世人那得知其故”“寅生”“味香”。

寅生即刻铜名家陈寅生。

盒长 2.2 厘米　宽 0.9 厘米　高 2.5 厘米

▲ 寅生制白铜长方型鸦片烟膏盒

阴刻花草图，“乐而忘返”“寅生”“味香”。

长 2 厘米　宽 1 厘米　高 2.2 厘米

▲ 银质毫洋盖鸦片烟膏盒

银质刻几何图案，盖为湖北库平七分二厘银毫。

直径 1.6 厘米　高 2 厘米

▲ 双镶云南铜腰型鸦片烟膏盒

白铜、红铜混镶。阴刻果实图、“大吉”“伯作父盘鼎”“云白”。

长 5.2 厘米　宽 2.6 厘米　高 6 厘米

2006 年购于云南昆明古玩城

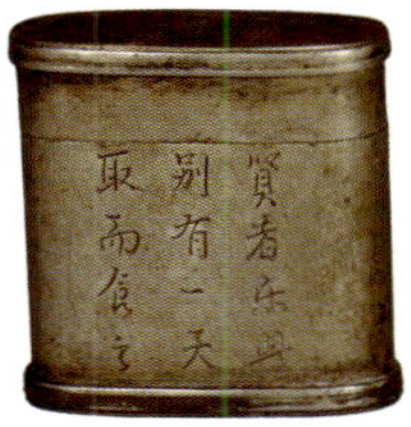

▲ 白铜长圆型鸦片烟膏盒

上刻“贤者乐此，别有一天，取而食之，可以延年，一粒金丹，自在神仙”。

长 4.5 厘米　宽 3 厘米　高 4.5 厘米

▲ 白铜镶红铜腰型鸦片烟膏盒

长 4.5 厘米　宽 3 厘米　高 4.5 厘米

▲ 白铜掐丝珐琊长圆型鸦片烟膏盒

博古图案。

长 4.8 厘米　宽 2.2 厘米　高 5.3 厘米

青铜烟膏盒，盖上加镶 1844 年维多利亚女王一便士铜币。时年第一次中英鸦片战争刚结束（1839~1842 年）。鸦片就这样打着英国皇家印记进入中国。不得不说中英鸦片战争是侵略战争，鸦片进入中国也是一种侵略，不单掠走金钱，而且掠走精神灵魂。

盒内有残存的鸦片烟灰。

直径 4.9 厘米 高 5.2 厘米

购于北京琉璃厂常忠义店中

▲ 青铜圆型英便士盖鸦片烟膏盒

▲ 白铜镶红铜腰型鸦片烟膏盒

长 2.5 厘米 宽 2.1 厘米 高 4.3 厘米

▲ 白虬角腰型鸦片烟膏盒

长 2.9 厘米 宽 1.4 厘米 高 3.3 厘米

▲ 白虬角腰型鸦片烟膏盒

长 3.4 厘米 宽 1.6 厘米 高 4.3 厘米

▲ 牛角六角型鸦片烟膏盒

阴刻"不外又仙乎""福正作""人生一乐"。

宽 2.6 厘米 高 4.6 厘米

▲ 黄铜杯式鸦片烟膏盒一对

曾埋入土中，内有鸦片烟灰，其中一只盖子锈死，未能打开。

直径 3.5 厘米 高 4.5 厘米

▲ 红铜镶黄铜蛋型鸦片烟膏盒

长 5.3 厘米 宽 3 厘米 高 2.5 厘米

▲ 白铜箱式鸦片烟膏匣

长 4.8 厘米 宽 3.9 厘米 高 2.9 厘米

▲ 双色铜蛋型鸦片烟膏盒

长 5 厘米 宽 3.4 厘米 高 2.5 厘米

▲ 银錾花盒身黑珐瑯圆型鸦片烟膏盒

银质錾花寿字纹，乌银黑珐瑯，佛八宝图案，“潘尹”款。

直径 3.7 厘米 高 4.2 厘米

2004 年购于北京古玩城吴小萍女士店中

▲ 竹根起线红木盖鸦片烟膏盒

直径 5 厘米 高 4.5 厘米

▲ 白铜寅生刻圆型鸦片烟膏盒

上刻“月元能几夜，花落又残春”“寅生书刻”。

内盛鸦片烟灰。

直径 3.7 厘米 高 3.2 厘米

▲ 三镶铜光绪铜元盖鸦片烟膏盒

直径 3.4 厘米 高 3 厘米

▲ 白铜镶红铜刻花长圆型鸦片烟膏盒

长 8.5 厘米 宽 4.2 厘米 高 7.2 厘米

▲ 青玉三孩铜底座鸦片烟膏盒（缺盖）

玉盒直径 4.2 厘米 铜座直径 5 厘米 高 3 厘米

▲ 青玉鸦片烟膏盒（盖缺钮）

直径 4.5 厘米 高 4 厘米

▲ 黄铜诗文长圆型鸦片烟膏盒

上刻“元霜一掬，和以清水，取而食之，可以延年”“灯火光明生佛子，烟云供养小神仙”“志在四方”。

长 4.2 厘米 宽 2.1 厘米 高 4.5 厘米

▲ 银白铜长圆型鸦片烟膏盒

内有鸦片烟灰。

长 5.2 厘米 宽 2.2 厘米 高 4.6 厘米

▲ 寅生刻黄铜诗方型鸦片烟膏盒

上刻“草色青青柳色黄，桃花历乱李花香，东风不为吹愁去，春日偏能惹恨长”“人淡如菊”“寅生刻”。

长 4.6 厘米 宽 1.7 厘米 高 4.9 厘米

▲ 青铜镂空万寿圆型鸦片烟膏盒

内盛鸦片烟灰。

直径 5.5 厘米 高 2.8 厘米

▲ 黄杨戏出瑞犬长方型鸦片烟膏盒

长 6.8 厘米 宽 3 厘米 高 4.3 厘米

▲ 竹根圆型鸦片烟膏盒

直径 4.3 厘米 高 3 厘米

▲ 白虬角起线腰型鸦片烟膏盒

长 4.5 厘米 宽 2 厘米 高 4.8 厘米

▲ 黄铜圆型鸦片烟膏盒

内有结成固体的烟膏余留。

直径 2.8 厘米 高 2 厘米

▲ 大型白虬角起线腰型鸦片烟膏盒

长 6 厘米 宽 3.5 厘米 高 6.5 厘米

2006 年以 500 美元购于美国纽约亚洲秀场

▲ 白铜阴阳暗春诗文长圆型鸦片烟膏盒

上刻仕女及“洞中仙”“供取携带，烟味实足，人之深乐”。暗盒外雕春宫。

长 3.5 厘米　宽 1.9 厘米　高 4.2 厘米　暗盒高 1.2 厘米

▲ 黄铜镶红铜长畸型鸦片烟膏盒

上刻“妙之此”“用之以时”。

长 4.3 厘米　宽 2 厘米　高 4.7 厘米

▲ 黄铜圆型鸦片烟膏盒

内有黑色烟膏痕迹。

直径 3.9 厘米　高 2.2 厘米

▲ 银白铜美女腰型鸦片烟膏盒

上刻“乐山林”“长江向东逝水，浪花淘尽英雄”。

长 4 厘米　宽 1.8 厘米　高 3.9 厘米

▲ 小型双镶铜腰型鸦片烟膏盒

长 3.2 厘米　宽 2 厘米　高 2.2 厘米

▲ 银质腰型鸦片烟膏盒

长 3.5 厘米　宽 2 厘米　高 3 厘米

▲ 铜掐丝珐琅古钱图长圆型鸦片烟膏盒

长 4.5 厘米　宽 2 厘米　高 3 厘米

▲ 青白玉长圆型鸦片烟膏盒

长 3.8 厘米　宽 2.1 厘米　高 3.7 厘米

▲ 黄杨四戏出开光蛋型鸦片烟膏盒

长 7.5 厘米　宽 5.5 厘米　高 3.2 厘米

▲ 银烧兰公聚成记长圆型鸦片烟膏盒（缺盖）

长 3.3 厘米　宽 2 厘米　高 2.8 厘米

▲ 银掐丝珐瑯长圆型鸦片烟膏盒

上刻“广吉”。

长 4 厘米 宽 2 厘米 高 3.7 厘米

▲ 银诗文长圆型鸦片烟膏盒

上刻修竹及“幽香”“吾生有志，喜采林泉，栽花种竹，守分常安”“足银”。

长 4.4 厘米 宽 2 厘米 高 4.4 厘米

▲ 白铜镶红铜长圆型鸦片烟膏盒

上刻梅兰及“一云”。

长 4 厘米 宽 2 厘米 高 4 厘米

▲ 黄杨腰型鸦片烟膏盒

长 7.4 厘米 宽 4.2 厘米 高 5.7 厘米

▲ 白虬角长圆型鸦片烟膏盒

长 4.3 厘米 宽 2.1 厘米 高 4.7 厘米

▲ 白黄紫三色铜腰型鸦片烟膏盒

长 5.5 厘米 宽 2.5 厘米 高 5 厘米

▲ 白铜镶紫铜飞龙浮雕长圆型鸦片烟膏盒

长 5.8 厘米 宽 2 厘米 高 6 厘米

▲ 硬杂木加匙镶白铜金丹盒

青铜钥匙，红山玉管，装贮干烟泡用。

长 6.4 厘米 高 8 厘米

▲ 银白铜超微型鸦片烟膏盒

腰圆型，只够装一只烟泡之烟膏，易藏放。

长 1.5 厘米 宽 1.1 厘米 高 1.5 厘米

▲ 白铜镶黄铜长圆型鸦片烟膏盒

上刻“为心高少”。

长 4.5 厘米 宽 2 厘米 高 4.5 厘米

▲ 银袖珍圆型鸦片烟膏盒

长 1.7 厘米　宽 1.2 厘米　高 1.6 厘米

▲ 小白铜圆型鸦片烟膏盒

上刻“吉林”，内装鸦片烟灰。

直径 2.4 厘米　高 2.5 厘米

▲ 粉彩瓷圆型鸦片烟膏盒

粉彩荷叶荷花，青花字“芙蓉糕”“隆化洋行”，为成品烟膏（糕）包装盒。

直径 8 厘米　高 3 厘米

▲ 哥窑瓷鸦片烟膏罐

底墨笔花押。

直径 3.5 厘米　高 6 厘米

▲ 青花加紫玉壶春式鸦片烟膏罐

青花加紫松下猴图，象牙喜上眉头，高浮雕盖（四花双鸟）。

直径 3.5 厘米　高 7.5 厘米

▲ 象牙广式圆型鸦片烟膏盒

直径 2.5 厘米　高 3.5 厘米

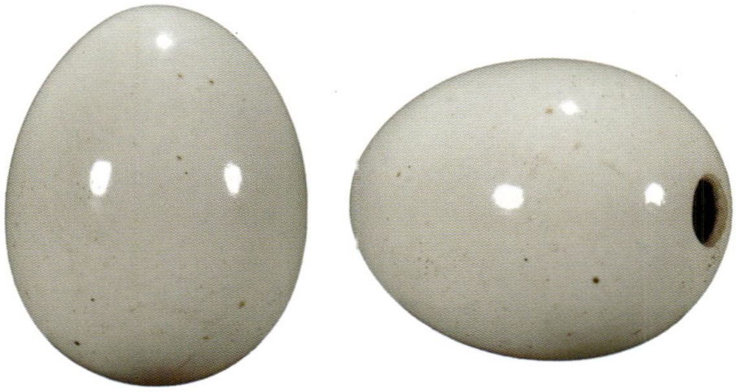

▲ 白瓷蛋型鸦片烟膏罐

高 8.5 厘米

▲ 白瓷杯型鸦片烟膏罐（缺盖）

浅绛彩湖山烟雨，并“藏烟”。

直径 7.5 厘米　高 11 厘米

▲ 同心圆黄铜扁圆鸦片烟膏盒

内有烟灰。

直径 4.7 厘米　高 1.5 厘米

▲ 银质藏式挂坠型鸦片烟膏盒

银质挂坠型，上錾有大象一只。

长 3 厘米　高 3.4 厘米　厚 1 厘米

▲ 白铜镶象牙诗文鸦片烟膏盒

白铜质，盖上镶象牙，诗文为“一吸吞尽春江水，满屋生出巫山云”，时在壬寅。

长 4 厘米　高 4 厘米

▲ 紫铜镶嵌银丝湖景诗文鸦片烟膏盒

八边形紫铜嵌银，湖景诗文，内残留鸦片烟膏，褐黄色，有陈花生油味。

长 3.8 厘米　高 1.2 厘米

▲ 铜质圆型鸦片烟膏盒

青铜质底有“信昌”印记。

直径 3.1 厘米　高 3.4 厘米

▲ 白铜包红铜圆型鸦片烟膏盒

刻鹳鹿同春。

直径 3.6 厘米　高 5.5 厘米

▲ 银质腰型鸦片烟膏盒

底有“滨江”“鸿开”“足银”印记。

长 3.3 厘米　宽 2 厘米　高 4 厘米

▲ 白铜腰型鸦片烟膏盒

两面刻牡丹，底有“元和成”字样。

长 4 厘米　宽 2 厘米　高 4.8 厘米

▲ 红铜枕箱型鸦片烟膏盒

长 4.6 厘米　宽 3.2 厘米

▲ 青铜圆型雕荷花鸦片烟膏盒

直径 4 厘米　高 3.5 厘米

▲ 水磨铜螺口双层鸦片烟膏盒

上下两盒，上盒大，下盒是为防烟膏断庄时用。

直径 2.5 厘米　高 4.5 厘米

▲ 美国 1940 年瓷制鸦片汀瓶

高 12.5 厘米

2012 年购于美国达拉斯古玩秀

▲ 白虬角长圆型鸦片烟膏盒

长 4.5 厘米　宽 2 厘米　高 4.7 厘米

▲ 双鱼荷花匏器鸦片烟膏盒

范制匏器，双鱼荷塘图案，盖为椰壳制，图案喜鹊登梅枝，底有款识。

长 4.5 厘米　宽 3.5 厘米　高 7 厘米

▲ 紫铜八仙人物龙纹鸦片烟膏盒

精铜打制而成，盖为正龙图案，盒身为八仙人物及五蝠捧寿。

直径 6.6 厘米　高 5 厘米

▲ 银质倭角云纹鸦片烟盒（缺盖）

云纹加同心结子，底有一满文款识。

长 2.3 厘米　高 3.2 厘米

▲ 地方玉白铜盖鸦片烟泡贮盒

盒内外烟色十足，白铜盖作荷花工纹。

直径 4 厘米　高 4.5 厘米

▲ 白铜浮雕暗春宫长圆型鸦片烟膏盒

白铜高浮雕三供及戏出人物，内盒浅记得花鸟及春宫图案，盖及底皆刻一“小”字，为校正方向。

长 4.1 厘米　宽 1.9 厘米

▲ 青田石鸦片烟膏盒（缺盖）

内有烟膏余迹。

直径 3.7 厘米　高 3.2 厘米

▲ 虬角浅刻图案长圆型鸦片烟膏盒

色浆深褐色，浅刻戏中人物，工劣。

长 4.1 厘米　宽 1.8 厘米

▲ 白铜团花长圆型
鸦片烟膏盒

长 4.5 厘米　宽 2.5 厘米　高 4.0 厘米

▲ 银质长圆型
鸦片烟膏盒

底有“元吉、足文”字样。

长 3 厘米　宽 1.8 厘米　高 3 厘米

▲ 白铜三镶长方型
鸦片烟膏匣

双蝶图，底表表铜，合页为红铜。

长 4.8 厘米　宽 4 厘米　高 2 厘米

▲ 白铜诗文长圆型鸦片烟膏盒

上刻“以闲自在，乐而忘返，食之以时，可能长延”“日香可少”，一面刻书生带一书僮携琴访友。

长 4.5 厘米　宽 1.6 厘米　高 4.6 厘米

▲ 白铜镶红铜诗文长圆型
鸦片烟膏盒

上刻“幽兰清竹，溪水之边，江南春光，醉后表莲”。另一面刻仕女图。

长 5.5 厘米　宽 2 厘米　高 5 厘米

▲ 黄铜穿带鸦片烟膏盒

长 4 厘米　宽 2.5 厘米　高 5 厘米

▲ 白铜刻花料胆大型烟膏盒

白铜阴雕填黑，上刻“上汉瓦”“修竹白云”“诗品绝句”“玉壶买春赏两节”“屋座中佳士左右”“初晴幽鸟相逐眠”“琴绿除上有飞瀑”。并绘有“二乔读书”图样，“松筠”印款。内包蓝色料玻璃胆，胆内有褐黄色烟膏脱水后痕迹。

长 6 厘米　宽 3.3 厘米　高 6.5 厘米

▲ 长圆型双色蝠顶鸦片烟膏盒

白铜外壳，红铜芯、盖上浮雕蝙蝠。

长 4.5 厘米　高 5 厘米　厚 2 厘米

▲ 长方式仕女诗文鸦片烟膏盒

白铜质，正面阴刻仕女，背面刻“以安自在，乐而忘返，可以火年”。盖刻“长生丹”。

长 3.2 厘米　高 3.6 厘米　厚 1.4 厘米

▲ 腰型双色铜小鸦片烟膏盒

白铜外壳，内壳及底为红铜制。

长 4 厘米　高 2.9 厘米　宽 2 厘米

▲ 黑珐琅寿字三色铜长圆型鸦片烟膏盒

红黄白三色铜，花叶及窗格黑珐琅图案，有双孔放置烟籤。此种烟盒水烟丝及鸦片烟都可装。

长 6.5 厘米　高 4 厘米　宽 3 厘米

▲ 黑珐琅寿字三色铜八边型鸦片烟膏盒

红黄白三色铜，花叶及窗格黑珐琅图案，后部双孔放烟籤。前盖有弹簧。

长 6.5 厘米　高 4 厘米　宽 3 厘米

▲ 黑珐琅寿字三色铜八边型鸦片烟膏盒

红黄白三色铜，竹花叶及八福字黑珐琅图案，后部双孔放烟籤。

长 6.5 厘米　高 4 厘米　宽 3 厘米

▲ 象牙长圆型光素鸦片烟膏盒

牙尖所制，光素无刻花。

长 4 厘米　宽 1.5 厘米　高 3.6 厘米

▲ 广东孙中山头像银毫币鸦片烟膏盒

两枚广东孙中山银毫币为上下盒盖银制烟膏盒。

直径 2.5 厘米　高 2.3 厘米

▲ 铜镀银连签式鸦片烟膏盒

长圆型，盖子荷花造型，连链从盒盖连一枚铜镀银烟签。

烟膏盒长 3.3 厘米　宽 2.5 厘米　高 2.1 厘米

烟签长 6.2 厘米

▲ 三色铜錾镂花长圆型鸦片烟膏盒

大型两装鸦片膏盒，黄铜青铜镶上下盖，白铜錾镂花草古钱盒身。

长 7.1 厘米　宽 3.5 厘米　高 6.5 厘米

▲ 风磨铜暗八仙鸦片烟膏盒

盖上錾蝴蝶团寿纹，盒身錾暗八仙，子母口旋盖。

直径 2.3 厘米　高 4.0 厘米

▲ 白铜鞋型鸦片烟膏盒

白铜錾成云头鞋型，上有福寿梅花纹，推拉钮弹簧盒铁环，便于随身携带。

长 10 厘米 宽 3.1 厘米 高 3.0 厘米

▲ 青黑铜蛋型挂配式鸦片烟膏盒

蛋型，黑色青铜质，上下有挂配环，可携带錾铜蝴蝶在盖上。

长 6.5 厘米 宽 3.5 厘米 高 1.5 厘米

▲ 漆皮八角型挂配式鸦片烟膏盒

八角型，牛角加黑漆，黄铜配件。

长 7.5 厘米 宽 5 厘米 高 1.5 厘米

▲ 牛角圆型挂配式鸦片烟膏盒

水牛角制，圆型，黄铜配件。

长 6.0 厘米 宽 4 厘米 高 1.7 厘米

▲ 黄铜大型圆型挂配式鸦片烟膏盒

黄铜，光素，扭动锁。

长 7.3 厘米 直径 5.9 厘米 高 2.1 厘米

▲ 赤黄铜小型鸦片烟膏盒

锈死打不开，内有半盒疑烟灰物质。

直径 2.2 厘米 高 2.5 厘米

▲ 黄杨木桶型鸦片烟膏盒

黄杨木质，光素起线。

直径 4.0 厘米 高 5.8 厘米

▲ 银质蛋圆型诗文鸦片烟膏盒

纯银质，盖高浮錾喜上眉梢，盒上双钩文錾“一吸便醉似美酒，重重闻香不是花”古句。另有錾蝶恋花图案，底錾兰草一株，诗文“兰为玉专香”，印记“赵制”。

长 4.3 厘米 宽 3.5 厘米 高 4.0 厘米

▲ 牛角嵌骨携式烟草烟泡盒

水牛角嵌骨连珠，盖上雕一狮子，嵌骨眼，可系在腰上，内可装旱烟丝或干烟泡。

长 6.5 厘米 宽 2.6 厘米 高 7.0 厘米

▲ 掐丝珐琅盖黄铜长方鸦片烟膏盒

黄铜质，长方型，盖镶掐丝珐琅牡丹花图案。

长 3.9 厘米 宽 1.6 厘米 高 4.0 厘米

▲ 双色铜腰型鸦片烟膏盒

红铜黄铜双色镶，盖顶刻“口香”盒体刻兰草及“为月之恒”。

长 3.5 厘米　宽 1.8 厘米　高 4.0 厘米

▲ 金银铜三色镶便携式鸦片烟膏盒

金银铜三色镶盒体，配出花蝶图案，盖体直接系铜链。

长 2.8 厘米　宽 1 厘米　高 5.8 厘关

第七节　鸦片烟盘及箱桌

▲ 黄铜錾花正龙圆型鸦片烟盘

黄铜圆盘，錾刻正龙一，行龙二，为四爪龙，与大清官吉服图案相似，可能是有品级的官吏家中之物。

直径 28 厘米

购于美国休斯顿

▲ 浅绛彩教子图长方型倭角鸦片烟盘

款识"丙戌仲冬胡昆写意，应为光绪十二年（公元 1886 年）。

长 23.7 厘米　宽 17.3 厘米　高 2.2 厘米

▲ 黄铜缕空长方型倭角鸦片烟盘

缕空，八开光花卉。

长 22 厘米　宽 16 厘米　高 2.3 厘米

▲ 黄铜花卉边，长圆型鸦片烟盘

长 32 厘米　宽 25 厘米　高 2 厘米

▲ 红木方型鸦片烟盘

满彻红木制，上下阴线纹。

边长 30 厘米　高 3 厘米

▲ 紫檀光素长方型鸦片烟盘

长 34 厘米　宽 16 厘米　高 2 厘米

▲ 红木边紫木底镂空边饰长方型鸦片烟盘

长 32.5 厘米　宽 21 厘米

▲ 黄花梨光素长方型小鸦片烟盘

黄花梨木，四角包黄铜。

长 30 厘米　宽 19 厘米　高 1.8 厘米

▲ 木质红漆开光长方型鸦片烟盘

四周八开光，铜活固定，底漆书“全晋会馆”。

长 35 厘米　宽 28 厘米　高 4 厘米

▲ 红木双提手长方型鸦片烟盘

两侧加铜制提手。

长 32 厘米　宽 25 厘米　高 3 厘米

▲ 红木城垛型长方鸦片烟盘

通体红木，边沿制成凸凹城垛状，便于架放烟枪。

长 38 厘米 宽 27 厘米 高 3.5 厘米

▲ 红木镶螺钿一品当朝长方型鸦片烟盘

红木镶彩色贝壳，贝壳上髹金彩漆，拼出花卉图案及一品当朝图案。

长 35 厘米 宽 25.5 厘米 高 2 厘米

▲ 明代黄花梨都盛盉

原先装文具墨块使用，清代将之变成烟盘．下方抽屉可装烟籤、打烟板、烟膏盒等。

前朝文雅之物变为后朝吸鸦片之助。

明珠投暗，焚琴煮鹤。

边长 35 厘米 高 14 厘米

1999 年购于琉璃厂海王村

▲ 日据时期描金彩漆鸦片烟具盘

20 世纪 30 年代，仿日本彩漆，中国工匠制儿童放风筝图案描金彩漆木盘。

长 33 厘米 宽 19 厘米 高 2.0 厘米

2015 年购于法国巴黎

▲ 铁力木镶螺细鸦片烟斗台

上佳铁力木，木质细若紫檀，镶螺细花卉。

2016 年购于琉璃厂王幼强

长 21 厘米 宽 4 厘米 高 6.5 厘米

▲ 红木镶螺细错铜鸦片烟斗台

老红木铜青铜树枝镶螺细梅花，有抽屉，备装烟签。

长 21 厘米 宽 4.5 厘米 高 6.2 厘米

▲ 木质大漆诗文鸦片烟斗台

木质长柜式，黑红两色大漆。

诗文曰：“夜半梅花漾雪里，小窗灯火读新春”　“癸巳初春”背金汤鼎文，长生鼎文。

长 13 厘米　宽 3.5 厘米　高 7.5 厘米

▲ 紫檀纹花梨木鸦片烟炕桌

长 53 厘米　宽 33 厘米　高 11 厘米

▲ 楠木鸦片烟具箱

楠木质，内分数格。

长 56 厘米　宽 13.5 厘米　高 10 厘米

▲ 红木包铜鸦片烟具存贮箱

用于装吸食鸦片工具的木箱。
长 33 厘米　宽 16 厘米　高 10 厘米

▲ 木质黑漆博古纹鸦片烟具存贮箱

长 23 厘米　宽 15 厘米　高 16 厘米

▲ 红木便携式鸦片烟具箱

旅行时用于装贮鸦片烟具的提箱。
长 31 厘米　宽 12.5 厘米　高 12.5 厘米

▲ 贮鸦片烟具皮枕箱

皮质红大漆，青铜活计，箱内衫兰绫，箱中空间分为数格，以便贮存烟具。
史志广先生介绍购于北京大栅栏挂货铺
长 49 厘米 宽 18 厘米 高 19 厘米

▲ 贮熟鸦片柴木枕箱

柴木雕工，民俗器品，原装盛烟膏瓷器皿，刻“梦见周公”及云蝠寿桃花卉。
长 37 厘米 宽 12.5 厘米 高 13 厘米

▲ 包铜皮木质贮鸦片烟箱

包羊支木质，边角包铜。
长 22 厘米 宽 11 厘米 高 8.5 厘米

▲ 红木高腿鸦片烟桌

原为苏钟座子，红木质，被用做鸦片烟桌。
长 43 厘米　宽 30 厘米　高 14 厘米

▲ 红木雕草龙鸦片烟桌

老红木极细致，几疑紫檀，雕草龙。
长 44 厘米　宽 28 厘米　高 14 厘米

▲ 大型红木鸦片烟炕桌

方拐马蹄腿内翻，起线做工。
长 60 厘米　宽 40 厘米　高 12.5 厘米

第八节　其它烟具图谱

▲ 三质长方型鸦片烟灯烟玉版一组

尺寸分别为：

长 7.5 厘米 宽 1.9 厘米 厚 0.9 厘米

长 5.6 厘米 宽 4.1 厘米 厚 0.9 厘米

长 6.4 厘米 宽 4.2 厘米 厚 0.9 厘米

▲ 古玉墨床式鸦片烟打烟玉版

长 9 厘米 宽 3.5 厘米 高 1.3 厘米

▲ 翠玉鸦片烟打烟玉版一组

尺寸分别为：

长 7 厘米 宽 4.9 厘米 厚 0.9 厘米

直径 5 5 厘米 厚 0.8 厘米

长 7 厘米 宽 5 厘米 厚 0.8 厘米

▲ 黄铜滚球型鸦片烟锅

用于再次提纯烟膏内吗啡浓度
直径 4.5 厘米

▲ 黄铜拉钱小型熬烟架

架熬烟小锅所用，拉戋为连铸钱树（私铸）钱文为道光通宝、光绪通宝、宣统通宝。
直径 10 厘米 高 5 厘米

▲ 黄铜侧柄式鸦片烟煮锅

长 16 厘米 宽 14 厘米 高 7.5 厘米

▲ 黄铜鸦片烟过淋杯

长 3.5 厘米

▲ 黄铜荷叶形鸦片烟烧勺

长 3.5 厘米　宽 7 厘米

▲ 铁质鸦片烟泡压型剪

长 20 厘米

▲ 铁质滑式鸦片烟剪

长 12 厘米

▲ 黄铜鸦片烟泡夹

长 12 厘米

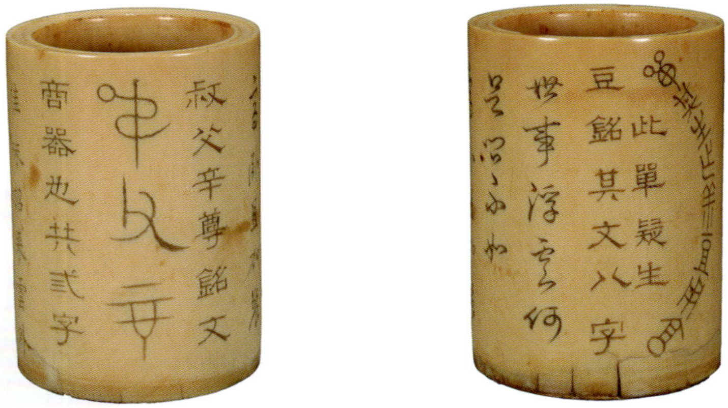

▲ 象牙诗文鸦片烟籤筒

亚洲象牙雕，上铭博古金文两段。

一段为金文“叔父辛”旁刻“叔父辛尊铭文”“商器也共三字”。

另一段全文八字，旁刻“此单疑生豆铭其文八字”，另刻诗文两段，其一“佳味招来云外客，清香能引洞中仙”，其二“世事浮云何是空，不如高卧且加餐”。留款“其圃刻”。

直径 5.3 厘米　高 7.7 厘米

2013 年底，工美大师张恩杰兄出示牙筒，谓之文房清玩小笔筒。我看后觉得尺寸过小，读其诗文，才知是鸦片烟具，将两处诗文解说后，张兄也以为然。后又在筒内壁发现烟膏痕迹，遂可确认，以 5000 美元购得。

▲ 锡铅鸦片烟灰盛罐

背有两圆孔放针型烟籤用
一个扁孔放烟铲或弯钩烟籤用
内盛鸦片烟灰
直径 5 厘米　高 9 厘米

▲ 黄杨木祝寿烟签架盒

黄杨木雕蝙蝠、寿桃，万字不到头，盒内可摇各型烟签。
长 11 厘米　宽 3 厘米　高 3.5 厘米

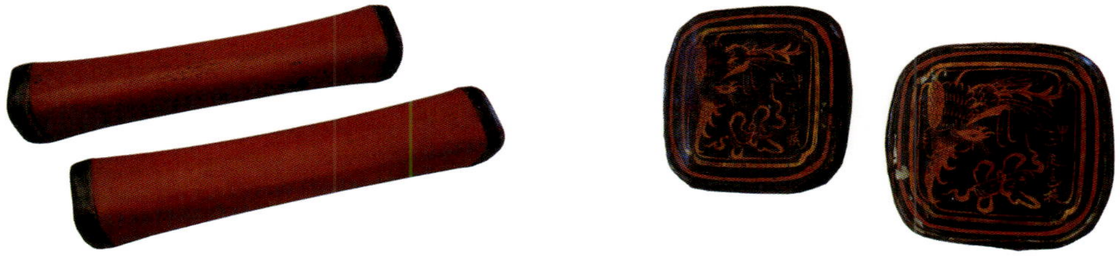

▲ 朱红漆皮制描金鸦片烟枕一对

长 62 厘米
2012 年，林文忠公后裔刘太太赠品。
为小牛皮上朱砂漆，两端描金，一面有“洋口陈享利”，一面有“甲辰，二皮包换（二皮指上面软皮被揭掉）字样。

▲ 晚清民国染色虬角制海洛因吸管

虬角染成绿色，是用鼻吸食白粉的工具
尺寸分别为：
长 9.8 厘米　6.7 厘米　5.8 厘米　5 厘米　4.5 厘米
2013 年冬工美大师张恩杰知我正在研究鸦片烟具，在多年前从牙雕厂所购买保存的虬角中挑了这几件赠我。

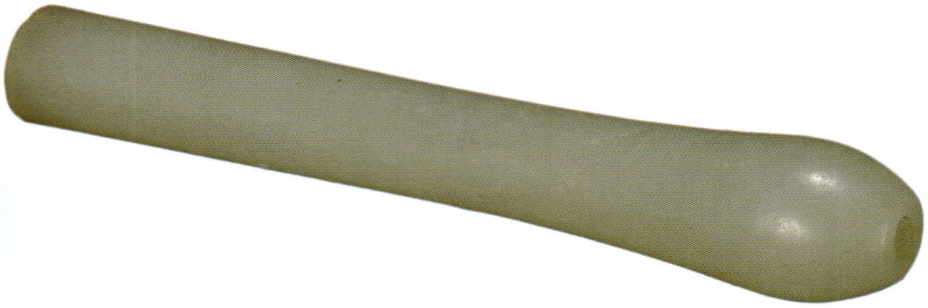

▲ 晚清民国白玉海洛因吸管

和田白玉所制，嘴部呈玉兰花朵状。
长 6 厘米

▲ 中华民国泊来品骨首海洛因吸管

西洋 20 世纪初制品，老塑料嘴，银环骨制首部，小羊皮套子。
全长 6 厘米

▲ 烫花湘妃竹套钢制鸦片烟枪通条

烫花湘妃竹套白铜配件，牛角柄铜制通条。
长 62 厘米

▲ 白铜套钢制烟枪通条

白铜套，牛角首，通鸦片烟枪及旱烟杆用。

长 59 厘米

▲ 竹制套镶铜活烟枪通条

细节竹套，黄铜镶工及花鎚首。

长 48 厘米

▲ 鸦片烟膏银质贮煮器

银质錾花，提钮是一个立体兔子，下方有青铜锅架，边饰古钱，可以煮烟提纯，是煮贮两器合一的器皿。

长 11 厘米　宽 9 厘米　高 10 厘米

▲ 玉质方形打烟盘

通体烟色，底部雕一汉五铢钱。

边长 4.3 厘米

▲ 黄铜身红铜颈烟灯油壶

为鸦片烟灯加油用壶，沉身红铜颈。

长 12.5 厘米 宽 8.5 厘米 高 5.5 厘米

第九节　鸦片售卖市招器具

▲ 木质双面烟号招牌

一面为鸿康运输行，背面是恩泰烟号
查禁时挂运输行招，弛禁时挂烟号招
集零售、批发、运输于一体。
高 54 厘米　宽 17 厘米　厚 2 厘米
购于北京姚杰先生店中

▲ 大型木质黑漆钱庄土庄连体店招牌

木质黑漆两面招牌，烫金字，铁质、防护挂钩。

招牌四角包铁。一面为“德盛福土庄”，小字是“收买洋钱、兑换银两”。另一面为“德盛福钱庄”，小字是“零售洋药，福寿广膏”。应该是店门侧挂的匾式招牌，行人可以看到两面，从哪面都能知道该店是做什么的。

高 120 厘米　宽 28.5 厘米　厚 3 厘米

2009 年购于报国寺一古玩店中，耗资人民币 7000 元，三年后店主请求加钱收回。一笑。

▲ 木质黑漆描金鸦片土号招牌

木质黑漆双面招牌，烫金字。两面刻同样字“南北土号”，即本烟土号发卖，南土（云土、川土、贵土），北土（口外土、热河土、陕西土）。

高 90 厘米　宽 28 厘米　厚 2.5 厘米

2017 年底购于北京北方古玩市场

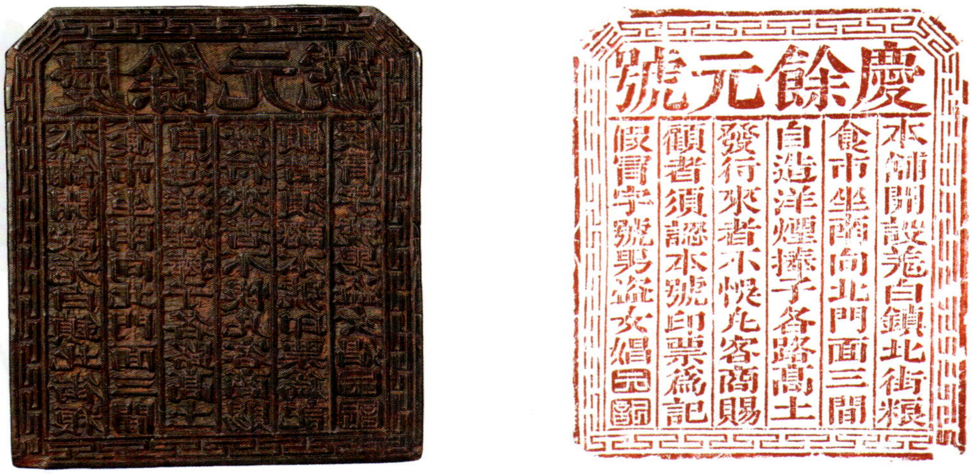

▲ 枣木烟土商号仿单印票版

为陕西省大荔县羌白镇，烟土商号庆余元号后属。

广告文：本铺开设羌白镇北街粮食市，坐南向北，三间，自造洋烟棒子，各路高土，发行来者不误。凡客商赐顾者，须认本号印票为记。假冒字号，男盗女娼，元记。

一边做着伤天害理的买卖，一边咒着别人男盗女娼，这家店东的气势不是一般的大。

长 9.3 厘米 高 10.6 厘米 厚 3.8 厘米

2006 年购于北京报国寺

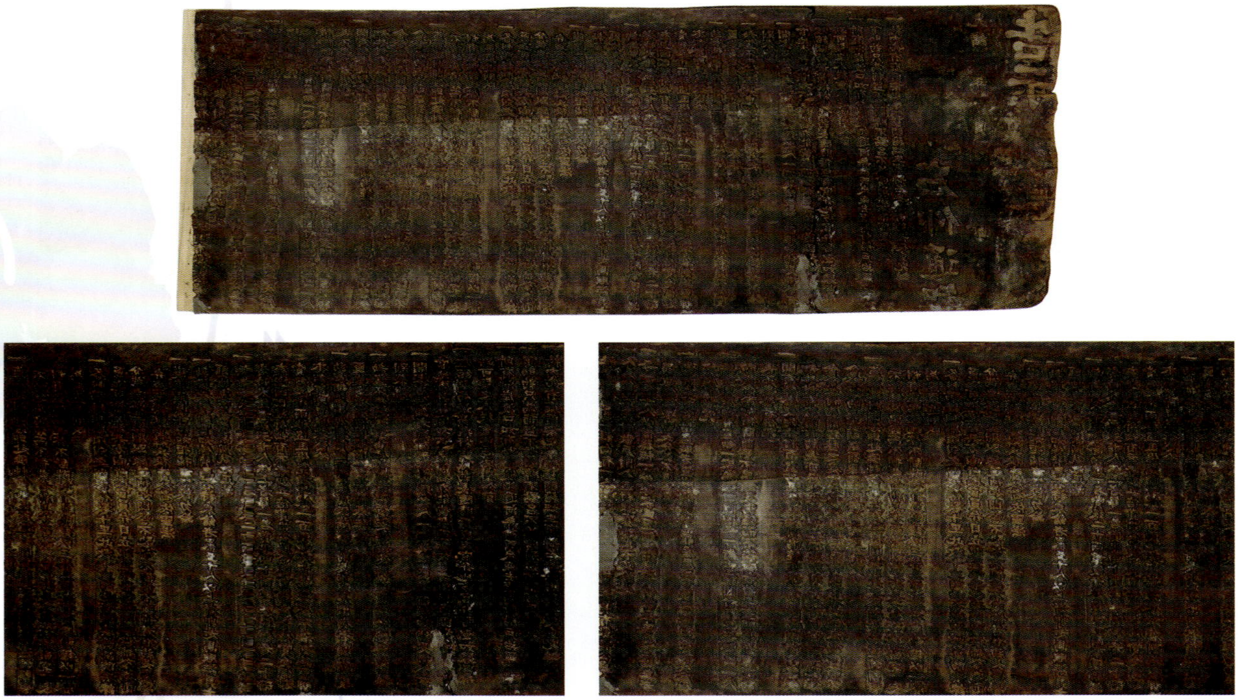

▲ 光绪山西官府告示原印木板

楸木质为光绪年山西官府张贴于各乡村镇上的布告，内容为防匪缉盗，上有“烟馆赌局最易藏奸……”字样，说明在光绪年间，烟馆还在合法经营。

长 95 厘米 宽 35 厘米 厚 3 厘米

▲ 整板鸦片烟庄锡箔

包烟泡及生土所用。

宽 30 厘米　长 150 厘米

▲ 十两重鸦片贸易银锭

该种长条银锭在我国云南、缅甸、泰国、印度、越南一带，广泛使用于鸦片及其它毒品的贸易，也被称为“鸦片银”。上有“中平”“正压足银”“公甲”“徐美丽”“如假包换”“首”“100%”及雄鸡图案。

长 11 厘米　宽 3 厘米　高 1.5 厘米　重 367 克

▲ 鸦片烟馆青花白瓷茶叶罐

白瓷青花字，画图《西厢记》，青花字“普洱茶”，“福福烟馆自用，第二个福是倒字，罐盖被蜡胶封死，内存半罐茶叶，看来是烟馆伺候客人用的茶叶，如打开确是普洱茶的话，应该是百年陈茶了。

直径 10.5 厘米 高 15.5 厘米

笔者藏品

▲ 清晚期鸦片烟馆木联楹

联为“香烟篆就平安字，烛焰结成福寿花”，以“烟、焰、福寿”字样点明从业何种行当。

每个长 93 厘米 宽 12 厘米 厚 2.2 厘米

2014 年购于潘家园古玩市场杨姓货主处

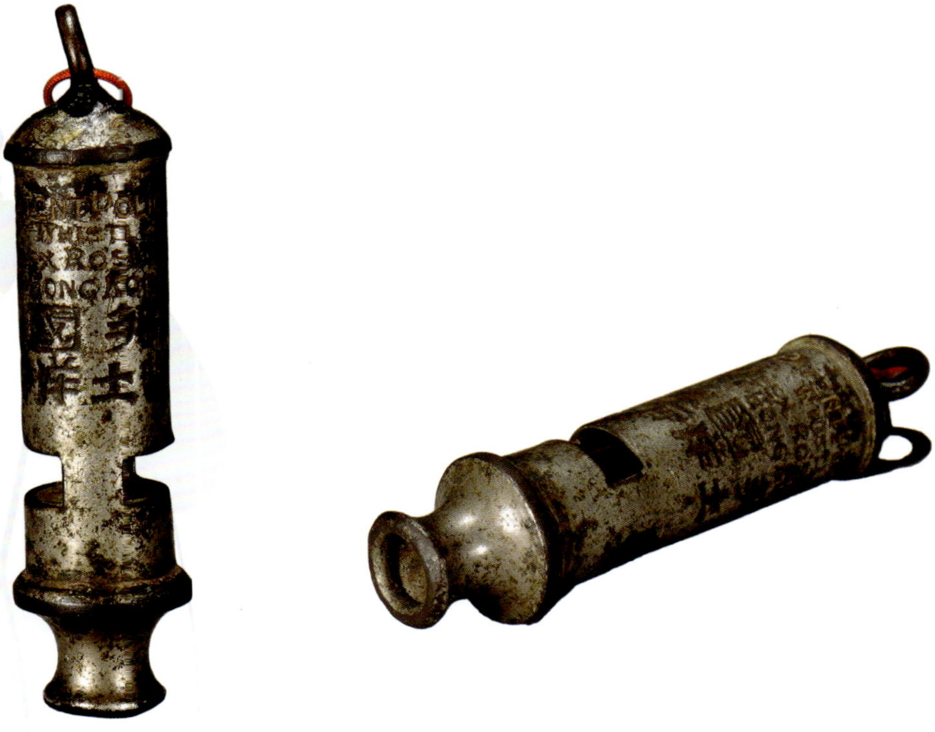

▲ 白洋铁皮鸦片烟土洋行守卫警哨

上有“英国罗土洋行”字样
长 7.5 厘米

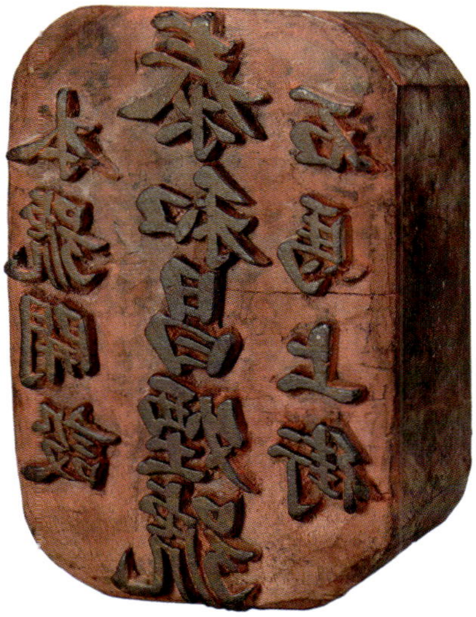

▲ 黄杨木泰和昌烟号印章
上刻“本号开设石马上街”。

▲ 黄杨华昌烟庄字号印章
长 4.2 厘米　宽 1.2 厘米　高 5 厘米

▲ 黄杨木怡和烟庄印章
上刻罗坊，可能是怡和洋行鸦片烟庄的一个分号。
长 6.5 厘米　宽 2.0 厘米　高 2.4 厘米

▲ 黄杨木永记药烟印章
出售洋烟土药的商家。
长 3.6 厘米　宽 2.6 厘米　高 4.0 厘米

第三章
限戒禁鸦片烟文物图说

第一节　限控图谱

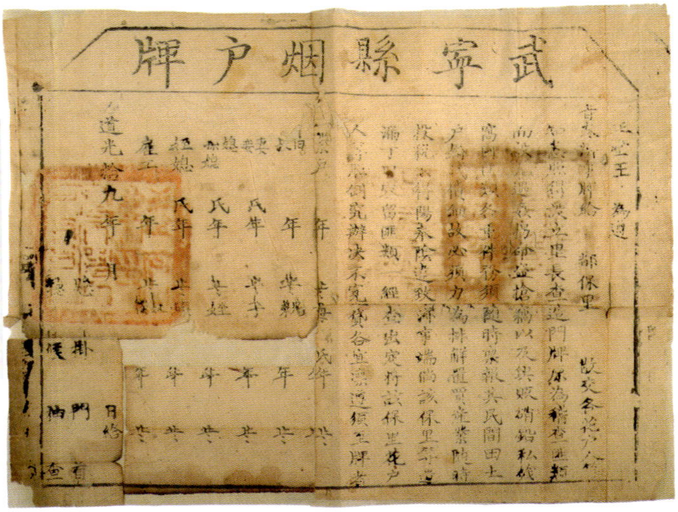

▲ 道光十九颁宁武县烟户牌

道光十九年颁发，首次调查内陆吸鸦片烟民户，可能为了避免打草惊蛇，用的字样仍是稽查匪类，随时交税。此时正是道光皇帝派钦差禁烟大臣林则徐抵广东，大举禁食禁运鸦片的时候。

长 28 厘米 宽 20 厘米

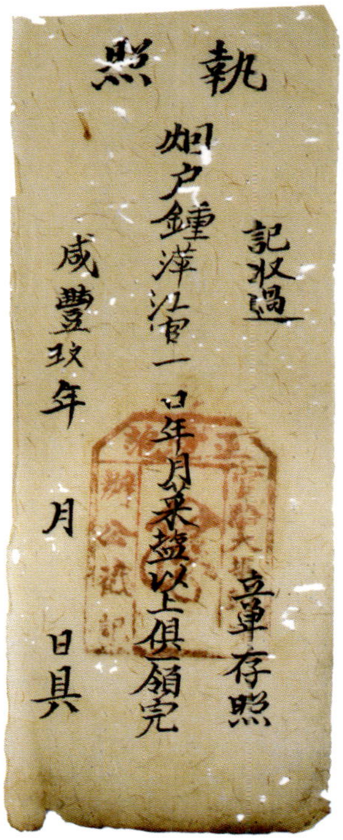
執照
烟户鍾萍江
記收過
立單存照
咸豐玖年　月　日具

▲ 咸丰九年烟户执照

植大烟户钟萍江

长 19.5 厘米　宽 8 厘米

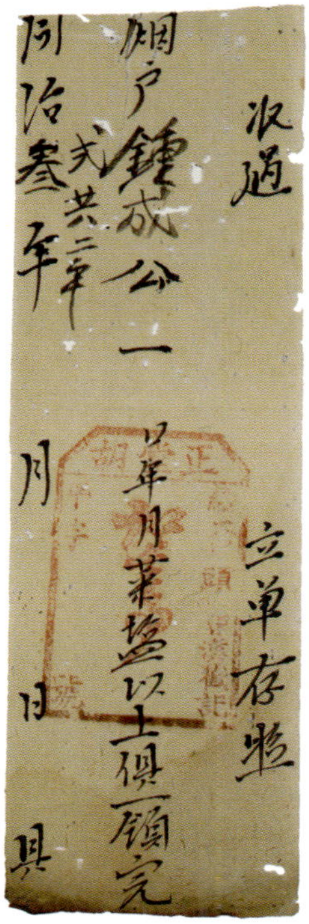
收過
烟户鍾成公
立单存照
同治叁年　月　日具

▲ 同治三年烟户执照

植大烟户　钟成公

长 20.5 厘米　宽 7 厘米

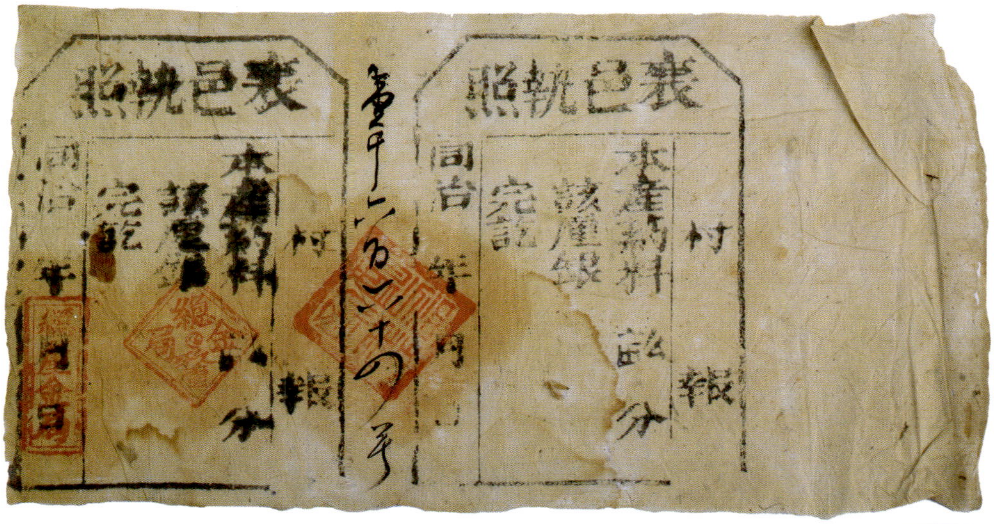
襄邑執照
襄邑執照

▲ 清同治襄邑厘金局鸦片种植完税执照

一千六百六十四号底账

上有总厘金局长形及方形印章

为种植烟农报官税单（厘金即税金）

长 27 厘米　宽 16 厘米

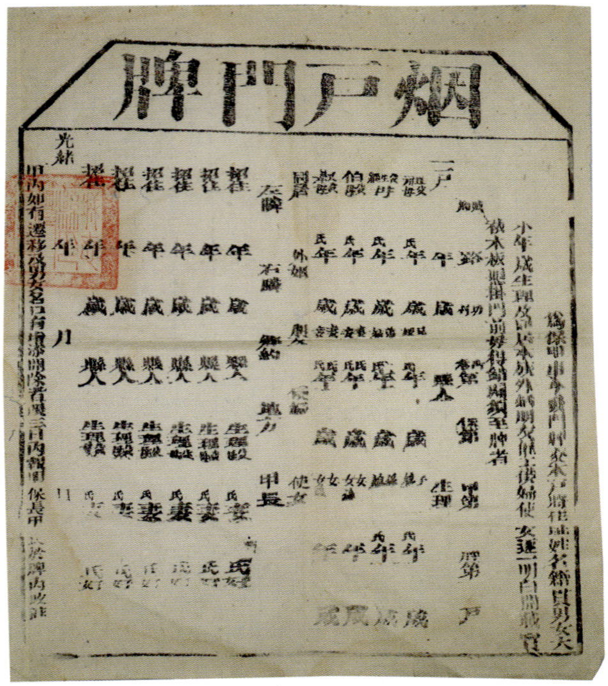
烟户門牌

▲ 山西省城志县烟户门牌

光绪年控烟门牌，装裱后贴在木板上挂在门前。

长 40 厘米　宽 35 厘米

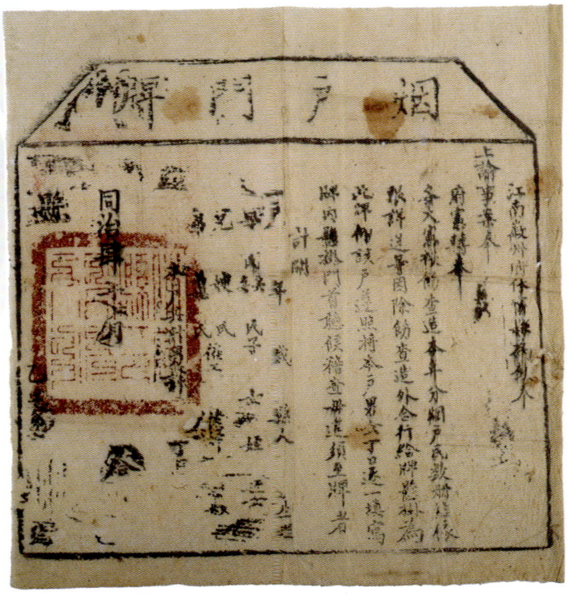
烟户門牌

▲ 清代江南徽州府休宁县烟户门牌

同治四年（公元 1865 年）。为空白门板照示，但已盖上县大印。

长 20.6 厘米　宽 16 厘米

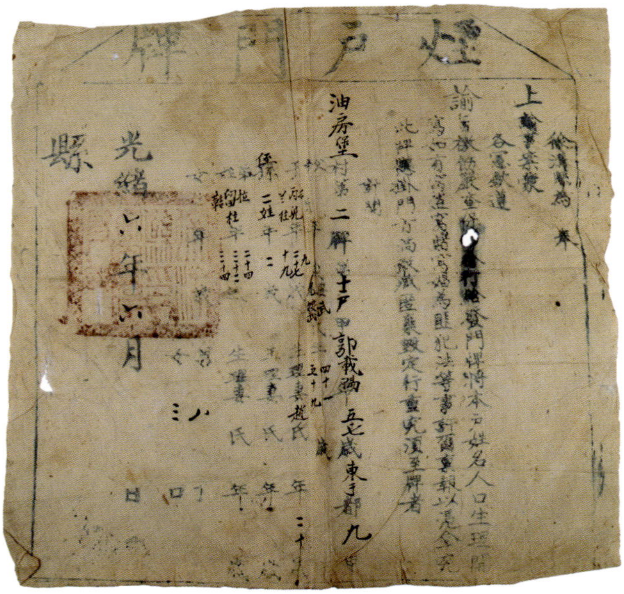
煙户門牌

▲ 光绪六年山西烟户门牌

油房堡二牌单土户郭载陽，谕单写明如有窝盗、窝娼、为匪、犯法等事，必要禀报。

长 27 厘米　宽 27 厘米

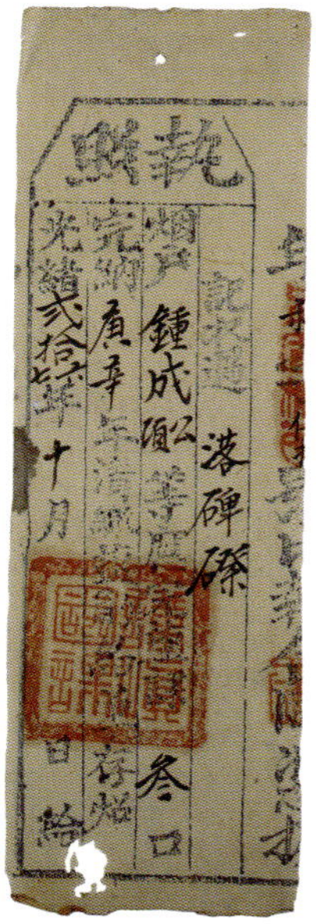
執照

▲ 光绪二十六（二十七年）烟户执照

植大烟户 钟成公（项）有“谨慎国课”印章。

长 22.5 厘米　宽 7.2 厘米

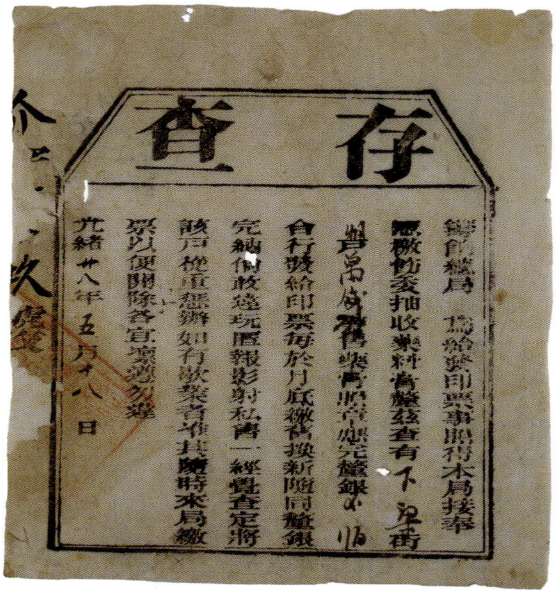
存查

▲ 清代鸦片药料膏抽厘存查票（查票）

光绪二十八年筹响总局发给赵家窑（及万成公）所抽收的鸦片厘金。

完纳百银发给印票，如敢违玩匿报或私售鸦片，一经觉查，从重惩办。

长 25 厘米　宽 21.5 厘米

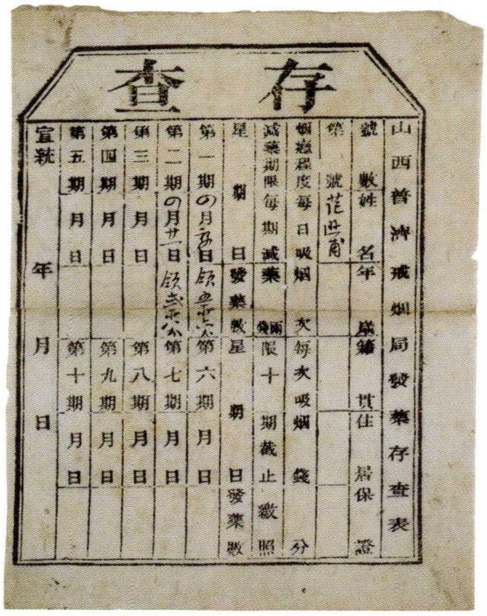
存查

▲ 宣统限控鸦片烟存查单

山西普济戒烟局发药存查表，范逊甫第一期四月一日领烟土五钱六分，四月二十一日领烟土二钱八分。

长 26.5 厘米　宽 20 厘米

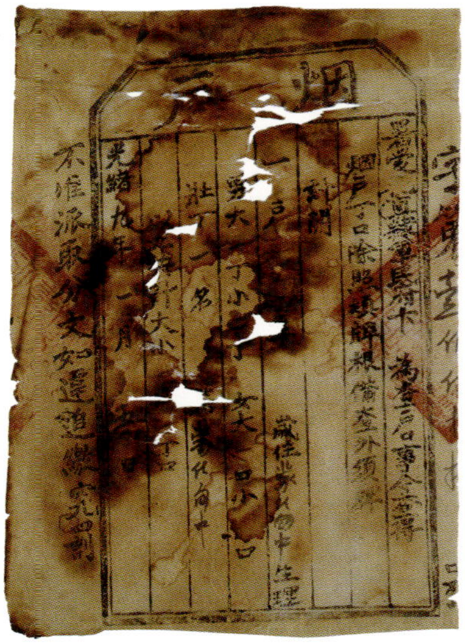

▲ 光绪九年蒙化府烟户牌

署蒙化直隶军民府卡颁鸦片烟户牌照。并盖大印。

长 27 厘米　宽 17 厘米

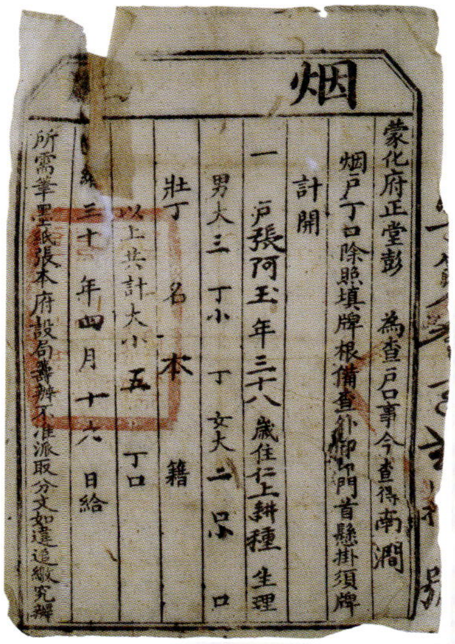
烟

▲ 清代云南蒙化府烟户牌照

光绪三十年（公元 1903 年）云南省蒙化府正堂彭知府颁鸦片烟户牌照。

限烟公文。

长 26 厘米　宽 16 厘米

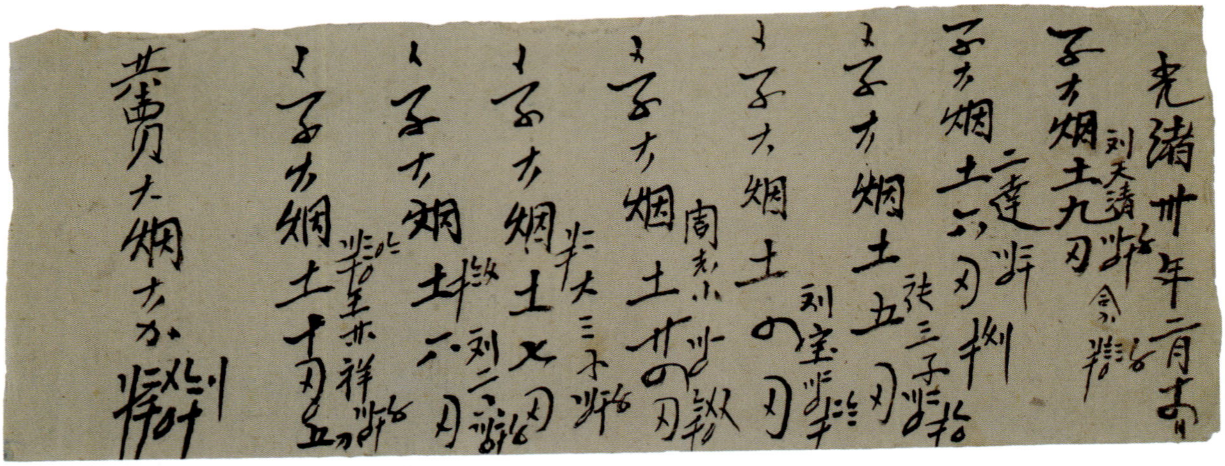

▲ 光绪三十年鸦片烟庄底账

烟土出卖底账，内有刘天清买大烟土九两，二达买大烟土六两，张三子买大烟土五两，刘宝买大烟土四两等等，并标售得钱数暗码。

长 21 厘米 宽 15 厘米

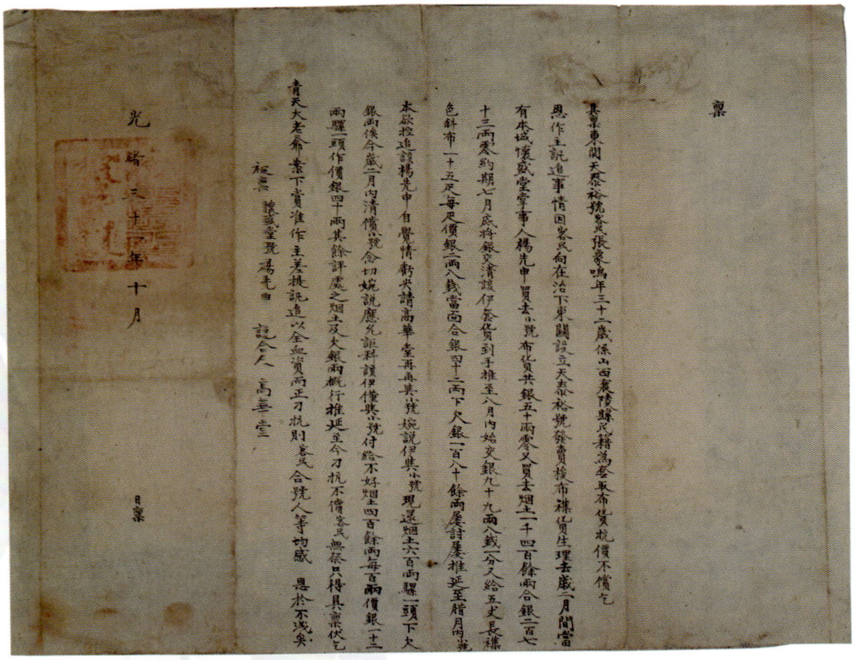

▲ 光绪三十一年山西襄陵县追讨布匹及烟土价银禀帖

山西省襄陵县东关天泰裕号张象鸣告同城怀盛堂掌事人杨先申，因杨购天泰裕布五十两银及烟土一千四百多两，因到期，货钱未还，故写此告状禀帖。

长 41 厘米 宽 32 厘米

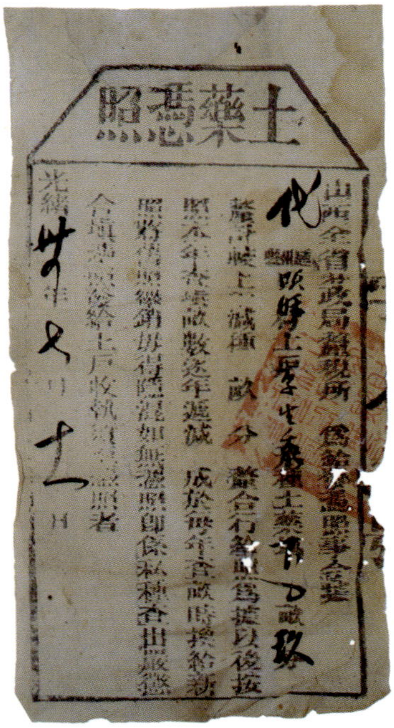

▲ 光绪四十三年山西省种植土药凭照

山西省财政局厘税所代县土户（种烟土植户）李生秀种土药零亩九分。如有私种查出严惩。

长 24 厘米 宽 12 厘米

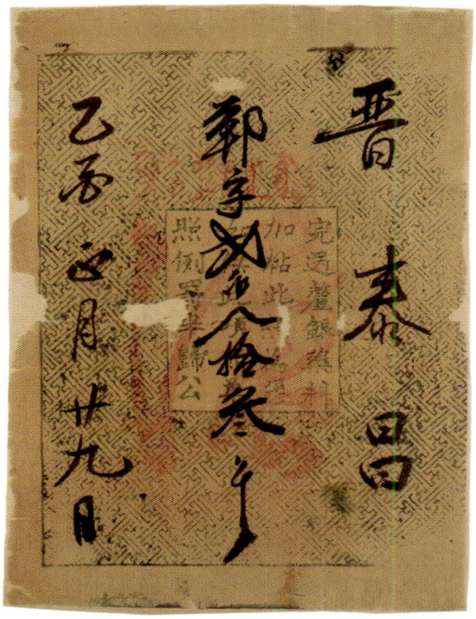
晋泰昌

▲ 晚清晋泰昌运输鸦片完过厘金贴照

上有蒙古文字及标号，并有“完过厘银药料加粘此照为凭，如无此项照单照例罚半归公”。

长 24 厘米　宽 15 厘米

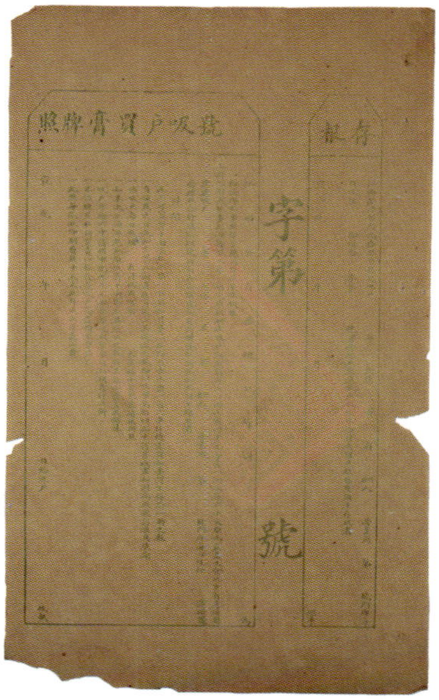
字第　號

▲ 清代江西鸦片吸户买膏牌照

宣统年颁，上盖江西全省禁烟局官防。

每小票可换烟膏一钱。

长 26 厘米　宽 15 厘米

购自姚华先生

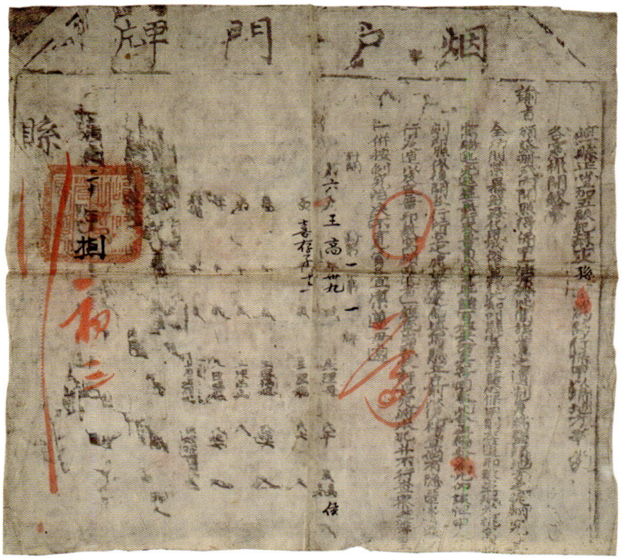
煙戶門牌

▲ 清代崞县烟户门牌

崞县正堂加五级纪绿孙知县颁发，烟户为王高，三十九岁，屋一甲一埠第六户，此牌应为控限鸦片之举措，已过朱，加盖县印。

长 42 厘米　宽 37 厘米

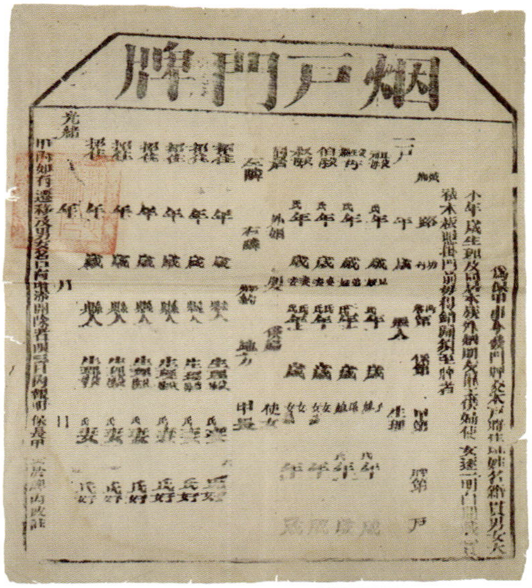
煙戶門牌

▲ 清代云南烟户门牌

属于戒烟行动之前的限烟阶段文物。

按户给卖鸦片，定期戒断，但多虚应故事，空白卷，已盖县令大印。

长 40 厘米　宽 25 厘米

2013 年春购于北京报国寺交流会

▶ 清代云南缅云厘金总局封条印板

清代官用，督办云南缅云厘金总局，木刻印枚，从缅甸运往云南的鸦片生烟进过关卡，交纳一定比例厘金（税金）之后会在每箱上加粘这种封条，可以进中国销售。

当然别的货物也需此封条，但鸦片应占所有货物 90% 以上。

印板，雕刻精美，官体楷书字样，当初鸦片贩子要有这块印板，不知能省多少万两税钱。

长 35 厘米　宽 7.5 厘米　厚 3 厘米

2015 年初购于潘家园大楼。

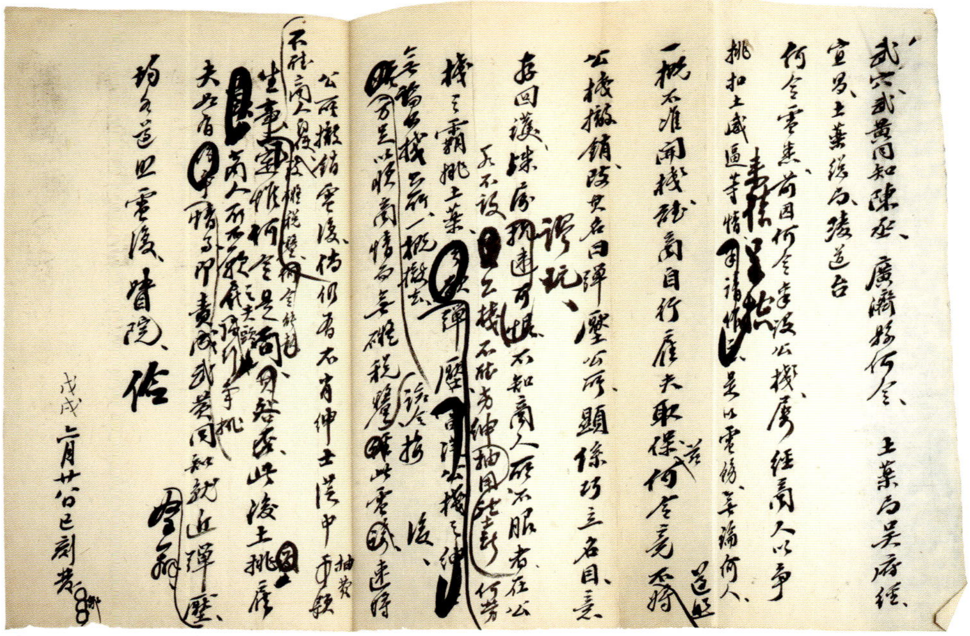

▲ 湖广督院烟土事电报稿底

为清光绪二十四年二月二十八日，湖广总督张之洞给武黄陈同知，广济县何县令，土药局吴府经，宜昌土药总局凌道台。稿由张之洞亲自书写修改。

内容为撤销鸦片公栈，不许地方官巧立名目，控制鸦片生土的搬运。

字迹清奇，书法一流。

长 33 厘米　宽 24.5 厘米

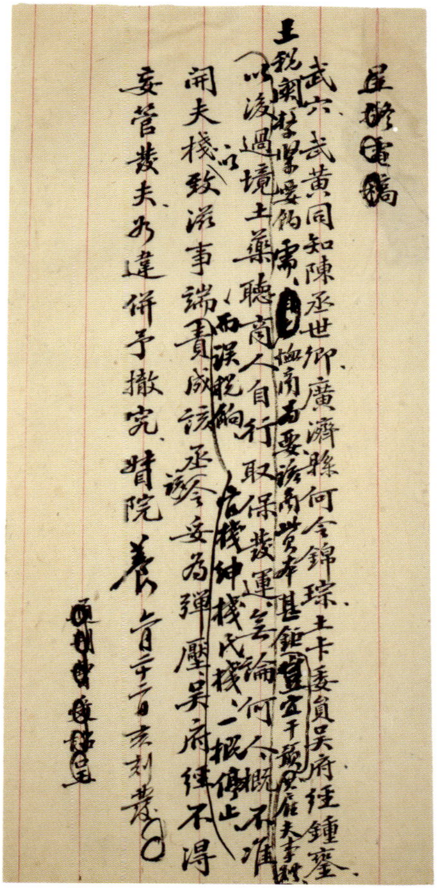

▲ 湖广督院烟土事呈拟电报稿

为清光绪年湖广总督张之洞给武黄同知陈廿卿，广济县令何锦琮，及土卡委员府经吴钟銮的电报稿，稿由书启师爷书写，张之洞亲自改写词句。

内容为烟土税收关系紧要饷需。

应恤商人贩运辛苦，不许官绅开设夫栈盘剥土商，以致税饷受影响。

该稿应为光绪二十四年二月二十二日拟定底稿。

长 23 厘米 宽 11.5 厘米

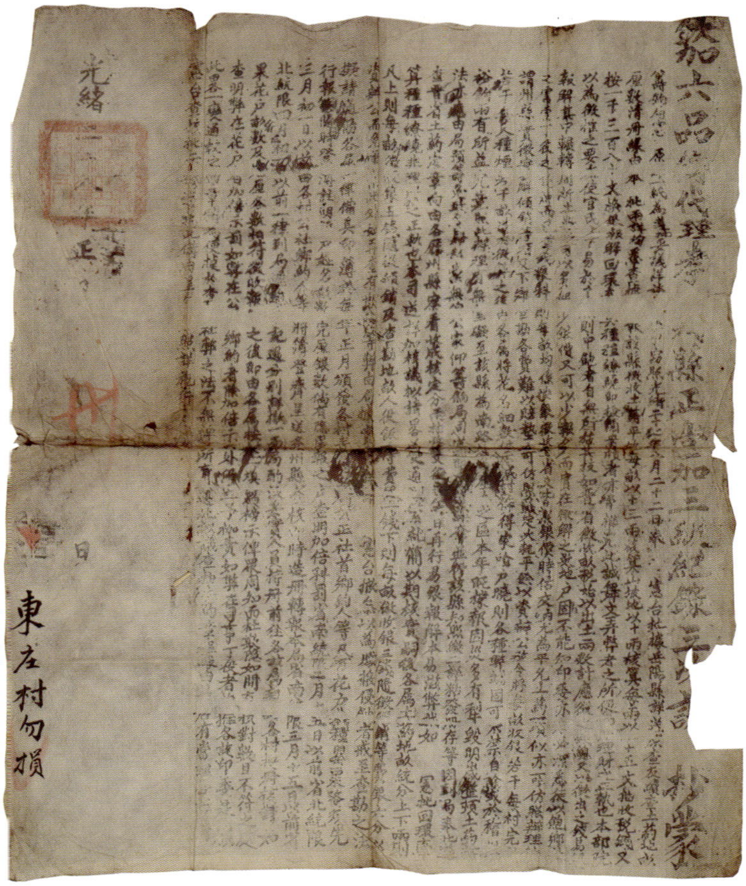

▲ 光绪二十八年孝义县土药地亩清查告示

加六品代理孝义县知县谢某于光绪二十八年颁发。因该县鸦片烟地亩税务不达要求，故发告示清查土药地亩，估算每亩土药平地种鸦片每年可得纹银十三两，而坡地种鸦片每年可得纹银十两，官定，每得银一两，抽厘税十五文钱，如果不按时交税，加倍罚银，所得厘税用于兵饷。

长 53 厘米 宽 45 厘米

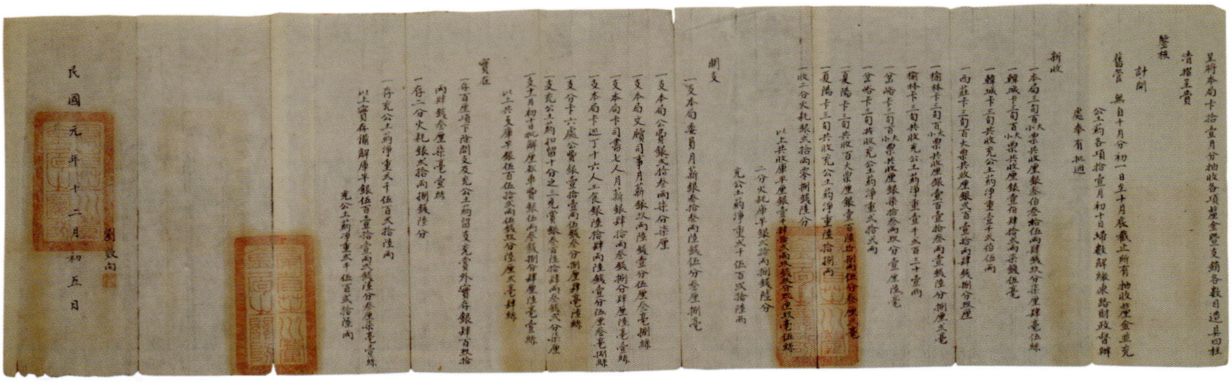

▲ 中华民国芝川厘金局所收厘金烟土呈报四柱清折

中华民国元年十二月芝川厘金局报十一月份抽收清摺，所设韩城卡、西庄卡、榆林卡、夏阳卡，共收银一千四十二两余，充公土药（鸦片）二千五百二十六两。

长 80 厘米 宽 24 厘米

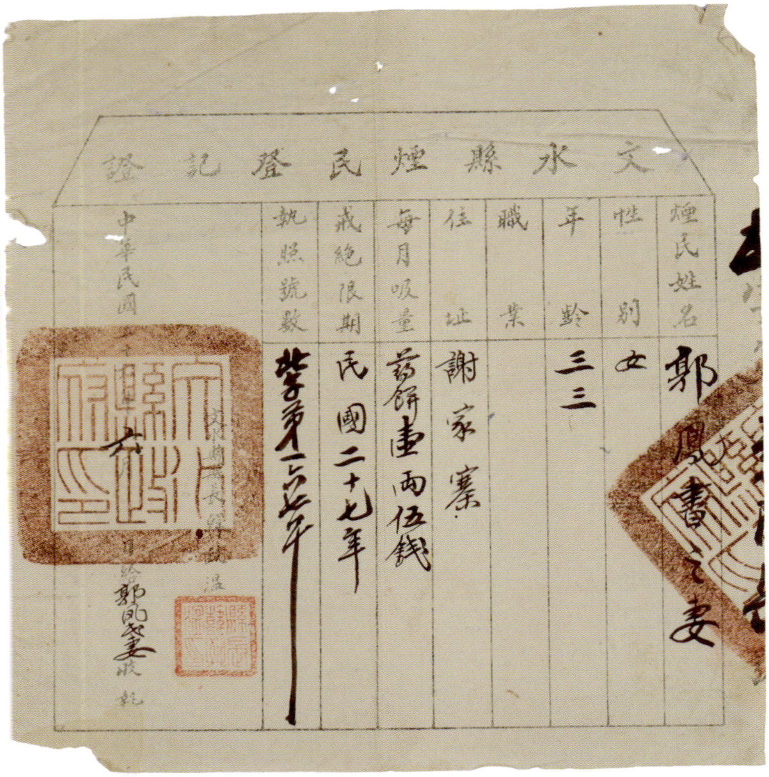

煙民姓名	性別	年齡	職業	住址	每月吸量	戒絕限期	執照號數
郭鳳書之妻	女	三三		謝家寨	藥餅壹兩伍錢	民國二十七年	[illegible]

▲ 中华民国文水县烟民登记证

烟民姓名：郭凤书之妻

文水县谢家寨，每月吸量“药饼”一两五钱。

长 20 厘米 宽 19 厘米

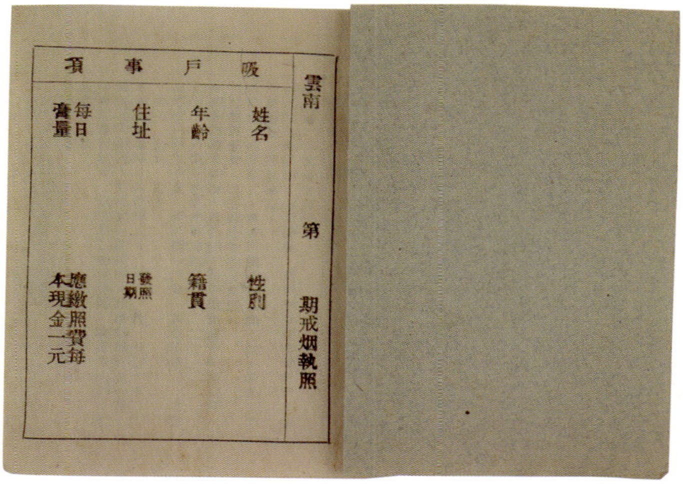

雲南　第　期戒烟執照

吸戶事項

姓名　性别

年齡　籍貫

住址　發照日期

每日膏量　應繳照費每本現金一元

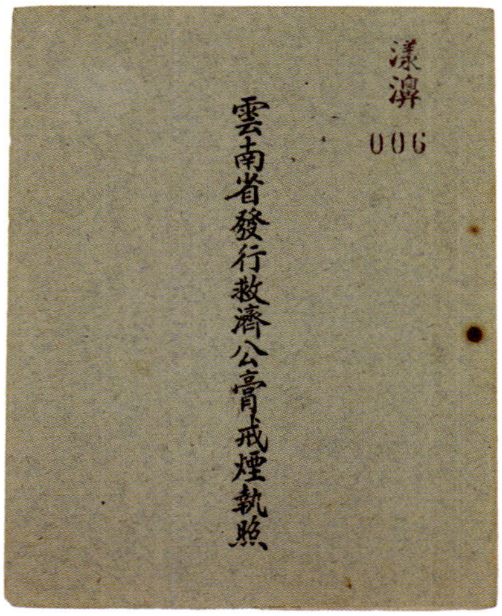

漾濞 006

雲南省發行救濟公膏戒煙執照

▲ 民国云南省发行救济公膏戒烟执照

空白本、天本漾濞 006 号 姓名 年龄特征 及每日膏量

20 世纪 30 年代，按所定膏量每日领一次，或一次领数日

长 12 厘米 宽 9.5 厘米

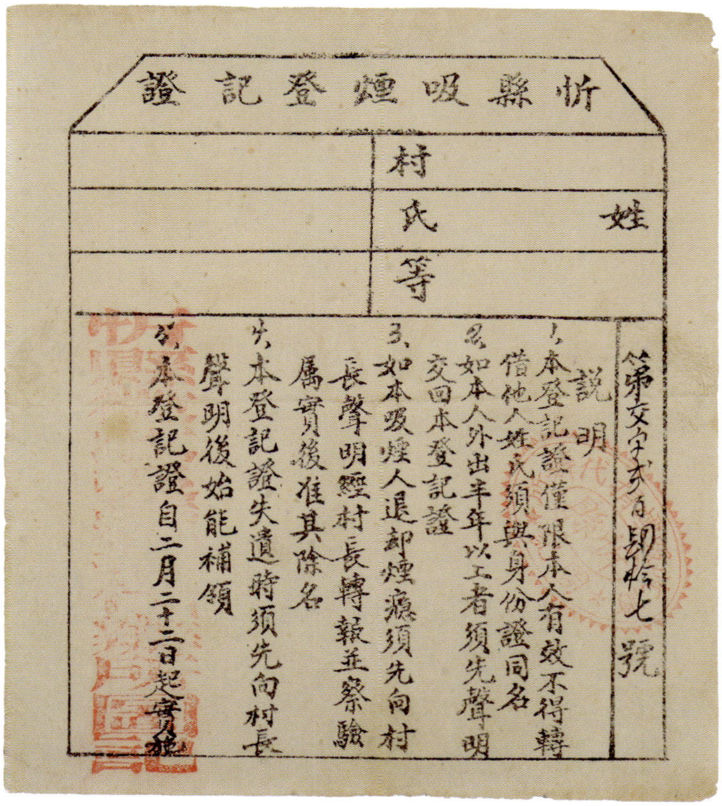

忻縣吸煙登記證

村

姓氏

等

第交字　號

說明

1.本登記證僅限本人有效不得轉借他人姓氏須與身份證同名

2.如本人外出半年以上者須先聲明交回本登記證

3.如本吸煙人退卻煙癮須先向村長聲明經村長轉報並察驗屬實後准其除名

4.本登記證失遺時須先向村長聲明後始能補領

5.本登記證自二月二十二日起實施

▲ 忻县吸鸦片烟登记证

空白加盖印章

长 13.5 厘米 宽 11.5 厘米

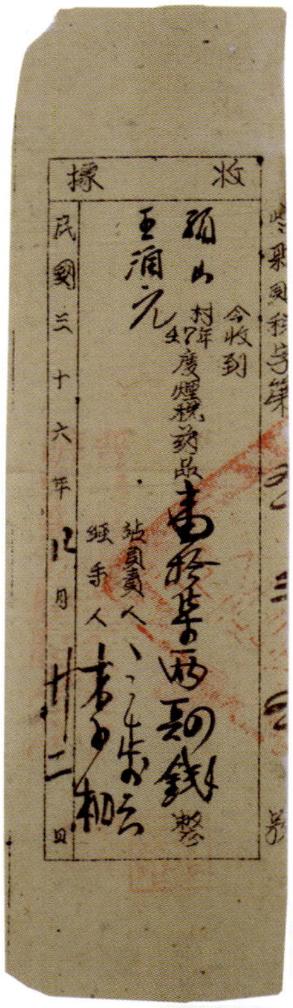

收據

今收到

度煙稅藥品

站負責人

經手人

民國三十六年　月　日

▲ 民国鸦片烟税实物收据

民国三十六年（公元 1947 年）收到孤山村王润元 47 年烟税药品十七两四钱整。

长 25 厘米 宽 6 厘米

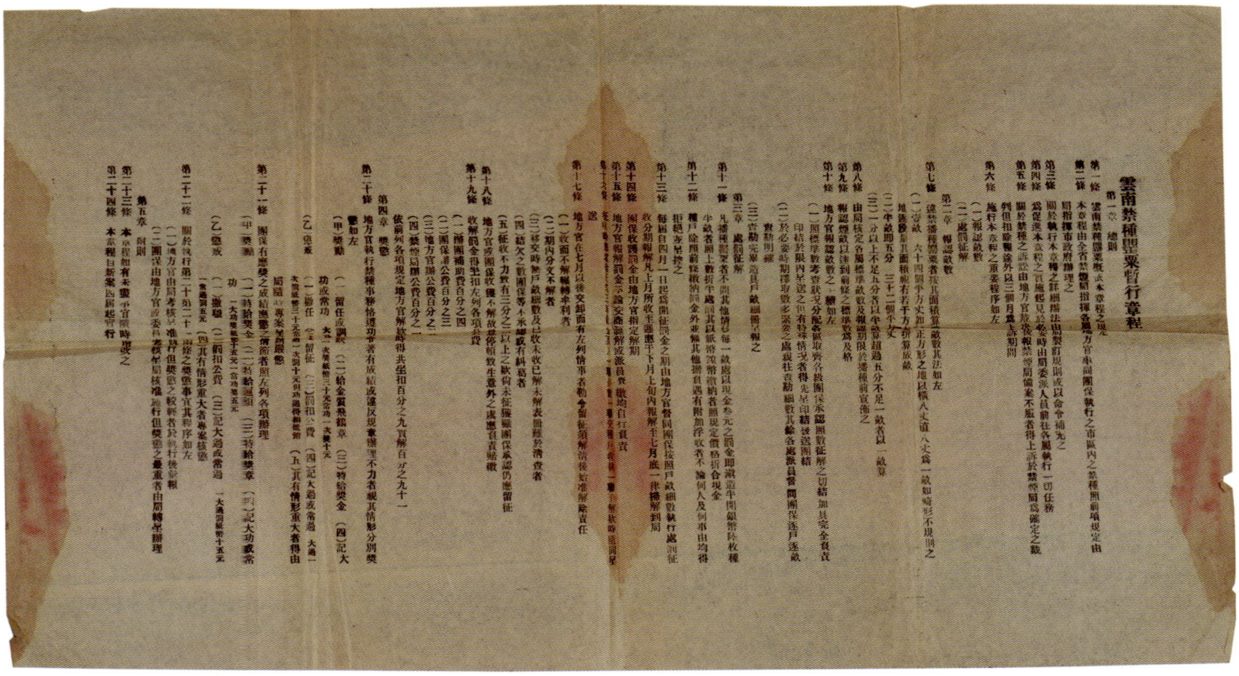
雲南禁種罌粟暫行章程

▲ 中华民国云南禁种罂粟暂行章程

该章程含五章，二一四条，包括总则、报认亩数、处罚征解、奖惩、附则。

凡播种罂粟者，不问其它情况，每一亩处以现金三元，即滇造半开银币（五角币）六枚。

长 56 厘米 宽 32 厘米

▲ 中华民国蒙古联盟自治地区鸦片烟膏包装纸商标

上有“蒙古联盟自治政府税务督理局”“官印”“烟膏包装纸”

长 6.2 厘米 宽 3.8 厘米

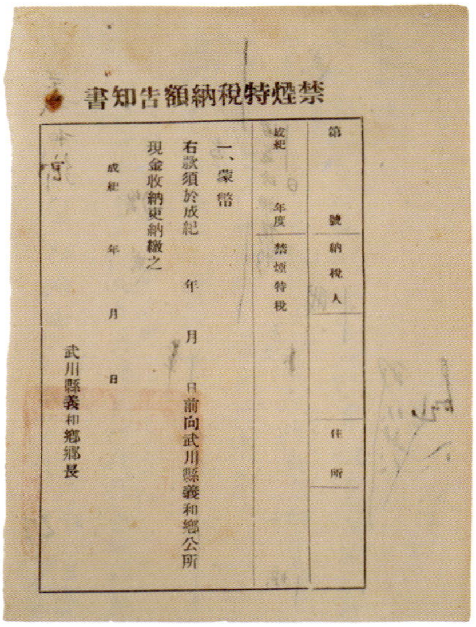
禁煙特稅納額告知書

▲ 中华民国蒙古地区武川县禁烟特税纳额告知书

空白片，成吉思汗纪年，背有武川县印。

长 18 厘米 宽 12.6 厘米

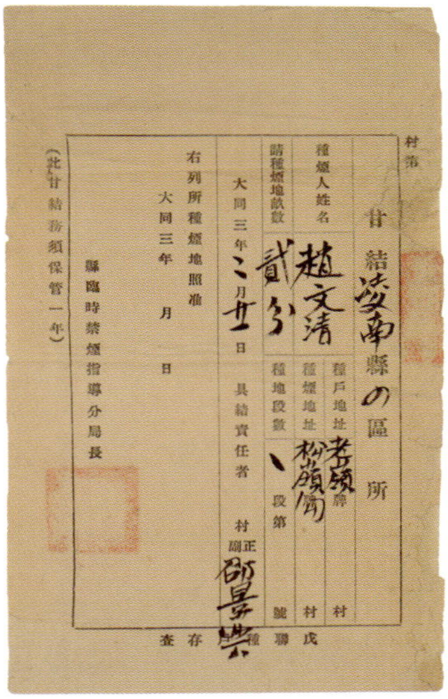
甘結

▲ 伪满洲国鸦片种植甘结

大同三年（公元 1934 年）于凌南县老山岭松岭沟，种植。甘结人：赵文清 县临时禁烟指导分局长印章。

长 23.5 厘米 宽 14.5 厘米

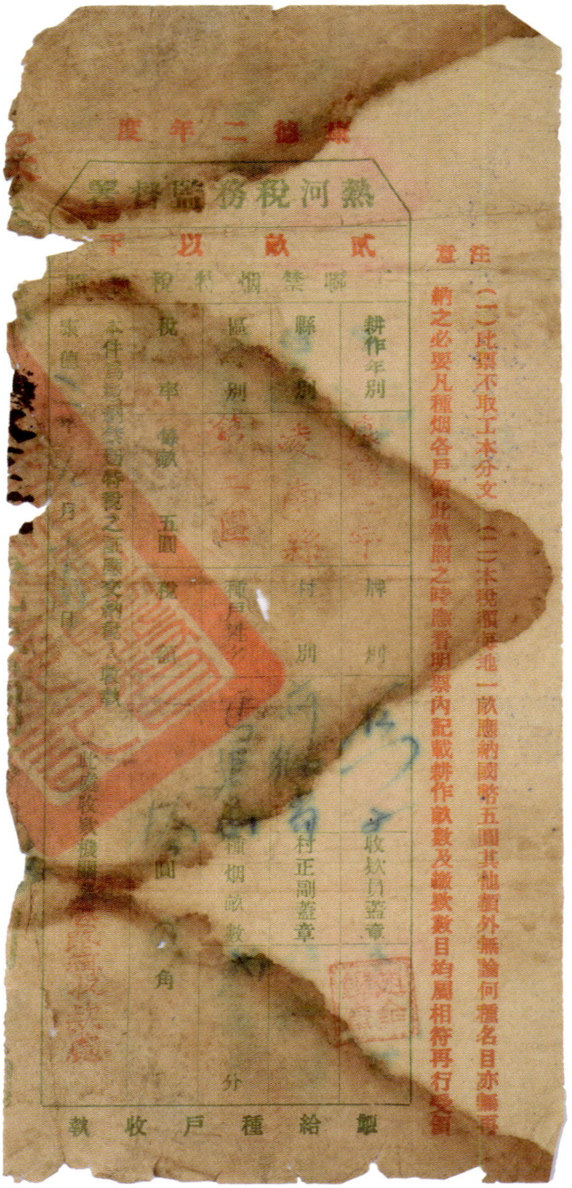

▲ 伪满洲国热河税务署鸦片烟户纳款执单

康德二年（公元 1935 年），热河凌南县第二区，种户马见忠，种烟两亩，收税十元。

长 25.5 厘米 宽 11.5 厘米

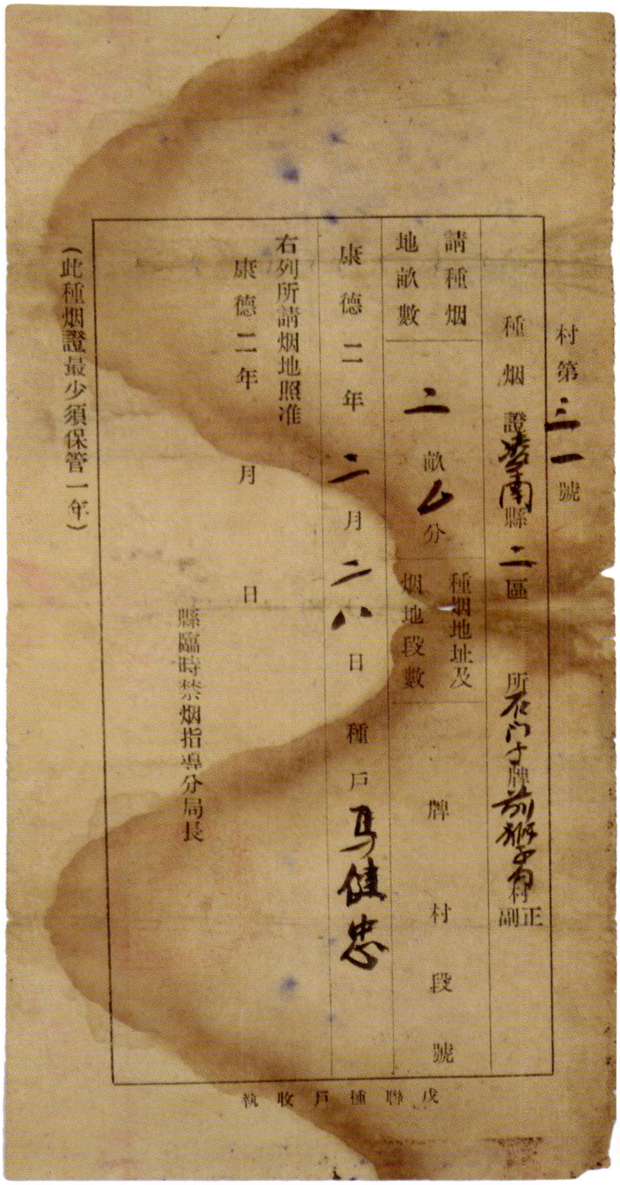

▲ 伪满洲国鸦片种烟证

康德二年，凌南县二区石门子前狮沟种户马健忠（同马见忠）种烟两亩。

长 23 厘米 宽 12 厘米

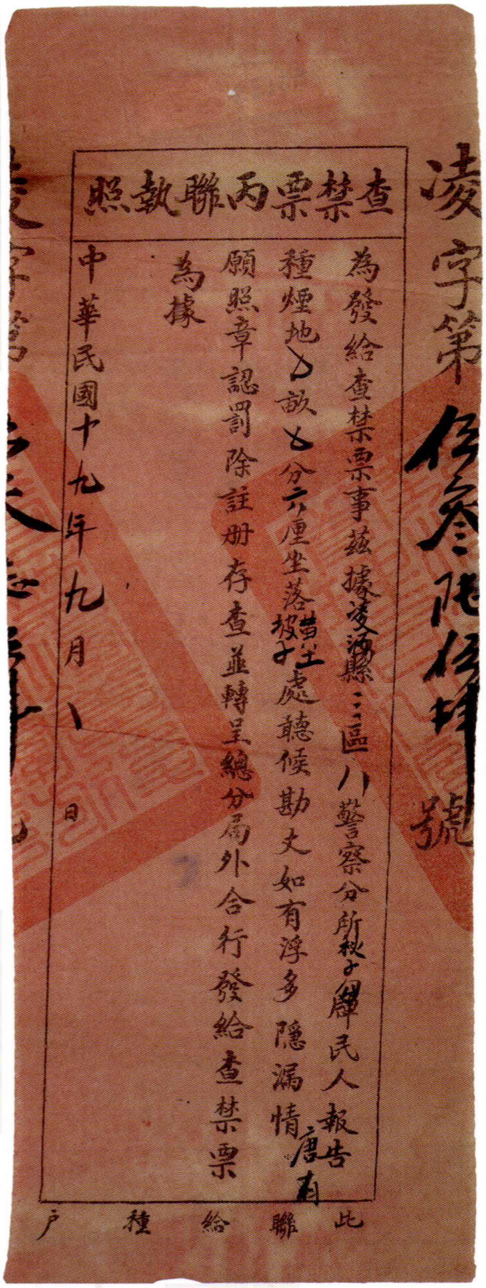

▲ 中华民国查禁标丙联执照

中华民国十九年（公元 1930 年）发给凌泊县秋子勾（沟）牌民唐有，在黄土坡烟地六厘。上有禁烟局大印。

长 25.4 厘米 宽 8.7 厘米

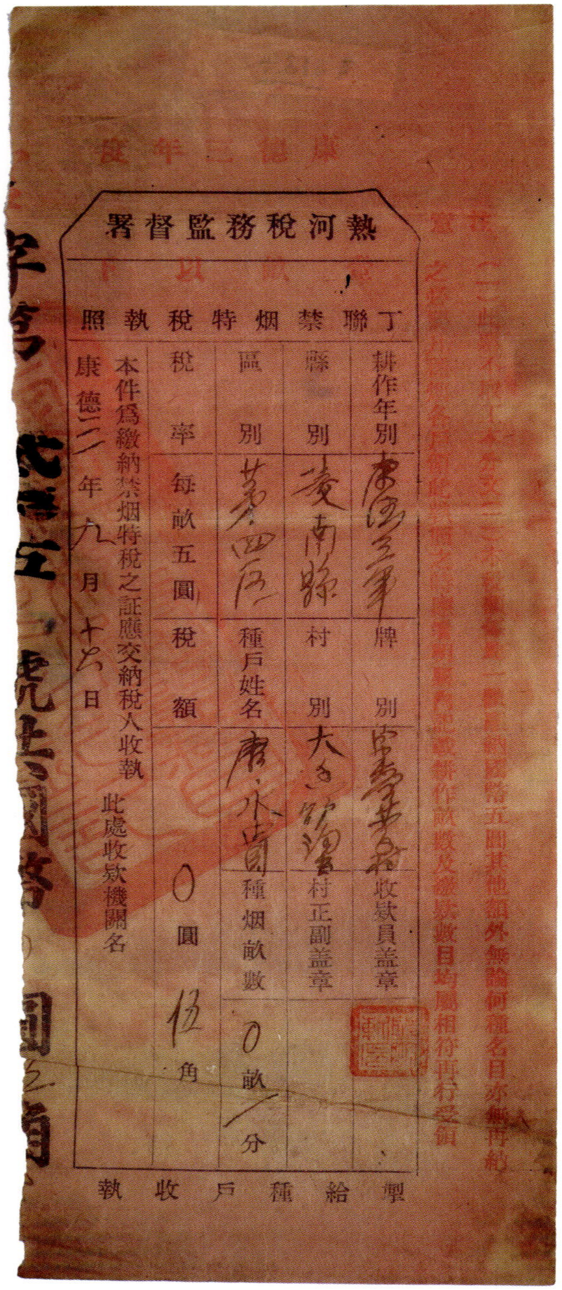

▲ 伪满禁烟特税执照丁联

康德三年（公元 1936 年），凌南县大香炉沟村唐永贵所种一分地鸦片，交特税五角。

长 26 厘米 宽 10.2 厘米

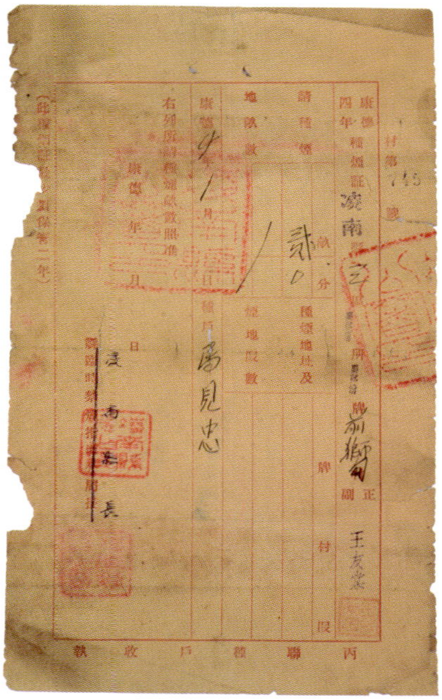

▲ 伪满洲国鸦片种烟证

康德四年，凌南县三区前狮勾（沟）种户马见忠，凌南县长印。

长 25 厘米　宽 14.5 厘米

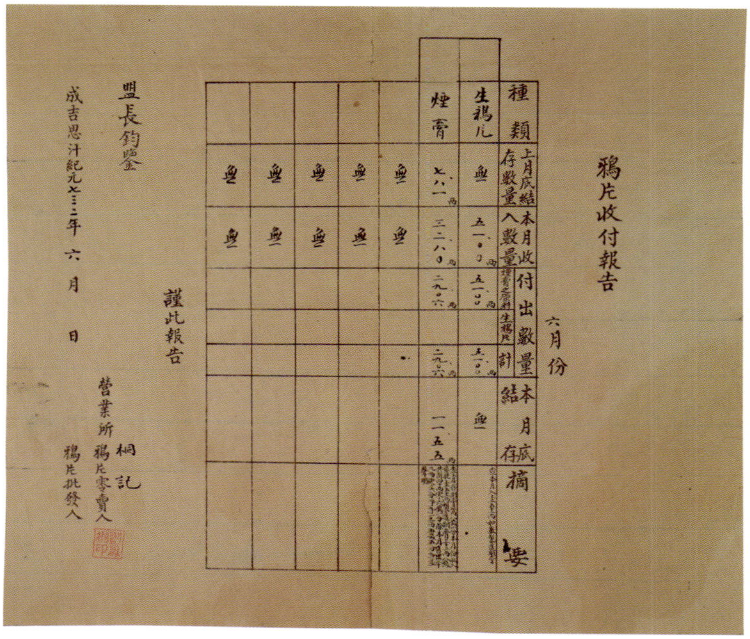

▲ 蒙古鸦片零卖收付报告

为营业所鸦片零卖人及鸦片批发商向盟长的月报

公元 1937 年

经营项目为生鸦片熬成烟膏及出售烟膏

长 29 厘米　宽 25 厘米

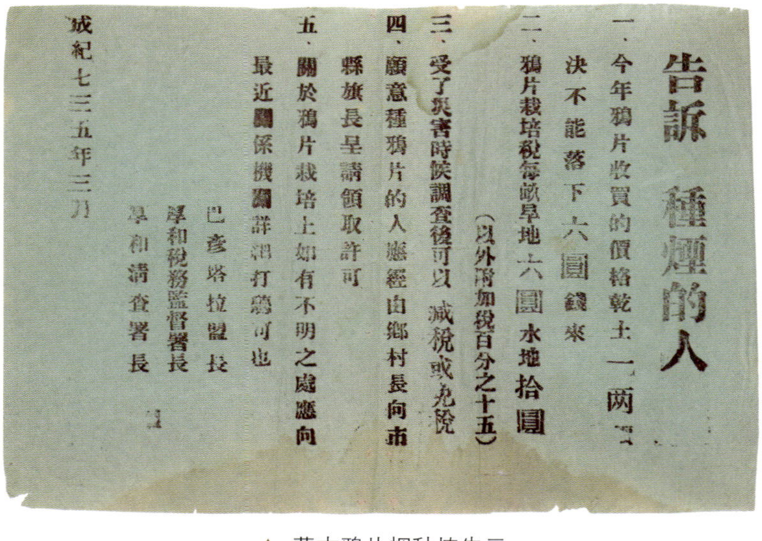

▲ 蒙古鸦片烟种植告示

为厚和地区巴彦塔拉盟长给种大烟盟民的告示

其重要信息是：命令统一售价，不得低于生鸦片（干土）每两六元钱。纯属地方保护主义。另外每亩旱地收税六元，水田收税十元，外加附加税百分之十五。

盟长、税务监督署长、清查署长共同颁发

公元 1940 年

长 27 厘米　宽 21 厘米

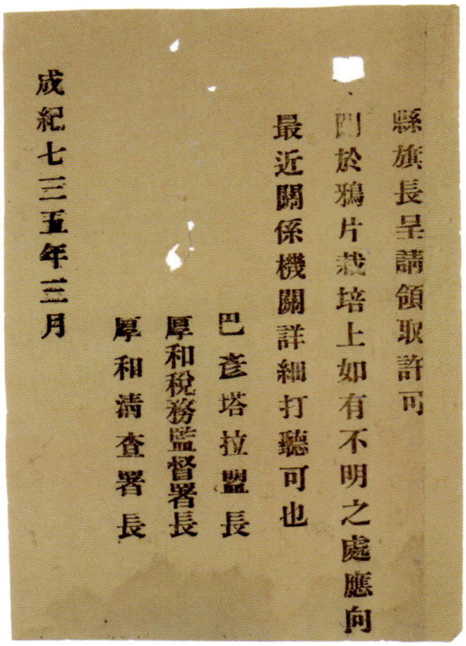

縣旗長呈請領取許可

關於鴉片栽培上如有不明之處應向

最近關係機關詳細打聽可也

巴彥塔拉盟長

厚和稅務監督署長

厚和清查署長

成紀七三五年三月

▲ 蒙古鸦片烟种植告示副稿

厚和地区巴彦塔拉盟长贴

16 厘米 ×11 厘米

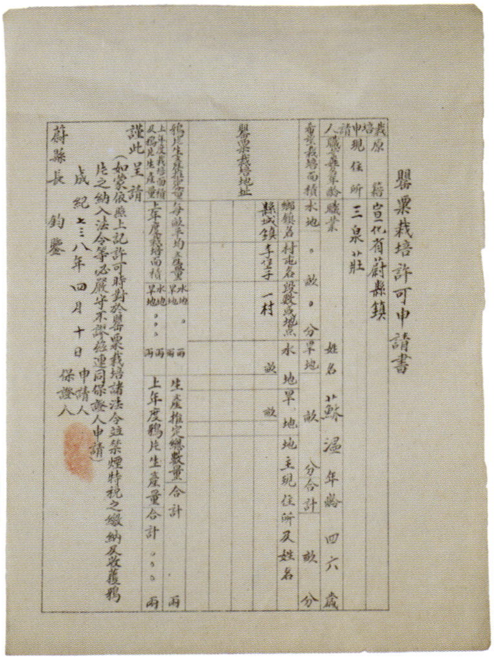

罌粟栽培許可申請書

栽培申請人　原籍　宣化省蔚縣鎮　現住所　三泉莊　職業　姓名　蘇溫　年齡　四六歲

罌粟栽培面積　水地　畝　分　旱地　畝　分　合計　畝　分

罌粟栽培地址　鄉鎮名　村莊名　段數或地點　縣城鎮　李堡子　一村　水地　畝　旱地　畝　地主現住所及姓名

鴉片生產推定量　每畝平均生產量　水地　兩　旱地　兩　生產推定總數量合計　兩

上年度栽培面積及鴉片生產量　上年度栽培面積　水地　旱地　兩　兩　上年度鴉片生產量合計　兩

謹此呈請

（如蒙依照上記許可時對於罌粟栽培諸法令並禁煙特稅之繳納及收獲鴉片之納入法令等必嚴守不誤茲連同保證人申請）

成紀七三八年四月十日　申請人　保證人

蔚縣長　鈞鑒

▲ 蒙古罂粟栽培许可申请书

日据蒙古地区宣化省蔚县镇三泉庄居民苏温申请罂粟种植的许可申请书

申请严守种植法，并交纳禁烟特税。

上有申请人指纹印。公元 1942 年。

长 28 厘米　宽 20 厘米

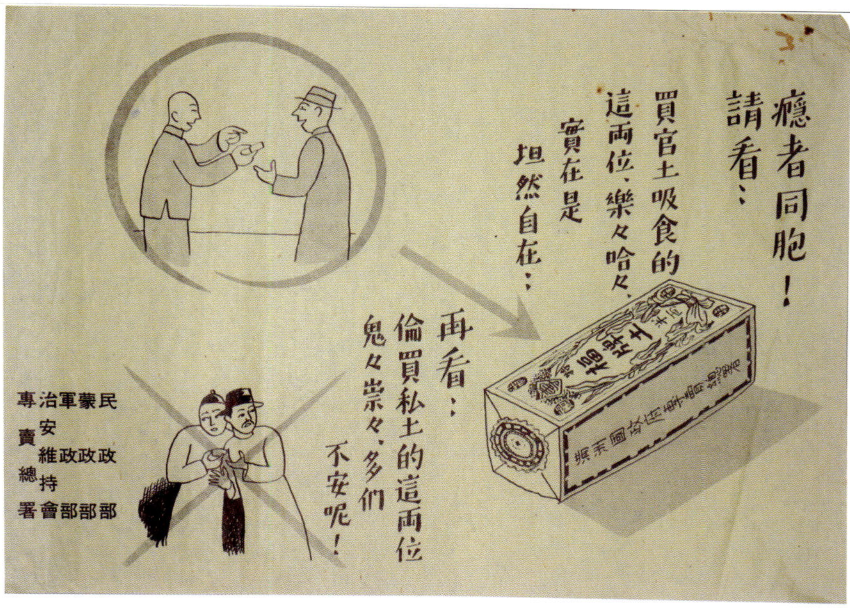

▲ 伪满政府倡官土广告

日据伪满蒙政权，公开种售鸦片，提倡百姓吸食政府官土，并有官土半两装。伪满洲国政府专卖署制作包装图案。

购于沈阳李全孝先生处

长 35 厘米　宽 25 厘米

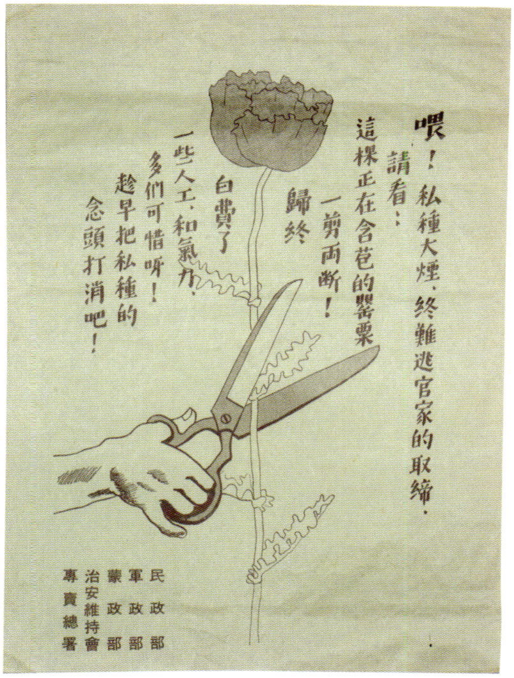

▲ 伪满政府禁止私种鸦片广告

打压民间私种鸦片，而为了销售官土

购于沈阳李全孝先生处

长 35 厘米　宽 25 厘米

▲ 伪满政府威吓私种鸦片广告

威吓私种大烟民众，会有土匪抢，真是只许官家贩毒，不许民众种植。

购于沈阳李全孝先生处

长 35 厘米　宽 25 厘米

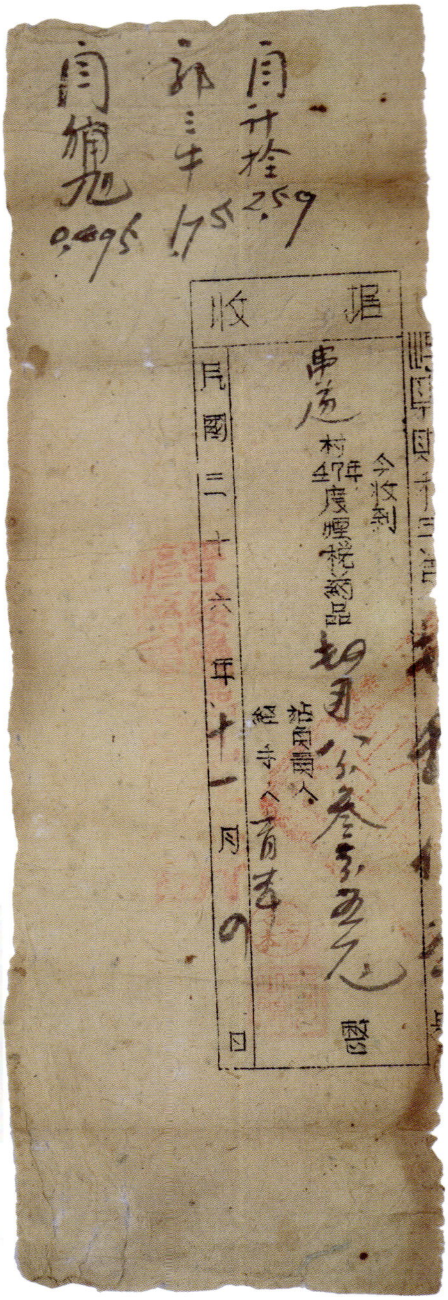

▲ 晋绥地区崞县烟土税实物收据

收到侯三虎交烟税一两一钱一分四厘五毫。

长 16.5 厘米 宽 5 厘米

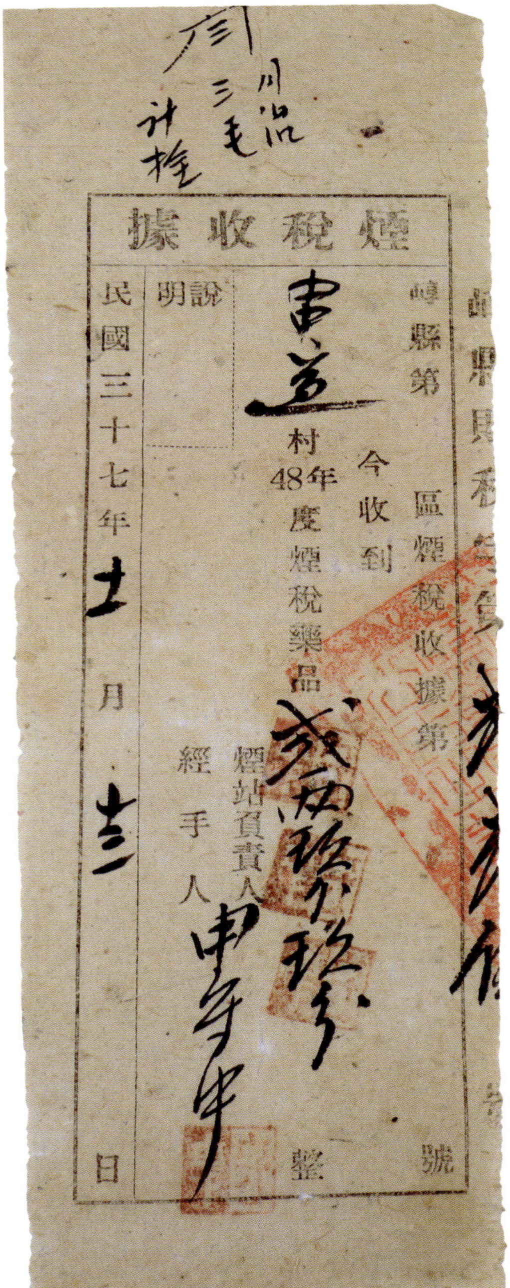

▲ 晋绥地区崞县烟土税实物收据

今收到串道村 48 年度烟税药品四两八钱三分五厘。

中华民国三十六年（公元 1947 年），上有晋绥边区崞县印章。

长 25 厘米 宽 8 厘米

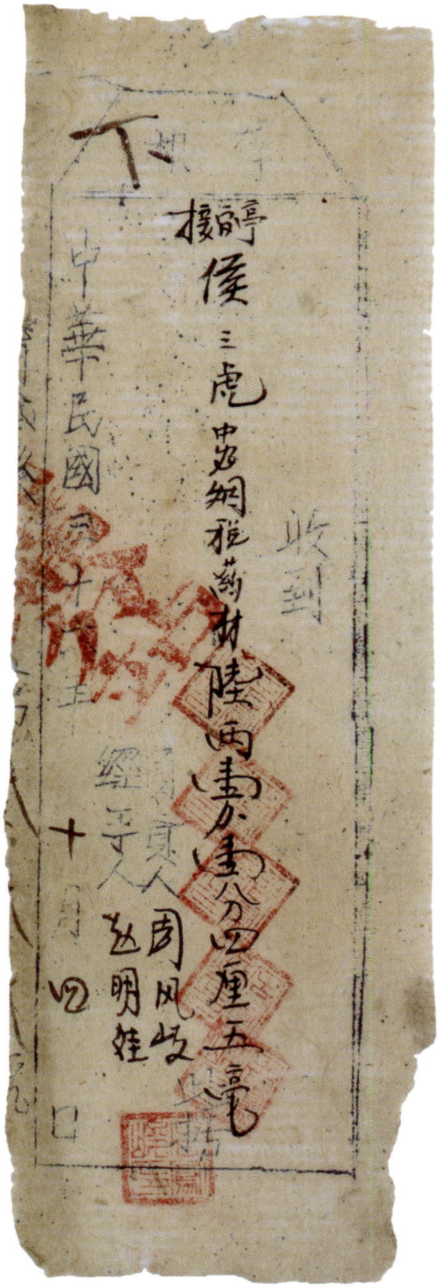
收到
中華民國　年　十月　四日
經手人

▲ 晋绥地区崞县烟税收据

今收到串道村 48 年度烟税药品二两九钱九分。

中华民国三十七年（公元 1948 年）

长 19.5 厘米 宽 6 厘米

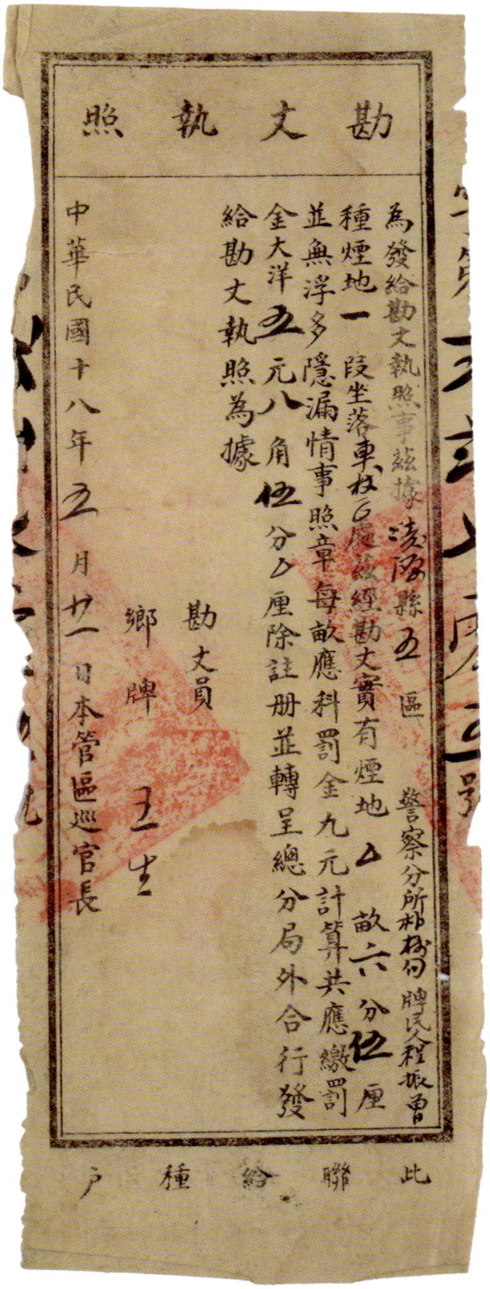
勘文執照
為發給勘文執照事茲據淩源縣五區警察分所朴杖台牌民人程振曾
種煙地一段坐落東杖台處經勘丈實有煙地〇畝六分五厘
並無浮多隱漏情事照章每畝應科罰金九元計算共應繳罰
金大洋五元八角五分〇厘除註册並轉呈總分局外合行發
給勘文執照為據
勘丈員
鄉牌　王玉
中華民國十八年五月廿一日本管區巡官長
此聯給種戶

▲ 中华民国凌源县勘文鸦片烟地执照

中华民国十八年五月二十一日，凌源县五区警察分所勘查牌民程振曾所种烟土地六分五厘，按每亩罚金九元，共应罚金大洋五元八角五分。此联给种植户。

长 24 厘米 宽 8.5 厘米

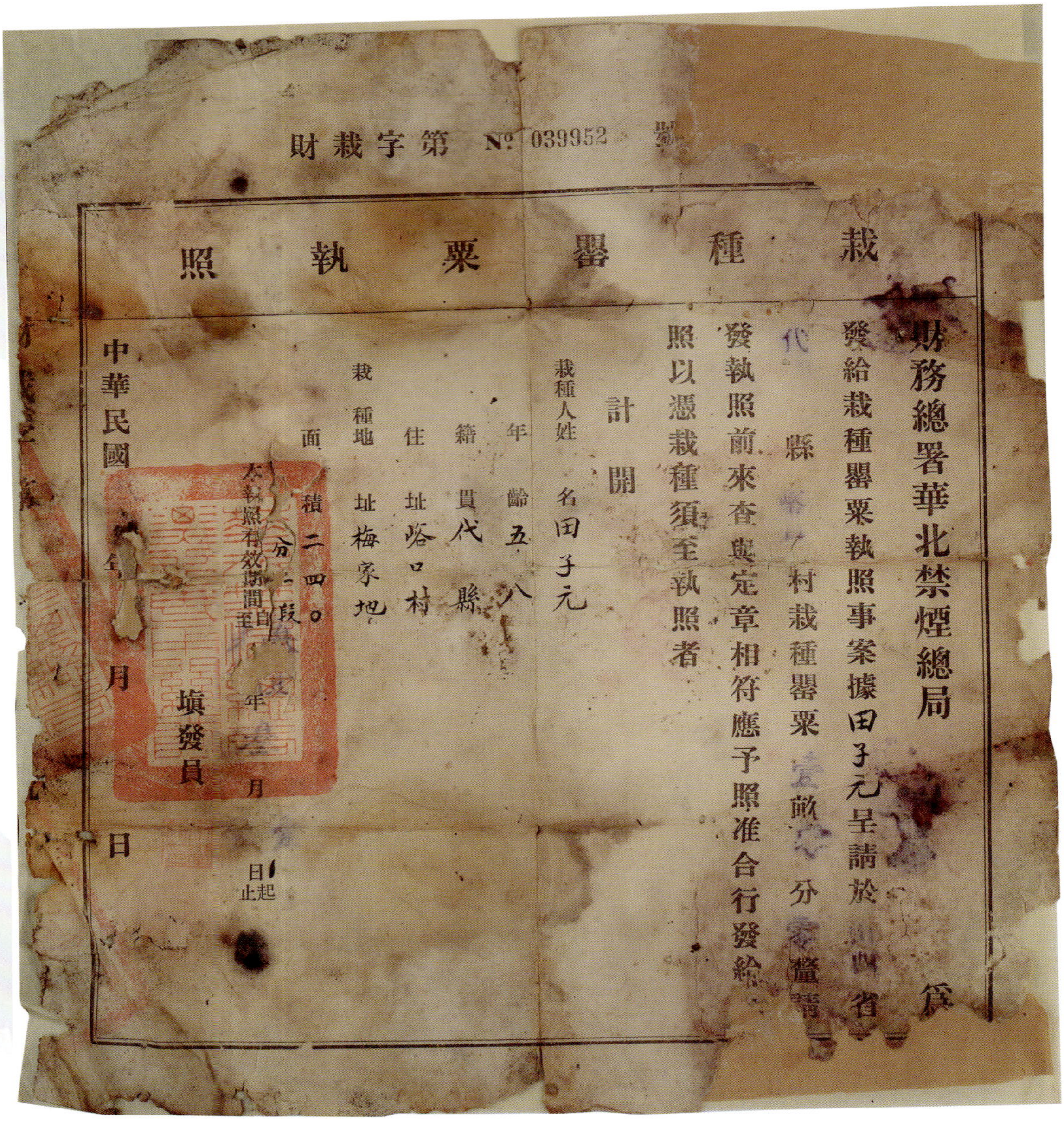

▲ 中华民国财务总署华北禁烟总局颁栽种罂粟执照

颁给山西省代县峪口村居民田子元一亩栽种许可

长 28 厘米　宽 26 厘米

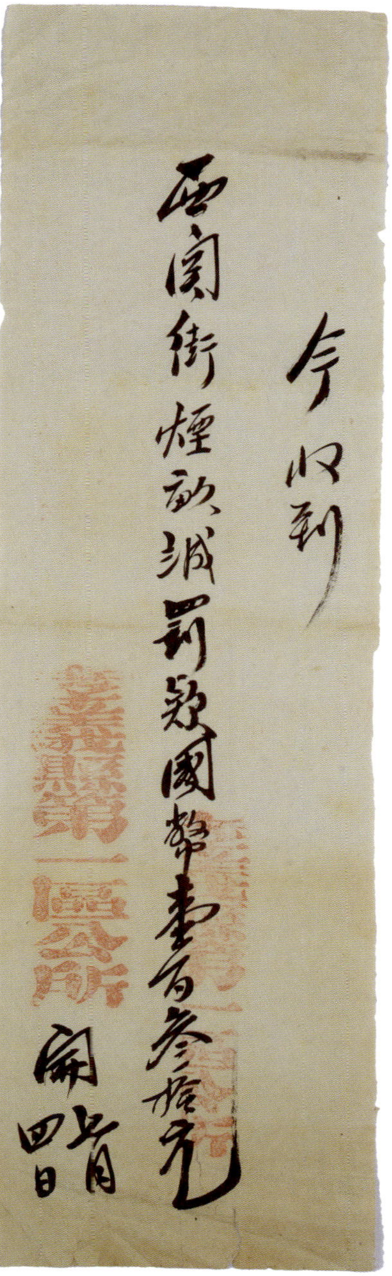

今收到
西關街煙畝誠罰款國幣壹百叁拾元
閏四月　日

孝義縣第一區公所

▲ 中华民国孝义县鸦片烟亩罚款单

上有“今收到西关街烟亩诚罚款国币一百三十元”，印有孝义县第一区公所印章。

长 29 厘米　宽 8.2 厘米

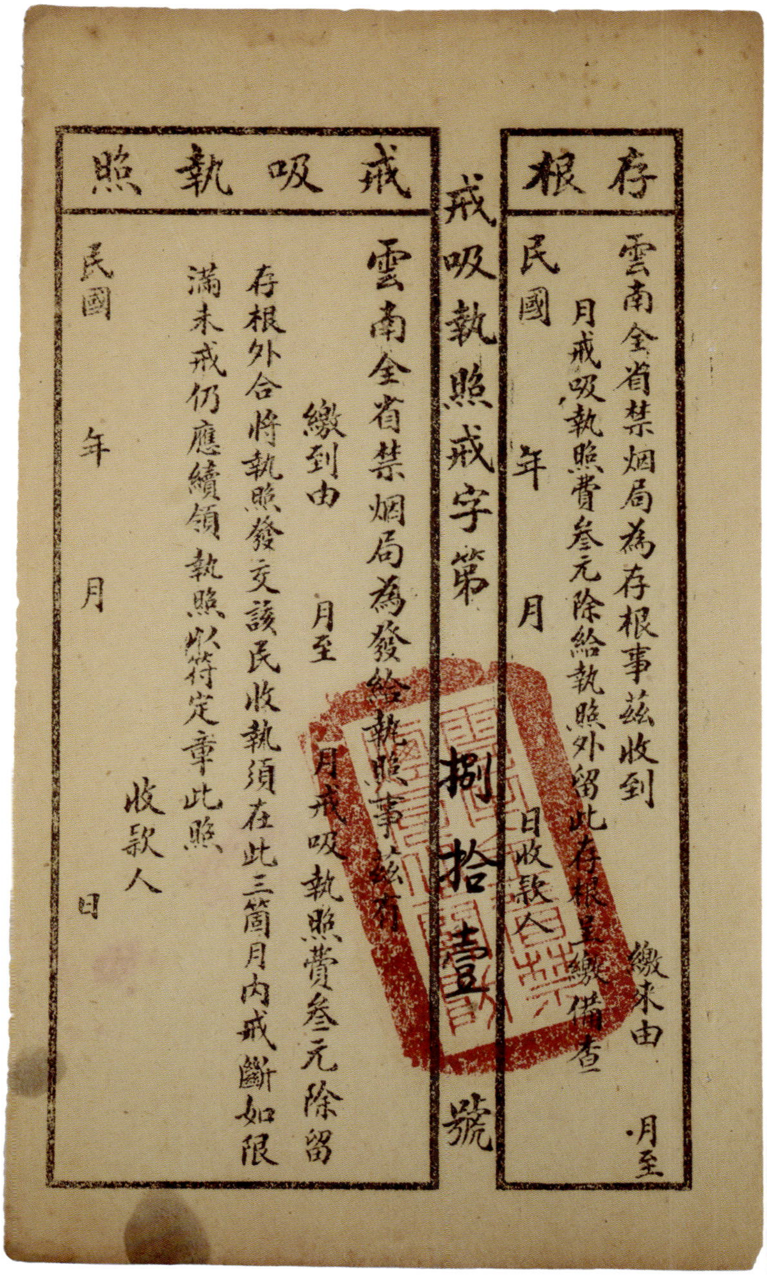

存根

雲南全省禁烟局為存根事茲收到
繳來由　月至
月戒吸執照費叁元除給執照外留此存根呈繳備查
民國　年　月　日收款人

戒吸執照戒字第捌拾壹號

戒吸執照

雲南全省禁烟局為發給執照事茲有
繳到由　月至　月戒吸執照費叁元除留
存根外合將執照發交該民收執須在此三箇月內戒斷如限
滿未戒仍應續領執照以符定章此照
收款人
民國　年　月　日

▲ 中华民国云南全省禁烟局戒吸执照

三个月执照费 3 元，不戒则续领

上盖云南全省禁烟局关防

长 27 厘米　宽 15.5 厘米

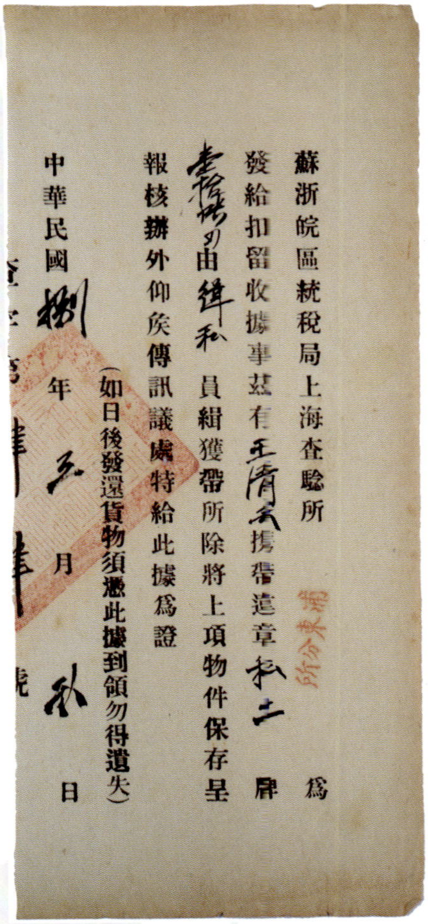

蘇浙皖區統稅局上海查驗所　爲

發給扣留收據事茲有王清云携帶違章私土壹拾陸兩由緝私員緝獲帶所除將上項物件保存呈報核辦外仰候傳訊議處特給此據爲證

（如日後發還貨物須憑此據到領勿得遺失）

中華民國捌年三月九日

▲ 1919 年苏浙皖区上海查验所查扣鸦片单

苏浙皖区统税局上海查验所浦东分所查有王清云携带违章私土一十六两，扣留收据，中华民国八年三月九号。

长 27 厘米　宽 12 厘米

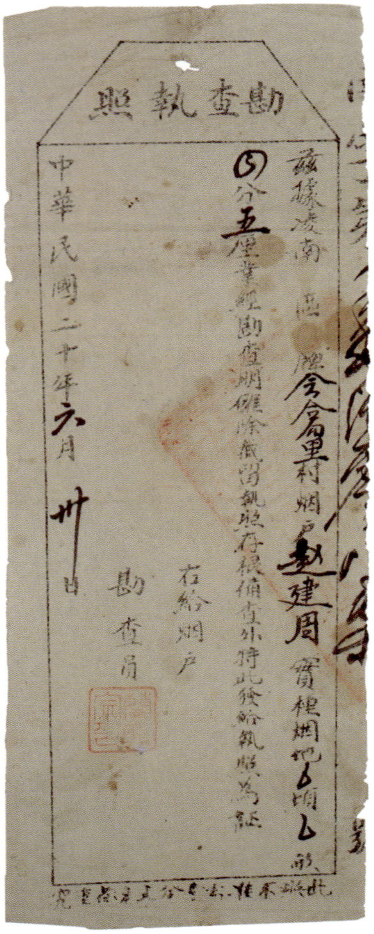

勘查執照

茲據凌南區會河勾里村烟户趙建周實種烟地三分五厘業經勘查明確除截留執照存根備查外特此發給執照為証

右給烟户

勘查員

中華民國二十年六月卅日

此照不准塗改及分文索費違者重究

▲ 1931 年凌南区鸦片烟地勘查执照

凌南区会河勾里村赵建周实种烟地三分五厘，发给执照。

中华民国二十年六月三十日。

长 21.5 厘米　宽 8 厘米

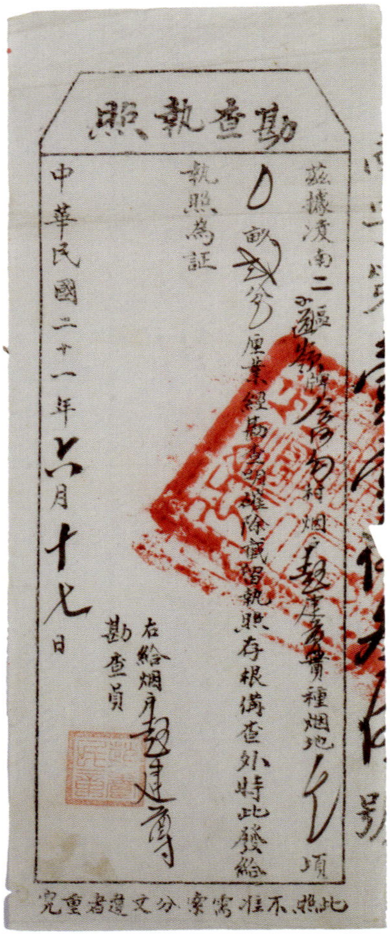

勘查執照

茲據凌南二區小道嶺會河勾村烟户趙建尊實種烟地二分業經勘查明確除截留執照存根備查外特此發給執照為証

右給烟户趙建尊

勘查員

中華民國二十一年六月十七日

此照不准塗改及分文索費違者重究

▲ 1932 年凌南区鸦片烟地勘查执照

凌南二区小道岭会河勾村赵建尊实种烟地二分，发给执照。

中华民国二十一年六月十七日。

长 21.5 厘米　宽 8 厘米

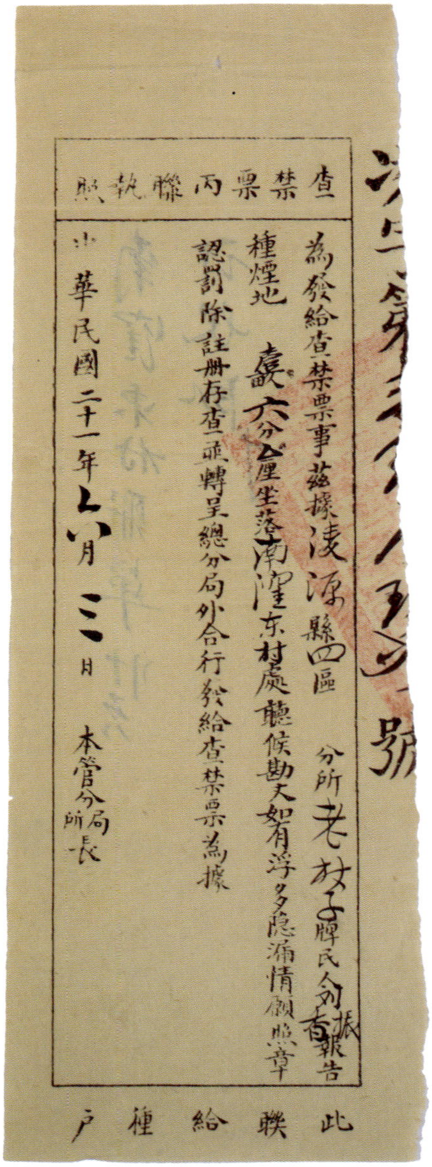

查禁票丙聯執照

為發給查禁票事茲據凌源縣四區分所老杖子牌民劉振香報告種煙地畝六分厶厘坐落南窪東村處聽候勘大約有浮多隱漏情願照章認罰除註册存查並轉呈總分局外合行發給查禁票為據

中華民國二十一年六月三日

本管分局所長

此聯給種戶

▲ 1932 年凌源县查禁丙联执照

凌源县四区老杖子牌民刘振香种鸦片烟地一亩，发给查禁票。

中华民国二十一年六月三日。

长 21.5 厘米　宽 8 厘米

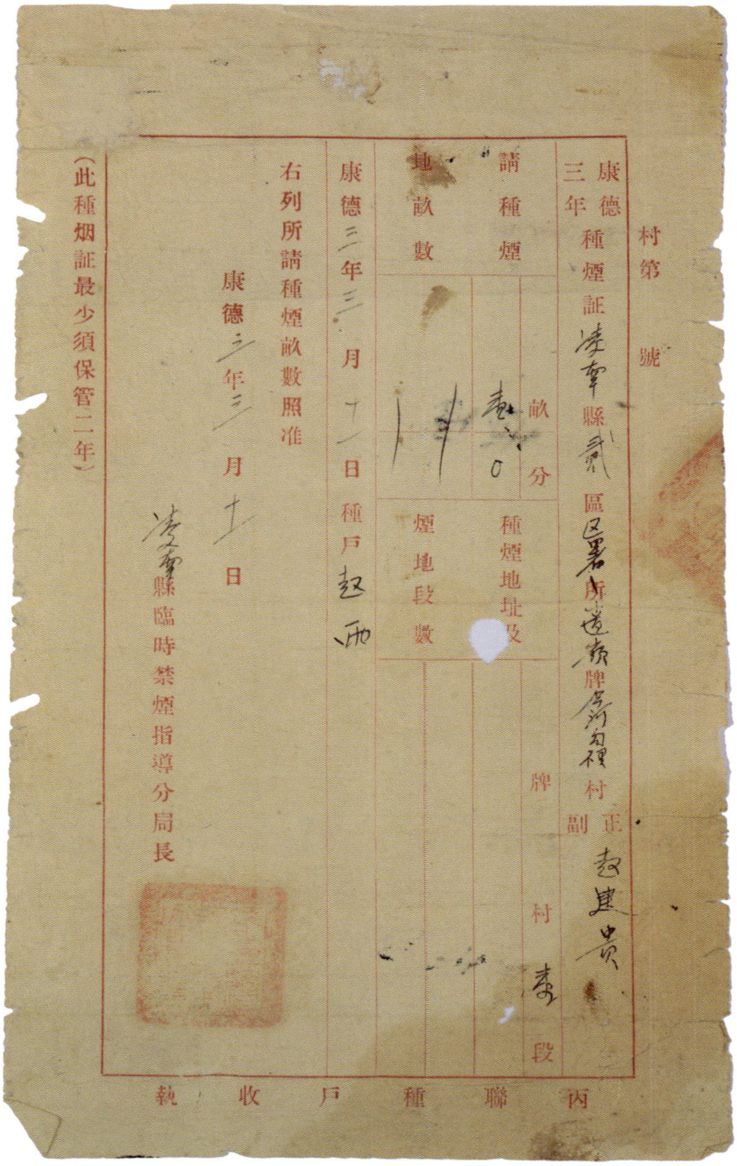

村第　號

康德三年種煙證

凌南縣貳區　署所　牌　村　正　副　趙建貴

請種煙　地畝數　畝　分

種煙地址段　煙地段數

牌　村　段

康德三年三月十一日　種戶

右列所請種煙畝數照准

康德三年三月十一日

凌南縣臨時禁煙指導分局長

（此種烟証最少須保管二年）

丙聯種戶收執

▲ 伪满洲国康德三年凌南县种烟证

凌南县二区会河勾里赵建贵种烟一亩。

康德三年三月十一日颁。

注明“此种烟证最少须保管三年”。

长 24 厘米　宽 14 厘米

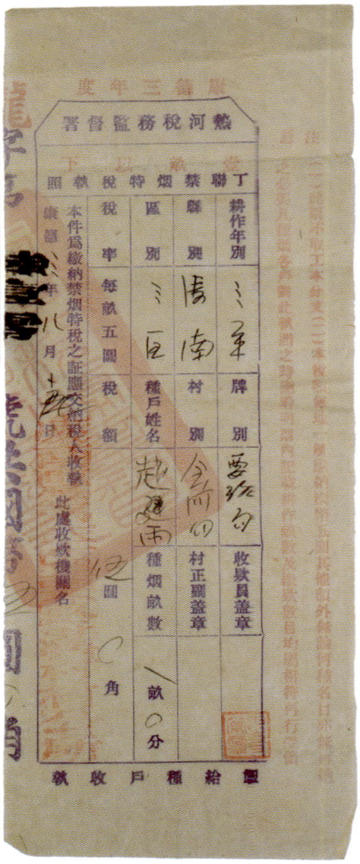

▲ 伪满洲国康德三年热河禁烟特税收执

凌南县三区会河勾赵建雨种烟一亩，交特税五元。

康德三年八月十五日颁收据。

长 26 厘米 宽 10 厘米

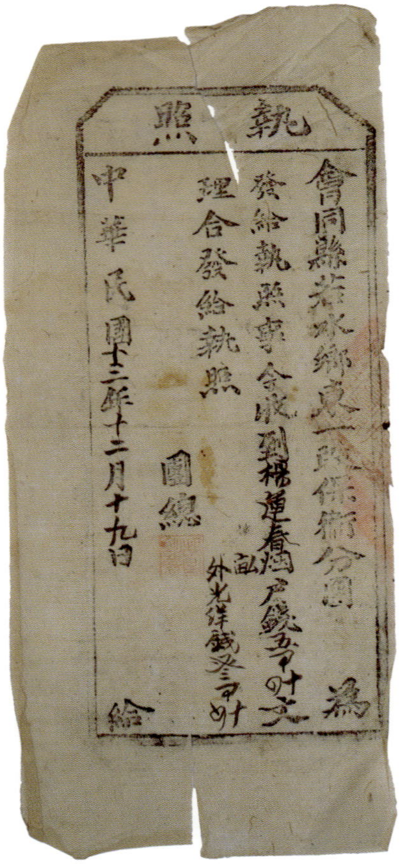

▲ 1923 年会同县烟户种烟交费执照

收到会同县若水乡东一段烟户杨运春钱五百十四文。

中华民国十三年十二月十九日给执照。

长 24 厘米 宽 12 厘米

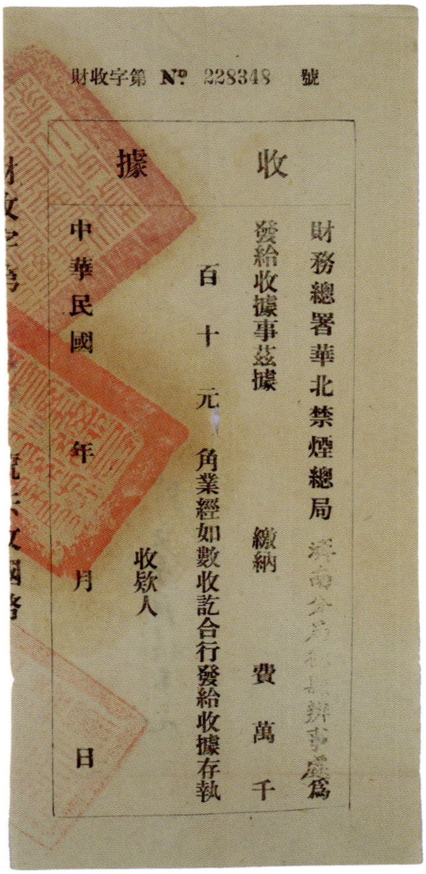

▲ 中华民国财务总署华北禁烟总局空白收据

为华北禁烟总局济南分局德县办事处收缴空白收据，三方关防。

长 26 厘米 宽 12 厘米

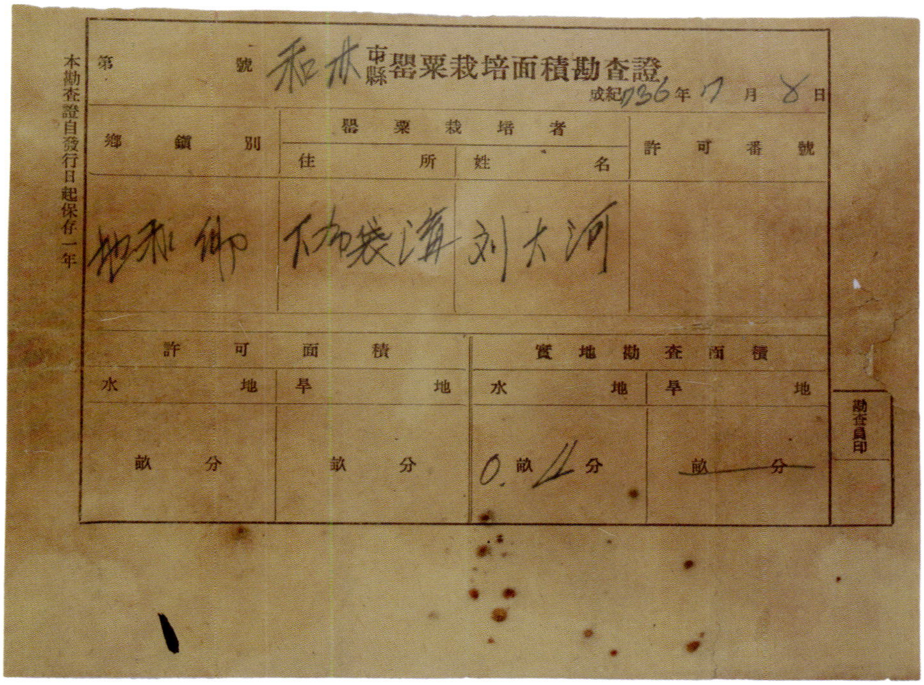

本勘查證自發行日起保存一年

第　號　和林市縣罌粟栽培面積勘查證　成紀736年7月8日

鄉鎮別	罌粟栽培者		許可番號
	住所	姓名	
地祝鄉	下布袋溝	刘大河	

許可面積		實地勘查面積		勘查員印
水地	旱地	水地	旱地	
畝　分	畝　分	0.畝 4分	~~畝　分~~	

▲ 内蒙古和林市罂粟栽培面积勘查证

刘大河下布袋沟 4 分地。

长 17 厘米 宽 12.5 厘米

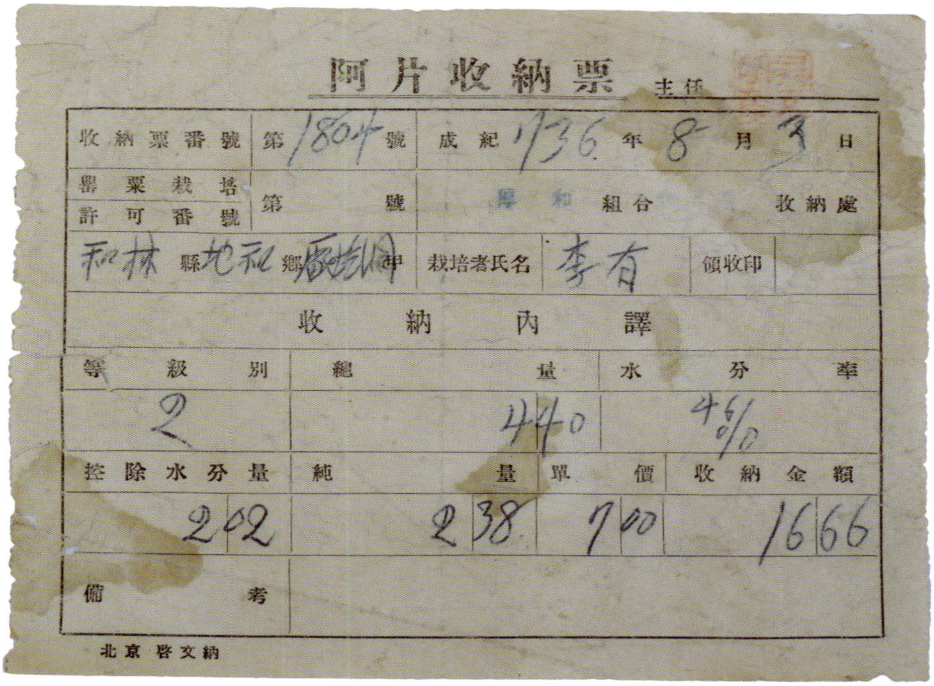

阿片收納票　主任

收納票番號	第1804號	成紀736年8月3日	
罌粟栽培許可番號	第　號	厚和組合收納處	
和林縣地祝鄉[illegible]村	栽培者氏名	李有	領收印

收納內譯

等級別	總量	水分率	
2	440	46%	
控除水分量	純量	單價	收納金額
202	238	700	1666
備考			

北京 啓文納

▲ 内蒙古阿片收纳票

和林县地祝乡李有，二级品质，4.4 两，水分 2.02 两，合干土 2.38 两，每两 7 元，付洋 16.66 元。

长 16.5 厘米 宽 12 厘米

第二节　戒食鸦片

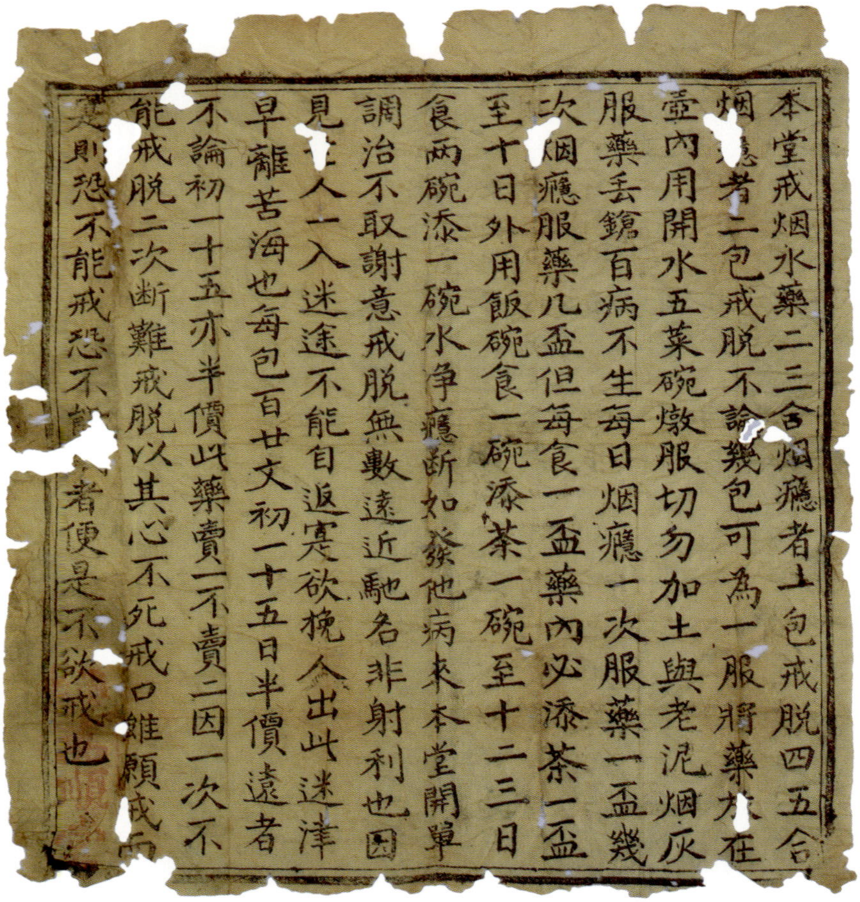
本堂戒烟水藥二三合烟癮者土包戒脫四五合
烟癮者二包戒脫不論幾包可為一服將藥放在
壺內用開水五菜碗燉服切勿加土與老泥烟灰
服藥丟鎗百病不生每日烟癮一次服藥一盃幾
次烟癮服藥几盃但每食一盃藥內必添茶一盃
至十日外用飯碗食一碗添茶一碗至十二三日
食兩碗添一碗水淨癮斷如發他病來本堂開單
調治不取謝意戒脫無數遠近馳名非射利也因
見世人一入迷途不能自返寔欲挽人出此迷津
早離苦海也每包百廿文初一十五日半價遠者
不論初一十五亦半價此藥賣一不賣二因一次不
能戒脫二次斷難戒脫以其心不死戒口雖願戒而
寔則恐不能戒恐不能[illegible]者便是不欲戒也

▲ 晚清药铺戒鸦片仿单

万顺堂中药店所售的戒烟水剂

根据烟瘾大小用量不同，售价每包一百二十文铜钱。初一、十五两天半价，并称只售一次给戒烟者，因为一次如不能戒断，便是心不死，再戒也无用。

长 8 厘米　宽 7 厘米

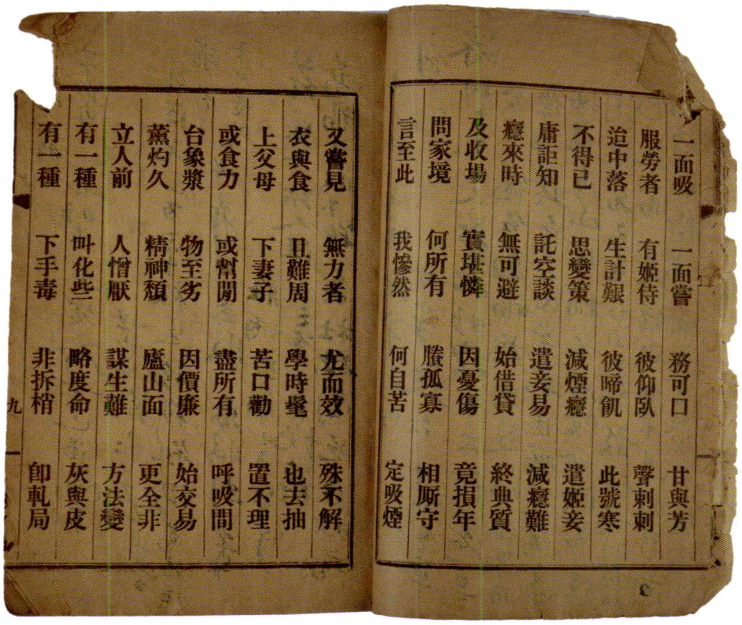

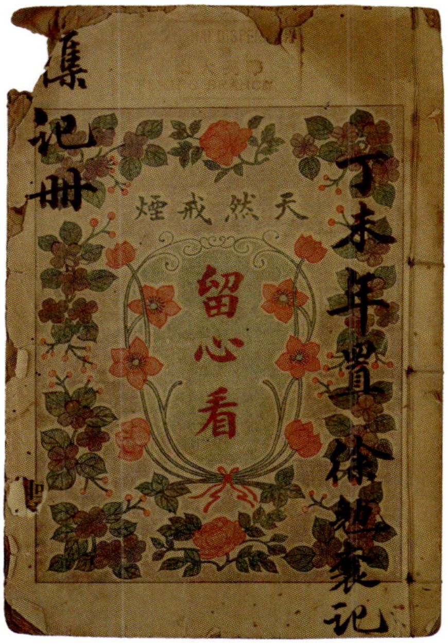

▲ 清代徐勉襄藏“天然戒烟留心看”书册

内有天然戒烟丸仿单，每瓶二百二十粒，售大洋一元，每打十二瓶，售大洋十元。凡一钱烟膏瘾者，需服五十粒戒脱，四钱烟膏瘾者需服一瓶戒断。总发行所在上海上洋三骊路中法大药房。

书长 8.3 厘米 宽 2.8 厘米

书内有戒烟三字经，及劝人戒烟千字文现录于下：

戒烟三字经

人之初 不吃烟 性相近 习相染 我黄种 开化早 文明胄 冠全球 神器归 我大清 从满洲 入中原 仁恩著 民归心 德化下 乐太平 道光中 英人来 运烟土 毒中国 好男儿 林则徐 严烟禁 烧烟土 有英商 贪烟利 调兵船 强贸易 扰闽浙 破镇江 到南京 恨牛鉴 弱无能 城下盟 定条约 开五口 许通商 允卖土 有奸臣 贬文忠 洋烟毒 徧中夏 六十年 在黑狱 有用钱 成焦土 五千万 输印度 我同胞 染烟毒 生不得 死不能 好国民 成废人 成鹄面 成鸠形 精壮身 变瘠尪 看同胞 真痛心 出上瘾 吸几口 长精神 瘾渐大 不吸烟 无力气 失魂魄 泪和涕 满衣襟 出虚汗 筋骨疼 无烟吸 活死人 有铜钱 吸洋烟 无忧虑 真开心 吸烟具 件件精 烟盘内 象牙枪 翡翠枪 枸杞枪 甘蔗枪 竹节枪 铜箍枪 一根根 搓磨光 最讲究 寿州斗 胶州斗 宜兴斗 一个个 样式灵 苏州灯 汉口灯 胶州灯 一盏盏 花纹工 磁缸内 远年膏 冷笼膏 陈清膏 茄楠膏 沈香膏 广诚信 广州膏 提钢籤 就灯烧 装上枪 蠶豆泡 数十口 胸怀畅 吃热茶 啖果品 门下客 吸白烟 代伊烧 谈南北 说东西 道前朝 引后代 夜作画 乐陶陶 身懒动 废时日 失营业 进款少 出款多 生计艰 难支持 典衣服 卖家具 质钗环 售字画 洗刷尽 没铜钱 忍讥饿 要过瘾 急煞人 卖房屋 卖田产 一扫光 只剩了 贤淑妻 聪慧儿 娇弱女 无衣食 相对泣 釜无米 不要紧 无烟吃 箭攒心 始卖女 继卖儿 烟不断 终卖妻 剩孤身 居茅蓬 要吃烟 没奈何 拉洋车 赚铜钱 去过瘾 吃烟的 家私大 化乌有 千千万 没下稍 看起来 惨煞人 无钱的 吃本土 赚几文 灯烧尽 无衣穿 无饭吃 大烟鬼 难讨妻 绝香烟 祖宗泣 亲戚嫌 朋友嫉 生了病 没气力 难赚钱 无烟吸 吞土皮 吃烟灰 不过瘾 命难存 天寒冷 发了瘾 作路倒 谁收殓 有善堂 薄皮材 施一口 抛荒郊 吃烟人 惨不惨 本医生 发宏愿 拯同胞 扫烟毒 中西医 窥门径 化验学 颇精娴 配药料 去渣滓 采精华 无吗啡 无土皮 无烟灰 真清洁 美其名 日天然 收效速 见功奇 新旧瘾 寒热体 文墨人 劳动家 老与少 妇与女 服斯丸 无不宜 长精神 和气血 壮筋骨 补百虚 疗五痨 愈七伤 固遗精 去盗汗 平喘逆 治膈噎 和肝气 止脾泄 能种子 能受孕 天然丸 功难述 我同胞 从速服 终身累 一朝脱 愿世人 去苦海 跻仁寿 救世心 我大慰 我同胞 戒了烟 家能富 身能强 我黄种 国势盛 胜白人 四百兆 有光荣 从今后 黄楚九 天然九 人人买 人人服 享大名 发大财 愿同胞 读此经 互相劝 早悔心 戒之哉 宜勉力

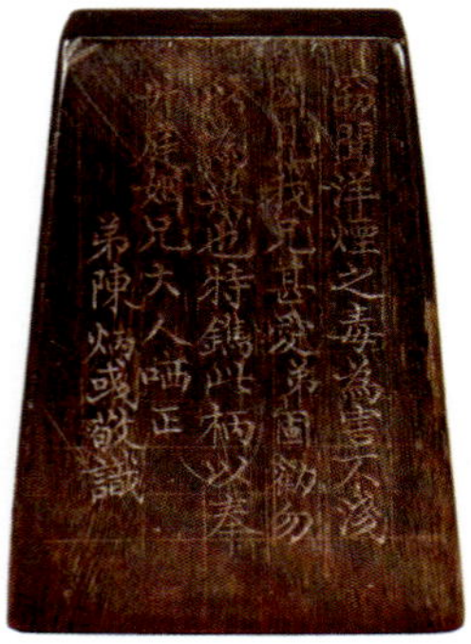

▲ 清代牛角质劝戒鸦片微雕百福章

牛角微雕百福印，雕有一百个不同的“福”字。

篆书微雕，四周窗棱边为暗八仙图案。

边款“窃闻洋烟之毒，为害不浅，因见我兄甚爱，弟固劝勿以为染也，特镌此柄，以奉，升庭姻兄大人哂正。弟陈炳彧敬识。

边 30 厘米　高 40 厘米

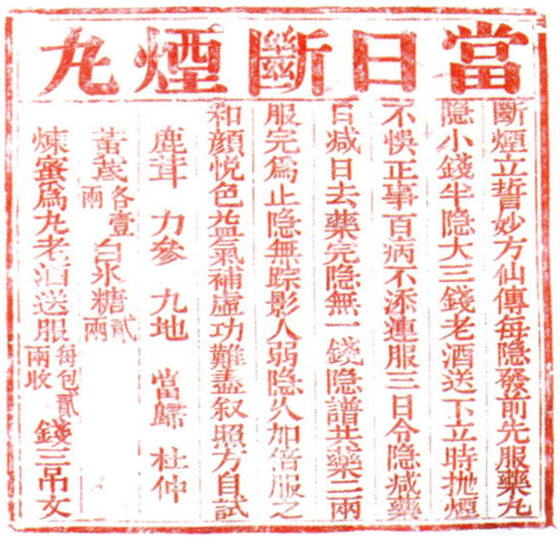

▲ 清代木质药铺戒烟丸仿单雕板

为当日断烟丸仿单印板

上有中药方及服药说明。每包（二两装）售价铜钱三吊。

长 17.2 厘米　宽 17.2 厘米　厚 1.5 厘米

▲ 清代木质药铺戒烟丸仿单雕板

为参茸戒烟丸仿单印板

陈述戒烟理论、用量，印有“货真价实，言不二价，包管来回，童叟无欺”“每两京钱四百文”。

长 23 厘米　宽 19 厘米　厚 1.4 厘米

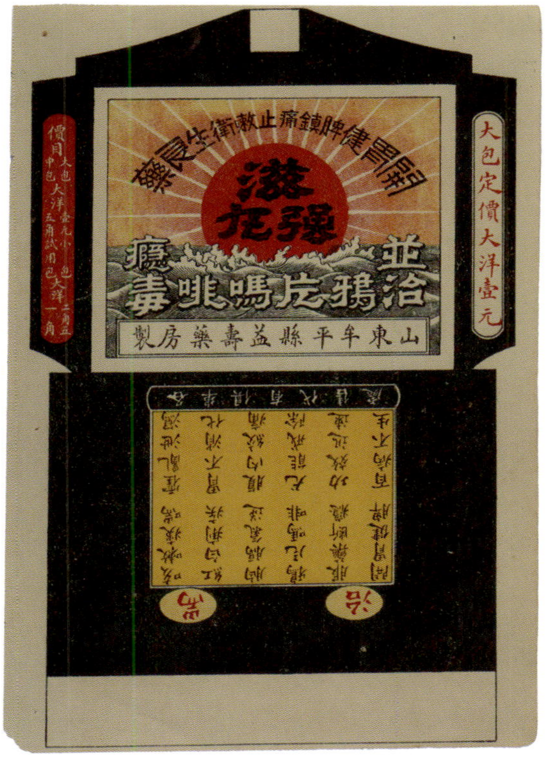

▲ 清代戒烟涨强丸包装纸

山东牟平县益寿药房出品，开胃健脾、镇痛止咳嗽的滋强丸，并治鸦片、吗啡毒瘾，以开胃健脾为幌子，实为戒烟药。背后有“兴吾大清国，必戒鸦片烟”的口号。大包定价一元，中包定价五角，小包定价二角五分，试用包定价一角。

长 22 厘米　宽 15.5 厘米

▲ 清代木质泉合堂全料洋茸丸仿单雕板

主治各种洋烟大瘾，每两丸药售银五分。

位于广东佛镇大街，坐南向北。

长 22.2 厘米　宽 14.5 厘米　厚 2 厘米

▲ 清代德生堂戒鸦片烟药仿单雕板

长 23 厘米　宽 19 厘米　厚 1.4 厘米

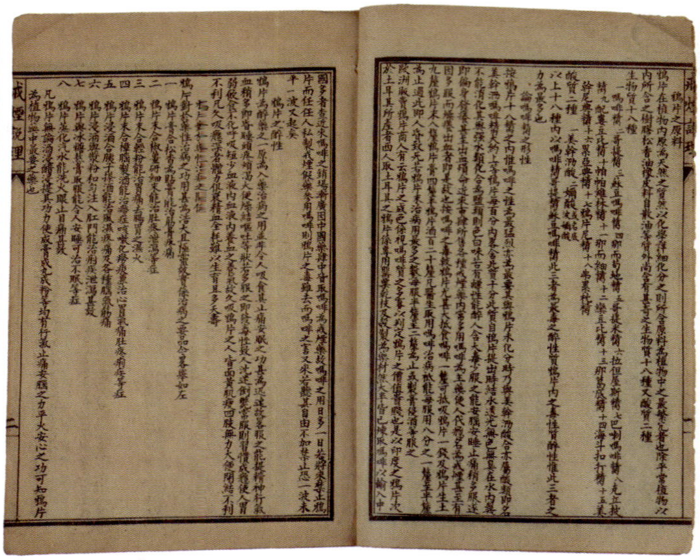

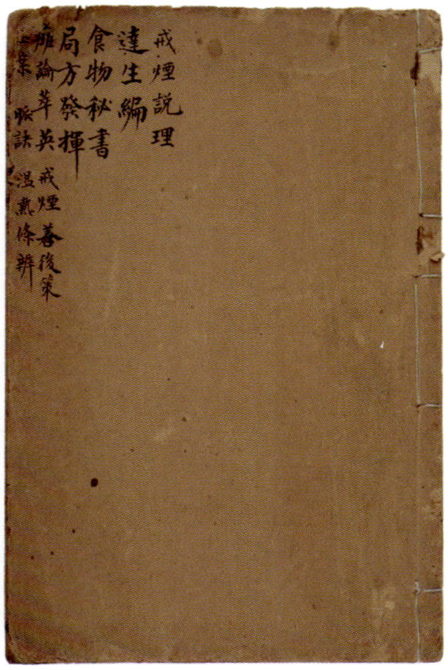

戒煙說理
達生編
食物秘書
局方發揮
瘟論萃英 戒煙善後策
上案 脈訣 溫熱條辨

▲ 清代救急经验良方

内有异乎寻常食生鸦片烟的救急方法。

以活鸭血灌之，或活鸭血及白糖调冷水灌之，后以土胆矾末和生甘草末加白蜜冲服。

又有方剂：南硼砂，木香磨末冲服。

又有方剂：木棉花烧灰加盐开水冲服。

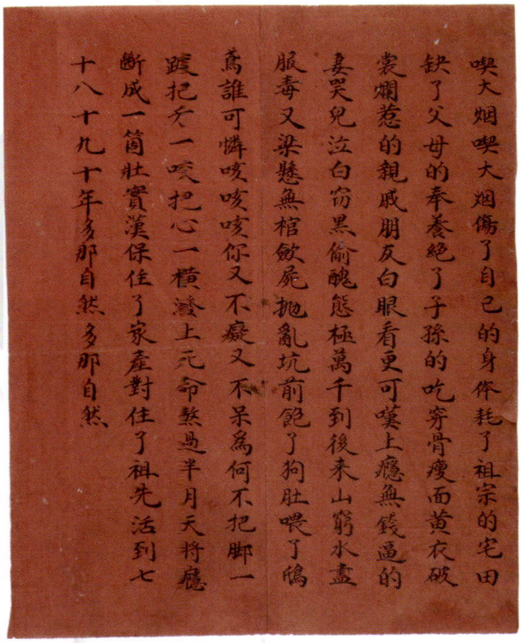

哭大烟哭大烟傷了自己的身体耗了祖宗的宅田
缺了父母的奉養絕了子孫的吃穿骨瘦面黄衣破
裳爛惹的親戚朋友白眼看更可嘆上癮無錢逼的
妻哭兒泣白窃黑偷醜態極萬千到後來山窮水盡
服毒又梁懸無棺斂屍拋亂坑前餵了狗肚喂了鴟
鳥誰可憐咳咳咳你又不癡又不呆為何不把脚一
蹬把牙一咬把心一横灑上元命數過半月天將癮
斷成一箇壯實漢保住了家產對住了祖先活到七
十八十九十年多那自然多那自然

▲ 清末劝戒烟大鼓词

墨书手抄件，尽数吃大烟的危害。

最后力劝戒烟，以保家产，活到七十、八十、九十岁

长 23 厘米 宽 20 厘米

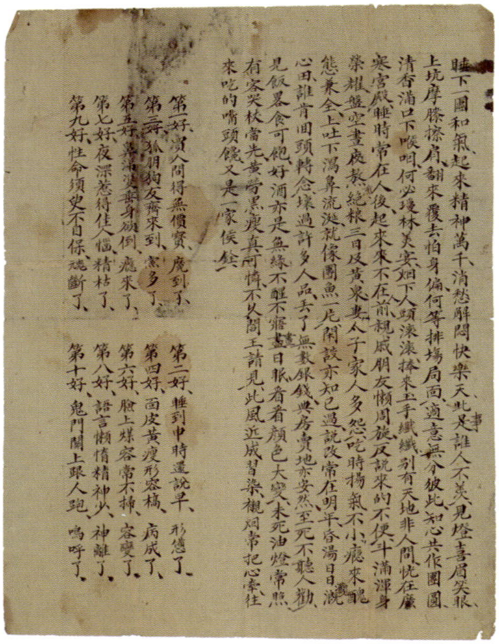

▲ 清末鸦片危害弟子书

尽数鸦片诱惑及戒断症状。

长 26.5 厘米 宽 21 厘米

▲ 中华民国繁峙县天岩村戒烟戒毒村民委员会黄杨木印章

山西省沂州繁峙县即抗日战场平型关所在地

长 4.5 厘米　宽 4.5 厘米　高 2.5 厘米

▲ 中华民国湖南省各市县戒烟戒毒医院及临时勒戒所统计图

计有 59 家医院

戒烟戒毒医院每县两个，长沙三个

长 35 厘米　宽 25.5 厘米

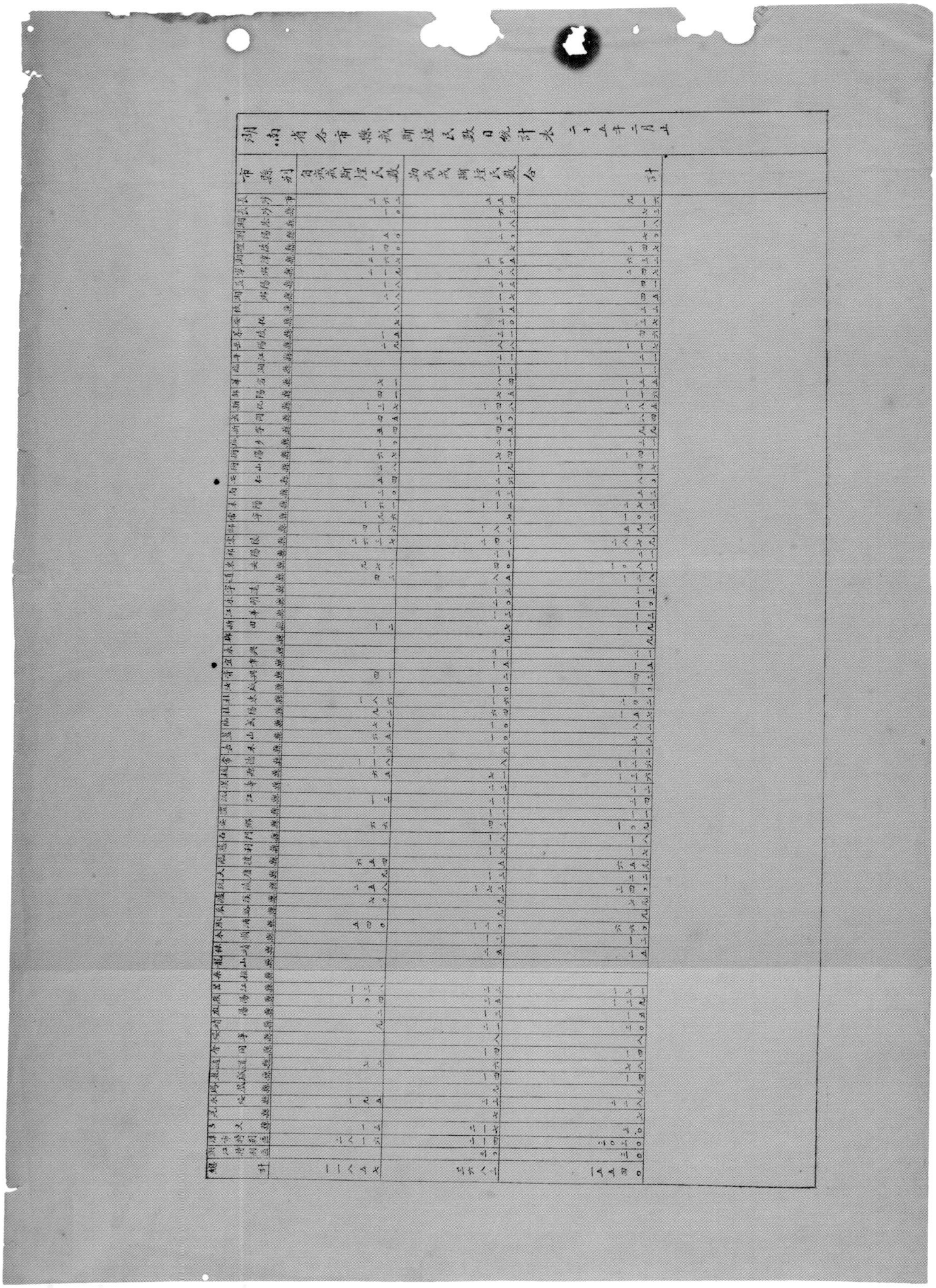

▲ 中华民国湖南省各市县戒断烟民统计表

长 38 厘米　宽 28 厘米

▲ 中华民国药房延益戒烟特别广告

济南文明公司大药房所售戒烟丸，民国仕女图像

长 15 厘米　宽 5 厘米

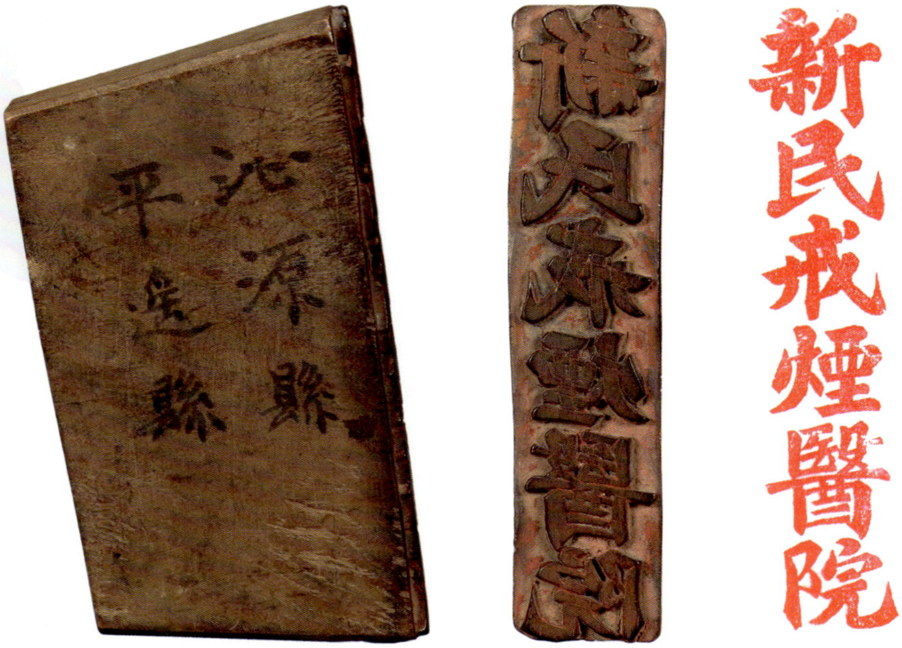

▲ 中华民国黄杨木新民戒烟医院印章

长 4.5 厘米 宽 1.5 厘米 高 3 厘米

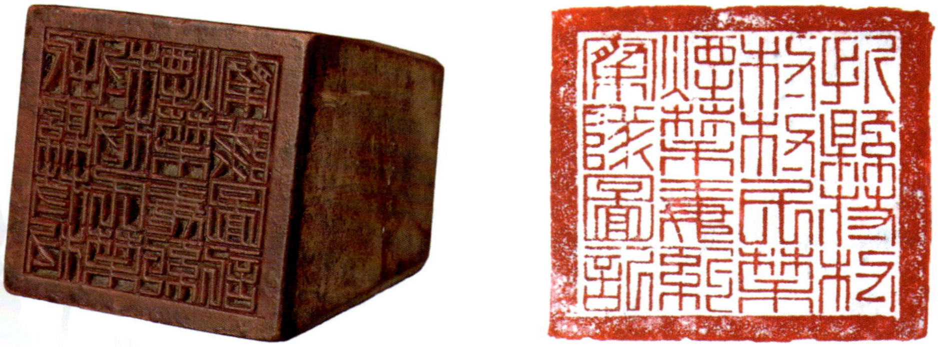

▲ 民国县戒烟戒毒辑查队黄杨木印章

长 4 厘米 宽 4 厘米 高 4 厘米

▲ 中华民国县戒烟戒毒委员会黄杨木印章

长 4 厘米 宽 4 厘米 高 4 厘米

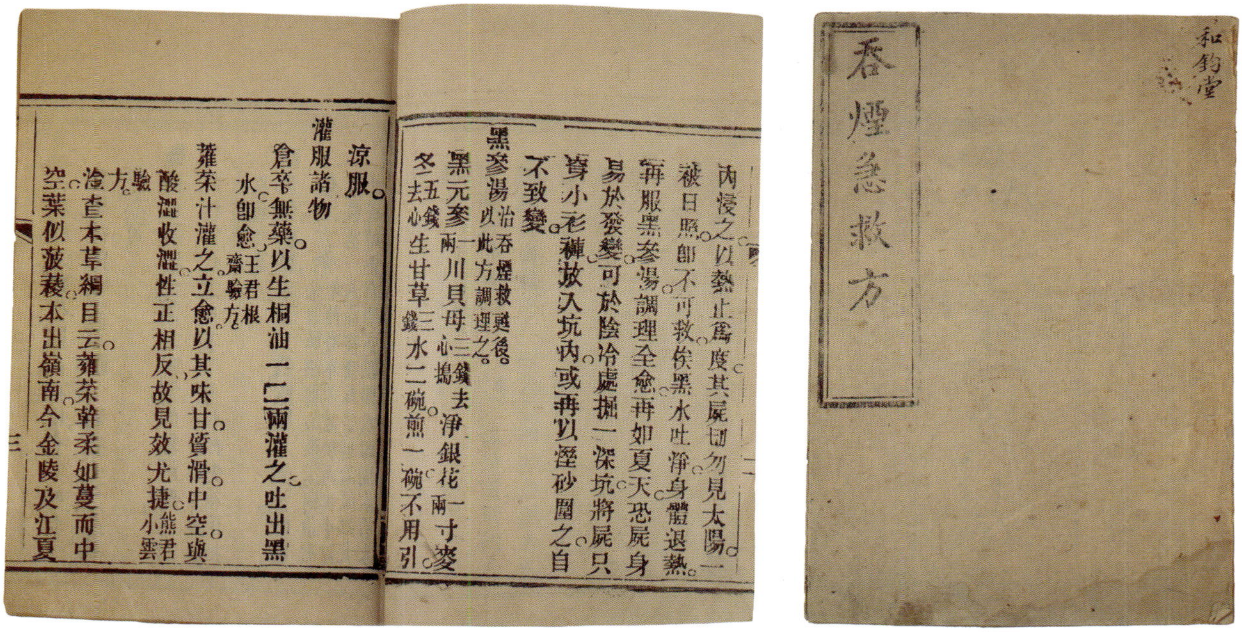

▲ 光绪十年山西濬文书局印吞烟急救方

光绪庚辰，山西濬文书局重刊录吞烟急救方并附吞烟救命简易良方，外洋传戒烟神方，急救误吞洋烟神方、救吞生烟神效良方、治误吞烟毒起死回生方。

长 19 厘米　宽 13 厘米

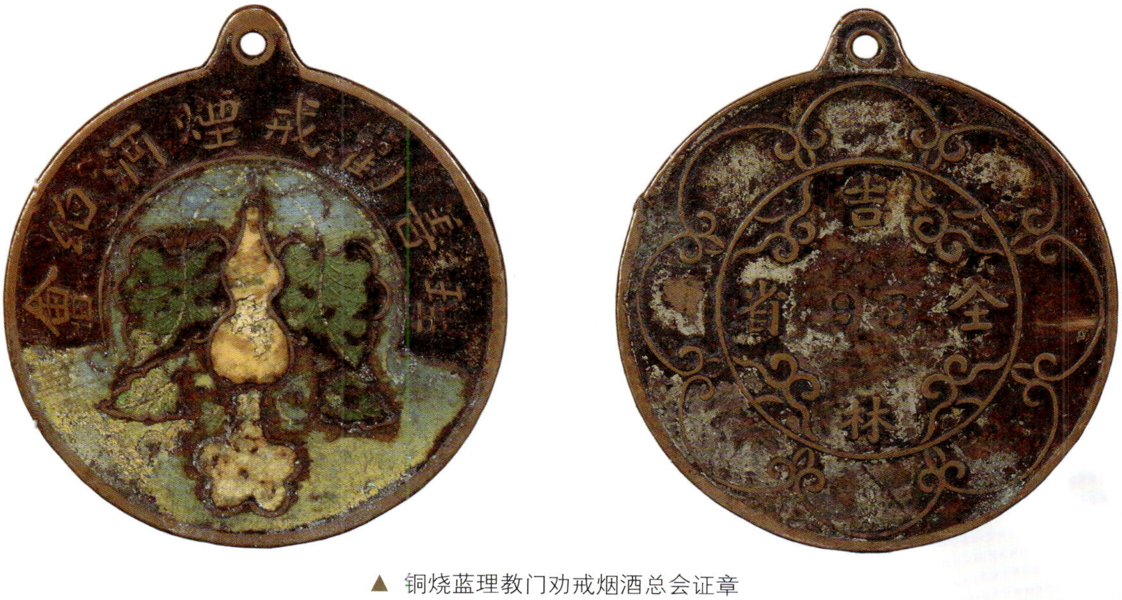

▲ 铜烧蓝理教门劝戒烟酒总会证章

理教门宗旨为戒鸦片、戒烟草、戒酒

清末会众很多，自称“在理”。

长 2.5 厘米　宽 3 厘米

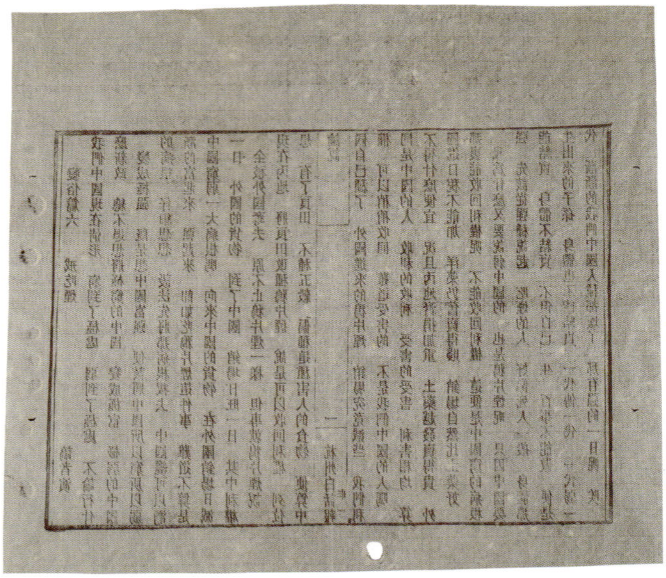

▲ 中华民国戒吃烟讲演稿

中华民国法学变俗第六篇

长 27 厘米 宽 24.6 厘米

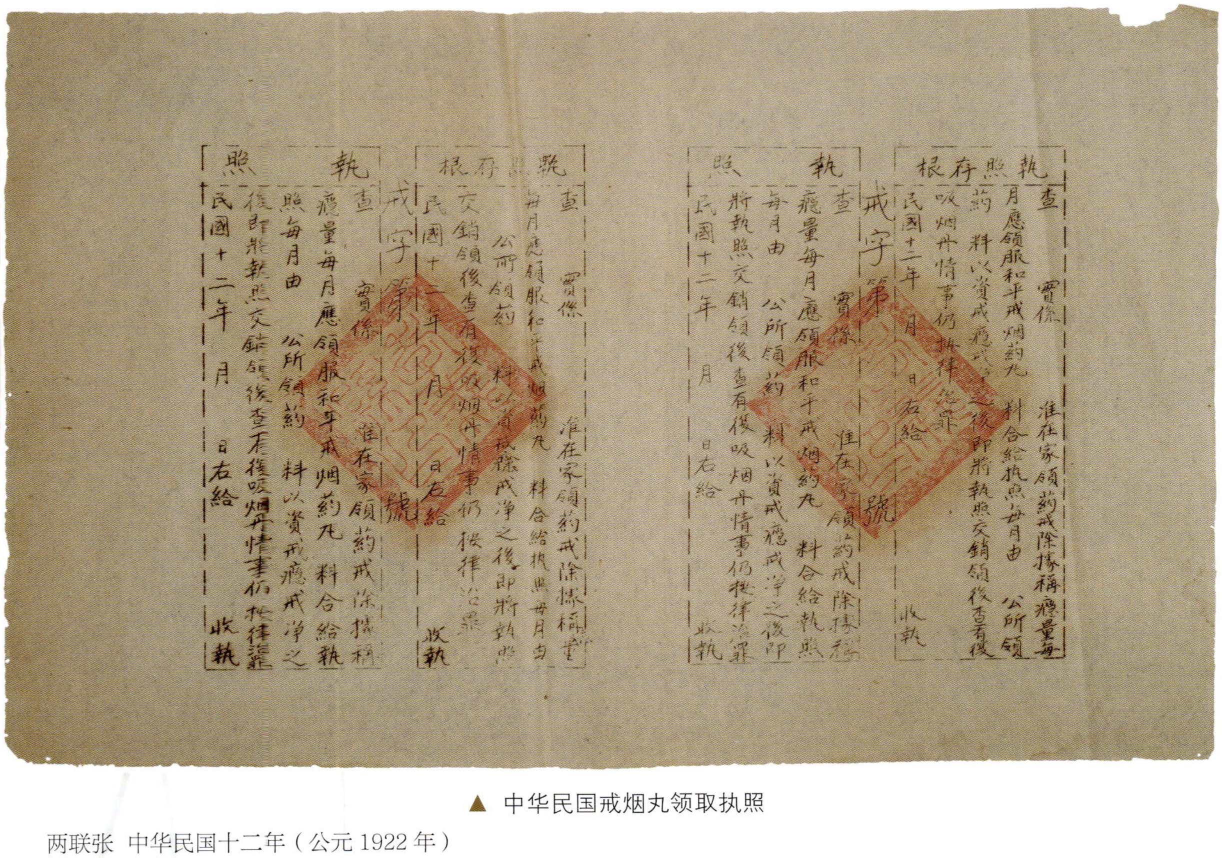

執照存根

查 實係 准在家領藥戒除據稱癮量每月應領服和平戒烟藥丸 料合給執照每月由 公所領藥 料以資戒癮戒淨之後即將執照交銷領後查有復吸烟丹情事仍按律治罪 收執

戒字第 號

民國十二年 月 日右給

執照

查 實係 准在家領藥戒除據稱癮量每月應領服和平戒烟藥丸 料合給執照每月由 公所領藥 料以資戒癮戒淨之後即將執照交銷領後查有復吸烟丹情事仍按律治罪 收執

民國十二年 月 日右給

▲ 中华民国戒烟丸领取执照

两联张 中华民国十二年（公元 1922 年）

给戒烟者颁发的免费和平戒烟丸执照

长 42 厘米 宽 32 厘米

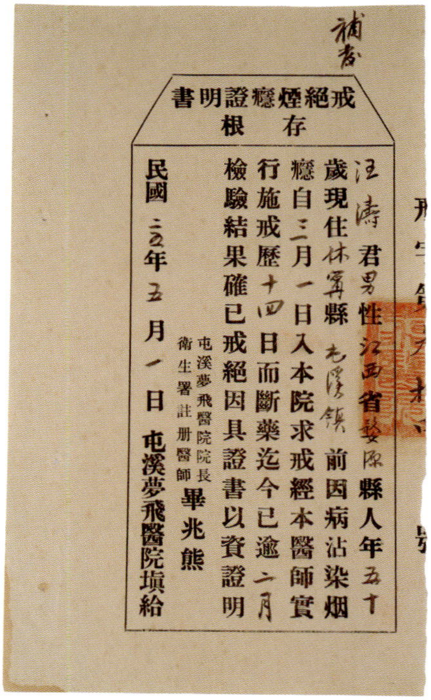

補發

戒絕煙癮證明書
存根

汪濤君男性江西省婺源縣人年五十歲現住休寧縣屯溪鎮前因病沾染煙癮自三月一日入本院求戒經本醫師實行施戒歷十四日而斷藥迄今已逾二月檢驗結果確已戒絕因具證書以資證明

屯溪夢飛醫院院長
衛生署註冊醫師 畢兆熊

民國二五年五月一日 屯溪夢飛醫院塡給

▲ 中华民国屯溪梦飞医院出示戒绝烟瘾证明书

为江西省婺源县屯溪镇梦飞医院院长毕兆熊于民国二十五年（公元 1936 年）出示汪姓男人戒绝烟瘾证明

长 22 厘米　宽 12.8 厘米

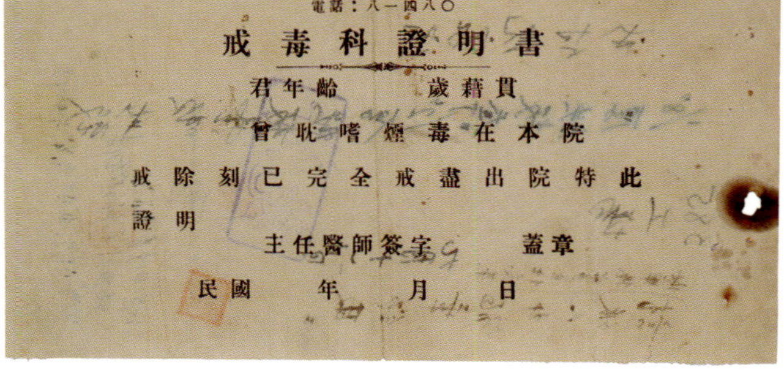

分院：上海法租界敏體尼蔭路八十八號
電話：八一四八〇

戒毒科證明書

君年齡　　歲籍貫
曾耽嗜煙毒在本院
戒除刻已完全戒盡出院特此
證明
主任醫師簽字　　蓋章
民國　　年　　月　　日

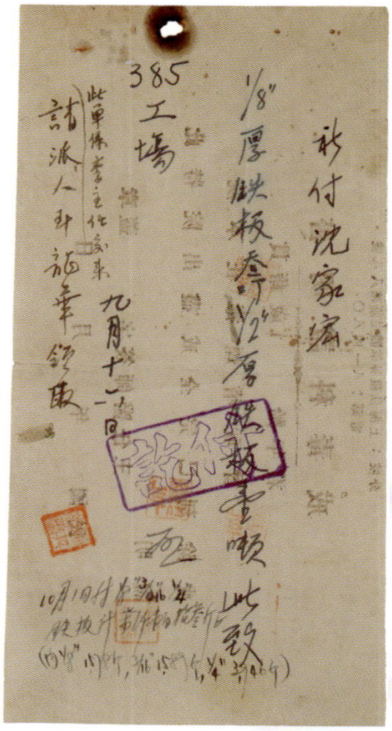

385工場
九月十二日
此致

▲ 中华民国法租界医院鸦片戒除证明书

该医院之分院居上海法租界敏体尼阴 88 号，戒毒科空白证明书。

上有“曾耽嗜烟毒在本院戒除，刻已完全戒尽出院，特此证明，主任医师签字”。

长 19.5 厘米　宽 9.8 厘米

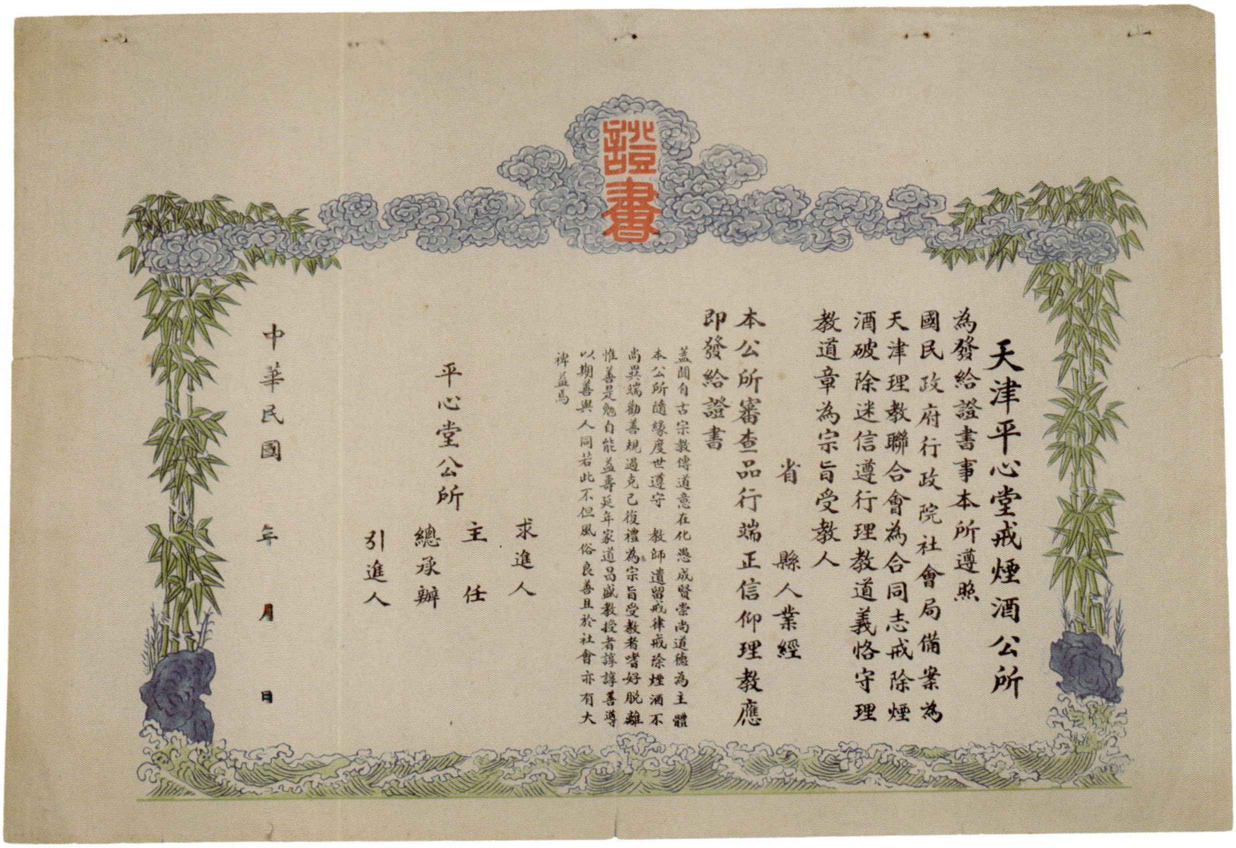

證書

天津平心堂戒煙酒公所

為發給證書事本所遵照

國民政府行政院社會局備案為

天津理教聯合會為合同志戒除煙

酒破除迷信遵行理教道義恪守理

教道章為宗旨受教人

省　縣人業經

本公所審查品行端正信仰理教應

即發給證書

蓋聞自古宗教傳道意在化愚成賢崇尚道德為主體

本公所隨緣度世遵守　教師遺留戒律戒除煙酒不

尚異端勸善規過克己復禮為宗旨受教者嗜好脫離

惟善是勉自能益壽延年家道昌盛教授者諄諄善導

以期善與人同若此不但風俗良善且於社會亦有大

裨益焉

求進人

主任

平心堂公所

總承辦

引進人

中華民國　年　月　日

▲ 中华民国天津平心堂戒烟酒公所参加证书

为理教门改组，以戒烟酒及不良嗜好为宗旨。

长 39 厘米　宽 27 厘米

▲ 北京理善劝戒烟酒总会宣传册（两册）

上有“与人方便，济世活人”“游行劝戒，善救十方”口号，内有各种治疗病患偏方，其中有吃大烟救法：“用棉花四两烧灰食盐一两，凉水灌服”；忌大烟、白面法：“等吸大烟、白面时，生孛荠沾盐，食之，过一个月即可断净。

长 13 厘米　宽 9.2 厘米

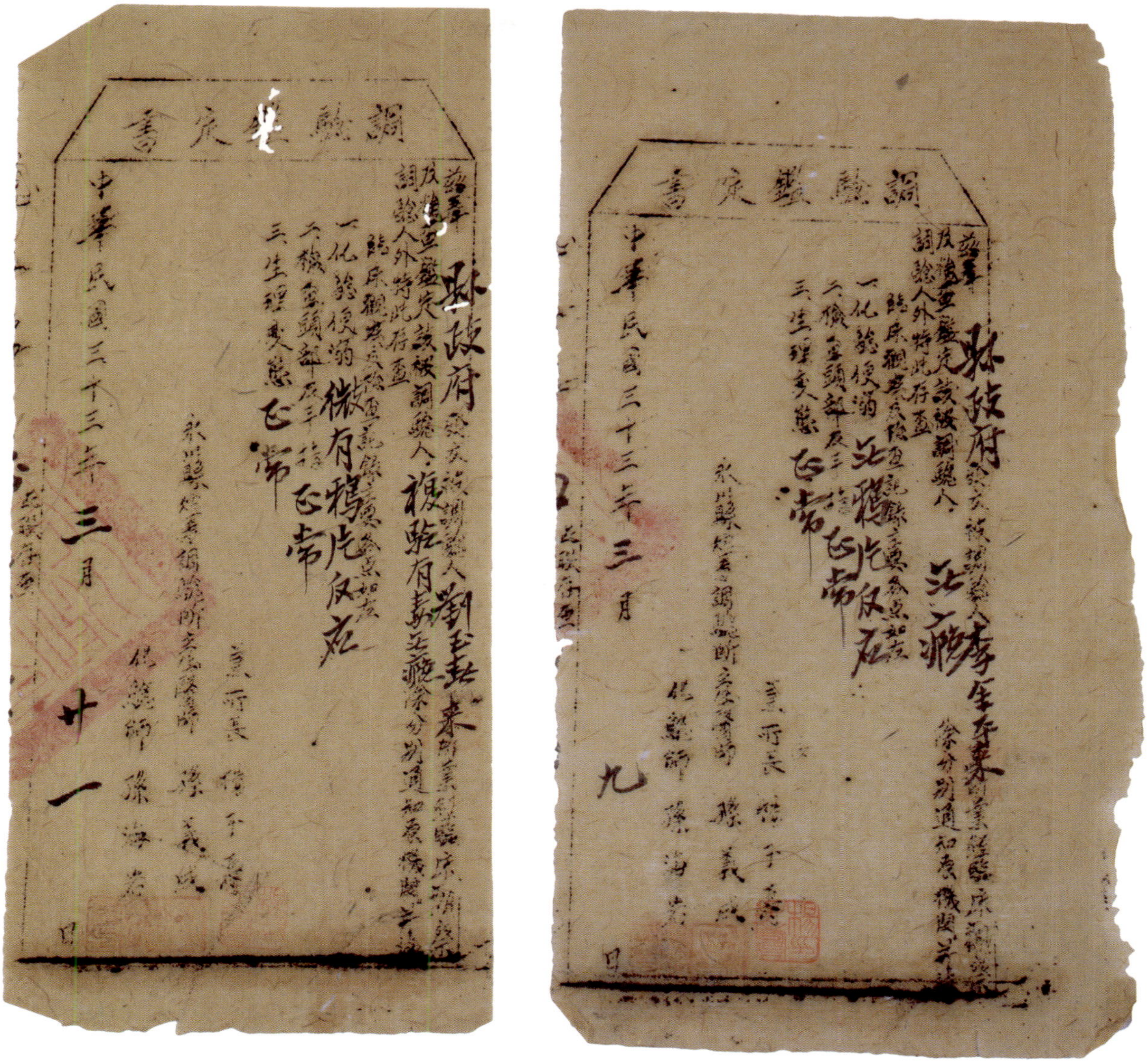

▲ 中华民国永川县烟毒调验鉴定书

中华民国三十三年（公元 1944 年）调验报告

1. 刘玉春，化验便溺：微有鸦片反应

头部与手指：正常，生理变态：正常

结论：复验有毒无瘾

2. 李金平，化验便溺：无鸦片反应

头部与手指：正常，生理变态：正常

结论：无瘾

长 25 厘米　宽 12.5 厘米

长 25 厘米　宽 10.5 厘米

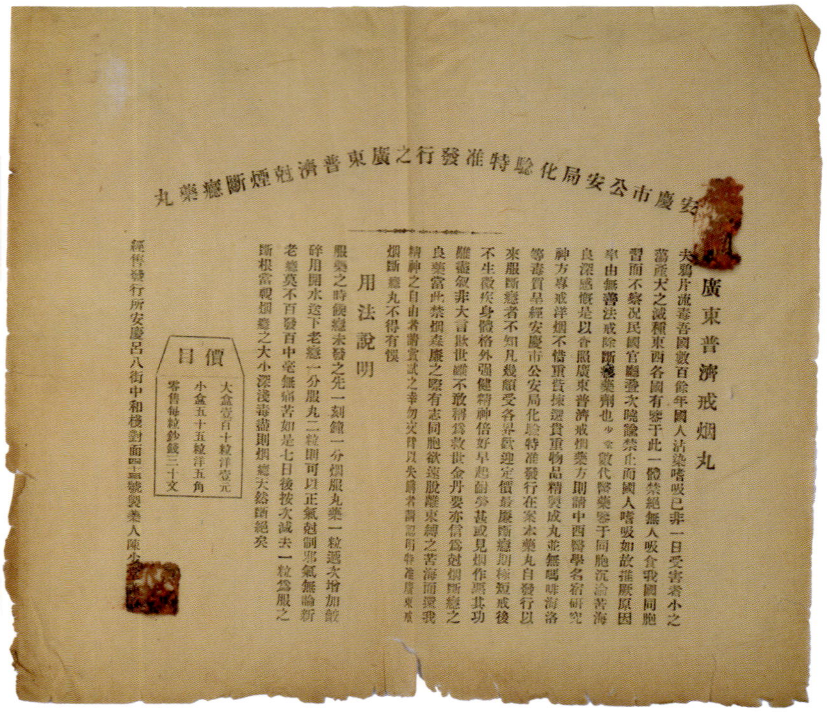

▲ 中华民国广东普济戒烟丸广告

安徽安庆市公安局化验特准发行

大盒110粒，洋一元，小盒55粒，洋五角。

零售每粒三十文。

长30厘米　宽26厘米

▲ 中华民国东北戒鸦片烟药品广告仿单

为刘氏清补丸戒烟圣药。大书“诸君忌鸦片的机会来到了”“经关东局化验许可”。

长25厘米　宽18厘米

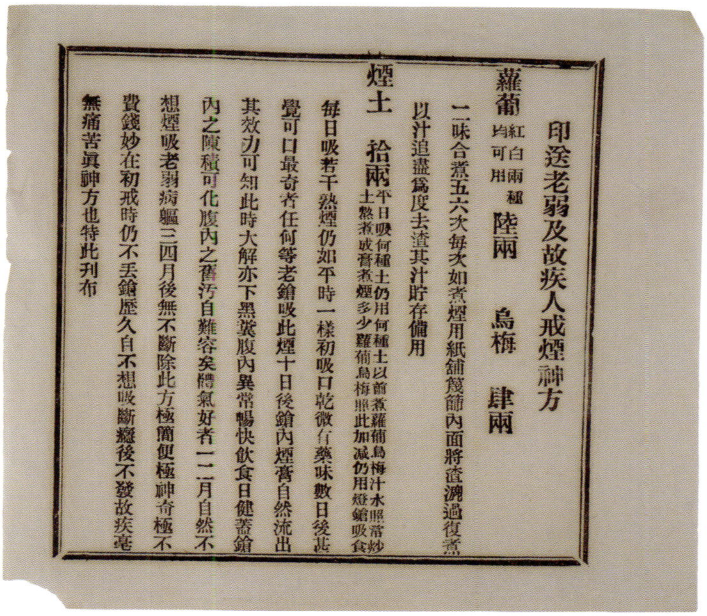

印送老弱及故疾人戒煙神方

蘿蔔（紅白兩種均可用）陸兩　烏梅　肆兩

一味合煮五六次每次如煮煙用紙舖篾篩內面將渣瀝過復煮以汁追盡爲度去渣其汁貯存備用

煙土　拾兩（平日吸何種土仍用何種土以前煮蘿蔔烏梅汁水照常炒土熬煮成膏煮煙多少蘿蔔烏梅照此加減仍用燈舖吸食）

每日吸若干熟煙仍如平時一樣初吸口乾微有藥味數日後甚覺可口最奇者任何等老鎗吸此煙十日後鎗內煙膏自然流出其效力可知此時大解亦下黑糞腹內異常暢快飲食日健斋鎗內之陳積可化腹內之舊污自難容矣體氣好者一二月自然不想煙吸老弱病軀三四月後無不斷除此方極簡便極神奇極不費錢妙在初戒時仍不丟鎗歷久自不想吸斷癮後不發故疾毫無痛苦眞神方也特此刊布

▲ 中华民国印送老弱及故疾人戒烟神方仿单

与其它戒烟方剂不同，这种神方是用红白萝卜、乌梅煮出汁与烟土同熬，吸这种鸦片十日后，烟枪中烟膏流出，大解下黑烟烟粪。一二个月后不想吸烟。

正方形，边长 15 厘米

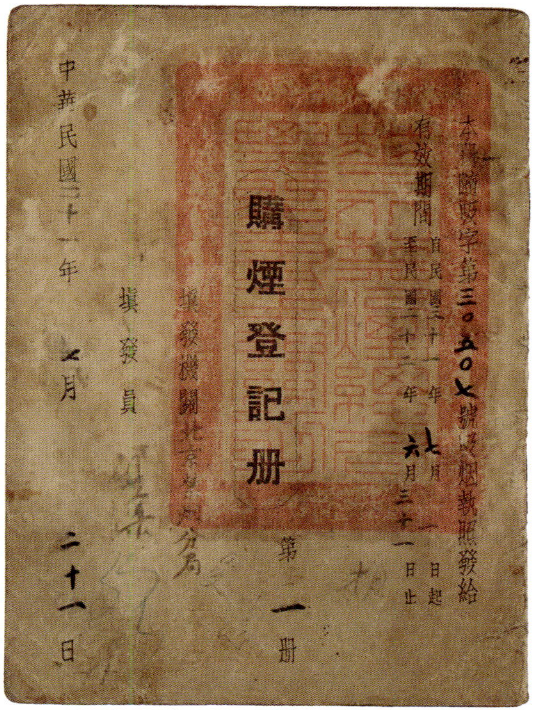

購煙登記冊

有效期間　自民國二十一年　月　日起　至民國二十二年六月三十一日止

填發機關

第一册

填發員

中華民國二十一年七月二十一日

▲ 华北总局北京禁烟分局颁发购烟登记册

有效E期从民国二十一年（公元 1932 年）到民国二十二年（公元 1933 年）。

吸烟人购买鸦片届时应将此册连同吸烟执照交零售商号登记盖章。

长 18 厘米　宽 8.5 厘米

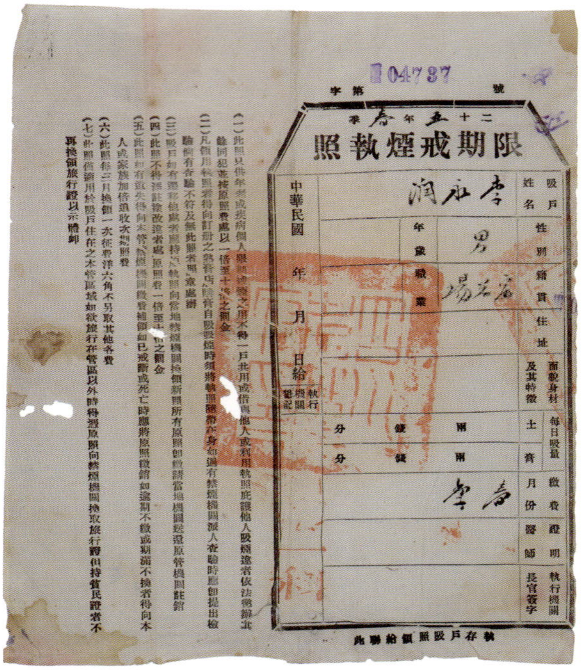

▲ 中华民国四川限期戒严执照

四川省中华民国二十三年颁发给李永润烟民，每三个月换照一次，征费六角。若至订册之熟膏店购鸦片烟膏需出示执照。

长 21 厘米　宽 18 厘米

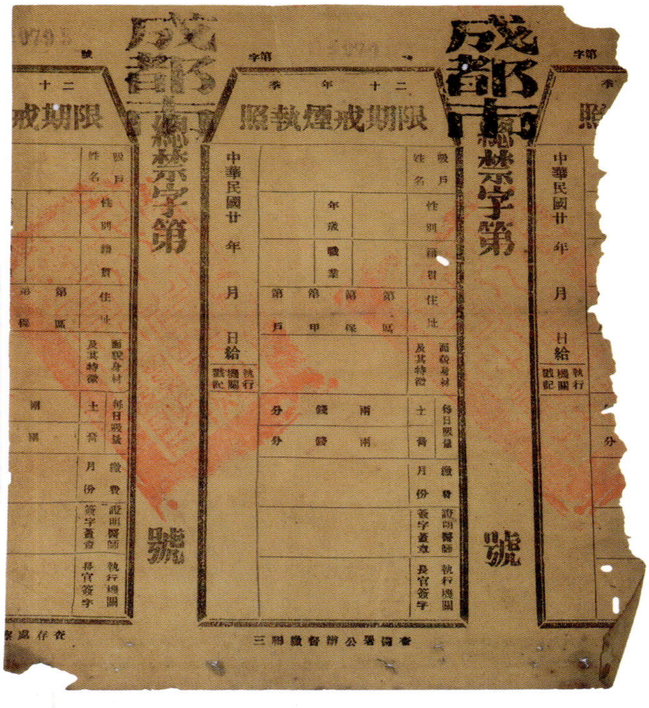

▲ 中华民国成都市限期戒严执照

空白限期戒烟执照，由成都市中华民国二十年颁发，标明每日吸土膏量，加盖关防。

长 21 厘米　宽 19 厘米

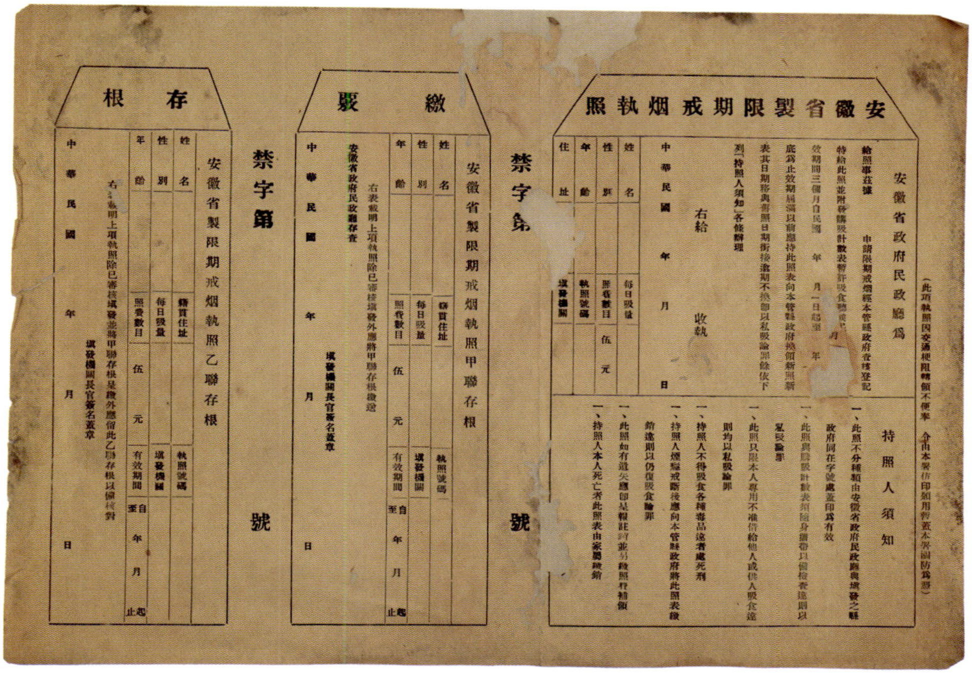
安徽省製限期戒烟執照

安徽省政府民政廳爲

給照事茲據　申請限期戒烟經本管縣政府查核登記

特給此照並附發購吸計數表暫許吸食鴉片　月

效期間三個月自民國　年　月一日起至　年

底爲止效期屆滿以前應持此照表向本管縣政府換領新照新

表其日期務與舊照日期銜接逾期不換即以私吸論罪餘依下

列「持照人須知」各條辦理

右給　收執

中華民國　年　月　日

姓名	性別	年齡	住址
每日吸量	照費數目 伍元	執照號碼	填發機關

持照人須知

一、此照不分種類由安徽省政府民政廳與填發之縣政府同在字號處蓋印爲有效

一、此照與購吸計數表須隨身攜帶以備檢查違則以私吸論罪

一、此照只限本人專用不准借給他人或供人吸食違則均以私吸論罪

一、持照人不得吸食各種毒品違者處死刑

一、持照人煙癮戒斷後應向本管縣政府將此照表繳銷違則以仍復吸食論罪

一、此照如有遺失應即呈報註銷並另繳照費補領

一、持照人本人死亡者此照表由家屬繳銷

（此項執照因交通梗阻轉領不便奉令由本署仿印加用齊蓋木戳以防僞冒）

繳驗　禁字第　號

安徽省製限期戒烟執照甲聯存根

姓名　性別　年齡　籍貫住址　每日吸量　照費數目　伍元　執照號碼　填發機關　有效期間　自　年　月　起至　年　月　止

右表證明上項執照除已審核填發外應將甲聯存根繳送安徽省政府民政廳存查

填發機關長官簽名蓋章

中華民國　年　月　日

存根　禁字第　號

安徽省製限期戒烟執照乙聯存根

姓名　性別　年齡　籍貫住址　每日吸量　照費數目　伍元　執照號碼　填發機關　有效期間　自　年　月　起至　年　月　止

右表證明上項執照除已審核填發並將甲聯存根繳送外應留此乙聯存根以備核對

填發機關長官簽名蓋章

中華民國　年　月　日

▲ 中华民国安徽省制限期戒严执照

为主单及甲乙联存根空白单据，限期为三个月。

长 34 厘米 宽 24 厘米

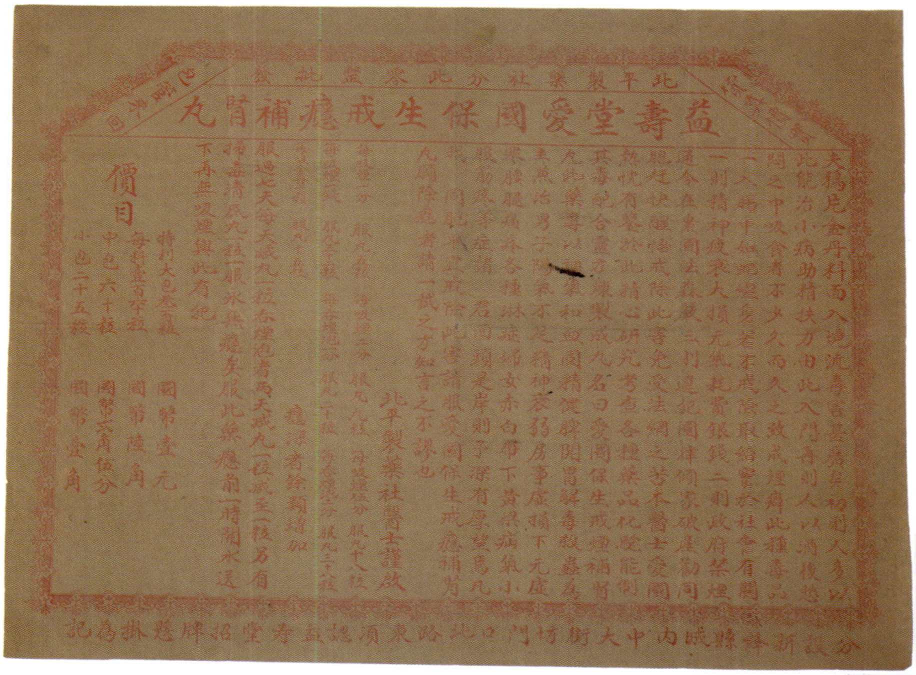
益壽堂愛國保生戒癮補腎丸

北平製藥社謹啟

▲ 北平制药社益寿堂爱国保生戒瘾补肾丸仿单

讲述鸦片等毒品危害，每吸烟一分需服戒烟丸五粒；每吸烟一钱，服丸三十二粒；每吞烟泡一分，服丸二十粒；每吸金丹十颗，服丸十五粒。戒烟丸每三百粒大包售价一元，小包二十五粒售价一角。

长 28 厘米 宽 21 厘米

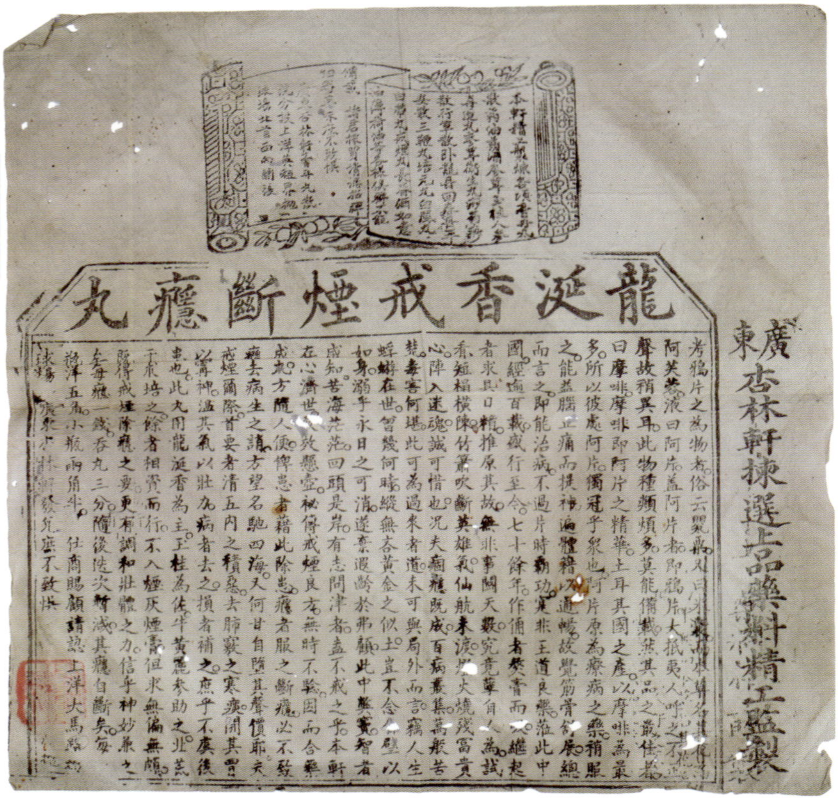

▲ 广东龙涎香戒烟断瘾丸仿单

广东杏林轩拣选上品药料精工监制，每一钱烟瘾需服丸三分，每瓶戒烟丸售大洋五角，小瓶售两角半。

长 31 厘米　宽 31 厘米

▲ 朱铭记神效戒烟丸木印章

朱铭记口药行戒烟丸包装纸押印。

长 8 厘米　宽 3 厘米　高 2 厘米

▲ 平邑自强戒烟社木印章

民间戒严团体印章。

长 6 厘米　宽 4.5 厘米　高 1.5 厘米

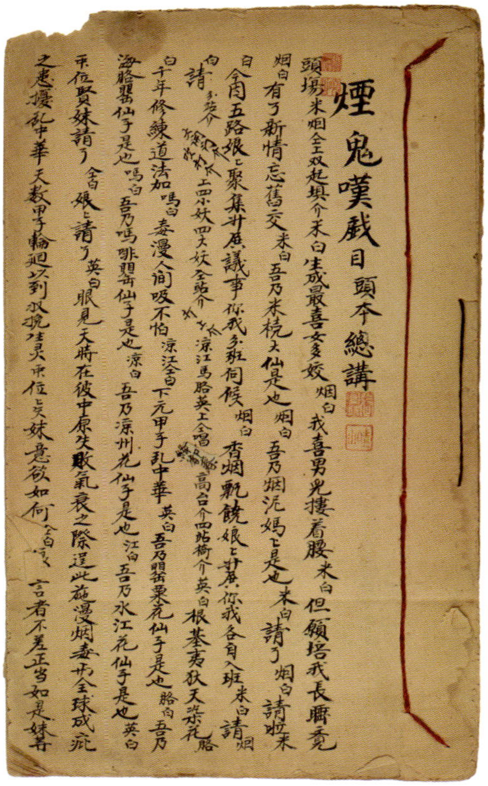
煙鬼嘆戲目頭本總講

▲ 中华民国烟鬼叹豫剧脚本

中华民国十二年（公元 1922 年）河南郑州张晓山作，头本：烟鬼叹（又名黑籍冤报）墨笔手抄，加张凤岐及晓山印章。

长 32 厘米　宽 20 厘米

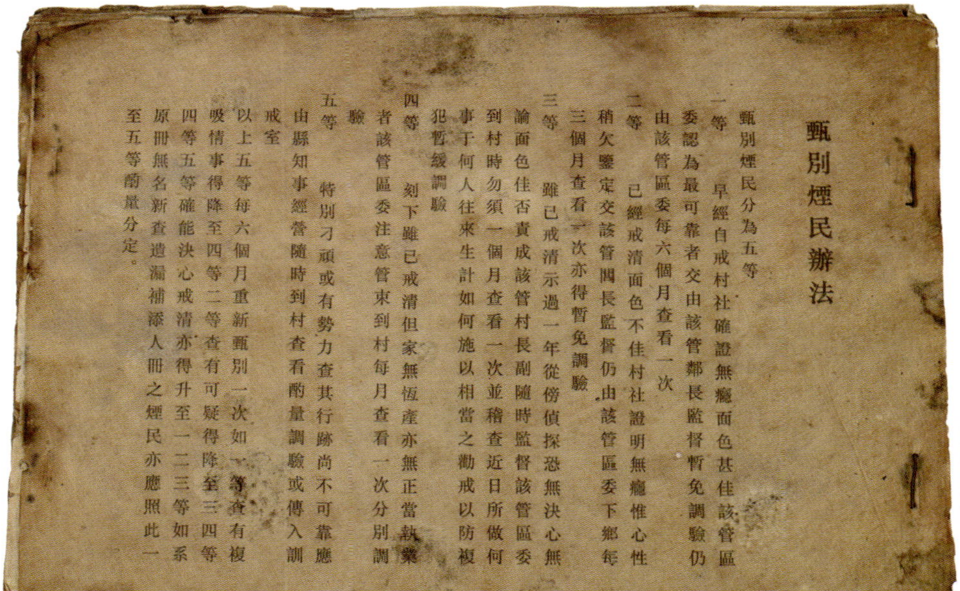
甄別煙民辦法

甄別煙民分為五等

一等　早經自戒村社確證無癮面色甚佳該管區委認為最可靠者交由該管鄰長監督暫免調驗仍由該管區委每六個月查看一次

二等　已經戒清面色不佳村社證明無癮惟心性稍欠鑒定交該管閭長監督仍由該管區委下鄉每三個月查看一次亦得暫免調驗

三等　雖已戒清未過一年從傍偵探恐無決心無論面色佳否責成該管村長副隨時監督該管區委到村時勿須一個月查看一次並稽查近日所做何事于何人往來生計如何施以相當之勸戒以防複犯暫緩調驗

四等　刻下雖已戒清但家無恆產亦無正當執業者該管區委注意管束到村每月查看一次分別調驗

五等　特別刁頑或有勢力查其行跡尚不可靠應由縣知事經營隨時到村查看酌量調驗或傳入訓戒室

以上五等每六個月重新甄別一次如一等查有複吸情事得降至四等二等查有可疑得降至三四等四等五等確能決心戒清亦得升至一二三等如系原冊無名新查遺漏補添入冊之煙民亦應照此一至五等酌量分定。

▲ 中华民国山西孝义县甄别烟民办法

该办法有三个内容：

其一为：甄别烟民办法。将鸦片烟民分为五等，每六月重新甄别。

其二为：孝义新民会章程。新民会第一宗旨是肃清各村之鸦片烟民。

其三为：孝义县公署谕政字第二十四号。为谕拒毒公会成立，并定禁约，罚款数目，由县知事吕联奎民国十三年七月颁发（1924年），共三页。

长28厘米　宽18厘米

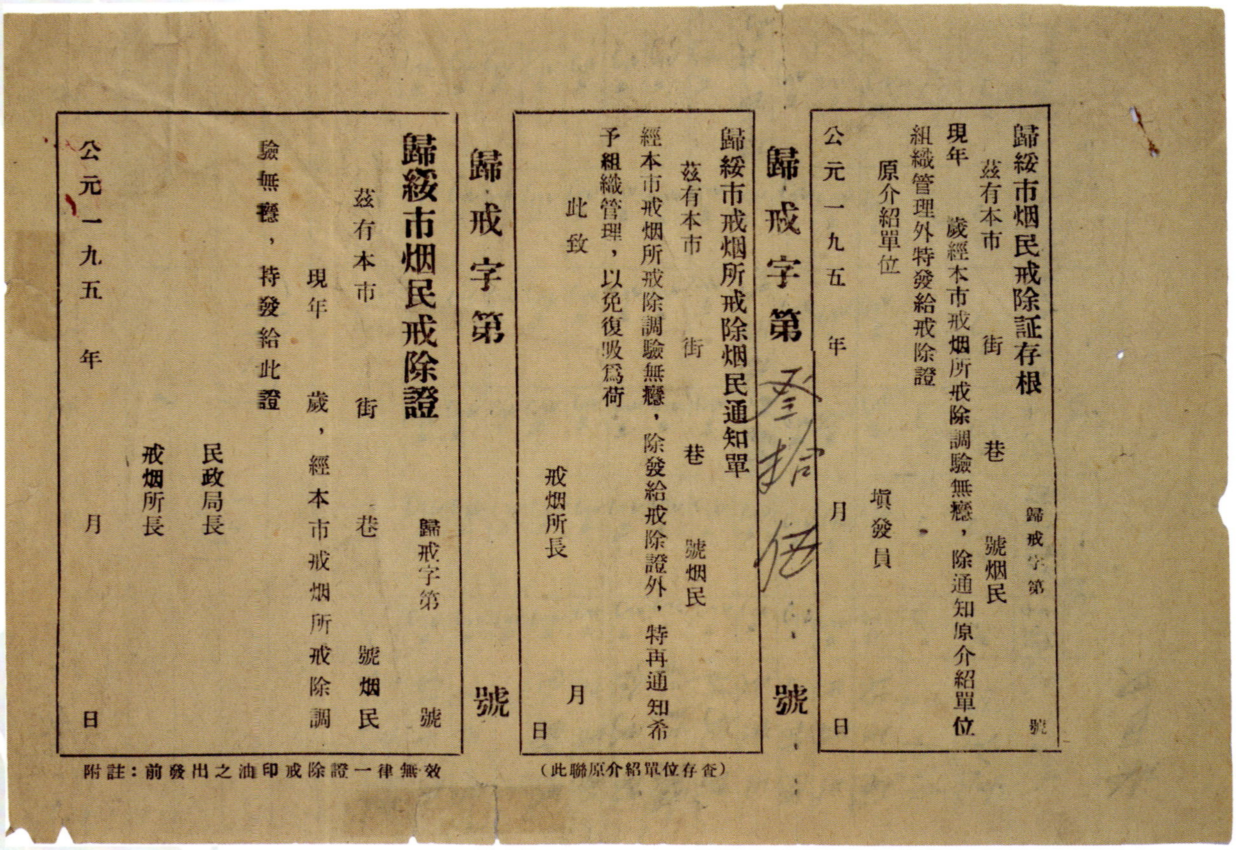

歸綏市烟民戒除証存根

歸戒字第　號

茲有本市　街　巷　號烟民

現年　歲經本市戒烟所戒除調驗無癮，除通知原介紹單位

組織管理外特發給戒除證

原介紹單位　塡發員

公元一九五　年　月　日

歸戒字第 叁拾伍 號

歸綏市戒烟所戒除烟民通知單

茲有本市　街　巷　號烟民

經本市戒烟所戒除調驗無癮，除發給戒除證外，特再通知希

予組織管理，以免復吸爲荷

此致

戒烟所長

月　日

（此聯原介紹單位存查）

歸戒字第　號

歸綏市烟民戒除證

歸戒字第　號

茲有本市　街　巷　號烟民

現年　歲，經本市戒烟所戒除調

驗無癮，特發給此證

民政局長

戒烟所長

公元一九五　年　月　日

附註：前發出之油印戒除證一律無效

▲ 新中国归绥市烟民戒除证

空白戒除证三联，包括归绥烟民戒除证、归绥市戒烟所戒除烟民通知单及归绥市烟民戒除证存根。

上有“经本市戒烟所戒除调验无瘾”字样。

长24厘米　宽17厘米

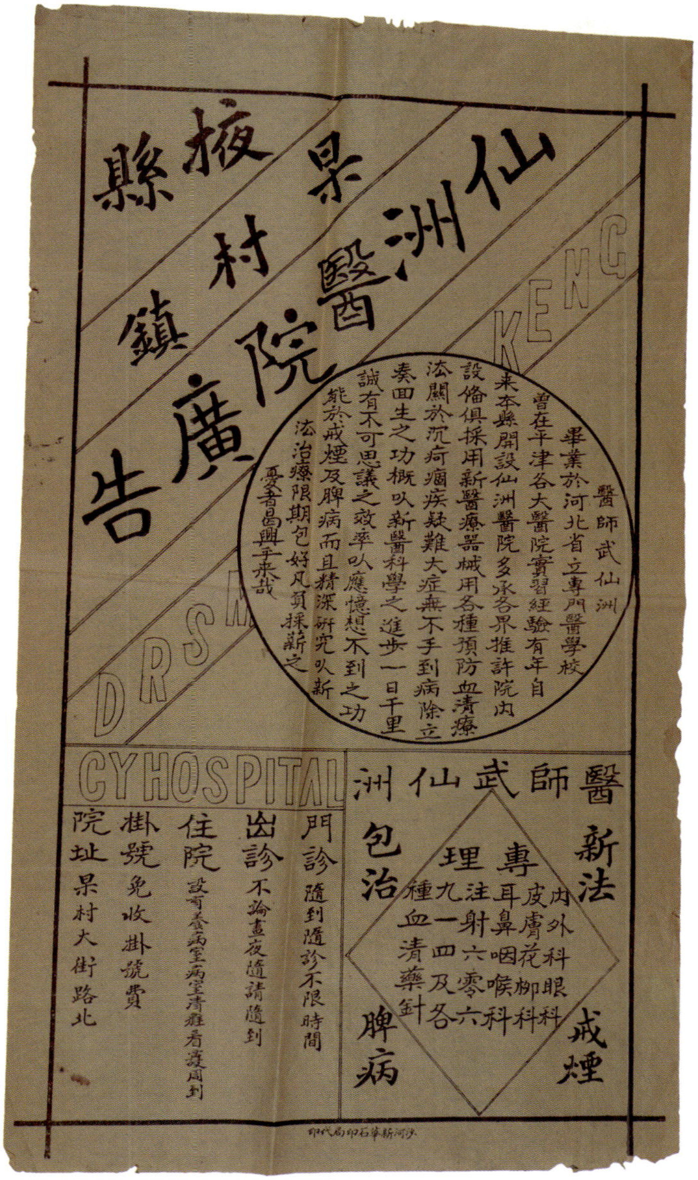

▲ 掖县乡镇西医医院广告

为单色石印，掖县杲村镇仙洲医院广告。医师武仙洲，毕业于河北省立专门医学校，能于戒烟及脾病，使用新法戒烟免收挂号费。

长 55 厘米 宽 30 厘米

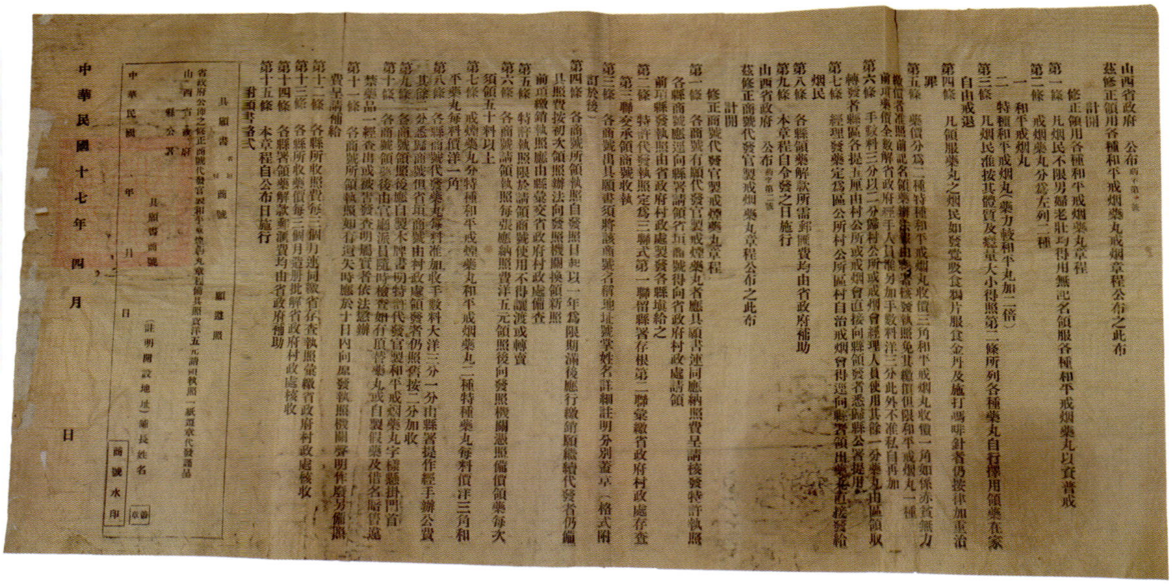
山西省政府　公布
茲修正領用各種和平戒烟藥丸戒烟章程公布之此布
計開
修正領用各種和平戒烟藥丸章程
第一條　凡烟民不限男婦老壯均得用無記名領服各種和平戒烟藥丸以資普戒
第二條　戒烟藥丸分爲左列二種
一　和平戒烟丸
二　特種和平戒烟丸（藥力較和平丸加一倍）
第三條　凡烟民准按其體質及癮量大小得照第二條所列各種藥丸自行擇用領藥在家自由戒退
第四條　凡領服藥丸之烟民如發覺吸食鴉片服食金丹及施打嗎啡針者仍按律加重治罪
第五條　藥價分爲二種特種和平戒烟丸收價三角和平戒烟丸收價一角如係赤貧無力繳價者准照前記名領藥辦法由……核發執照免其繳價但限和平戒烟丸一種
前項藥價全數解省政府經手人員准另加手數料洋三分此外不准私自再加
第六條　手數料三分以二分歸村公所或戒烟會經理人員使用其餘一分藥丸由區領取轉發者縣區各提五厘由村公所或戒烟會直接向縣領發者悉歸縣公署提用
第七條　經理發藥定爲區公所村公所區村自治戒烟會得逕向縣署領出藥丸直接發給烟民
第八條　各縣領藥解款所需郵匯費均由省政府補助
第九條　本章程自令發之日施行
山西省政府　公布
茲修正商號代發官製戒烟藥丸章程公布之此布
計開
修正商號代發官製戒烟藥丸章程
第一條　各商號有願代發官製戒烟藥丸者應具願書連同應納照費呈請核發特許執照
各縣商號應逕向縣署請領省垣商號得向省政府村政處請領
第二條　特許代發執照定爲三聯式第一聯留縣署存根第二聯彙繳省政府村政處存查第三聯交承領商號收執
第三條　各商號出具願書須將該商號名稱地址號掌姓名詳細註明分別蓋章（格式附訂於後）
第四條　各商號所領執照自發照日起以一年爲限期滿後應行繳銷願繼續代發者仍備具照費按初次領照辦法向發照機關換領新照
前項繳銷執照應由縣彙交省政府村政處備查
第五條　特許執照限於請領商號使用不得讓渡或轉賣
第六條　各商號請領執照每張應納照費洋五元領照後向發照機關憑照備價領藥每次須領五十料以上
第七條　戒烟藥丸分特種和平戒烟藥丸二種特種藥丸每料價洋三角和平藥丸每料價洋一角
第八條　各縣商號代發藥丸每料准加收手數料大洋三分一分由縣署提作經手辦公費其餘二分悉歸商號但省垣商號由村政處領發者仍照舊按二分加收
第九條　各商號領照後應自製木牌書明特許代發官製和平戒烟藥丸字樣懸掛門首
第十條　各商號領藥後由官廳派員隨時檢查如有頂替藥丸或自製假藥及借名賠售違禁藥品一經查出或被告發查明屬實者依法懲辦
第十一條　各商號所領執照如有遺失時應於十日內向原發執照機關聲明作廢另備照費呈請補給
第十二條　各縣所收照費每三個月連同繳省存查執照彙繳省政府村政處核收
第十三條　各縣所收藥價每三個月造册批解省政府村政處核收
第十四條　各縣署領藥解款郵匯費均由省政府補助
第十五條　本章程自公布日施行
附願書格式
具願書某某商號　願遵照
省政府公佈之修正商號代發官製和平戒烟藥丸章程備具照費洋五元請領執照一紙遵章代發藥品
山西　縣公署
具願書商號
中華民國　年　月　日
（註明開設地址）號長姓名　蓋章
商號水印
中華民國十七年四月　日

▲ 1928 年山西省政府领用戒严品章程布告

修正领用各种和平戒烟药丸戒严章程公布，其中，修正领用各种和平戒烟药丸章程九条，修正商号代发官制戒烟药丸章程十五条，特种和平戒烟药丸每料三角，和平药丸每料一角。各商号每领此执照一文需付照费洋元五元。

长 60 厘米 宽 32 厘米

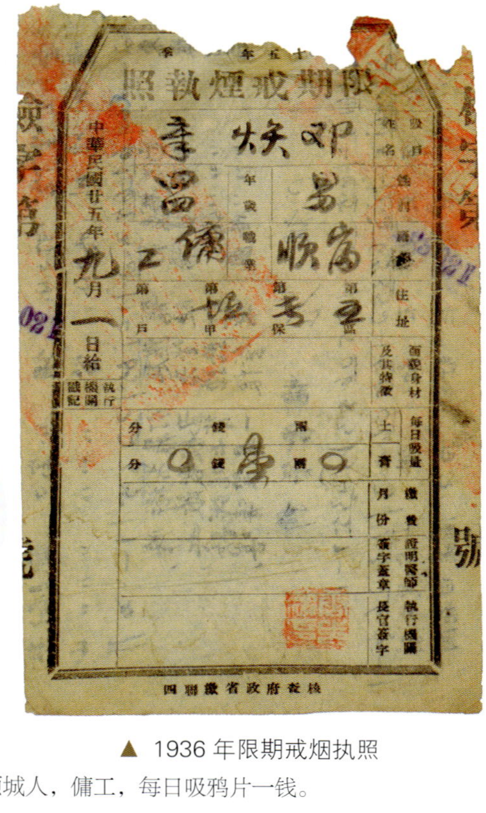
限期戒煙執照
吸戶姓名　鄧煥季
籍貫
年歲
職業
住址　第　區　第　保　第　甲　第　戶
面貌身材及其特徵
每日吸量　兩　錢　分
繳費月份
證明醫師簽字蓋章
執行機關長官簽字
中華民國廿五年九月一日給
執行機關識記

▲ 1936 年限期戒烟执照

吸户邓焕季，男，44 岁，山西顺城人，傭工，每日吸鸦片一钱。

中华民国二十五年九月一日给

长 18 厘米 宽 12 厘米

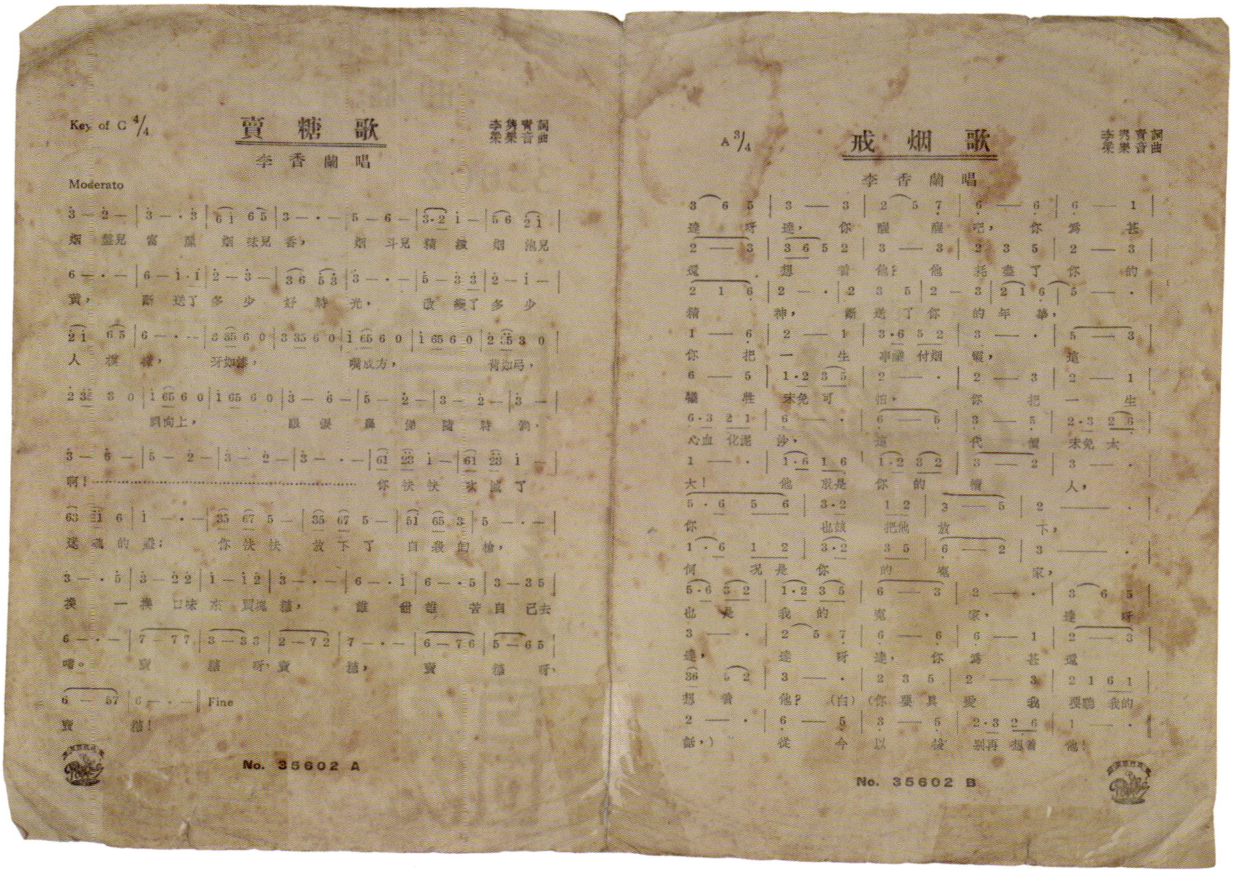

▲ 百代公司李香兰戒烟歌胶木唱片

百代公司出品胶木唱片李香兰在歌颂林则徐的电影“万世流芳”中的两首主题歌。“卖糖歌”和“戒烟歌”，内有歌词广告一份。戒烟歌：李隽青词，梁乐音曲，最新法电收音钢针歌片。

歌词有“你把一生事业付烟霞，它就是你的情人，你也该把它放下，何况是你的冤家”。

李香兰为中国出生之日本人，著名流行歌手，晚年反对日本右翼势力，为中日友好做出贡献。

唱片直径 24.5 厘米

广告长 34.5 厘米 宽 25.5 厘米

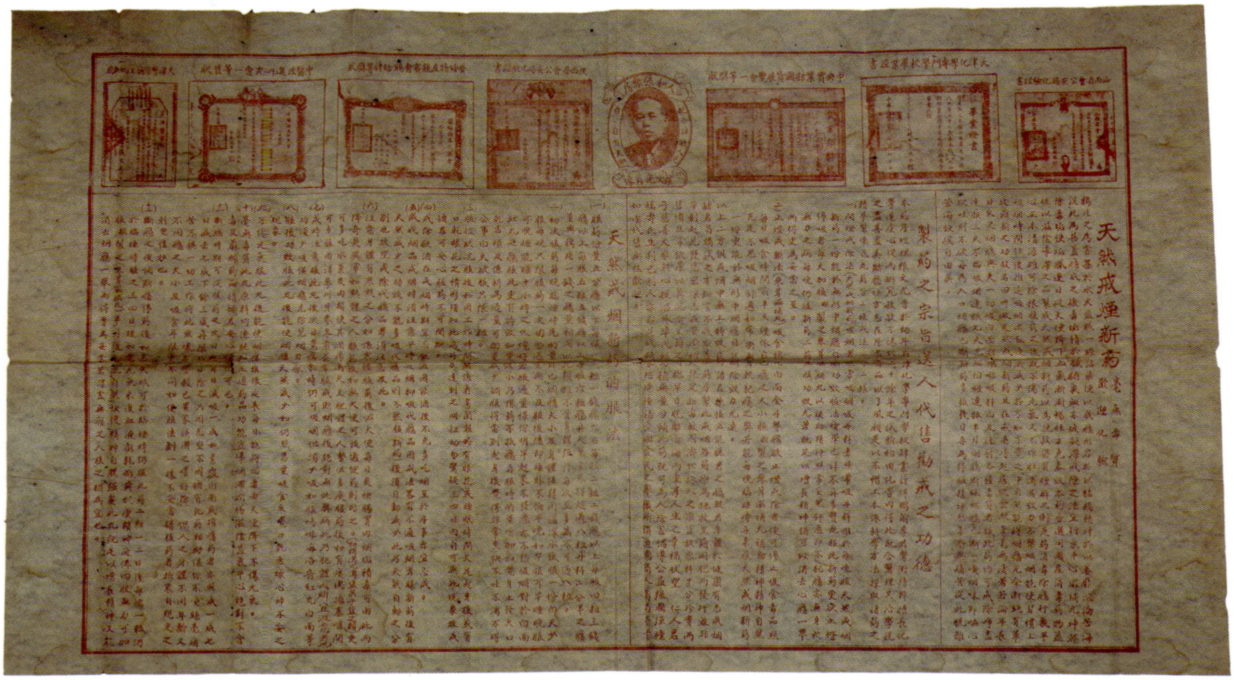

▲ 中华民国人和张药房监制天然戒严新药药丸实物

实物戒烟药一包，内有仁丹样戒烟丸几十粒，土灰色，可能内含鸦片烟灰。包装上贴单色防伪标一枚，并印上服药方法，山西省会公安局立案。

广告词为：不受痛苦，不碍工作，短期断瘾，见烟自厌。厂址：山西省文水县城内南街。

内有仿单一张，介绍发明者及戒烟新药，以及戒烟丸的服法。

药袋 10 厘米　宽 7 厘米

仿单 长 56 厘米　宽 31 厘米

▲ 中华民国青岛市普济医院附设临时戒烟所黄杨印章

长 8 厘米　宽 1.8 厘米　高 4.5 厘米

第三节　禁绝鸦片

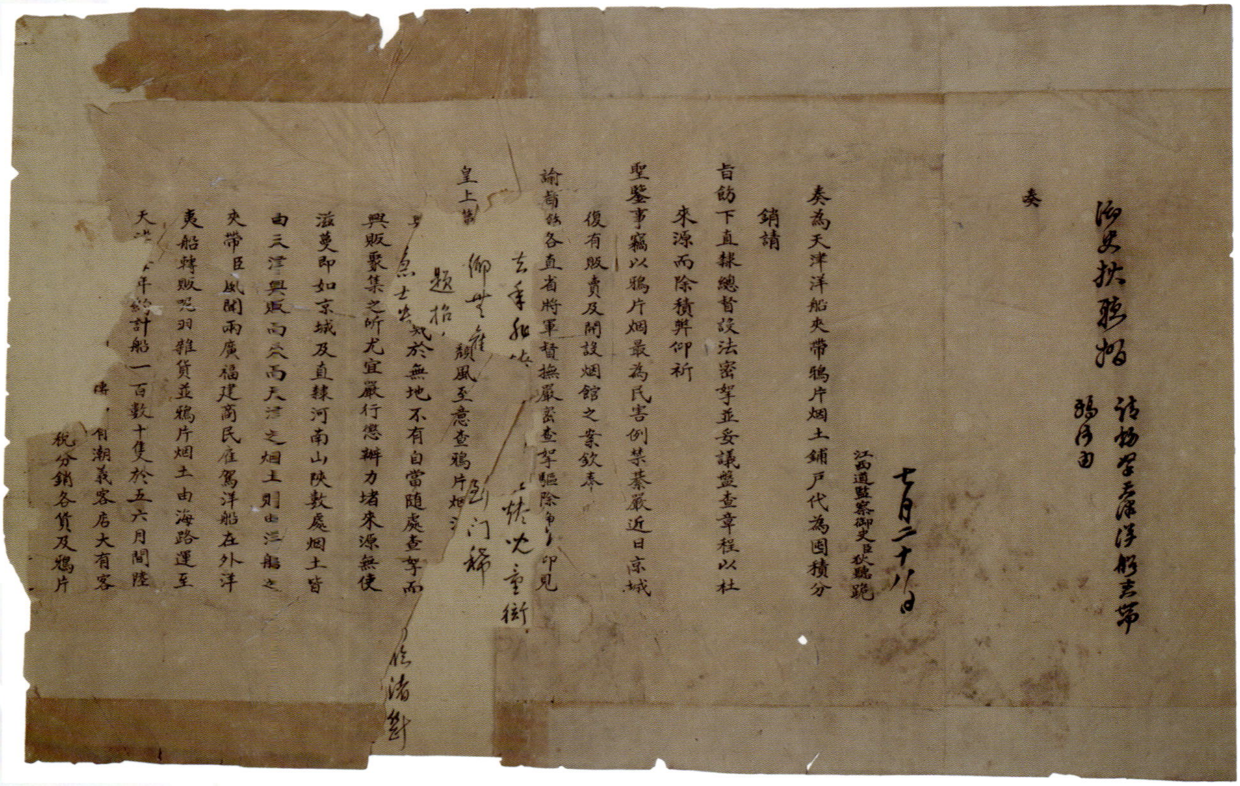

▲ 清代江西道御史狄听奏本内阁留付本（残件）

御史狄听奏天津洋船夹带鸦片烟土，请捕拿天津洋船夹带事由。

长 42 厘米　宽 28 厘米

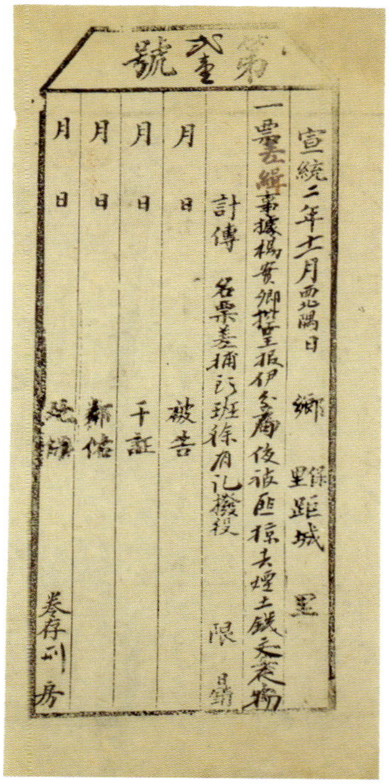

▲ 清代差缉盗取烟土匪徒火票

宣统二年（公元 1909 年）县令发给差捕快班徐有记，查缉抢掠杨实乡分局的烟土、钱文、衣物之盗匪。

长 3.3 厘米　宽 10 厘米

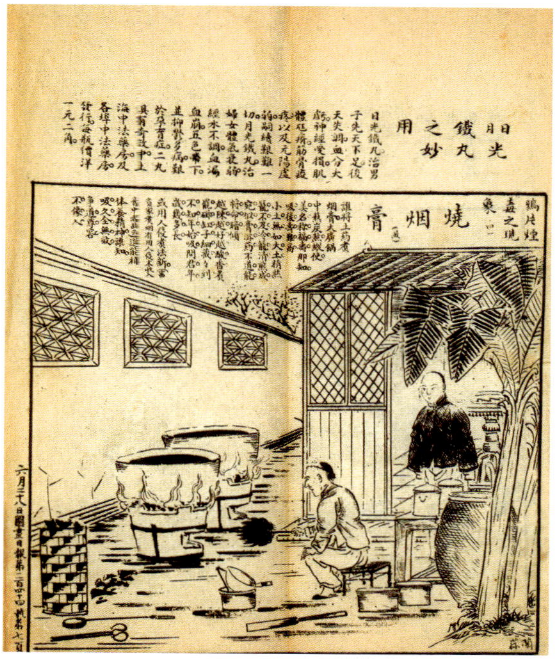

▲ 宣统二年图画日报第 344 号

第七页有戒烟广告画“烧烟膏”，内有诗文颇妙：“谁将土药煮烟膏，大广锅中热碳熬，纵使美名称福寿，哪知吸后寿难高”。

2017 年底购于姚华先生处

长 26 厘米　宽 10 厘米

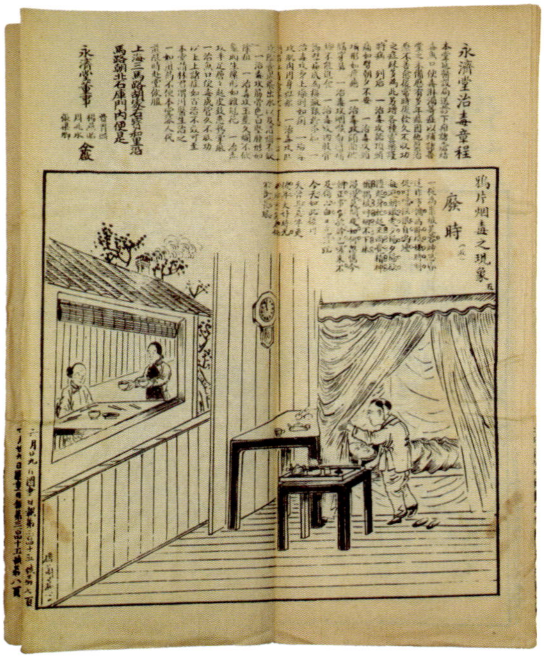

▲ 宣统二年图画日报第 345 号

第七页有戒烟广告画‘废时”，内有诗文。

2017 年底购于姚华先主处

长 26 厘米　宽 10 厘米

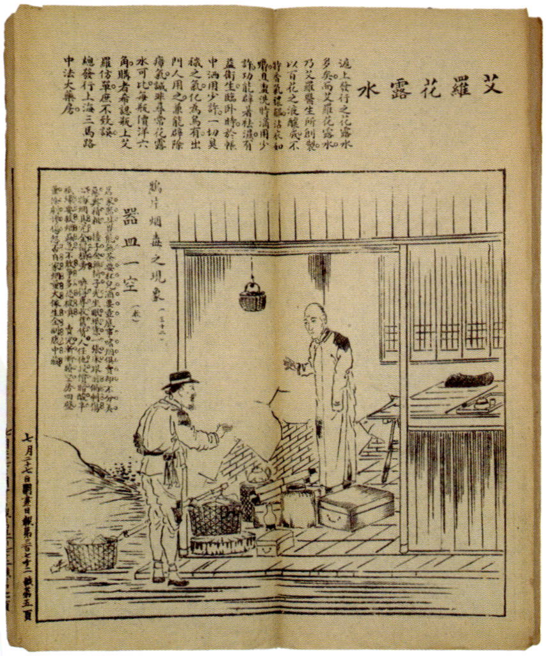

▲ 宣统二年图画日报第 372 号

第五页有戒烟广告画“器皿一空”，内有诗文。

2017 年底购于姚华先生处

长 26 厘米　宽 10 厘兴

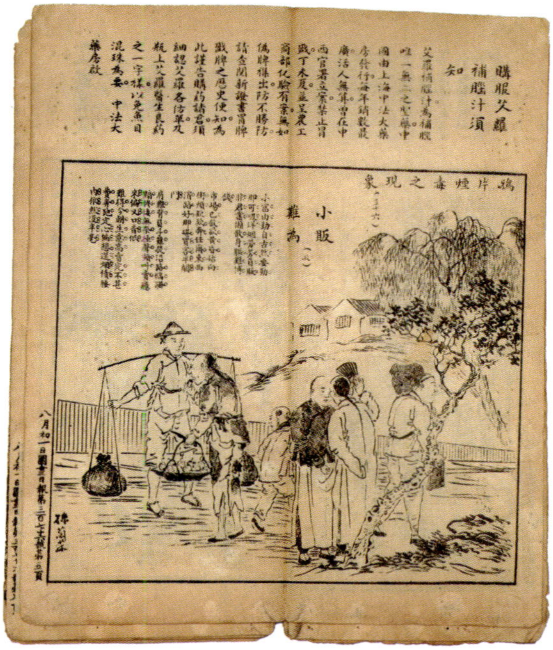

▲ 宣统二年图画日报第 376 号

第五页有戒烟广告画“小贩难为”，内有诗文。

2017 年底购于姚华先生处

长 26 厘米　宽 10 厘米

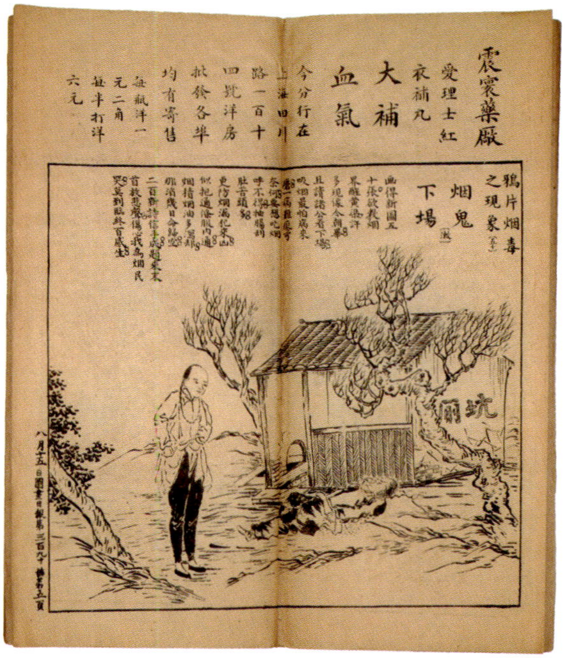

▲ 宣统二年图画日报第 390 号

第五页有戒烟广告画“烟鬼下场”，内有诗文。

2017 年底购于姚华先生处

长 26 厘米　宽 10 厘米

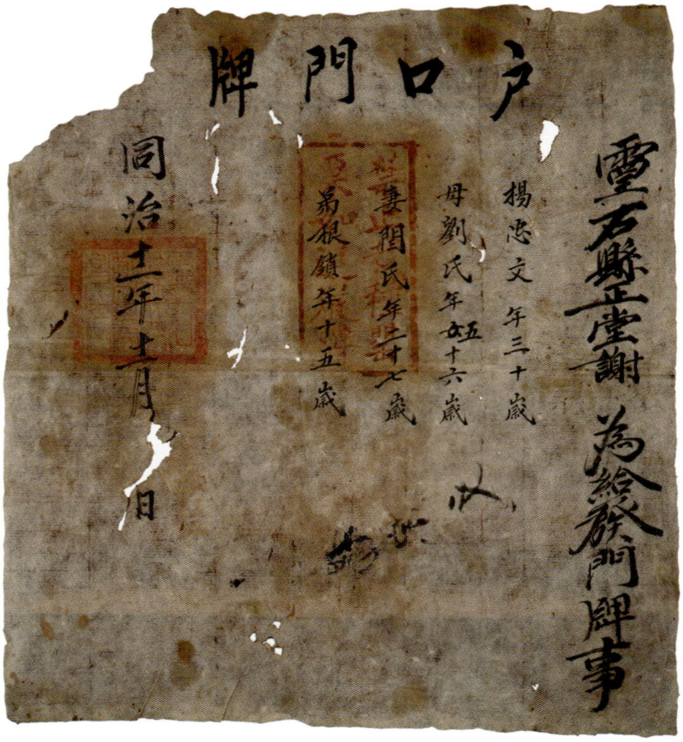

▲ 同治十一年灵石县颁门牌

灵石县正堂谢颁发户口门牌，内有大印，禁止栽种罂粟，如违严办。

同治十一年十一月，灵石县大印

长 35 厘米 宽 32 厘米

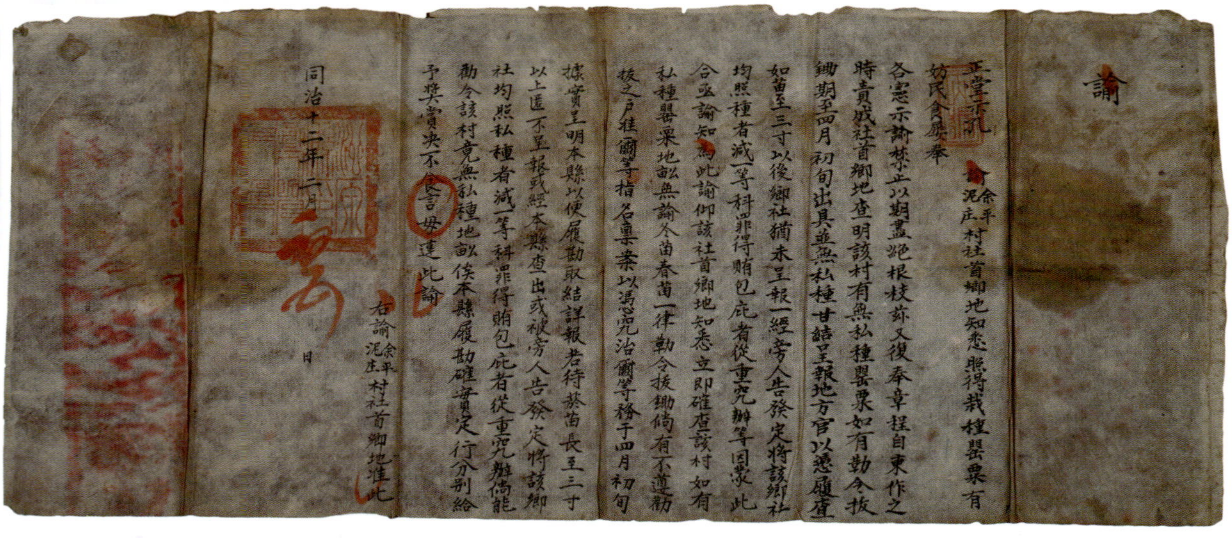

▲ 同治十二年沁源县禁种罂粟谕令

同治十二年二月沁源县正堂孔谕余平泥庄村长禁止栽种罂粟，违者从重究办。

长 54 厘米 宽 23 厘米

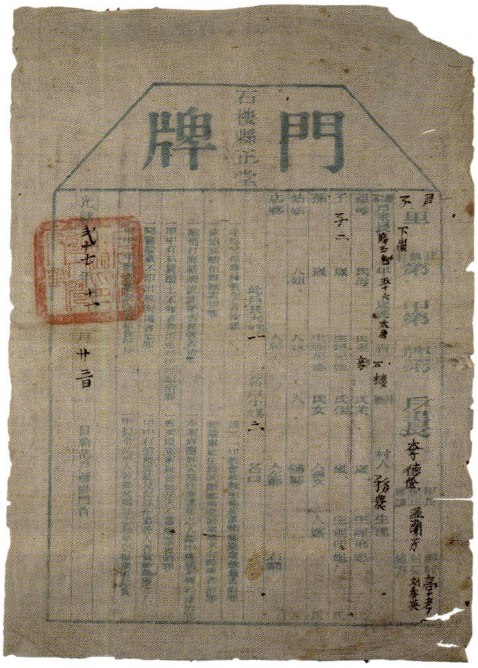

石樓縣正堂

門牌

▲ 光绪二十七年石楼县门.牌

石楼县正堂颁君子里下山堎村薛玉魁，内有“甲中有私买烟土不报者，查出连邻甲牌头治罪”字样。

光绪二十七年十一月二十三日

石楼县令大印

长 41 厘米 宽 28 厘米

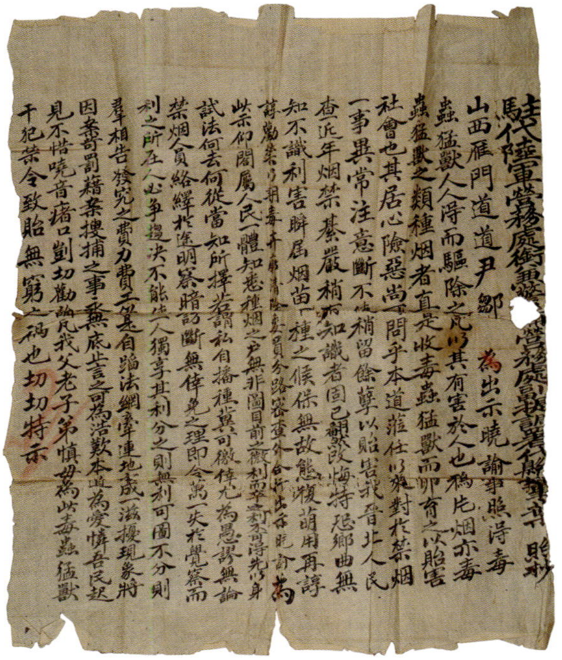

駐代陸軍營務處衙兼署代縣事 照抄
山西雁門道道尹鄒 為出示曉諭事照得毒
蟲猛獸人人得而驅除之況以其有害於人也鴉片烟亦毒
蟲猛獸之類種烟者直是收毒蟲猛獸而卵育之以貽害
社會也其居心險惡尚可問乎本道蒞任以來對於禁烟
一事異常注意斷不使稍留餘孽以貽害我晉北人民
查近年烟禁綦嚴稍有知識者固已翻然悔悟惟恐鄉曲無
知不識利害屆居烟苗下種之候保無故態復萌用再諄
諄勸禁[illegible]各路密查外合行出示曉諭 為
此示仰闔屬人民一體知悉種烟之戶無非圖目前之微利而卒之刻不可得先以身
試法何去何從當知所擇若謂私自播種冀可徼倖尤為愚謬無論
禁烟人員絡繹於途明察暗訪斷無倖免之理即令萬一失於覺察而
利之所在人必爭趨決不能使一人獨享其利分之則無利可圖不分則
群相告發究之費力費工僅是自蹈法網牽連地畝一經摸現象將
因案罰藉案搜捕之事蕃無底止言之可為浩歎本道為愛憐吾民起
見不惜曉音瘏口剴切勸諭凡我父老子弟慎毋為此毒蟲猛獸
干犯禁令致貽無窮之禍也切切特示

▲ 中华民国初年山西代县禁种鸦片告示

驻代陆军营务处兼署代县知事抄录山西雁门道尹告示，将鸦片烟指为毒虫猛兽，禁止种烟。

长 47 厘米 宽 40 厘米

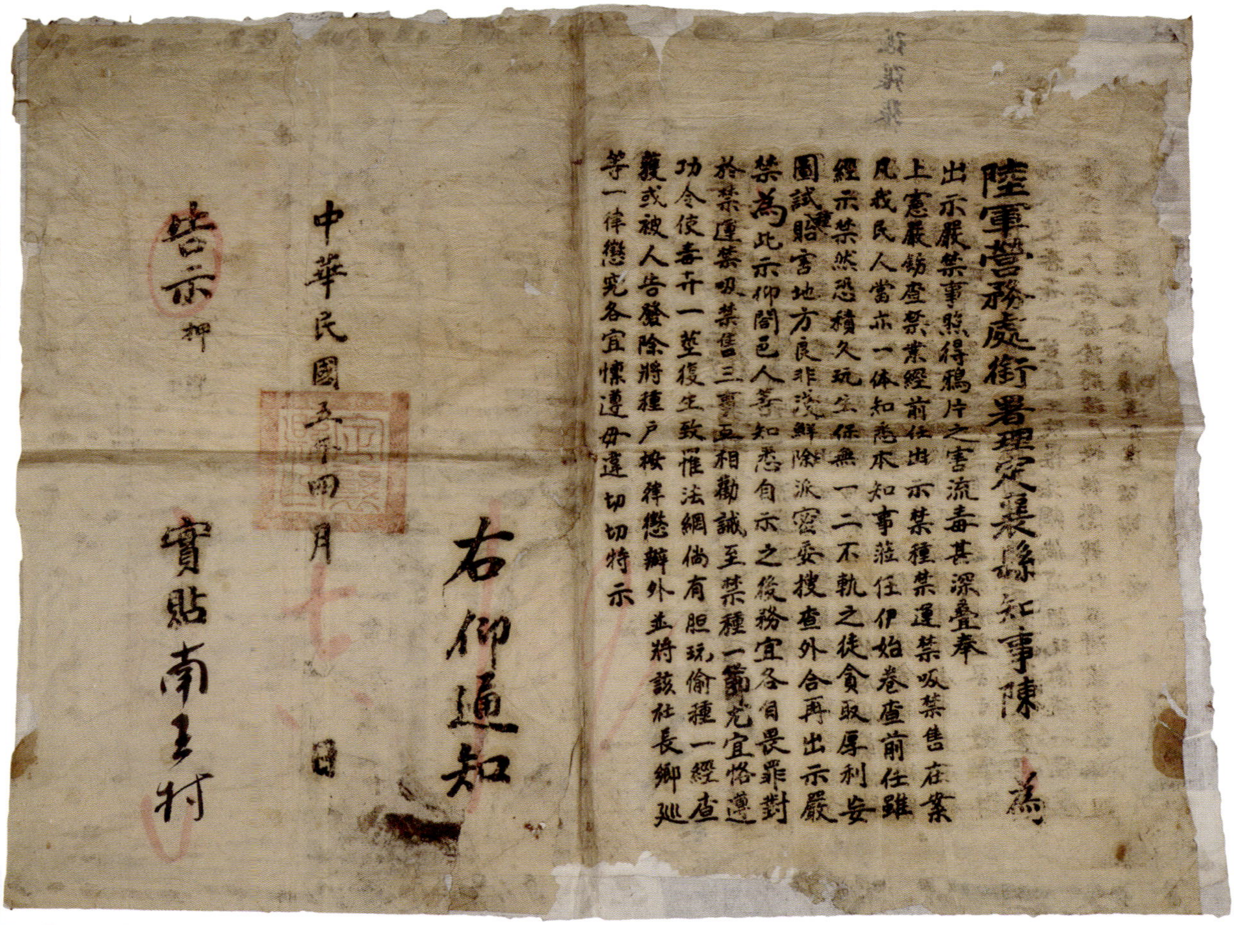
陸軍營務處銜署理定襄縣知事陳 為
出示嚴禁事照得鴉片之害流毒甚深疊奉
上憲嚴飭查禁業經前任出示禁種禁運禁吸禁售在案
凡我民人當亦一体知悉本知事蒞任伊始卷查前任雖
經示禁然恐積久玩生保無一二不軌之徒貪取厚利妄
圖試種貽害地方良非淺鮮除派密委搜查外合再出示嚴
禁為此示仰闔邑人等知悉自示之後務宜各自畏罪對
於禁運禁吸禁售三事互相勸誡至禁種一節尤宜恪遵
功令使毒卉一莖復生致罹法網倘有胆玩偷種一經查
獲或被人告發除將種户按律懲辦外並將該社長鄉延
等一律懲究各宜懍遵毋違切切特示

右仰通知

中華民國五年四月 日

告示 押

實貼南王村

▲ 定襄县严禁鸦片布告

中华民国五年（公元 1916 年）北洋军阀时期，陆军营务处长署理定襄县知事陈某签署严禁鸦片运、吸、售布告。此布告标朱盖县大印，实贴在南王村。

长 55 厘米 宽 42 厘米

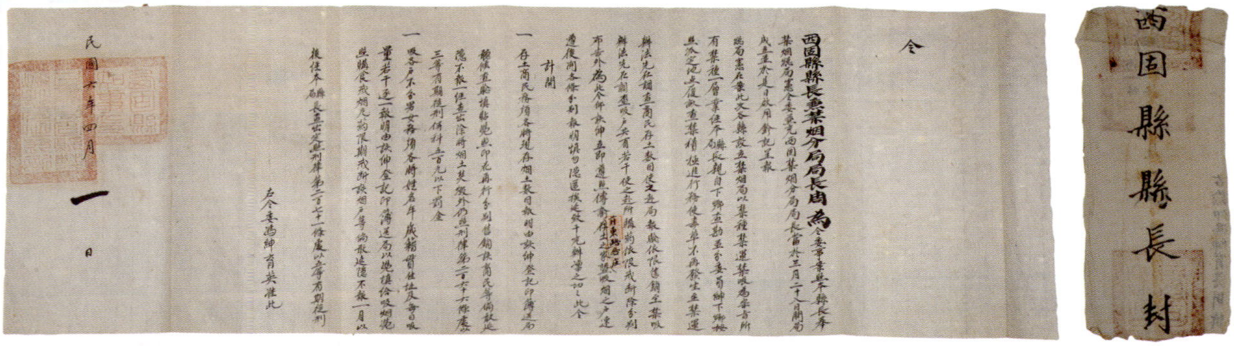
西固縣縣長封

▲ 中华民国甘肃西固县县长禁烟函令

中华民国七年（公元 1918 年）西固县长兼禁烟分局局长周某传信绅士冯某人关于戒烟细则。

信纸：长 57 厘米 宽 23 厘米

信封：长 25.5 厘米 宽 11.1 厘米

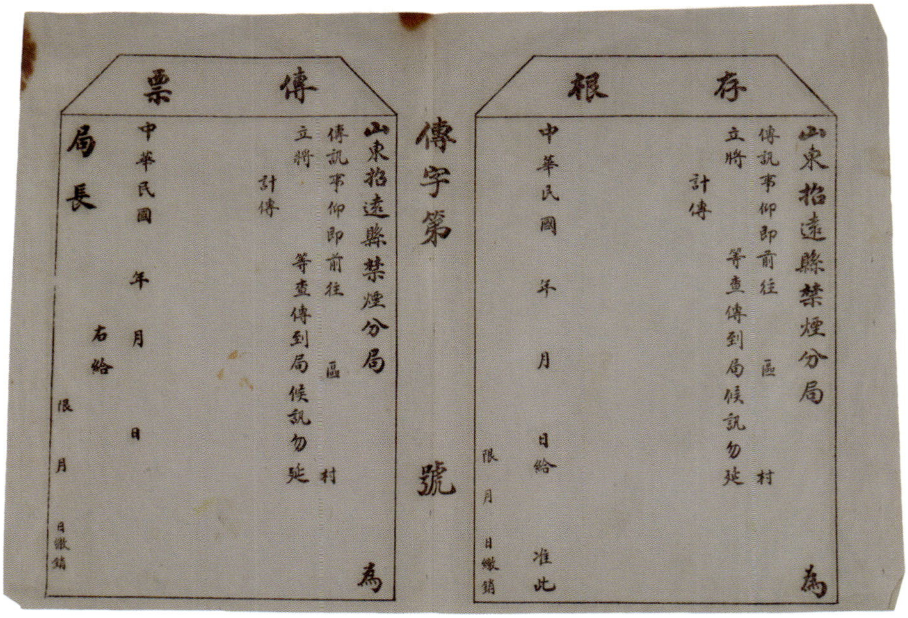

存根

山東招遠縣禁煙分局
傳訊事仰即前往　　區　　村
立將　　計傳　　等查傳到局候訊勿延
中華民國　　年　　月　　日給
限　　月　　日繳銷
准此
為

傳字第　　號

傳票

山東招遠縣禁煙分局
傳訊事仰即前往　　區　　村
立將　　計傳　　等查傳到局候訊勿延
中華民國　　年　　月　　日
右給
局長
限　　月　　日繳銷
為

▲ 中华民国山东招远县禁烟分局传票及存根空白件

长 38.5 厘米　宽 27 厘米

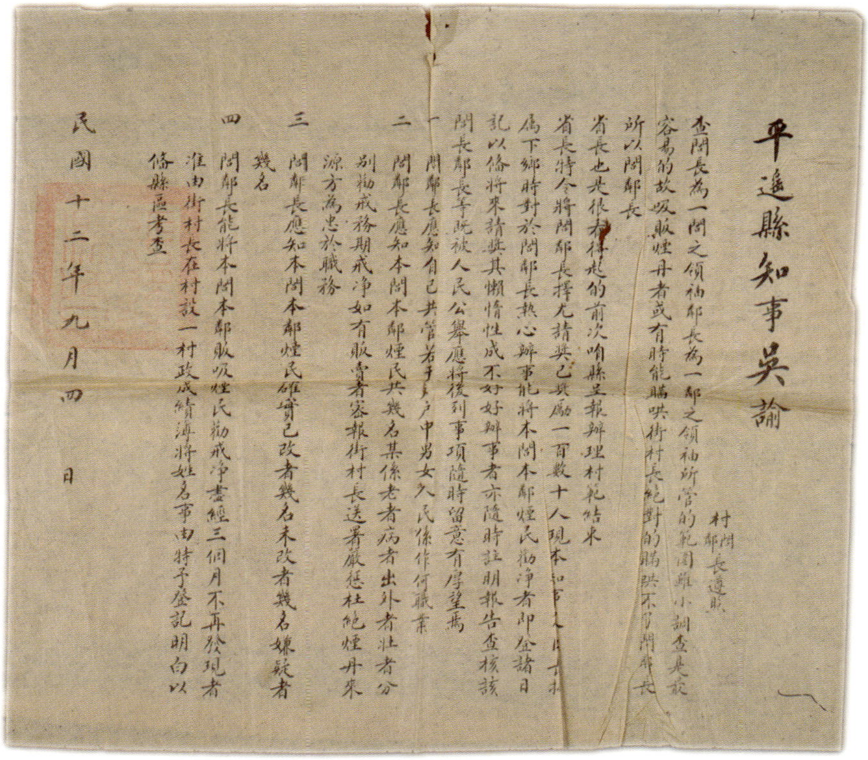

平遥縣知事吳諭

村閭鄰長遵照

查閭長為一閭之領袖鄰長為一鄰之領袖所管的範圍雖小詢查是最
容易的故吸販煙丹者或有時能瞞哄街村長絕對的瞞哄不了閭鄰長
所以閭鄰長
省長也是很有條理的前次咱縣呈報辦理村範結果
省長特令將閭鄰長擇尤請獎已獎勵一百數十人現本知事[illegible]
為下鄉時對於閭鄰長熱心辦事能將本閭本鄰煙民勸淨者即登諸日
記以備將來請獎其懶惰性成不好好辦事者亦隨時註明報告查核該
閭長鄰長等既被人民公舉應將後列事項隨時留意有厚望焉
一　閭鄰長應知自己共管若干戶中男女人民係作何職業
二　閭鄰長應知本閭本鄰煙民共幾名某係老者病者出外者壯者分
別勸戒務期戒淨如有販賣者密報街村長送署嚴懲杜絕煙丹來
源方為忠於職務
三　閭鄰長應知本閭本鄰煙民確實已改者幾名未改者幾名嫌疑者
幾名
四　閭鄰長能將本閭本鄰販吸煙民勸戒淨盡經三個月不再發現者
准由街村長在村設一村政成績簿將姓名事由特予登記明白以
備縣區考查

民國十二年九月四日

▲ 山西平遥县知事禁鸦片谕令

中华民国十二年（公元 1923 年），平遥县吴知事谕令下属村长、闾长、邻长禁烟禁毒事宜。并列四条办理方法

长 34 厘米　宽 31 厘米

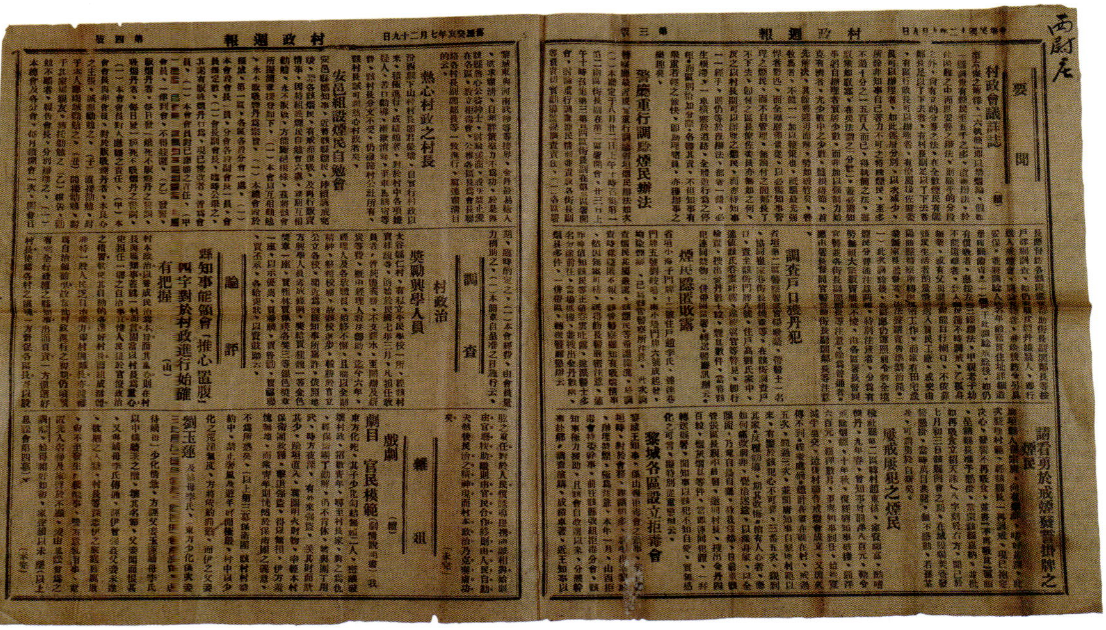

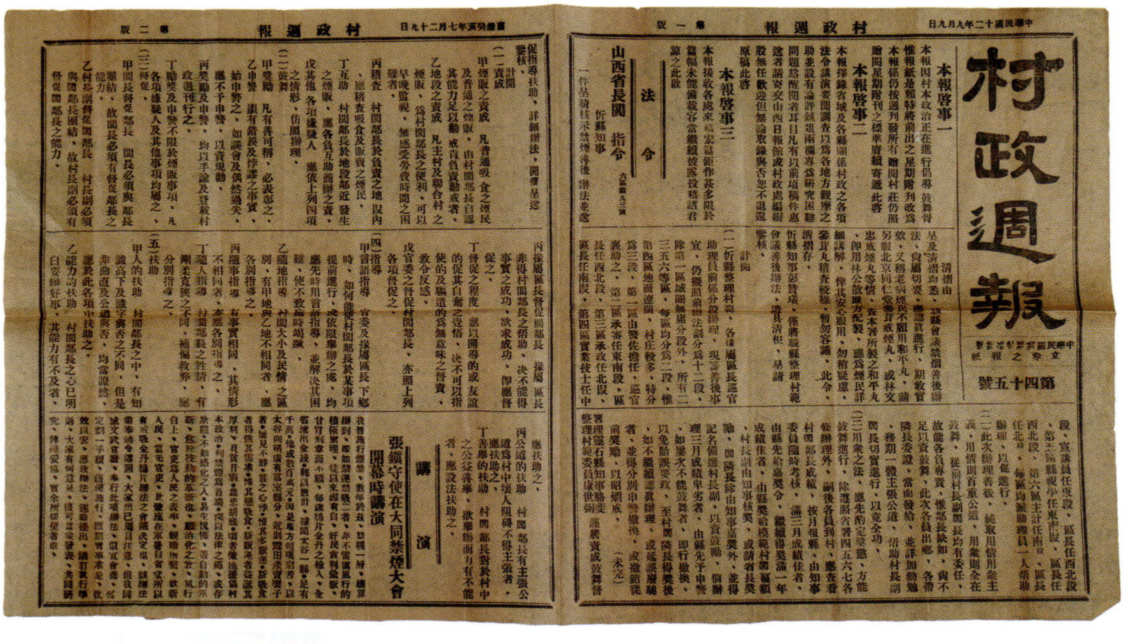

▲ 中华民国山西省村政周报禁烟特刊

共四页（公元 1923 年）

* 山西省长阎长官指令尤以考查戒烟为重
* 张镇守使在大同禁烟大会开幕时讲演
* 警厅重行调验烟民办法
* 调查户口获丹犯
* 请看勇于戒烟发誓挂牌之烟民
* 烟民隐匿败露
* 屡戒屡犯之烟民

长 37 厘米 宽 27 厘米

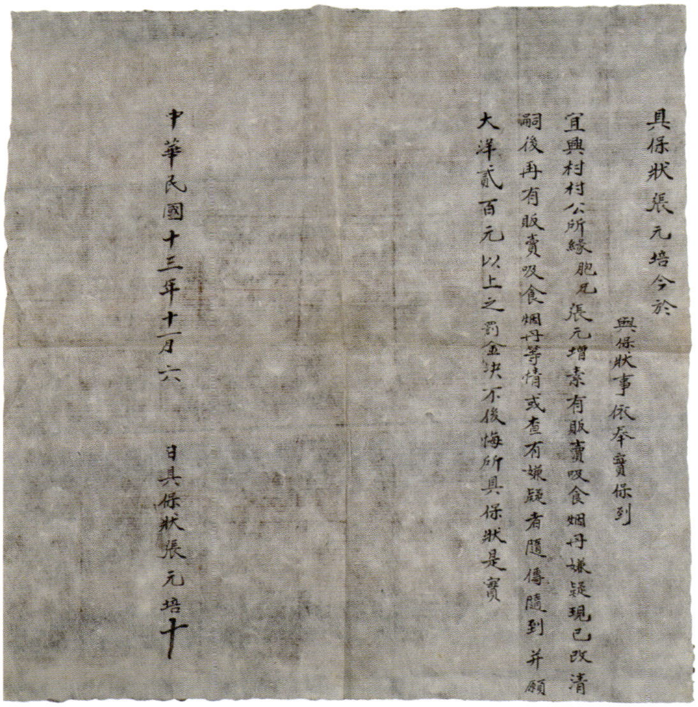

具保狀張元培今於
與保狀事依奉實保到
宜興村村公所緣胞兄張元增素有販賣吸食烟丹嫌疑現已改清
嗣後再有販賣吸食烟丹等情武查有嫌疑者隨傳隨到并願
大洋貳百元以上之罰金決不後悔所具保狀是實
中華民國十三年十一月六日具保狀張元培十

▲ 中华民国鸦片烟犯具保状

中华民国十三年（公元 1924 年），具保人张元培保胞兄张元增，素有贩卖吸食烟丹，现已改清，如再犯，随传随到，愿接受大洋二百元以上罚金。

具保人画十字押。

长 34 厘米　宽 32 厘米

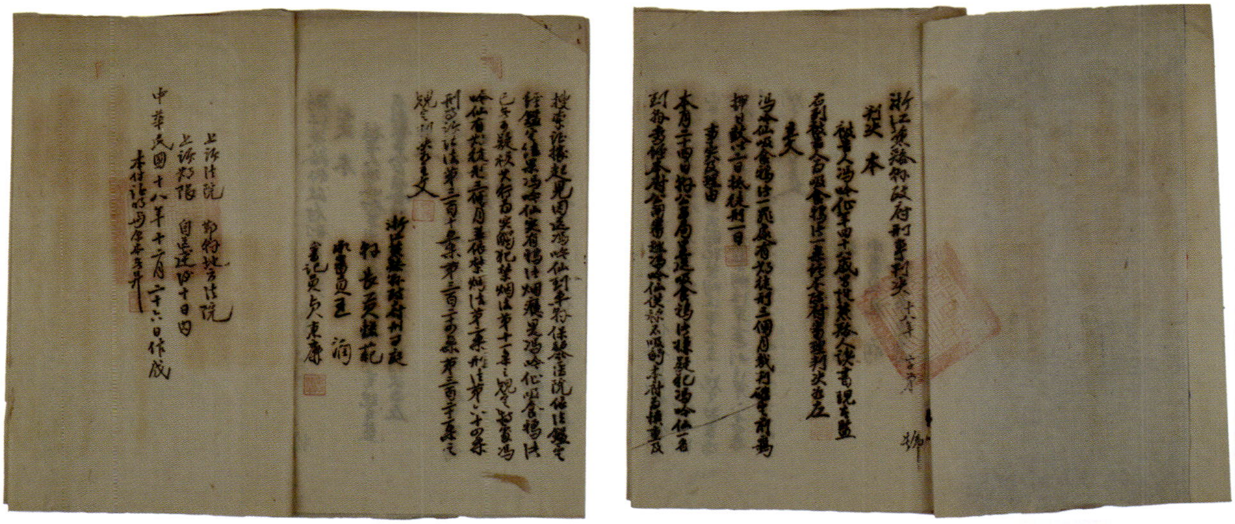

▲ 中华民国浙江慈溪县政府吸食鸦片案判决书

共三页　中华民国十八年（公元 1929 年）

判刑三个月，押二日抵一日

长 29 厘米　宽 18 厘米

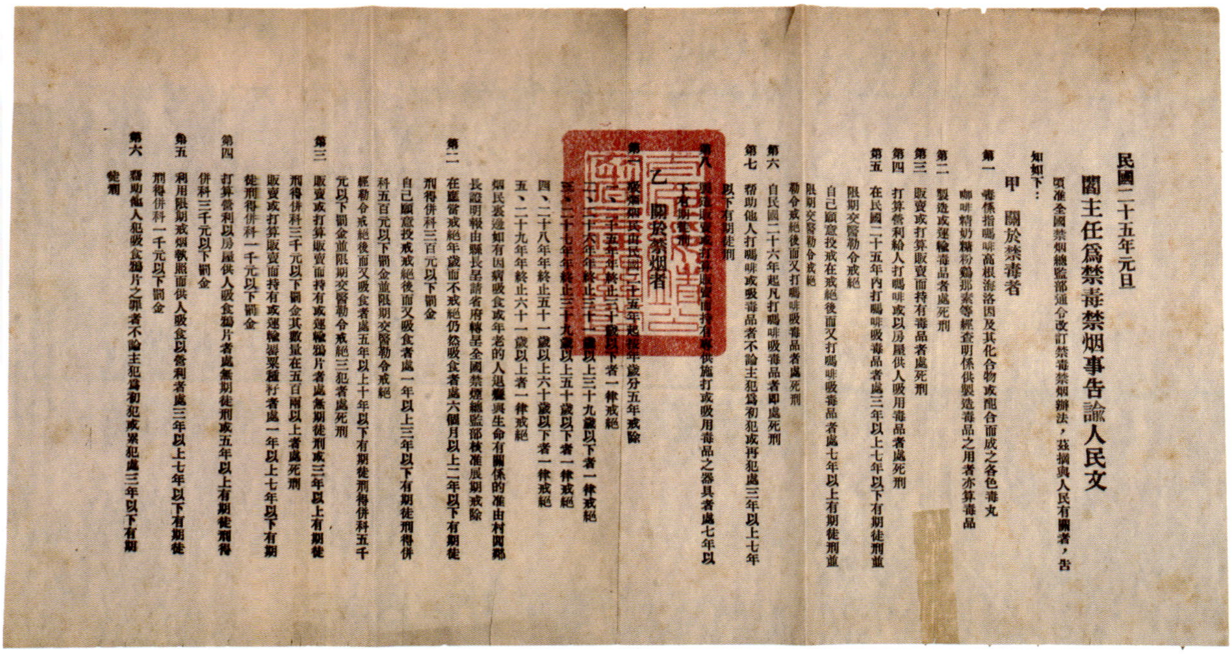

民國二十五年元旦

閻主任爲禁毒禁烟事告諭人民文

頃准全國禁烟總監部通令改訂禁毒禁烟辦法，茲摘與人民有關者，告知如下：

甲　關於禁毒者

第一　毒係指嗎啡高根海洛因及其化合物或配合而成之各色毒丸
咖啡精奶糖粉鷄那素等經查明係供製造毒品之用者亦算毒品

第二　製造或運輸毒品者處死刑

第三　販賣或打算販賣而持有毒品者處死刑

第四　打算營利給人打嗎啡或以房屋供人吸用毒品者處死刑

第五　在民國二十五年內打嗎啡吸毒品者處三年以上七年以下有期徒刑並
限期交醫勒令戒絕
自己願意投戒在戒絕後而又打嗎啡吸毒品者處七年以上有期徒刑並
限期交醫勒令戒絕
勒令戒絕後而又打嗎啡吸毒品者處死刑

第六　自民國二十六年起凡打嗎啡吸毒品者即處死刑

第七　幫助他人打嗎啡或吸毒品者不論主犯爲初犯或再犯處三年以上七年
以下有期徒刑

第八　製造販賣或打算販賣而持有專供施打或吸用毒品之器具者處七年以
下有期徒刑

乙　關於禁烟者

第一　禁煙烟民由民國二十五年起按年歲分五年戒除
一、二十五年年終止三十歲以下者一律戒絕
二、二十六年年終止三十一歲以上三十九歲以下者一律戒絕
三、二十七年年終止三十九歲以上五十歲以下者一律戒絕
四、二十八年年終止五十一歲以上六十歲以下者一律戒絕
五、二十九年年終止六十一歲以上者一律戒絕
烟民裏邊如有因病吸食或年老的人退癮與生命有關係的准由村閭鄰
長證明報由縣長呈請省府轉呈全國禁煙總監部核准展期戒除

第二　在應當戒絕年歲而不戒絕仍然吸食者處六個月以上二年以下有期徒
刑得併科三百元以下罰金
自己願意投戒戒絕後而又吸食者處一年以上三年以下有期徒刑得併
科五百元以下罰金並限期交醫勒令戒絕
經勒令戒絕後而又吸食者處五年以上十年以下有期徒刑得併科五千
元以下罰金並限期交醫勒令戒絕三犯者處死刑

第三　販賣或打算販賣而持有或運輸鴉片者處無期徒刑或三年以上有期徒
刑得併科三千元以下罰金其數量在五百兩以上者處死刑
販賣或打算販賣而持有或運輸罌粟種籽者處一年以上七年以下有期
徒刑得併科一千元以下罰金

第四　打算營利以房屋供人吸食鴉片者處無期徒刑或五年以上有期徒刑得
併科三千元以下罰金

第五　利用限期戒烟執照而供人吸食以營利者處三年以上七年以下有期徒
刑得併科一千元以下罰金

第六　幫助他人犯吸食鴉片之罪者不論主犯爲初犯或累犯處三年以下有期
徒刑

▲ 中华民国阎锡山禁毒告示

中华民国二十五年（公元 1936 年）

甲　禁毒八条

* 制造运输毒品处死刑

* 贩卖或打算贩卖而持有毒品处死刑

* 以营利打吗啡或提供房屋供人吸用毒品处死刑

乙　关于禁烟者

*1936 年底 30 岁以下戒绝

*1937 年底 39 岁以下戒绝

*1938 年底 39~50 岁戒绝

*1939 年底 50~60 岁戒绝

*1940 年底 61 以上戒绝

* 未戒绝者 5~10 年刑，5000 元以下罚金

* 贩卖鸦片处三年以上有期徒刑，3000 元以下罚金，贩卖 500 两以上死刑

长 50 厘米　宽 28 厘米

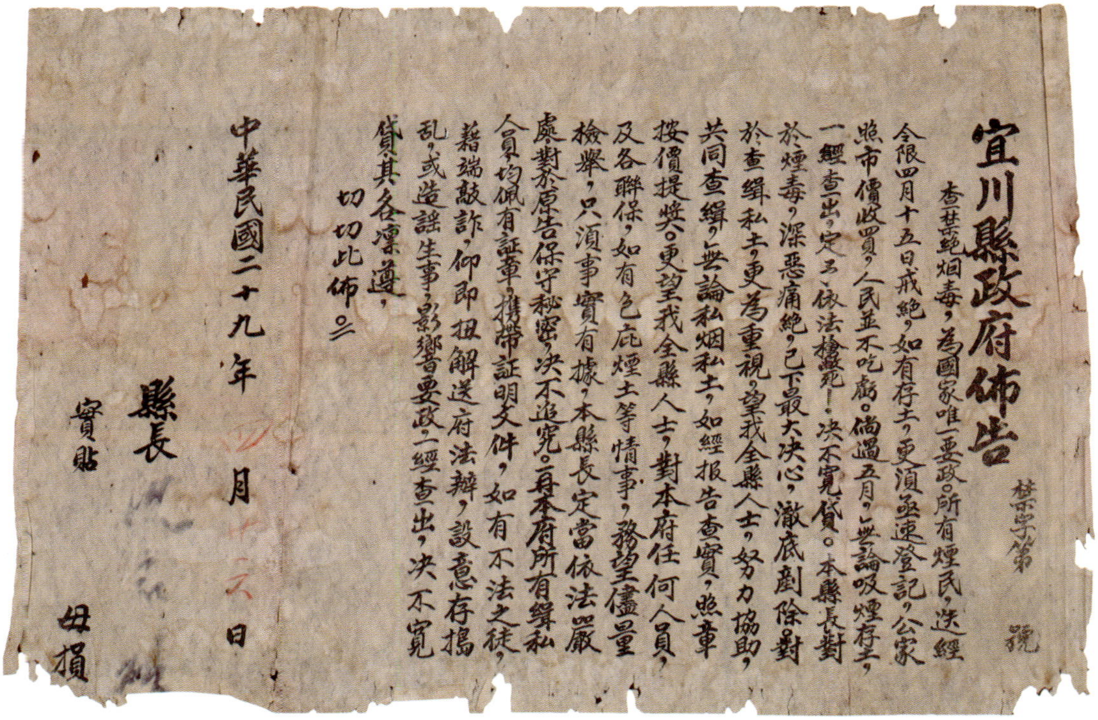
宜川縣政府佈告　禁字第　號

查禁絕烟毒，為國家唯一要政。所有煙民，迭經令限四月十五日戒絕，如有存土，更須亟速登記，公家照市價收買，人民並不吃虧。倘逾五月，無論吸煙存土，一經查出，定予依法槍斃！決不寬貸。本縣長對於煙毒，深惡痛絕，已下最大決心，澈底剷除，對於查緝私土，更為重視，望我全縣人士，努力協助，共同查緝，無論私烟私土，如經報告查實，照章按價提獎。更望我全縣人士，對本府任何人員，及各聯保，如有包庇煙土等情事，務望儘量檢舉，只須事實有據，本縣長定當依法嚴處。對於原告保守秘密，決不追究。再本府所有緝私人員，均佩有證章，攜帶證明文件，如有不法之徒，藉端敲詐，仰即扭解送府法辦，設意存搗亂，或造謠生事，影響要政，一經查出，決不寬貸，其各凜遵。

切切此佈。

縣長

實貼

中華民國二十九年　月　日

▲ 中华民国时期宜川县政府禁烟布告

鸦片市价收买，违者枪毙 中华民国二十九年（公元 1940 年）。

长 42 厘米 宽 29 厘米

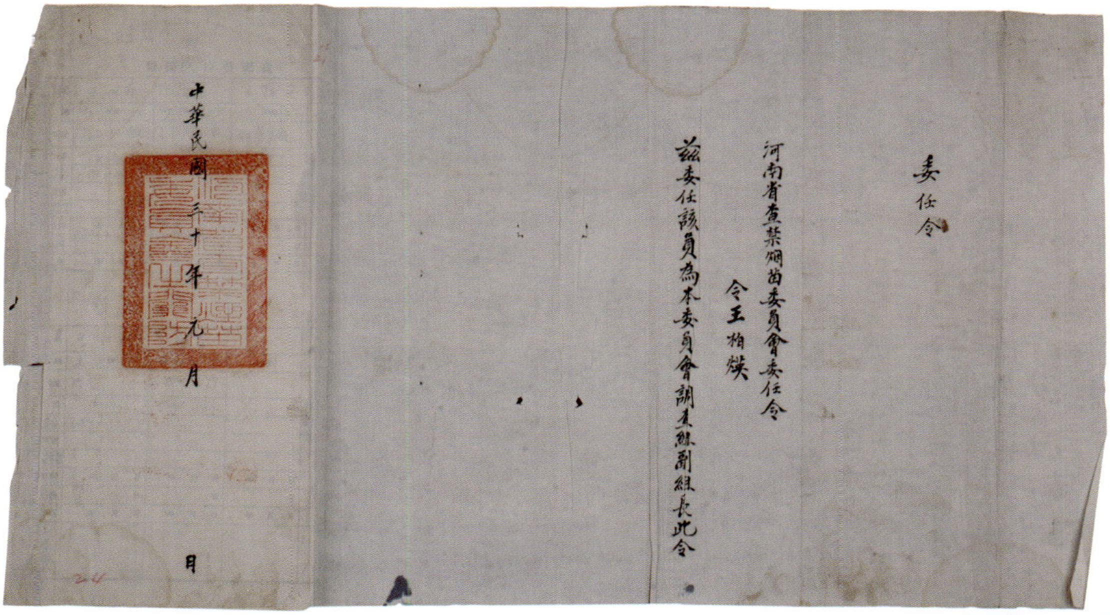
委任令

河南省查禁烟苗委員會委任令

令王柏英

茲委任該員為本委員會調查組副組長此令

中華民國三十年元月　日

▲ 中华民国时期河南省查禁烟苗委员会委任状

河南省禁烟苗委员会关防 中华民国三十年元月（公元 1941 年）。

令王柏英为禁烟苗组副组长。

长 47 厘米 宽 26 厘米

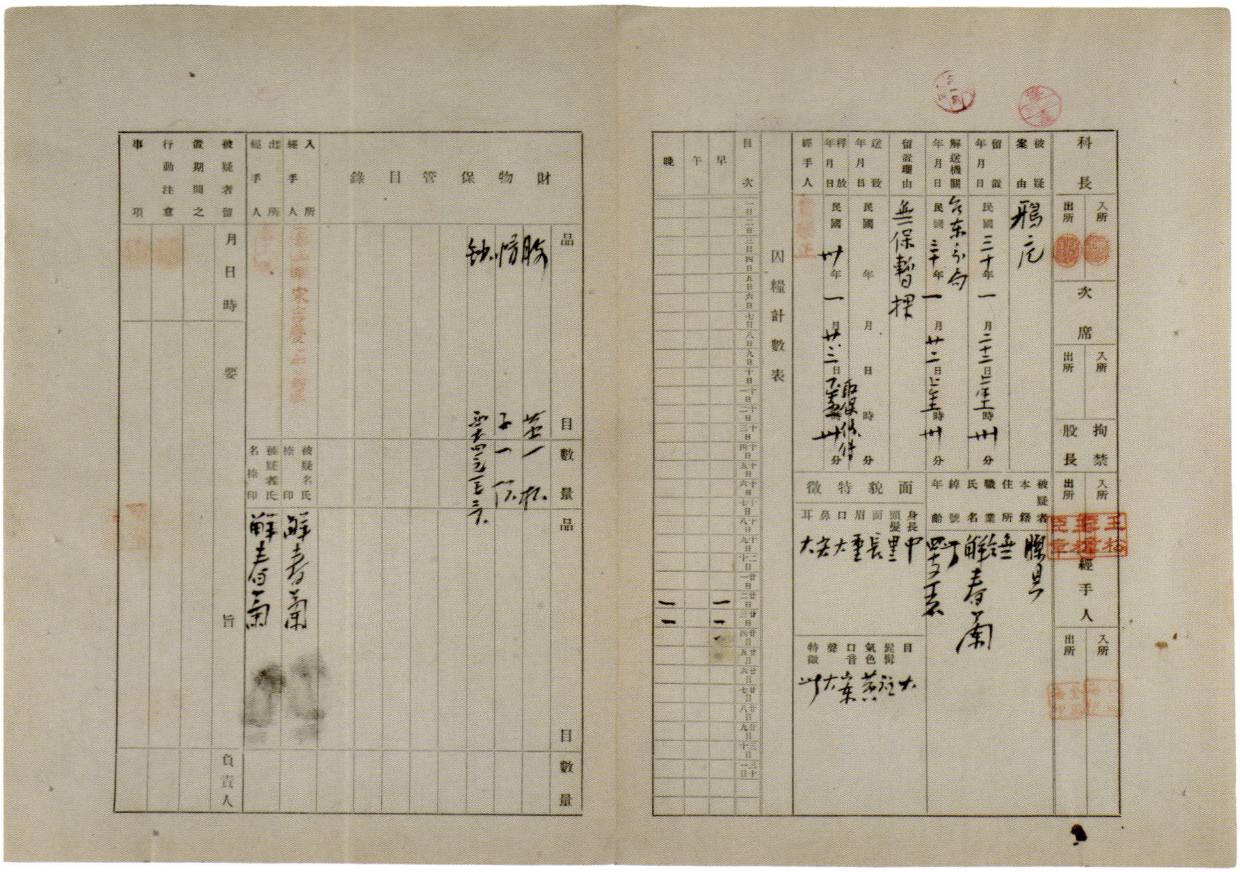

▲ 中华民国时期胶县看守所出入单

共二页，中华民国三十年（公元 1941 年）。

案由 鸦片

解春兰 无保暂押

长 29 厘米 宽 19 厘米

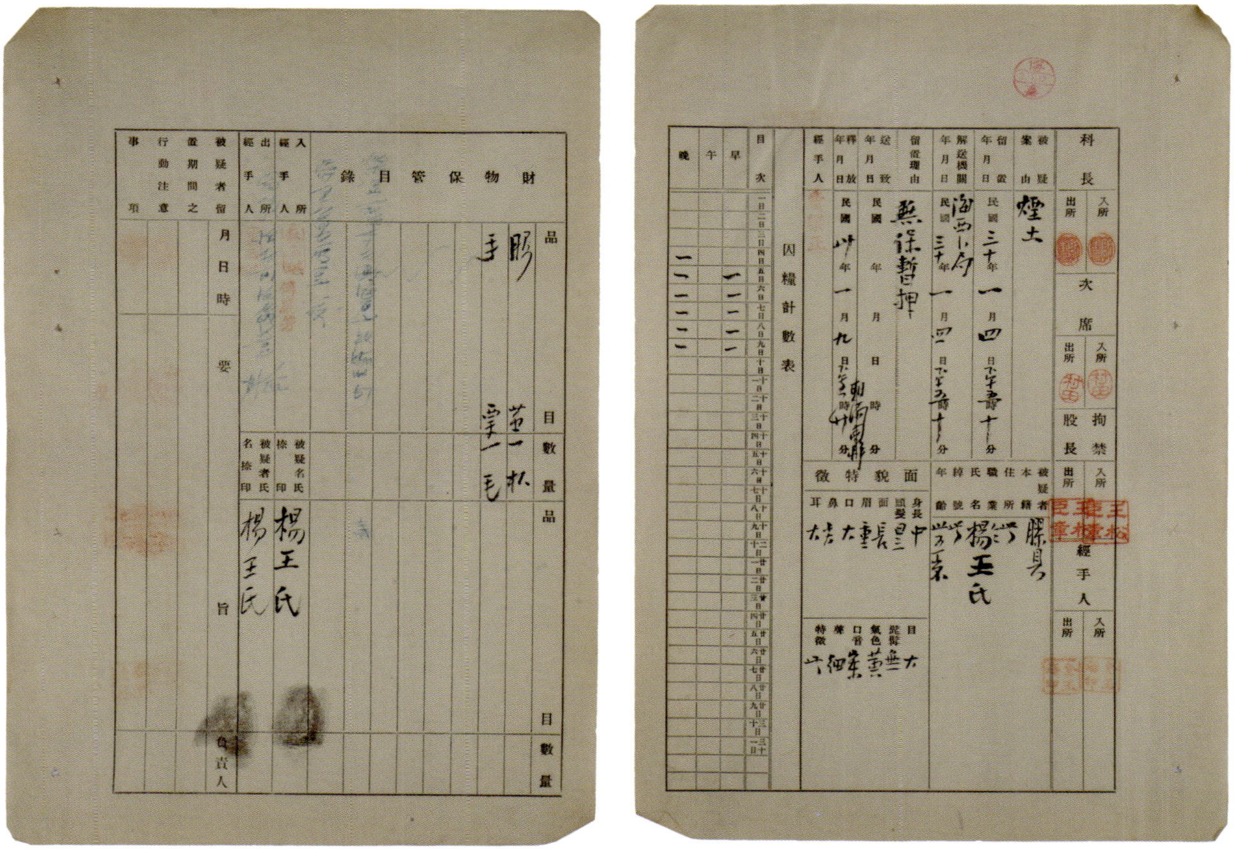

▲ 中华民国时期胶县看守所出入单

共二页，中华民国三十年（公元 1941 年）

案由　烟土

杨王氏　无保暂押

长 29 厘米　宽 19 厘米

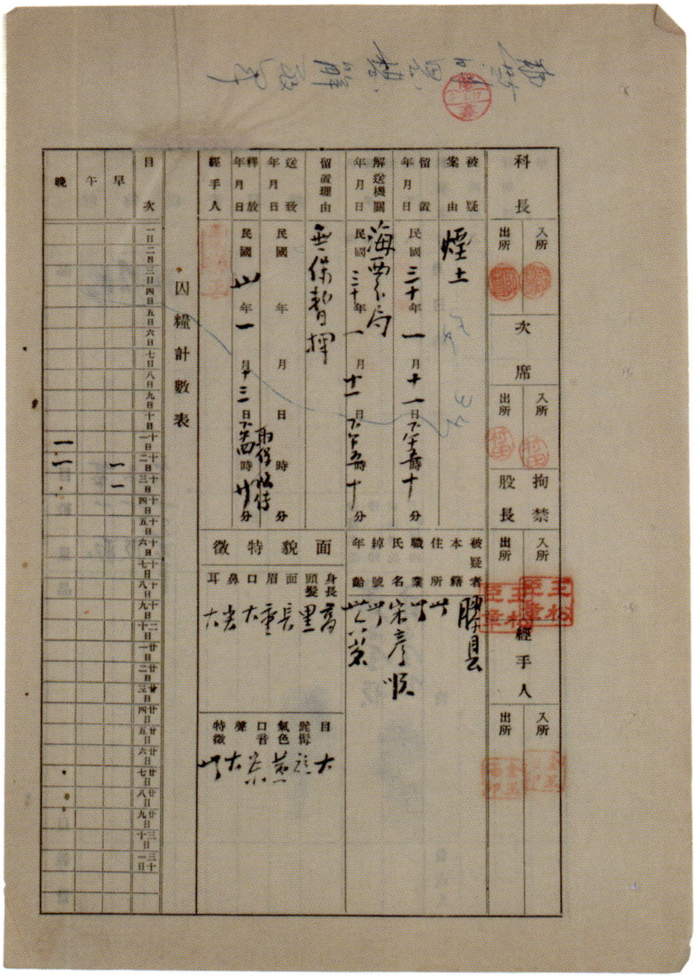

科長 入所 出所

次席 入所 出所

拘禁股長 入所 出所

經手人 入所 出所

被疑案由 煙土

留置年月日 民國三十年一月十一日下午 時十分

解送機關年月日 海西分局 民國三十年一月十二日下午 時十分

留置理由 無保暫押

送致年月日 民國 年 月 日 時 分

釋放年月日 民國卅年一月 日 時 分

經手人

被疑者 本籍 住所 職業 氏名 綽號 年齡

膠县 宋彦顺

面貌特徵 身長 頭髮 面 眉 口 鼻 耳

目 鬍鬚 氣色 口音 體格 特徵

囚糧計數表

日次 早 午 晚

▲ 中华民国时期胶县看守所出入单

共二页，中华民国三十年（公元 1941 年）

被疑案由 烟土

宋彦顺 无保暂押

长 29 厘米 宽 19 厘米

A

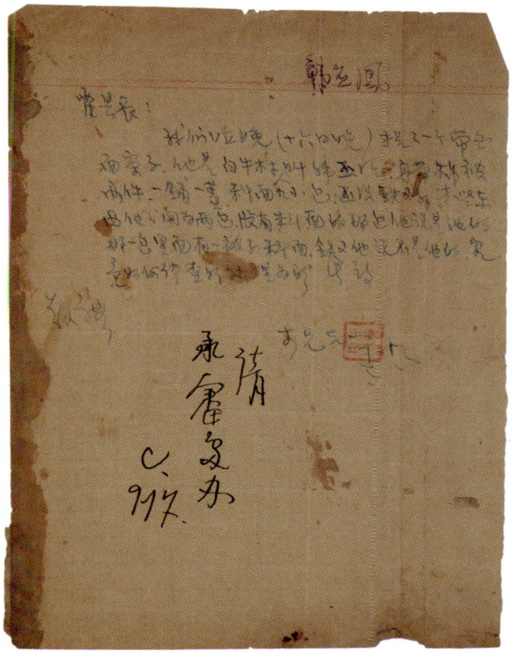

B

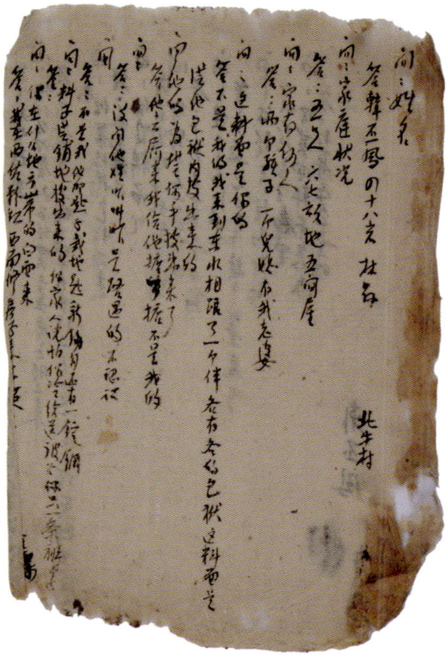

C

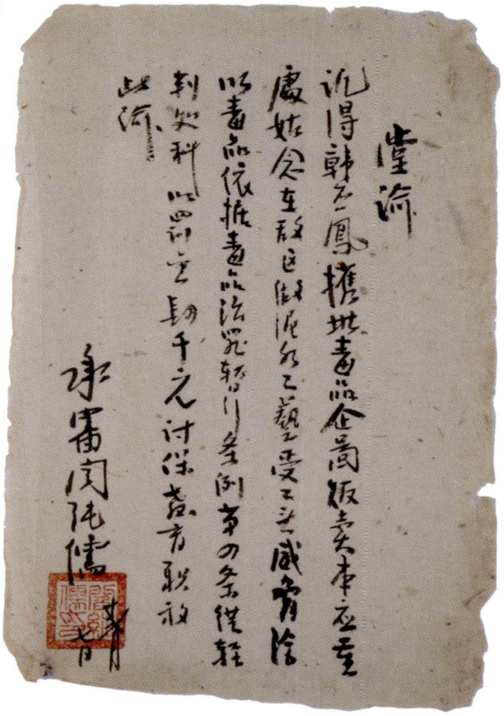

D

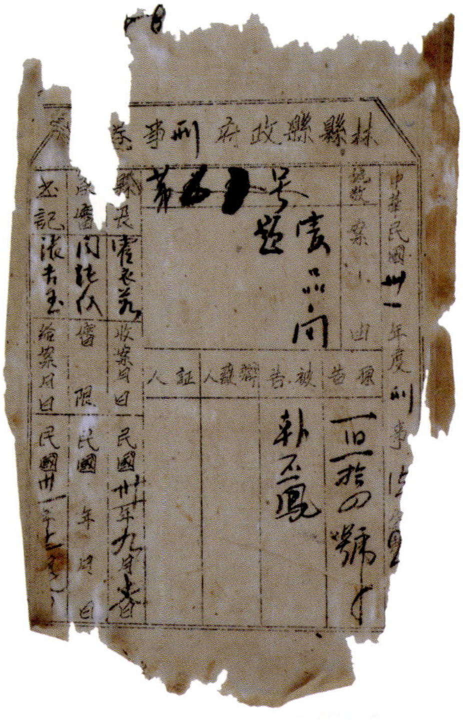

E

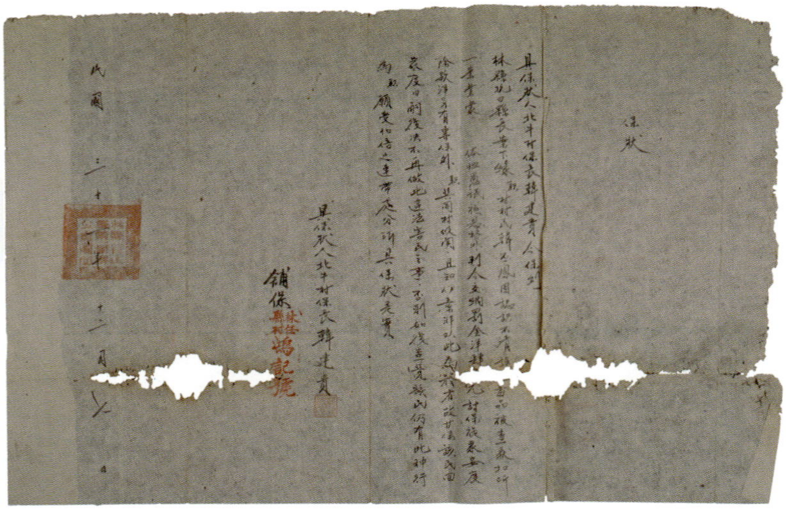

▲ 中华民国林县运毒犯审问文件（4 份）

A. 办事人员给林县县长霍某的信件“我们昨晚提了一个带白面的案子，料面九小包，他说两包是他的，余不是他的，如何查处？”县长批示“请承审处办”。

B. 审讯记录，答：“韩丕凤，四十八岁，林县北牛村木匠”，“带九包料子，一包是十元买的……”有结束手印。

C. 堂谕：“诉得韩丕凤携带毒品，企图贩卖……姑念在敌区做工，受工头威胁……，依据毒品治罪暂行条例第四条从轻判处，科以罚金肆千元，讨保教育释放。

D. 林县县政府刑事卷宗　第 61 号被告韩丕凤，案由，毒品问题，县长、承审书记签字。民国三十一年（公元 1942 年）。

尺寸不一

E. 北牛村保长韩建中保状，保韩丕凤，决不再犯，并有林县任村鸿记号铺保。民国三十一年十二月七日（公元 1942 年），后有林县行山乡第一保释公处图章。

A

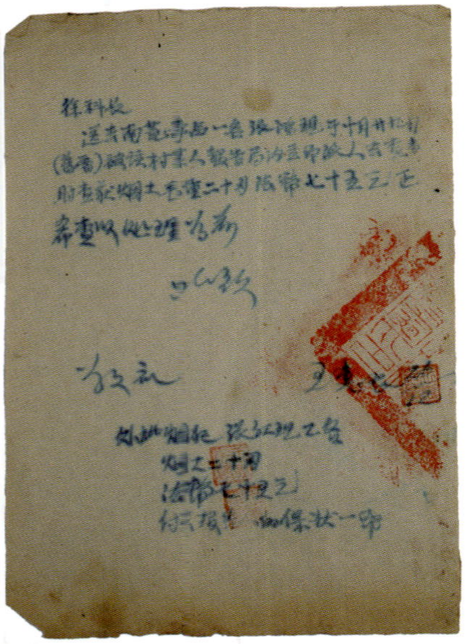

B

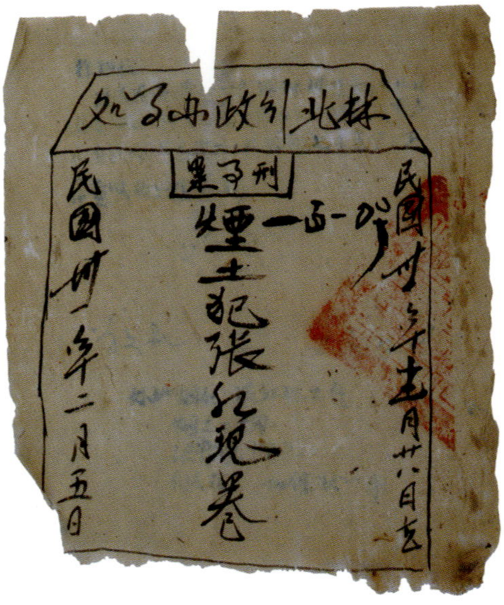

▲ 中华民国林北行政办事处烟土犯刑事票（三张）

A. 申请批捕信：徐科长，送去毒品犯一名，张鸿现，据村人报告，查获烟土毛重二十两，法币 75 元整，希查收处理；附有报告人的保状一张。

B. 林北行政办事处刑事票，为手绘，1010 号，民国三十年十二月二十八日（公元 1941 年 12 月 28 日）查烟土犯张红（鸿）现卷，民国三十一年（公元 1942 年）二月五日判决。

尺寸不同

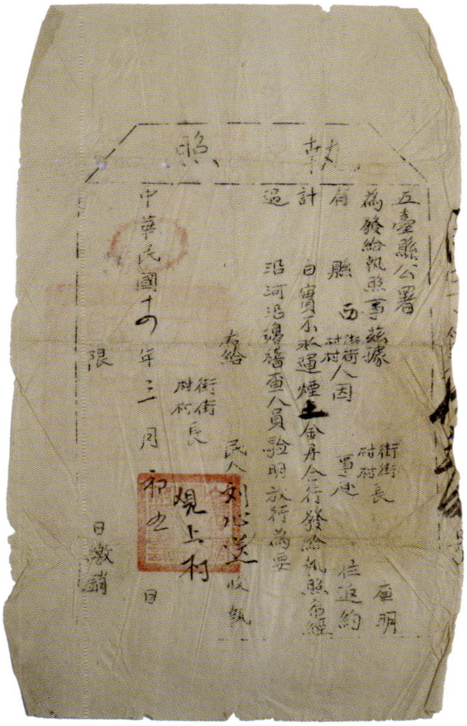

執照

五臺縣公署
為發給執照事茲據
有 縣 西 街村 人因
計 日實不販運煙土金丹合行發給執照前經
過 沿河沿邊稽查人員驗明放行為要
右給 民人 刘心美 收執
中華民國十四年三月初九日
限 日繳銷

▲ 1925 年五台县公署行路执照

证明过路人不贩运烟土、金丹，发给执照，途经沿河，沿边稽查，人员验明放行。

中华民国十四年三月初九

长 27 厘米 宽 16 厘米

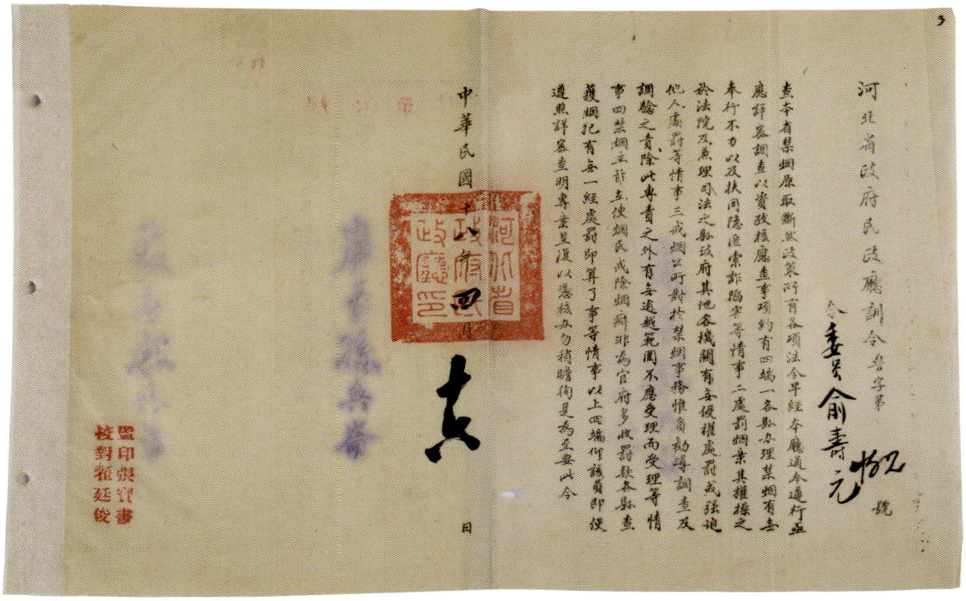

河北省政府民政廳訓令 字第 號

令委員俞壽元

查本省禁煙原取斷然政策所有各項法令早經本廳通令遵行並應詳密調查以資考核應查事項約有四端一各縣辦理禁煙有無奉行不力以及扶同隱匿索詐賄賣等情事二處罰煙案其權操之於法院及兼理司法之縣政府其他各機關有無侵權處罰或強迫他人處罰等情事三戒煙公所對於禁煙事務惟負勸導調查及調驗之責除此專責之外有無逾越範圍不應受理而受理等情事四禁煙主旨在使煙民戒除煙癖非為官府多收罰款各縣查獲煙犯有無一經處罰即算了事等情事以上四端仰該員即便遵照詳密查明專案呈復以憑核奪勿稍瞻徇是為至要此令

中華民國十八年四月 日

監印 校對

▲ 1929 年河北省政府训令

河北省政府民政厅训令，委员俞寿元，本省禁烟原取断然政策，分四条应查事项。厅长孙奂崙。

中华民国十八年四月

长 26 厘米 宽 21 厘米

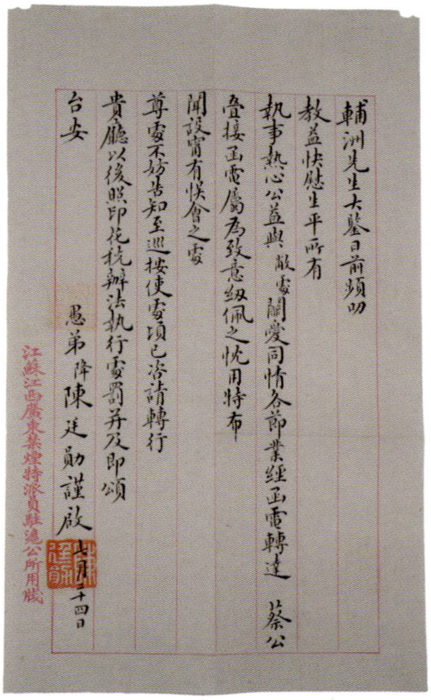

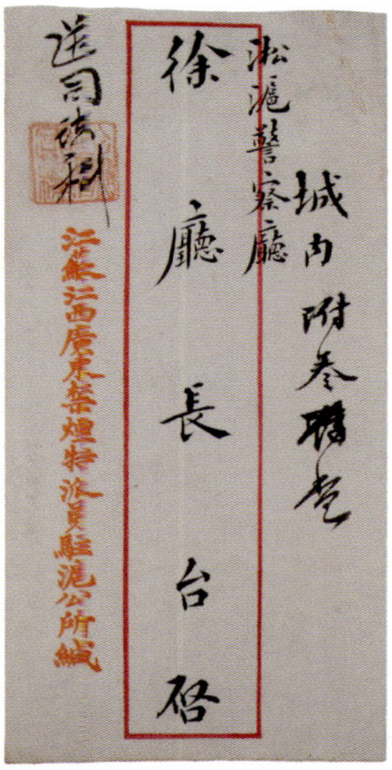

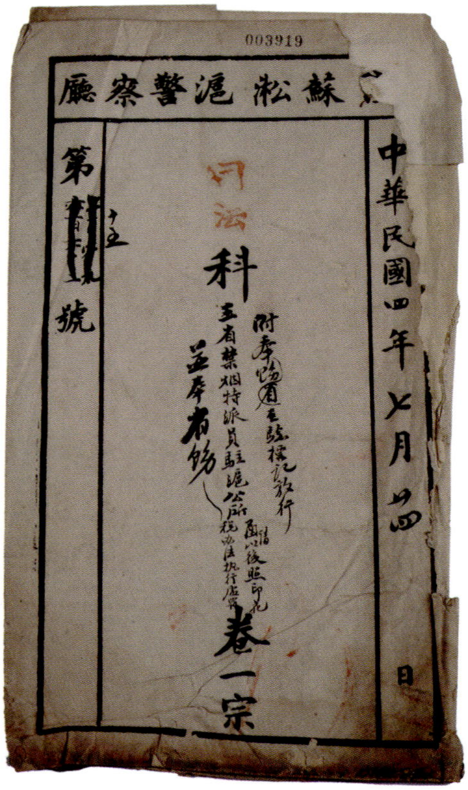

▲ 江苏江西广东禁烟特派员信札

三省禁烟特派员驻沪公所给苏淞沪警察厅的信札。

特派员陈廷勋

卷宗 长 29 厘米 宽 19 厘米

信封 长 21 厘米 宽 10 厘米

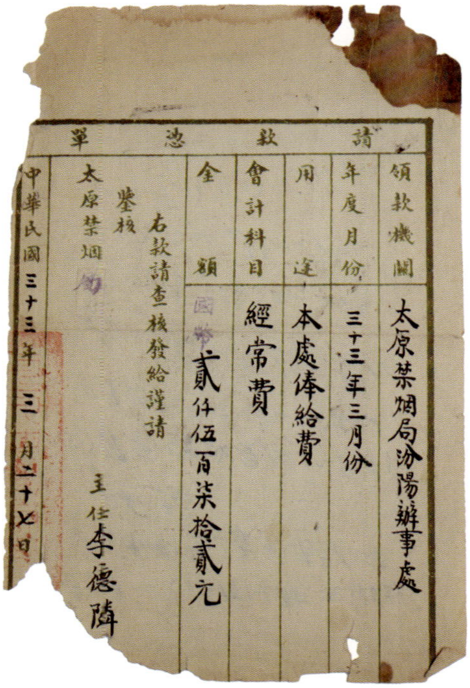
請款憑單

領款機關	年度月份	用途	會計科目	金額
太原禁烟局汾陽辦事處	三十三年三月份	本處俸給費	經常費	國幣貳仟伍百柒拾貳元

右款請查核發給謹請

鑒核

太原禁烟局

主任李德隣

中華民國三十三年三月二十七日

▲ 太原禁烟局汾阳办事处工费单

中华民国三十三年（公元 1944 年）太原禁烟局汾阳办事处三月份经常费

国币二千五百七十二元

长 19.5 厘米　宽 14.5 厘米

▲ 中华民国禁烟总局颁发一角税票

两长联张，有中华民国国旗和国民党旗，图案为双地图加马鹰。

长 5 厘米　宽 3 厘米

▲ 奉天禁烟善后局一两销毁证

长 2.5 厘米　宽 2.5 厘米

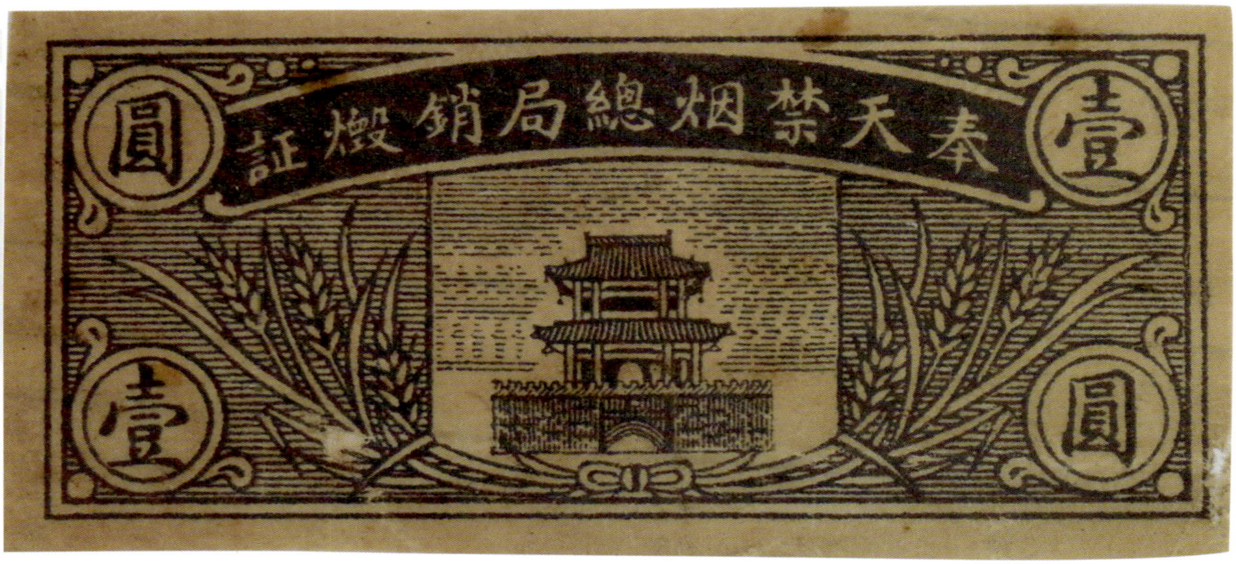

▲ 奉天禁烟总局一元销毁证

长 4.6 厘米 宽 2 厘米

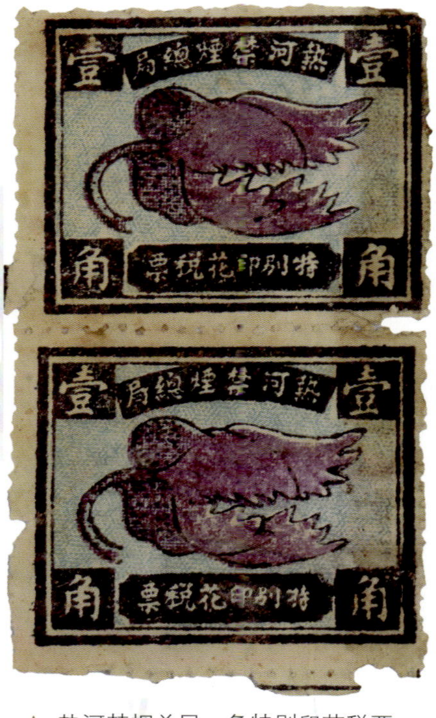

▲ 热河禁烟总局一角特别印花税票

长 4.8 厘米 宽 3.8 厘米

▲ 中华民国福建禁烟印花一角税票

上有福建禁烟支处印章

并有“卖”字样印章

长 3.2 厘米 宽 3.5 厘米

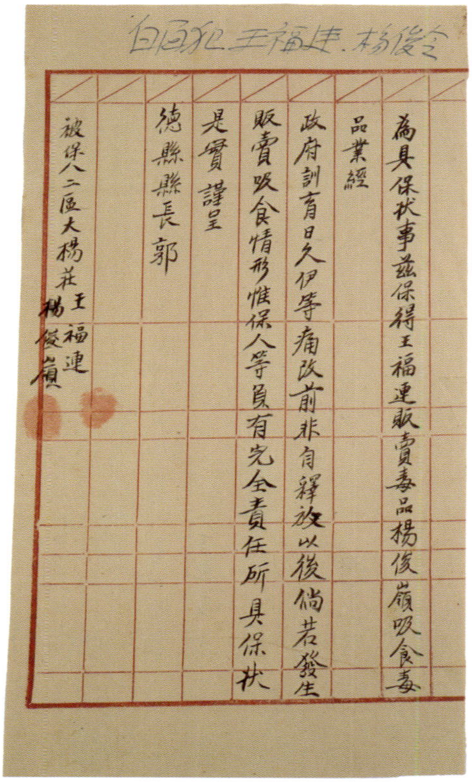

白面犯 王福建. 杨俊岭

為具保狀事茲保得王福連販賣毒品楊俊嶺吸食毒
品業經
政府訓育日久伊等痛改前非自釋放以後倘若發生
販賣吸食情形惟保人等負有完全責任所具保狀
是實謹呈
德縣縣長郭
被保人二區大楊莊王福連 楊俊嶺

▲ 中华民国贩卖毒品及吸食毒品犯具保书

中华民国三十四年（1945 年）

王福建贩卖毒品，杨俊岭吸食鸦片，由政府训育，痛改前非，请允释放。

保人为大杨庄村长一人，甲长两人，公民一人，共四人画押。

长 27 厘米 宽 30 厘米

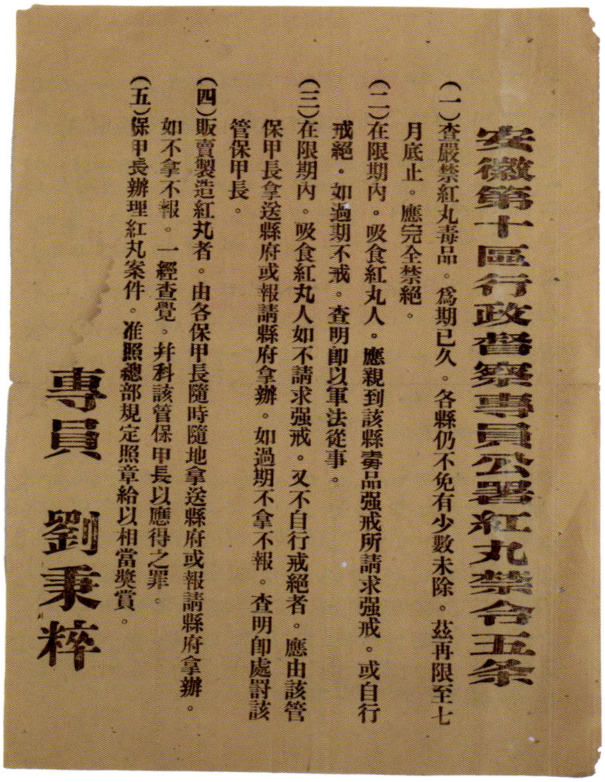

安徽第十區行政督察專員公署紅丸禁令五條

(一)查嚴禁紅丸毒品。為期已久。各縣仍不免有少數未除。茲再限至七月底止。應完全禁絕。
(二)在限期內。吸食紅丸人。應親到該縣毒品強戒所請求強戒。或自行戒絕。如過期不戒。查明即以軍法從事。
(三)在限期內。吸食紅丸人如不請求強戒。又不自行戒絕者。應由該管保甲長拿送縣府或報請縣府拿辦。如過期不拿不報。查明即處罰該管保甲長。
(四)販賣製造紅丸者。由各保甲長隨時隨地拿送縣府或報請縣府拿辦。如不拿不報。一經查覺。并科該管保甲長以應得之罪。
(五)保甲長辦理紅丸案件。准照總部規定照章給以相當獎賞。

專員 劉秉粹

▲ 中华民国安徽第十区行政督察专员公署红丸禁令五条

为查禁红丸所作的公示，食红丸者申报戒毒，违者捉拿；贩卖制造红丸者捉归案，保甲长办理得法获奖赏。

签字令者专员：刘秉粹

长 27 厘米 宽 20 厘米

▲ 中华民国时期宜春县禁烟会赠白瓷印花茶杯

白瓷印五色牡丹“民族之光”“宜春县第四届运动会”“县禁烟委员会赠”字样

直径 7.4 厘米 高 6 厘米

2013 年夏购于姚杰先生处

▲ 清末法文宣传画捉拿烟犯

彩色印刷
长 35 厘米　宽 28 厘米

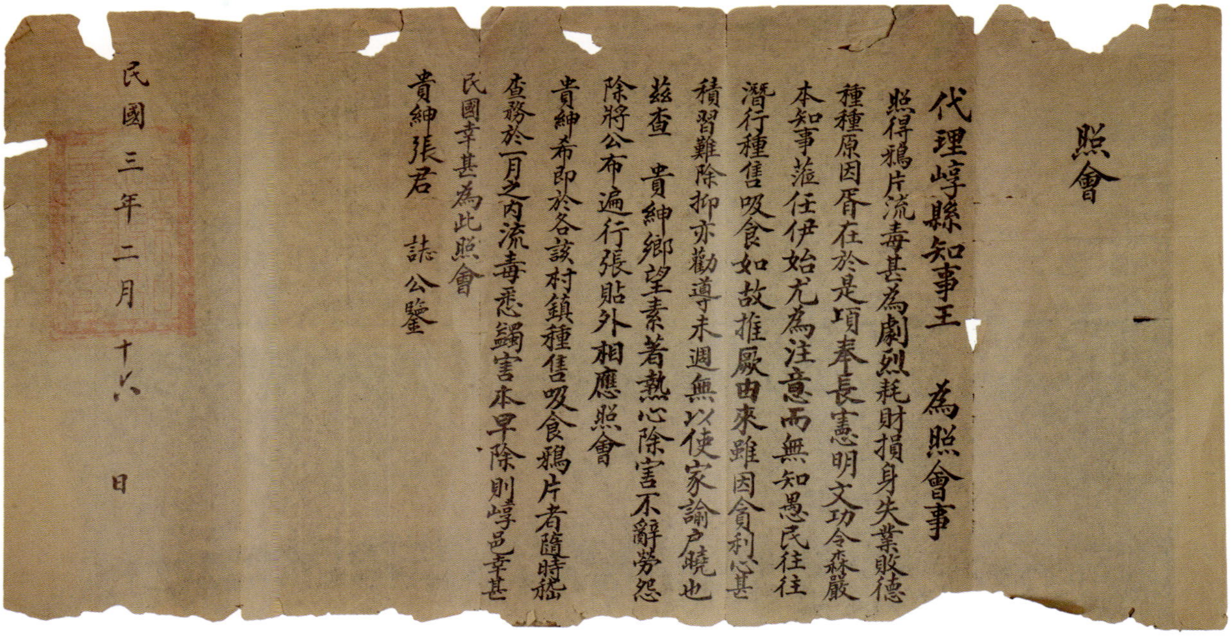

照會

代理崞縣知事王　為照會事
照得鴉片流毒甚為劇烈耗財損身失業敗德
種種原因胥在於是頃奉長憲明文功令森嚴
本知事蒞任伊始尤為注意而無知愚民往往
潛行種售吸食如故推厥由來雖因貪利心甚
積習難除抑亦勸導未週無以使家諭戶曉也
茲查　貴紳鄉望素著熱心除害不辭勞怨
除將公布遍行張貼外相應照會
貴紳希即於各該村鎮種售吸食鴉片者隨時嚴
查務於一月之內流毒悉蠲害本早除則崞邑幸甚
民國幸甚為此照會
貴紳張君　誌公鑒

民國三年二月十六日

▲ 中华民国禁烟照会
崞县王知事中华民国三年（公元 1913 年）：照会张姓乡绅戒鸦片事由
长 50 厘米　宽 25 厘米

▲ 瘾氏群殴宣传画

清末禁烟宣传画“瘾氏群殴”烟鬼打架。

套色印刷

长 50 厘米　宽 35 厘米

2003 年购于琉璃厂张德岳先生处

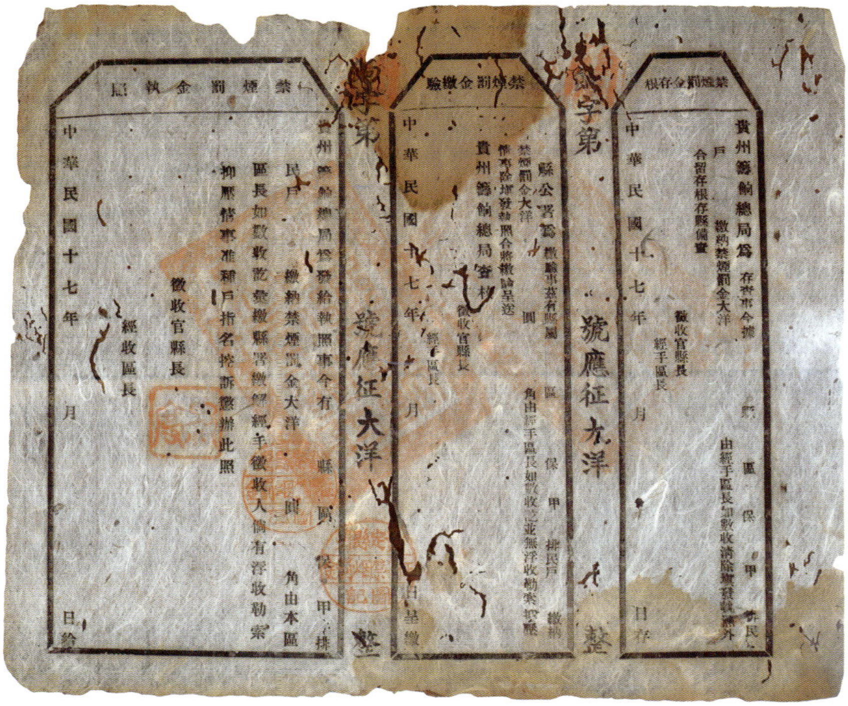

禁煙罰金執照

貴州籌餉總局發給執照事今有　縣　區　保　甲　排民戶
繳納禁煙罰金大洋　圓　角由本區
區長如數收訖發繳縣署繳解經手徵收人備有浮收勒索
抑壓情事准稱戶指名控訴懲辦此照

徵收官縣長

經收區長

中華民國十七年　月　日給

字第　號應征大洋　整

禁煙罰金繳驗

縣公署爲繳驗事茲有縣屬　區　保　甲　排民戶　繳納
禁煙罰金大洋　圓　角由經手區長如數收訖並無浮收勒索
貴州籌餉總局查核

徵收官縣長

經手區長

中華民國十七年　月　日呈繳

字第　號應征大洋　整

禁煙罰金存根

貴州籌餉總局爲存查事今據　縣　區　保　甲　排民
戶　繳納禁煙罰金大洋　由經手區長如數收清除繳發執照外
合留存根存縣備查

徵收官縣長

經手區長

中華民國十七年　月　日存

▲ 中华民国贵州筹饷局禁烟罚金执照

民国十七年（1928 年）贵州筹饷局禁烟署罚金大洋空白执照及缴验和存根空白文件。

长 28 厘米　宽 25 厘米

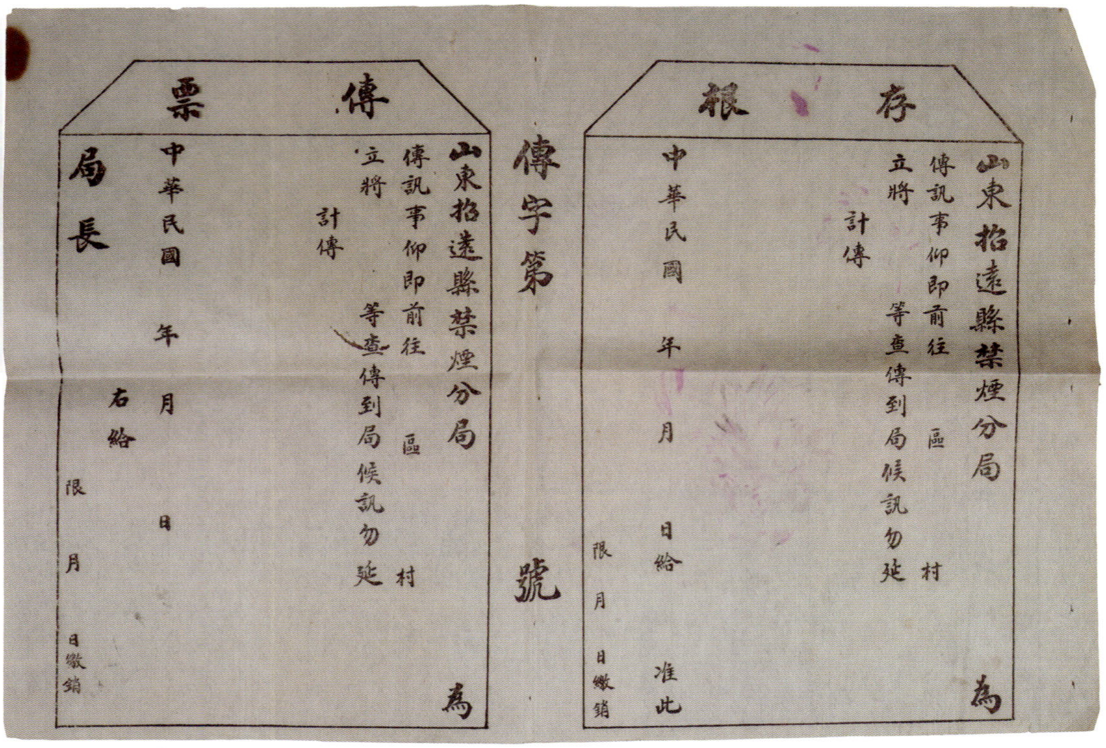
存根
山東招遠縣禁煙分局
為
傳訊事仰即前往　區　村
立將　等查傳到局候訊勿延
計傳
中華民國　年　月　日給
准此
限　月　日繳銷

傳字第　號

傳票
山東招遠縣禁煙分局
為
傳訊事仰即前往　區　村
立將　等查傳到局候訊勿延
計傳
中華民國　年　月　日
右給
限　月　日繳銷
局長

▲ 中华民国山东招远县禁烟分局传讯传票

传讯禁烟事由空白传票及存根。

长 38 厘米 宽 27 厘米

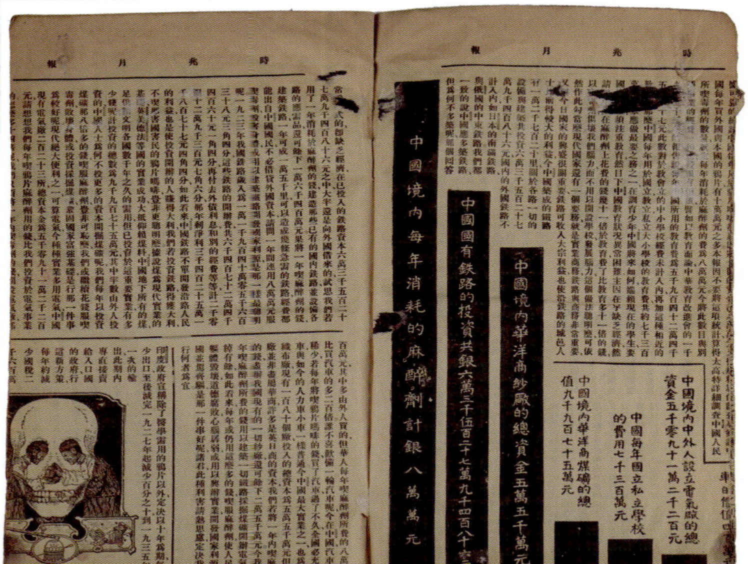

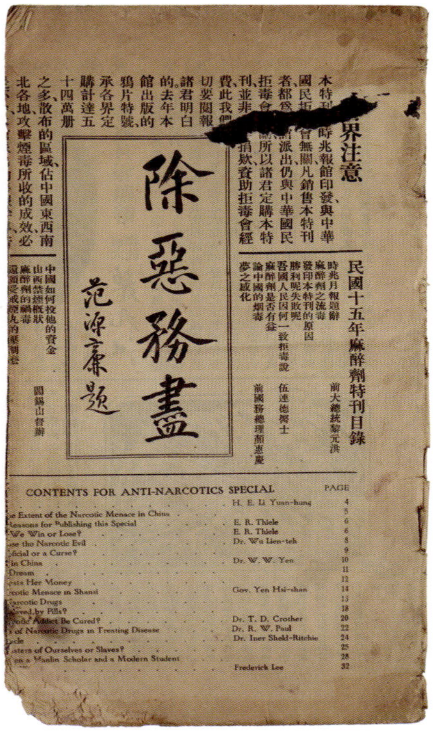

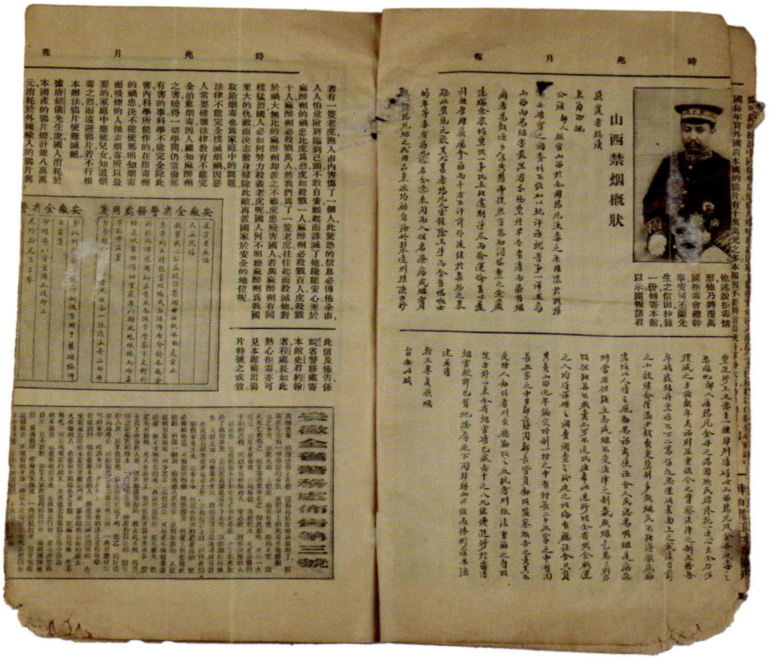

▲ 中华民国麻醉剂特刊除恶务尽

中华民国十五年（1926 年）所出版禁烟刊物，内有前大总统黎元洪、前总理颜惠庆、山西督办阎锡山等文章。

长 26 厘米 宽 14 厘米

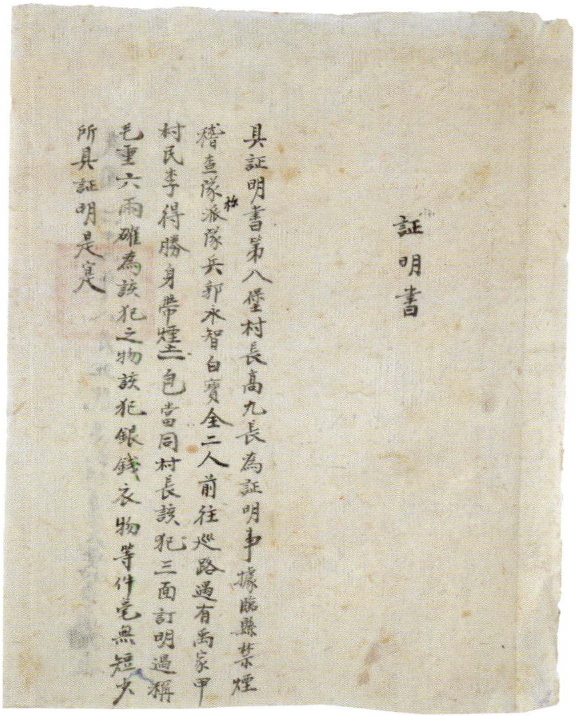

證明書

具証明書第八堡村長高九長為証明事據臨縣禁煙
稽查隊派隊兵郭永智白寶全二人前往巡路過有禹家甲
村民李得勝身帶煙土一包當同村長該犯三面訂明過稱
毛重六兩確為該犯之物該犯銀錢衣物等件毫無短欠
所具証明是實

▲ 中华民国稽查烟土证明书

中华民国二十二年八月（1933 年）稽查队队兵二人查得村民李某身带烟土一包，同村长一同称重六两，村长高九长出示证明。

长 39 厘米 宽 25 厘米

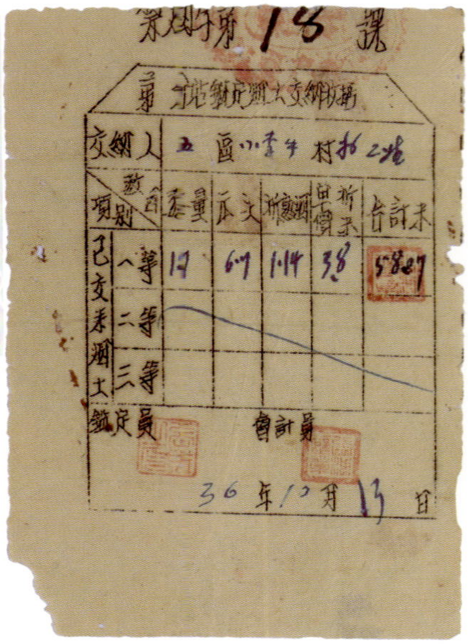

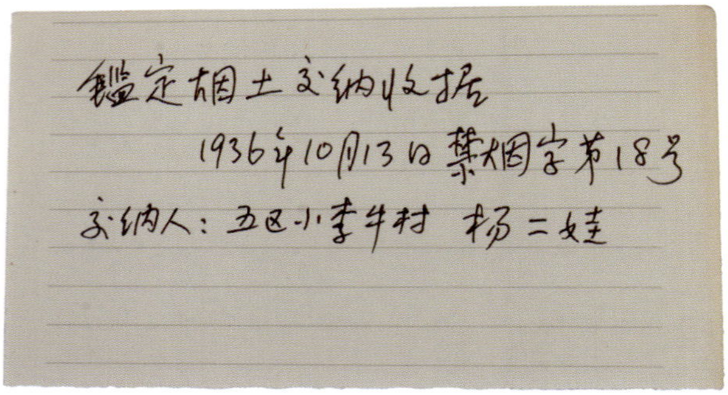
鑑定烟土交纳收据
1936年10月13日 禁烟字第18号
交纳人：五区小李牛村 杨二娃

▲ 中华民国烟土缴纳收据

1936 年 10 月 13 日，禁烟字 18 号，五区小李牛村杨二娃交纳一等烟 6 两。

长 14 厘米 宽 9 厘米

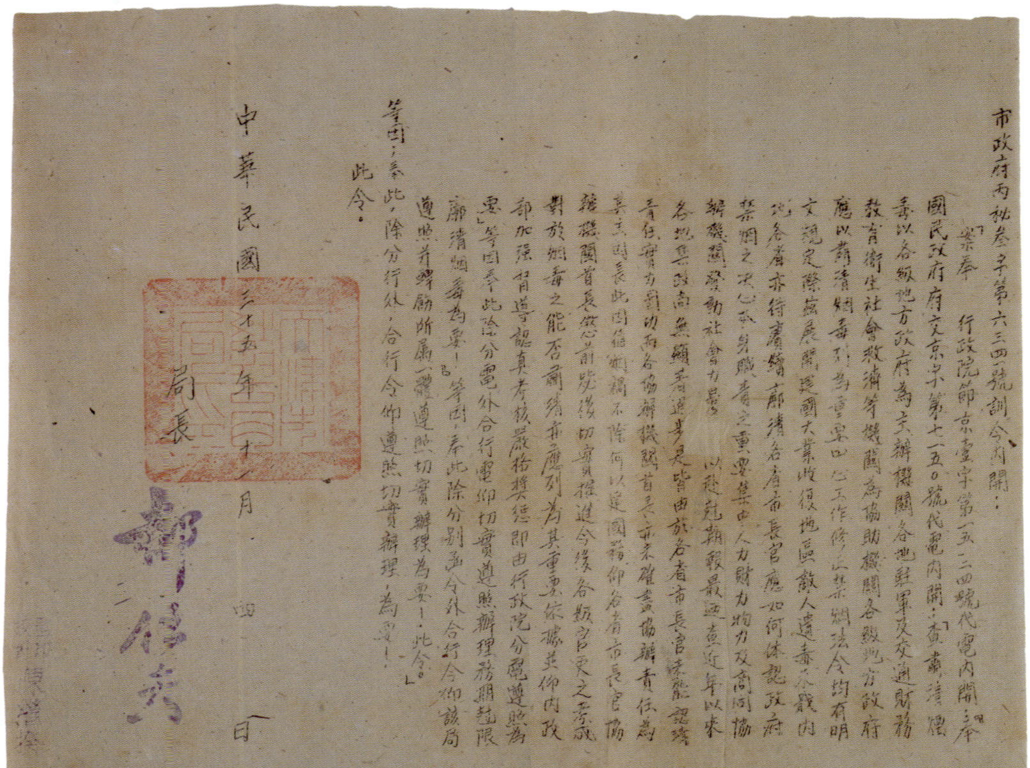

▲ 中华民国天津市禁鸦片烟训令

中华民国三十五年（1946 年）天津市奉国民政府令查肃清烟毒，禁毒局长郝侈夫。

长 37 厘米 宽 26 厘米

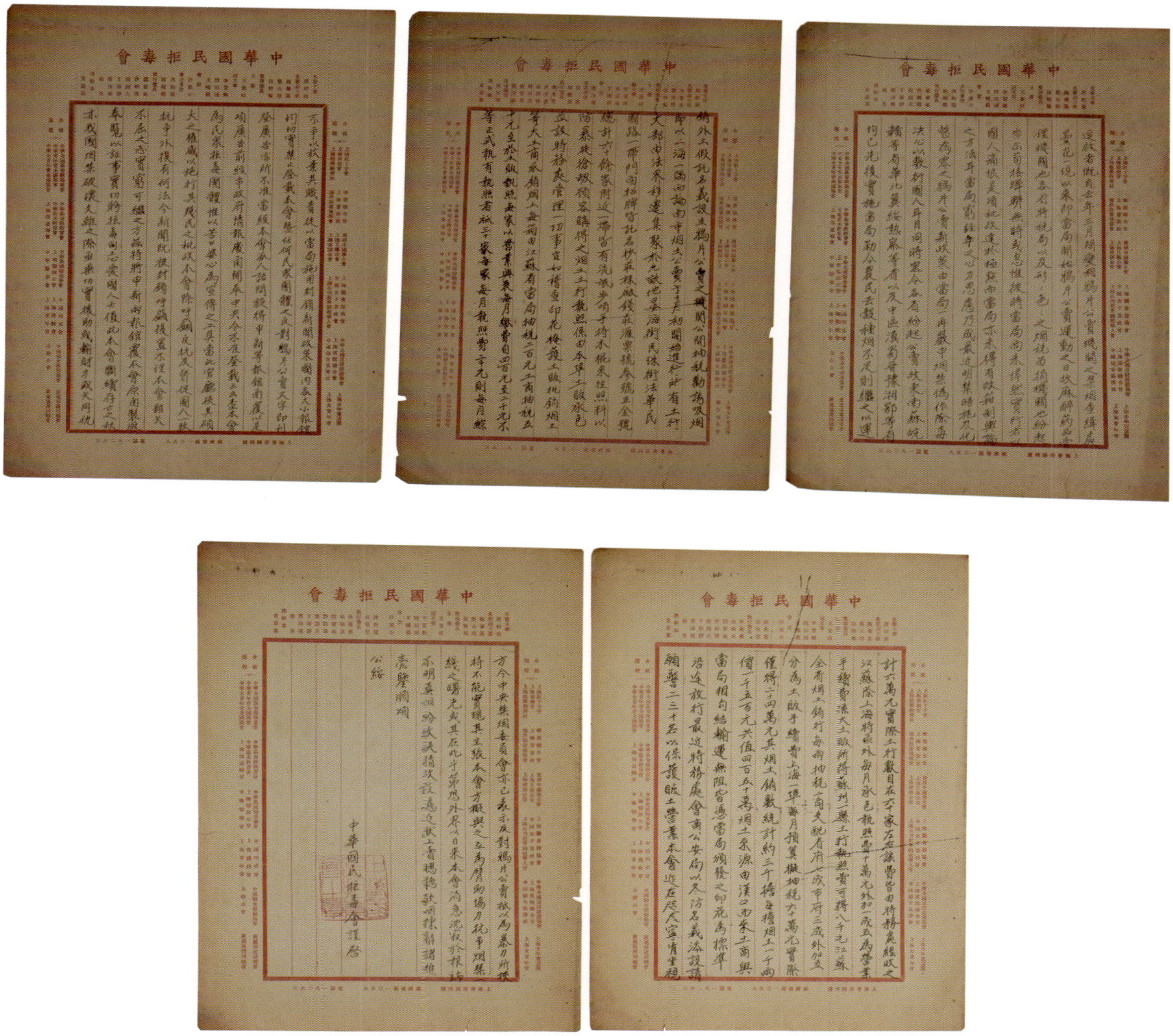

▲ 中华民国拒毒会公开信（五页）

中华民国拒毒会由上海市商会、上海红十字会、华侨联合会、中华全国基督教协进会、中华基督教教育会等三十三个团体，名誉主席前总理唐绍议，名誉旧主席蔡元培等，主席王景岐，拒毒会会址：上海香港路四号，公开信表明拒毒宗旨。

长 28 厘米　宽 20 厘米

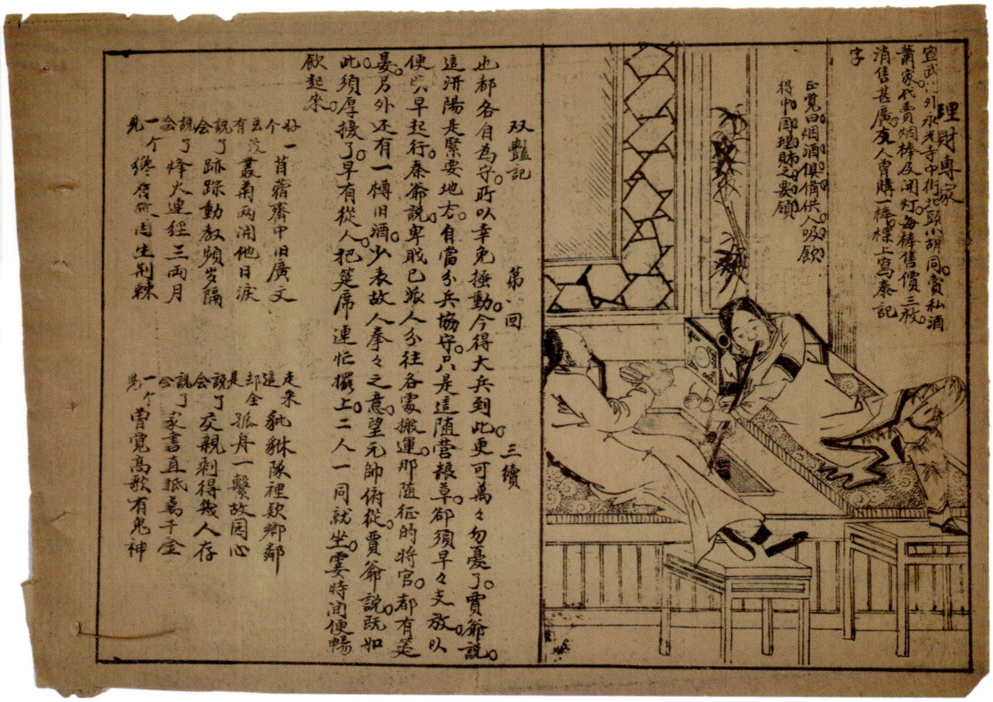

▲ 中华民国浅说画报 1537 号

中华民国元年（1912 年）4 月 3 日，共三页六开，内有一幅禁烟绘图，理财专家、宣武门外永光寺中街北头小胡同卖私酒肖家，代卖烟棒及开灯，每棒售价三枚，销售甚广，友人曾购一棒，标上写“泰记”。

长 24 厘米　宽 18 厘米

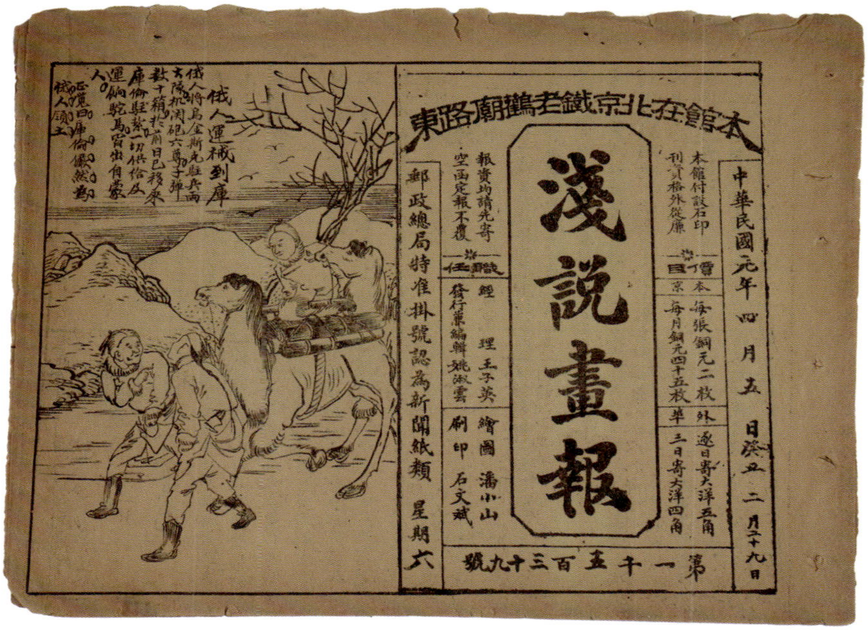

▲ 中华民国浅说画报 1539 号

中华民国元年（1912 年）4 月 5 日，共三页六开，内有一幅禁烟绘图，烟花银行，大吉巷西头路南第一门，旧隶三海小班张鸿宝。身为一品总办，屋藏名花三四位．烟具五六套。品花照小班价值，鸦片格外克己，日进千金，一班暗娼及烟鬼无不羡其银行之发财。

长 24 厘米　宽 18 厘米

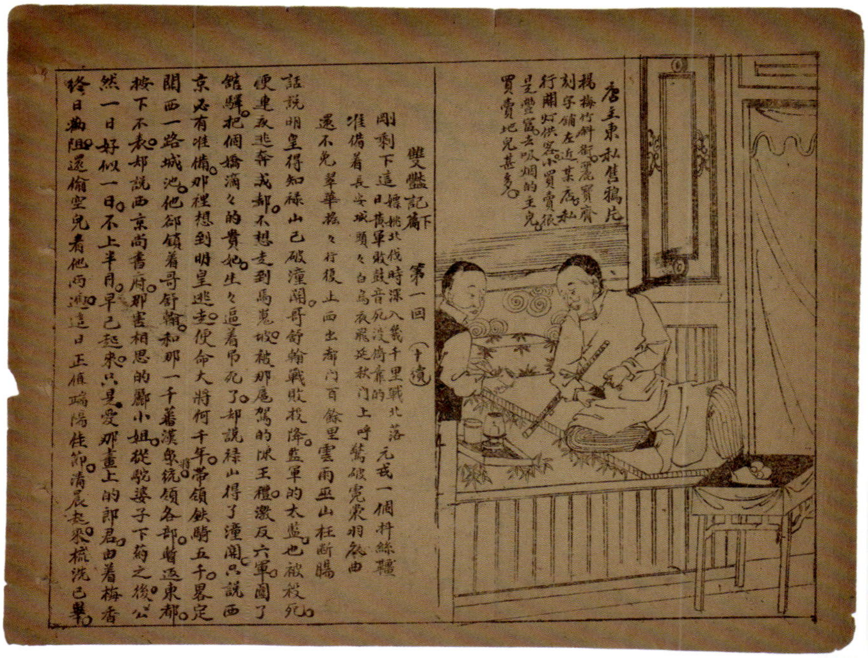

▲ 中华民国浅说画报 1515 号

中华民国二年（1913 年）三月十二日，共三页六开，内有一幅禁烟绘图，店主私售鸦片，杨梅竹斜街丽宝斋刻字铺左近某店，私行开灯供客。小买卖很是丰富，去吸烟的主，买卖地儿甚多。

长 24 厘米　宽 18 厘米

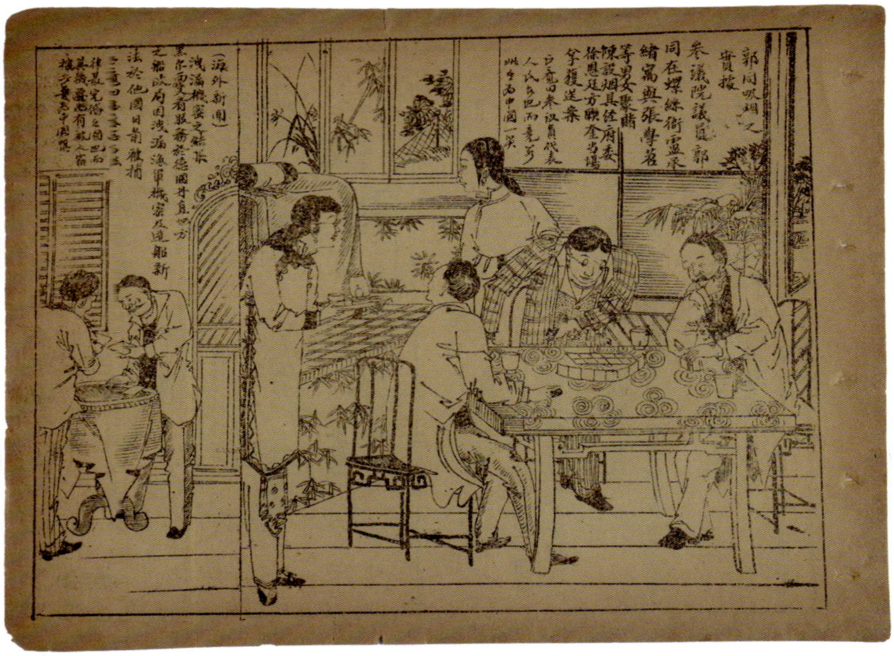

▲ 中华民国浅说画报 1520 号

中华民国二年（1913 年）三月十七日，共三页六开，内有一幅禁烟绘图：郭同吸烟之实据。参议院议员郭同在螺丝衙灵承绪寓与张学苕等男女聚赌，陈设烟具，经府委徐恩廷、方联奎当场拿获送案。

长 24 厘米 宽 18 厘米

▲ 中华民国浅说画报 1526 号

中华民国二年（1913 年）三月二十三日，共三页六开，内有禁烟会议决事件续项八至十二项。

内还有一幅禁烟绘图：私卖鸦片被获。奉天属县阿城南街源发胡同，有王姓妇，私卖鸦片得利甚厚，昨被警务稽查侦知，即率巡士往搜。在该妇屋中，起出烟土及烟膏若干。即将该妇送交总局研讯。

长 24 厘米 宽 18 厘米

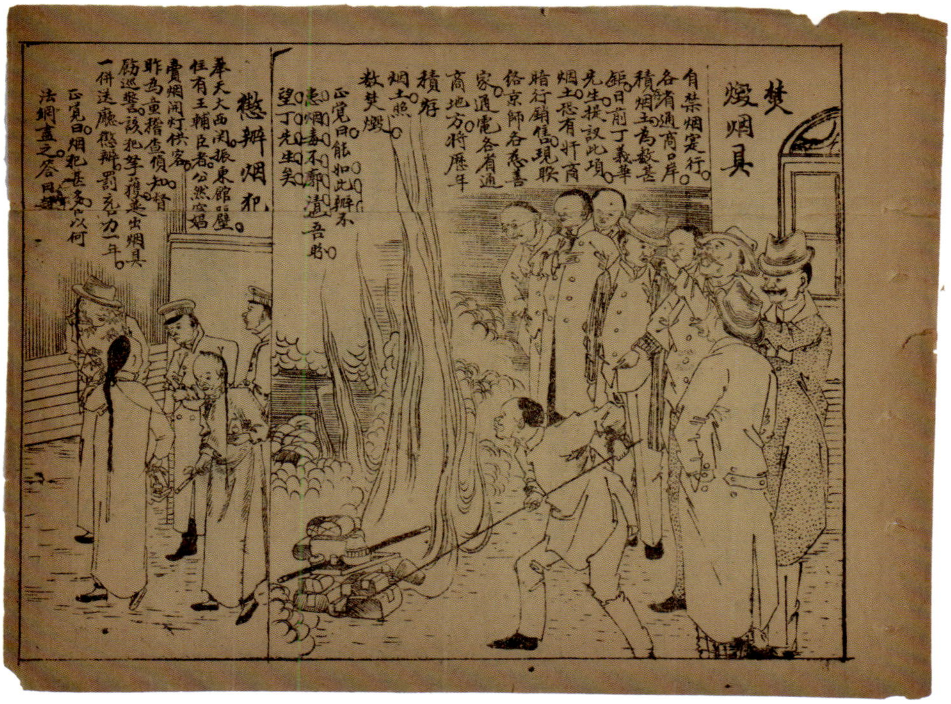

▲ 中华民国浅说画报 1527 号

中华民国二年（1913 年）三月二十四日，共三页六开，内有一幅禁烟绘图：（一）焚毁烟具自禁烟执行，各省通商口岸积烟土为数甚巨，日前丁义华先生提议此项烟土，恐有奸商暗行销售。现联络京师各慈善家通电各省通商地方，将历年积存烟土照数焚毁。

另一绘图（二）：惩办烟犯，奉天大西关，振东馆隔壁，住有王辅臣者。公然窝娼卖烟开灯供客。昨为童稽查侦知，督饬巡警，该犯拿获，并起出烟具一并送厅惩办，罚充苦力一年。

长 24 厘米 宽 18 厘米

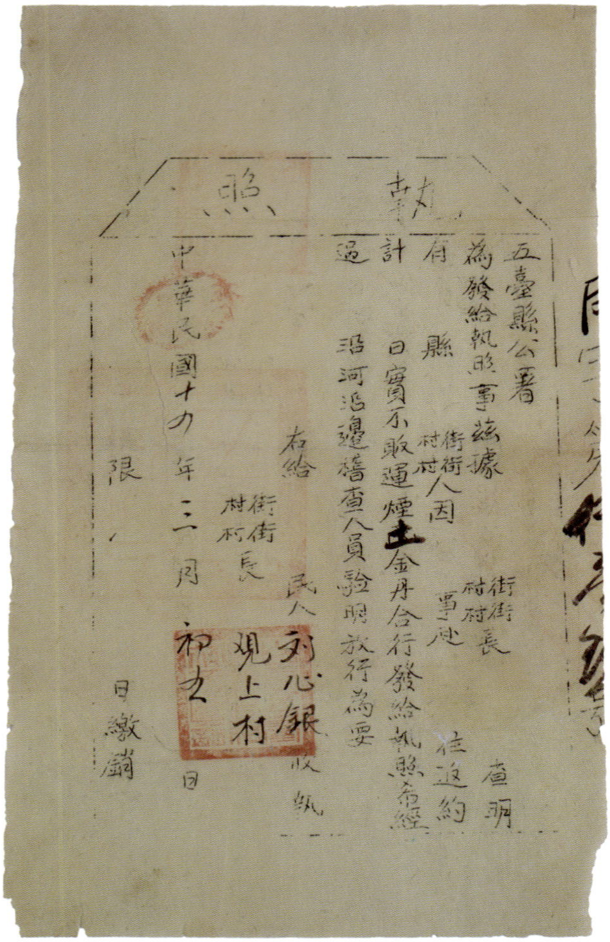
執照

五臺縣公署
為發給執照事茲據　縣　街村　街村長　查明
有　村街人因　事赴　往返約
計　日實不敢運煙土金丹合行發給執照希經
過沿河沿邊稽查人員驗明放行為要
右給　民人劉心銀收執
街村　村街長　規上村
中華民國十九年三月初七日
限　日繳銷

▲ 中华民国五台县过关无鸦片执照

中华民国十九年（1930 年）五台县公署颁发无贩运烟土金丹的证明执照。

长 27.5 厘米　宽 16.5 厘米

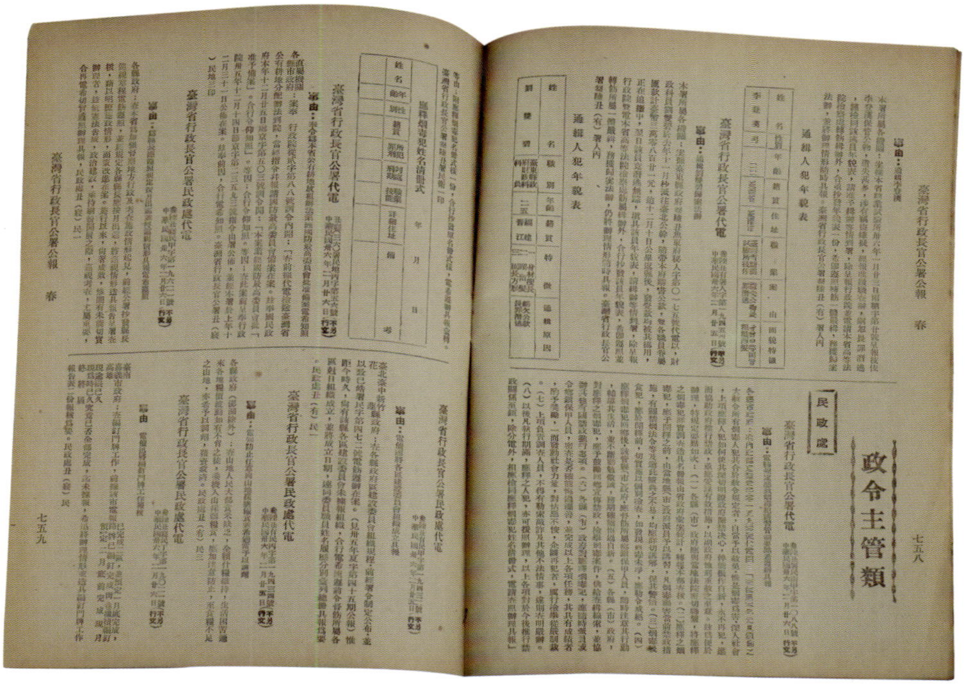

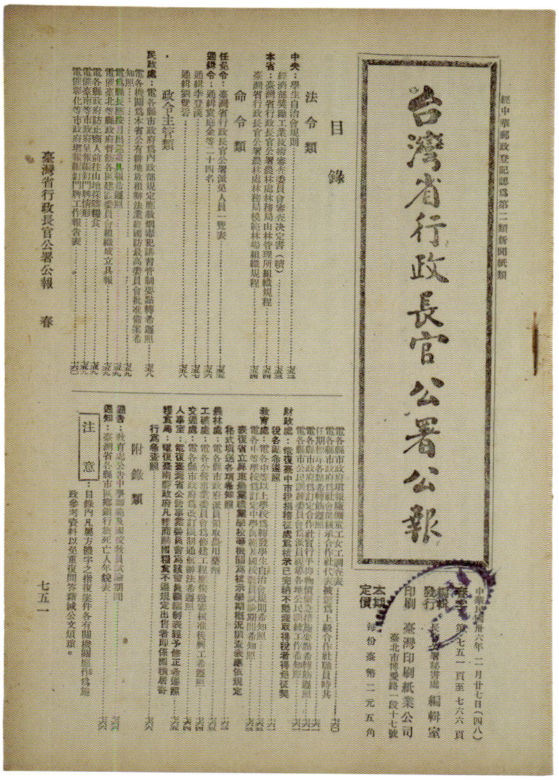

▲ 中华民国台湾省长官公署公报

台湾省行政长官公署公报，中华民国三十六年（1947年）二月二十七日（48期）。内有民政处电：各县市应赦烟毒犯。内有七条规定，对赦放烟毒犯进行追踪管理。

长25.5厘米 宽18厘米

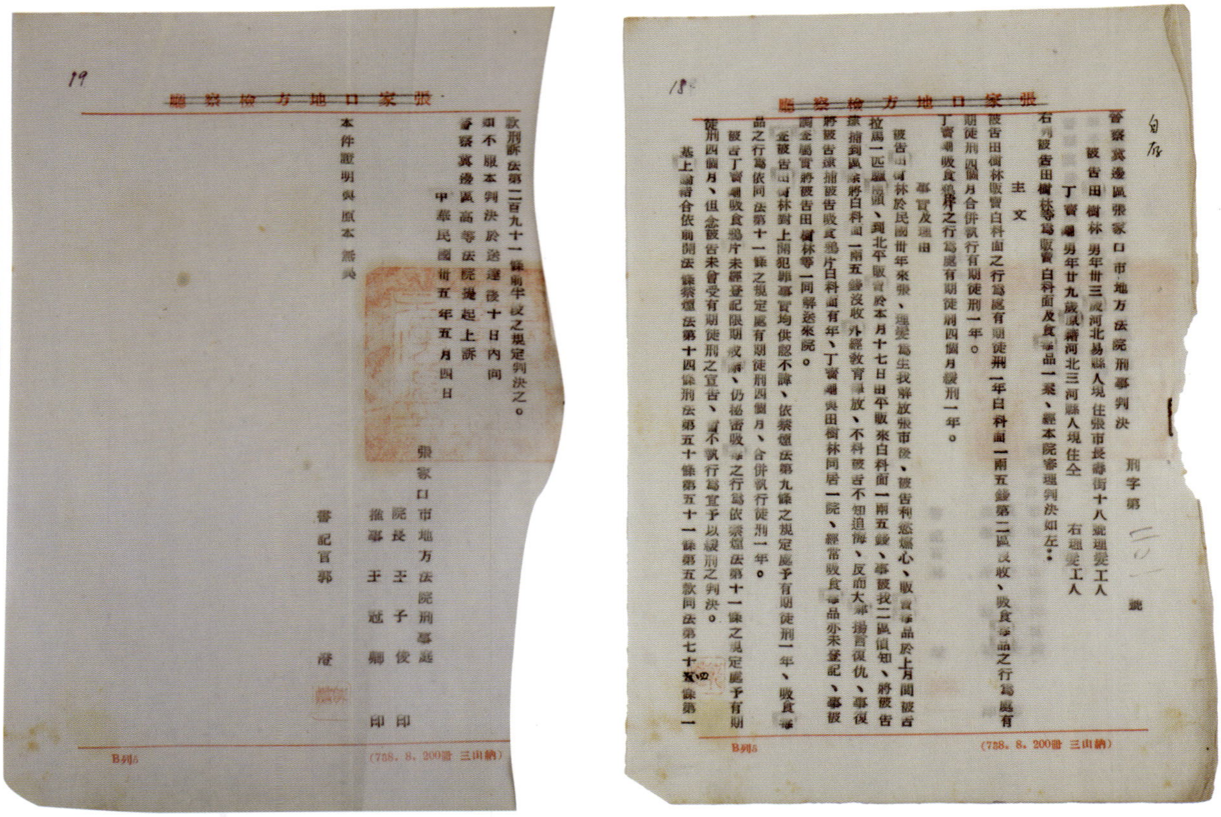

張家口地方檢察廳

晉察冀邊區張家口市地方法院刑事判決　刑字第　號

被告田樹林 男年卅三歲河北易縣人現住張市長壽街十八號理髮工人

丁寶剛 男年廿九歲原籍河北三河縣人現住仝 右理髮工人

右列被告田樹林等爲販賣白料面及食毒品一案、經本院審理判決如左：

主文

被告田樹林販賣白料面之行爲處有期徒刑一年白料面一兩五錢第二區沒收、吸食毒品之行爲處有期徒刑四個月合併執行有期徒刑一年。

丁寶剛吸食毒品之行爲處有期徒刑四個月緩刑一年。

事實及理由

被告田樹林於民國卅年來張、理髮爲生找解放張市後、被告利慾燻心、販賣毒品於上月間被告拉馬一匹驢頭、到北平販賣於本月十七日由平販來白料面一兩五錢、事被我二區偵知、將被告逮捕到區、除將白料面一兩五錢沒收外經教育釋放、不料被告不知追悔、反而大事揚言復仇、事復將被告逮捕被告吸食鴉片白料面有年、丁寶剛與田樹林同居一院、經常吸食毒品亦未登記、事被調查屬實將被告田樹林等一同解送來院。

被告田樹林對上開犯罪事實均供認不諱、依禁煙法第九條之規定處予有期徒刑一年、吸食毒品之行爲依同法第十一條之規定處有期徒刑四個月、合併執行徒刑一年。

被告丁寶剛吸食鴉片未經登記限期戒毒、仍秘密吸毒之行爲依禁煙法第十一條之規定處予有期徒刑四個月、但念被告未曾受有期徒刑之宣告、着不執行爲宜予以緩刑之判決。

基上論結合依前開法條禁煙法第十四條刑法第五十條第五十一條第五款同法第七十四條第一款刑訴法第二百九十一條前半段之規定判決之。

如不服本判決於送達後十日內向晉察冀邊區高等法院提起上訴

中華民國卅五年五月四日

張家口市地方法院刑事庭

院長 王子俊 印

推事 王冠卿 印

書記官 郭 澄

本件證明與原本無異

B列5　(738. 8. 200冊 三山納)

▲ 1946 年晋察冀边区贩毒品安判决书

张家口地方检察厅原稿

共两页

理发工人：田树林 33 岁，丁金刚 29 岁

田 贩白料面（海洛因）一两五钱，判有期徒刑一年

丁 吸毒，判有期徒刑匹个月 缓刑一年

长 26 厘米 宽 18 厘米

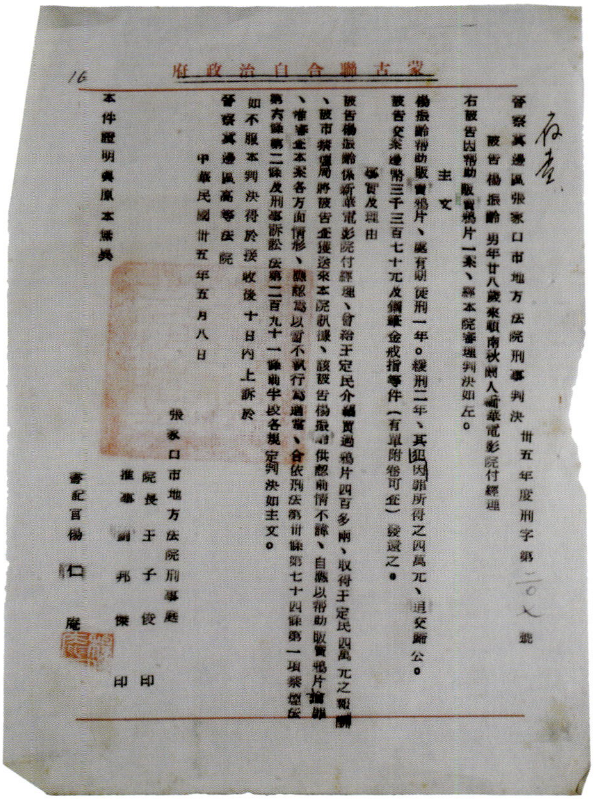

16

蒙古聯合自治政府

晉察冀邊區張家口市地方法院刑事判決　卅五年度刑字第二〇八號

被告楊振齡　男年廿八歲來頓南秋樹人新華電影院付經理

右被告因帮助販賣鴉片一案、經本院審理判決如左。

主文

楊振齡帮助販賣鴉片、處有期徒刑一年。緩刑二年、其犯罪所得之四萬元、追交歸公。

被告交來邊幣三千三百七十元及鋼筆金戒指等件（有單附卷可查）發還之。

事實及理由

被告楊振齡係新華電影院付經理、曾給王定民介紹賣過鴉片四百多兩、取得王定民四萬元之報酬、被市禁煙局將被告逮捕送來本院訊據、該被告楊振齡供認前情不諱、自應以帮助販賣鴉片論罪、惟審查本案各方面情形、懇認為以宣不執行爲適當、合依刑法第卅條第七十四條第一項禁煙法第六條第二條及刑事訴訟法第二百九十一條前半段各規定判決如主文。

如不服本判決得於接收後十日內上訴於

晉察冀邊區高等法院

中華民國卅五年五月八日

張家口市地方法院刑事庭

院長　王子俊　印

推事　劉邦傑　印

書記官　楊仁庵

本件證明與原本無異

▲ 1946 年晋察冀边区贩卖鸦片案判决书

新华电影院经理　杨振龄　28 岁

帮助贩鸦片 400 多两，得 4 万元边区币报酬

判处有期徒刑一年，缓刑二年

长 26 厘米　宽 18 厘米

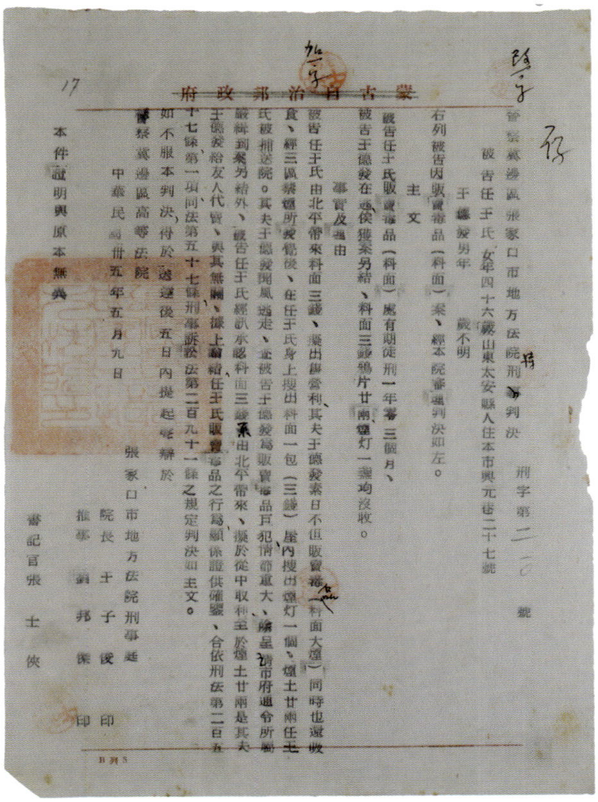

17

蒙古自治邦政府

晉察冀邊區張家口市地方法院刑事判決　刑字第二〇號

被告任王氏　女年四十六歲山東太安縣人住本市興元巷二十七號

王德發男年　歲不明

右列被告因販賣毒品（料面）案、經本院審理判決如左。

主文

被告任王氏販賣毒品（料面）處有期徒刑一年零三個月、

被告王德發在逃俟獲案另結、料面三錢鴉片廿兩煙灯一盞均沒收。

事實及理由

被告任王氏由北平帶來料面三錢、搜出歸當利其夫王德發素日不但販賣毒品料面大煙、同時也還吸食、經三區禁煙所發覺後、在任王氏身上搜出料面一包（三錢）屋內搜出煙灯一個、煙土廿兩任王氏被捕送院。其夫王德發聞風逃走、並被告王德發爲販賣毒品主犯情節重大、除呈請市府通令所屬嚴緝到案另結外、被告任王氏經訊承認料面三錢系由北平帶來、搜於從中取利至於煙土廿兩是其夫王德發給友人代買、與其無關、據上論結任王氏販賣毒品之行爲顯係證供確鑿、合依刑法第二百五十七條第一項同法第五十七條刑事訴訟法第二百九十一條之規定判決如主文。

如不服本判決得於送達後五日內提起上訴於

晉察冀邊區高等法院

中華民國卅五年五月九日

張家口市地方法院刑事庭

院長　王子俊　印

推事　劉邦傑　印

書記官　張士俠

本件證明與原本無異

B 判 5

▲ 1946 年晋察冀边区贩卖毒品案判决书

王氏　46 岁　贩料面（海洛因）三钱，烟土二十两。

判处有期徒刑一年三个月

王德发（王夫）在逃

长 26 厘米　宽 18 厘米

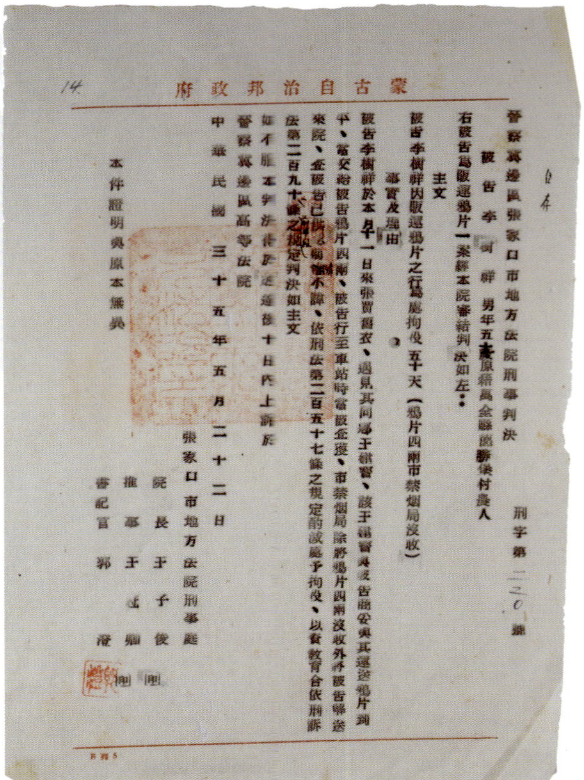

蒙古自治邦政府

晉察冀邊區張家口市地方法院刑事判決　刑字第二二〇號

被告李樹祥　男年五十歲原籍萬全縣[illegible]村農人

右被告為販運鴉片一案經本院審結判決如左：

主文

被告李樹祥因販運鴉片之行為處拘役五十天（鴉片四兩市禁烟局沒收）

事實及理由

被告李樹祥於本月十一日來張買舊衣、遇見其同鄉王[illegible]、該王[illegible]委告商安與其運送鴉片到平、當交給被告鴉片四兩、被告行至車站時當被查獲、市禁烟局除將鴉片四兩沒收外並被告解送來院、查被告已供認不諱、依刑法第二百五十七條之規定的應予拘役、以資教育合依刑訴法第二百九十[illegible]條之規定判決如主文

如不服本判決得於送達後十日內上訴於

晉察冀邊區高等法院

中華民國三十五年五月二十二日

張家口市地方法院刑事庭

院長王子俊　推事王冠卿　書記官郭澄

本件證明與原本無異

▲ 1946 年晋察冀边区贩运鸦片案判决书

李树祥（农民），50 岁　贩鸦片 4 两

判拘役 50 天

长 26 厘米　宽 18 厘米

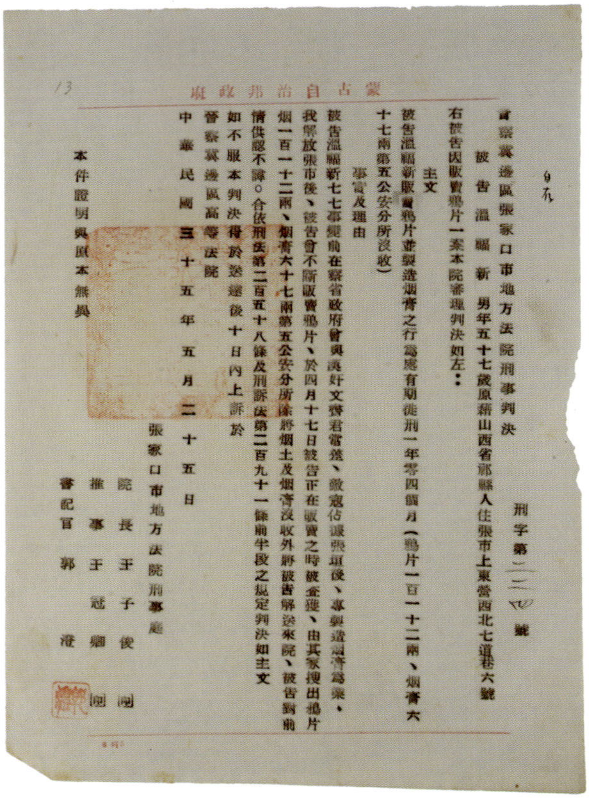

蒙古自治邦政府

晉察冀邊區張家口市地方法院刑事判決　刑字第二二四號

被告溫福新　男年五十七歲原籍山西省郝縣人住張市上東營西北七道巷六號

右被告因販賣鴉片一案本院審理判決如左：

主文

被告溫福新販賣鴉片並製造烟膏之行為處有期徒刑一年零四個月（鴉片一百一十二兩、烟膏六十七兩第五公安分所沒收）

事實及理由

被告溫福新七七事變前在察省政府曾與漢奸文贊君當差、敵寇侵張垣後、專與造烟膏為業、我軍解放張市後、被告曾不斷販賣鴉片、於四月十七日被告正在販賣之時被查獲、由其家搜出鴉片一百一十二兩、烟膏六十七兩第五公安分所除將烟土及烟膏沒收外將被告解送來院、被告對前情供認不諱。合依刑法第二百五十八條及刑訴法第二百九十一條前半段之規定判決如主文

如不服本判決得於送達後十日內上訴於

晉察冀邊區高等法院

中華民國三十五年五月二十五日

張家口市地方法院刑事庭

院長王子俊　推事王冠卿　書記官郭澄

本件證明與原本無異

▲ 1946 年晋察冀边区贩卖鸦片案判决书

温福新，57 岁，贩 112 两生土，67 两烟膏

制作烟膏，七七事变在汉奸处当差

判一年四个月

长 26 厘米　宽 18 厘米

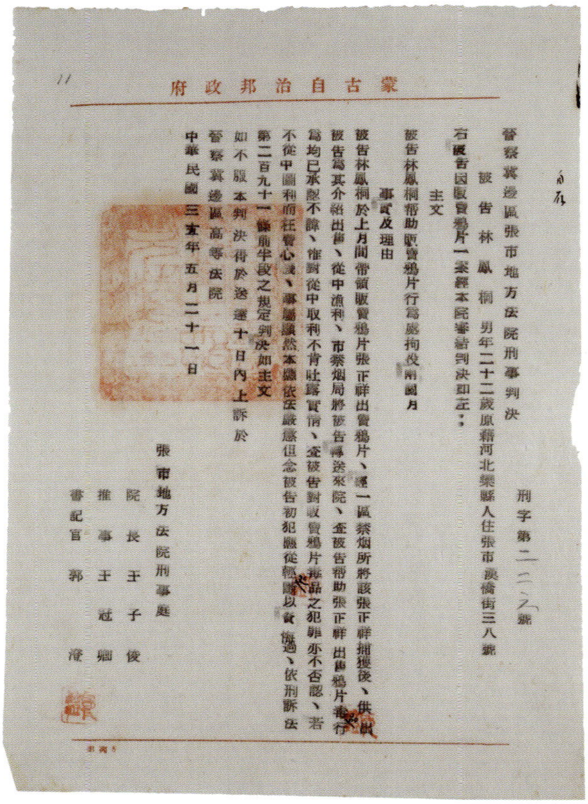

蒙古自治邦政府

晉察冀邊區張市地方法院刑事判決　　刑字第二二八號

被告林鳳桐　男年二十二歲原籍河北欒縣人住張市僑街三八號

右被告因販賣鴉片一案經本院審結判決如左：

主文

被告林鳳桐幫助販賣鴉片行為處拘役兩個月

事實及理由

被告林鳳桐於上月間帶領販賣鴉片張正祥出賣鴉片、經一區禁烟所將該張正祥捕獲後、供出被告為其介紹出賣、從中漁利、市禁烟局將被告轉送來院、並被告幫助張正祥出賣鴉片毒行為均已承認不諱、惟對從中取利不肯吐露實情、查被告對收買鴉片毒品之犯罪亦不否認、若不從中圖利而枉費心機、事屬顯然本應依法嚴懲但念被告初犯難從輕處以資悔過、依刑訴法第二百九十一條前半段之規定判決如主文

如不服本判決得於送達十日內上訴於

晉察冀邊區高等法院

中華民國三十五年五月二十一日

張市地方法院刑事庭

院長　王子俊

推事　王冠珊

書記官　郭　滢

▲ 1946 年晋察冀边区贩卖鸦片案判决书

林凤桐，22 岁，帮助贩卖鸦片，判拘役两个月

长 26 厘米　宽 18 厘米

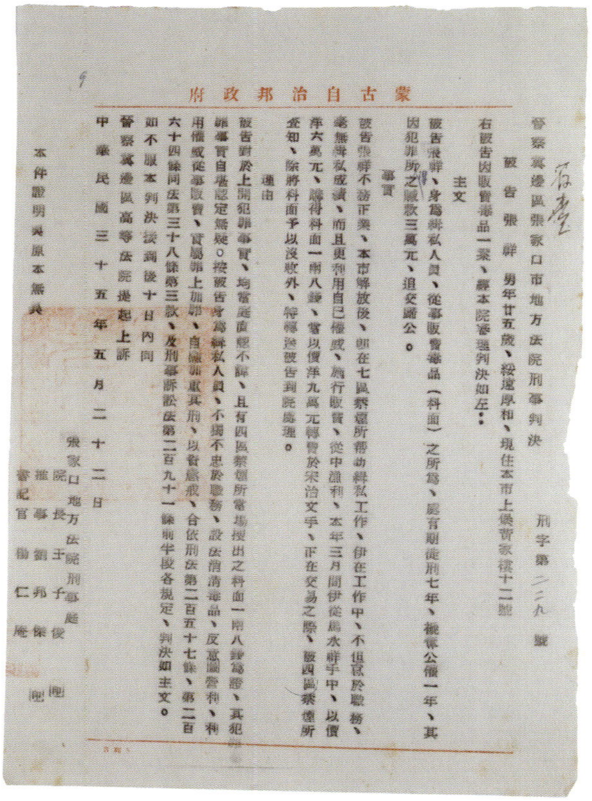

蒙古自治邦政府

晉察冀邊區張家口市地方法院刑事判決　　刑字第二二九號

被告張祥　男年廿五歲、綏遠厚和、現住本市上堡曹家巷十二號

右被告因販賣毒品一案、經本院審理判決如左：

主文

被告張祥、身為緝私人員、從事販賣毒品（料面）之所為、處有期徒刑七年、褫奪公權一年、其因犯罪所得之贓款三萬元、追交歸公。

事實

被告張祥不務正業、本市解放後、即在七區禁煙所幫助緝私工作、但在工作中、不但不忠於職務、毫無緝私成績、而且更利用自己權威、為行販賣、從中漁利、本年三月間伊從馬水祥手中、以價洋六萬元、購得料面一兩八錢、當以價洋九萬元轉賣於宋治文手、正在交易之際、被四區禁煙所查知、除將料面予以沒收外、特轉送被告到院處理。

理由

被告對於上開犯罪事實、均當庭直認不諱、且有四區禁煙所當場搜出之料面一兩八錢為證、其犯罪事實自堪認定無疑。按被告身為緝私人員、不獨不忠於職務、設法消滅毒品、反意圖營利、利用權威從事販賣、實屬罪上加罪、自應加重其刑、以資懲戒、合依刑法第二百五十七條、第二百六十四條同法第三十八條第三款、及刑事訴訟法第二百九十一條前半段各規定、判決如主文。

如不服本判決得於送達後十日內向

晉察冀邊區高等法院提起上訴

中華民國三十五年五月二十二日

張家口地方法院刑事庭

院長　王子俊

推事　劉邦傑

書記官　錢仁庵

本件證明與原本無異

▲ 1946 年晋察冀边区贩卖鸦片案判决书

张祥，25 岁，身为缉私人员贩卖料面（海洛因），以 6 万边币贱海洛英 1 两 8 钱，以 9 万边币卖给宋治文，得款 3 万元

重判有期徒刑七年，掳夺公权一年

长 26 厘米　宽 18 厘米

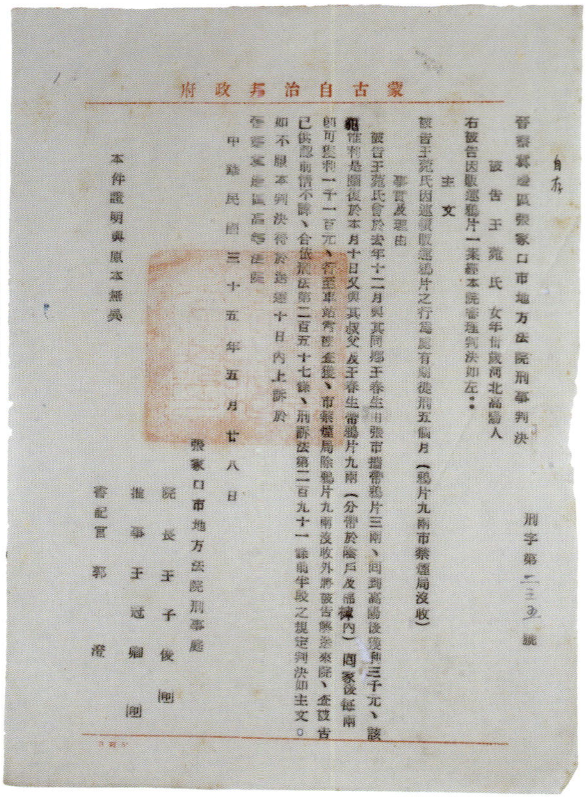

蒙古自治邦政府

晉察冀邊區張家口市地方法院刑事判決　刑字第二三五號

被告　王莞氏　女年廿歲河北高陽人

右被告因販運鴉片一案經本院審理判決如左：

主文

中華民國三十五年五月廿八日

張家口市地方法院刑事庭

本件證明與原本無異

▲ 1946 年晋察冀边区贩卖鸦片案判决书

王莞氏，30 岁，由张市携鸦片三两，到高阳，获利三千，后在阴户及棉裤携带 9 两，被查（看来人体带毒，六七十年前就有人身体力行了）

判有期徒刑五个月

长 26 厘米　宽 18 厘米

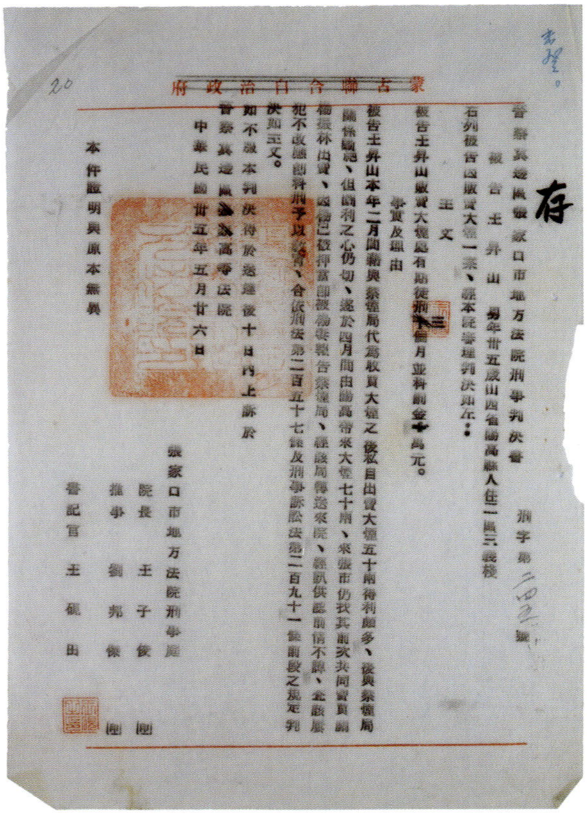

蒙古聯合自治政府

晉察冀邊區張家口市地方法院刑事判決書

主文

事實及理由

中華民國卅五年五月廿六日

張家口市地方法院刑事庭

本件證明與原本無異

▲ 1946 年晋察冀边区大烟判决书

王开山，35 岁，出卖大烟 50 两、70 两

判刑 3 个月（原 10 个月），罚金 10 万（原 1 万）

长 26 厘米　宽 18 厘米

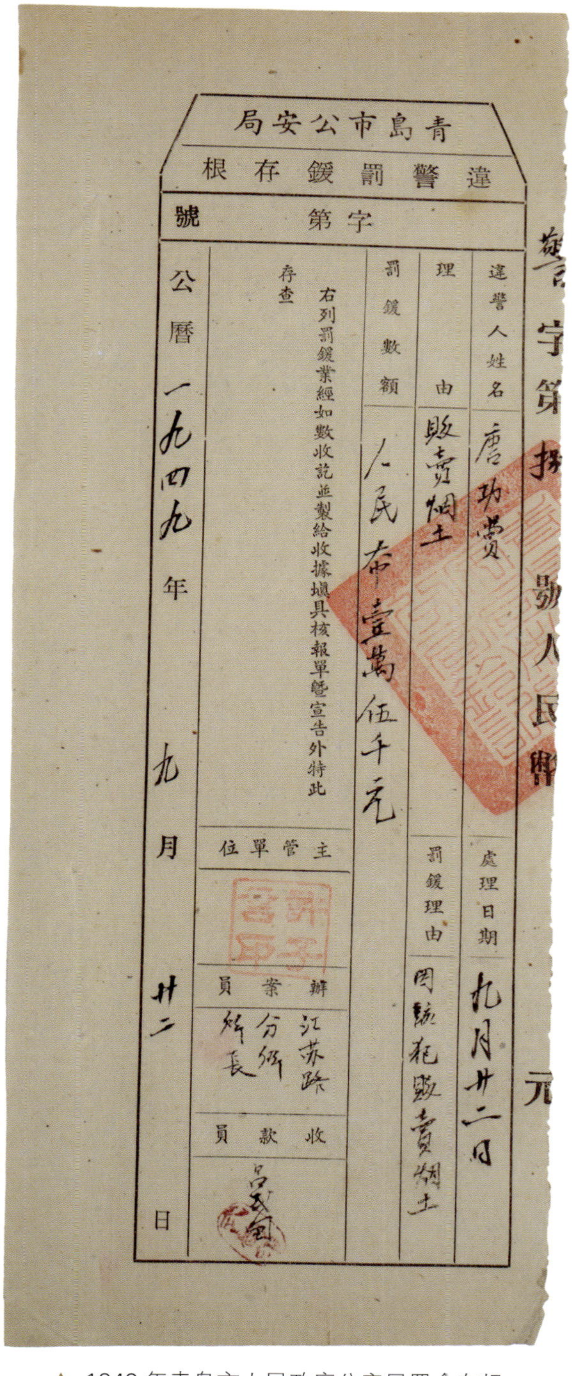
青島市公安局
違警罰鍰存根
字第　號
違警人姓名　唐功賞
理由　販賣烟土
罰鍰數額　人民幣壹萬伍千元
右列罰鍰業經如數收訖並製給收據塡具核報單暨宣告外特此存查
公曆一九四九年九月廿二日
處理日期　九月廿二日
罰鍰理由
主管單位
辦案員　江苏路分所所長
收款員

▲ 1949 年青岛市人民政府公安局罚金存根

犯罪人唐功赏，因贩卖烟土，罚人民币一万五千元（老币）

长 25 厘米　宽 10 厘米

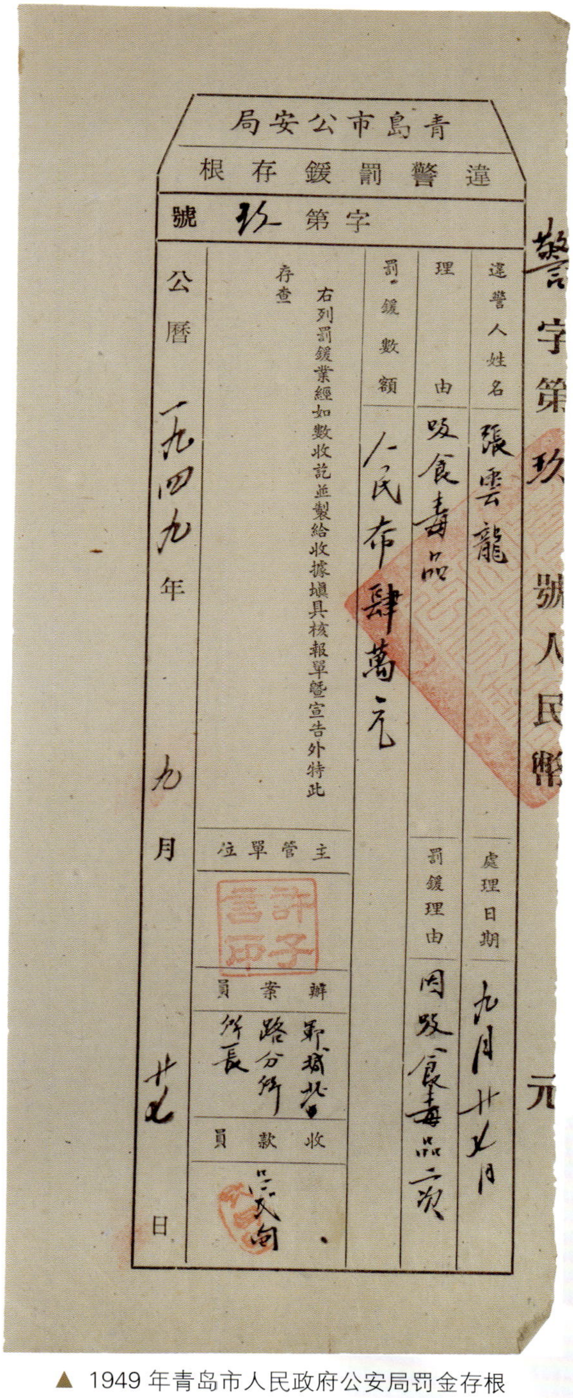
青島市公安局
違警罰鍰存根
玖字第　號
違警人姓名　張雲龍
理由　吸食毒品
罰鍰數額　人民幣肆萬元
右列罰鍰業經如數收訖並製給收據塡具核報單暨宣告外特此存查
公曆一九四九年九月廿七日
處理日期　九月廿七日
罰鍰理由　因吸食毒品二次
主管單位
辦案員　路分所所長
收款員

▲ 1949 年青岛市人民政府公安局罚金存根

犯罪人张云龙因吸食毒品两次

罚人民币 4 万元（老币）

长 25 厘米　宽 10 厘米

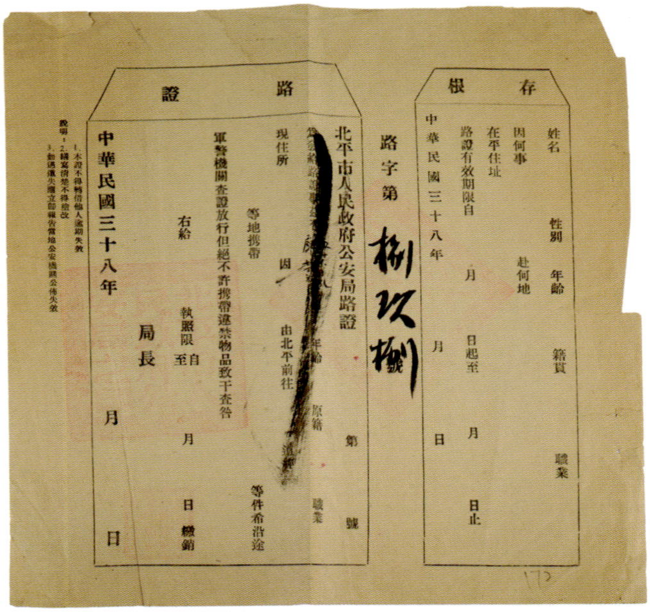
存根
姓名 性別 年齡 籍貫 職業
因何事 赴何地
在平住址
路證有效期限自 月 日起至 月 日止
中華民國三十八年 月 日

路證
路字第 號
北平市人民政府公安局路證 第 號
年齡 原籍 職業
現住所 因 由北平前往 等件希沿途
等地携帶
軍警機關查證放行但絕不許携帶違禁物品致干查究
右給 執照限 自 至 月 日 繳銷
局長
中華民國三十八年 月 日

▲ 1949 年北平人民政府公安局路证

新中国建立前，人民政府颁发路条，绝不许携带违禁物品，带存根。

长 25.5 厘米 宽 25.5 厘米

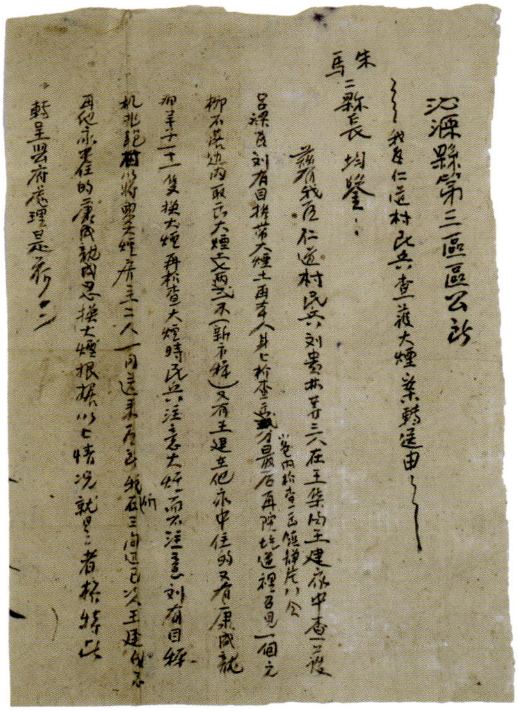
沁源縣第三區區公所
我區仁道村民兵查獲大煙案敬述由
朱馬二縣長 均鑒：
茲有我區仁道村民兵……

▲ 1949 年解放区沁源县呈报截获烟土文

我区仁道村民兵查获大烟案。

报朱、马二县长，查获大烟土七两二分

区长任金全。

中华民国三十八年五月

长 21 厘米 宽 21 厘米

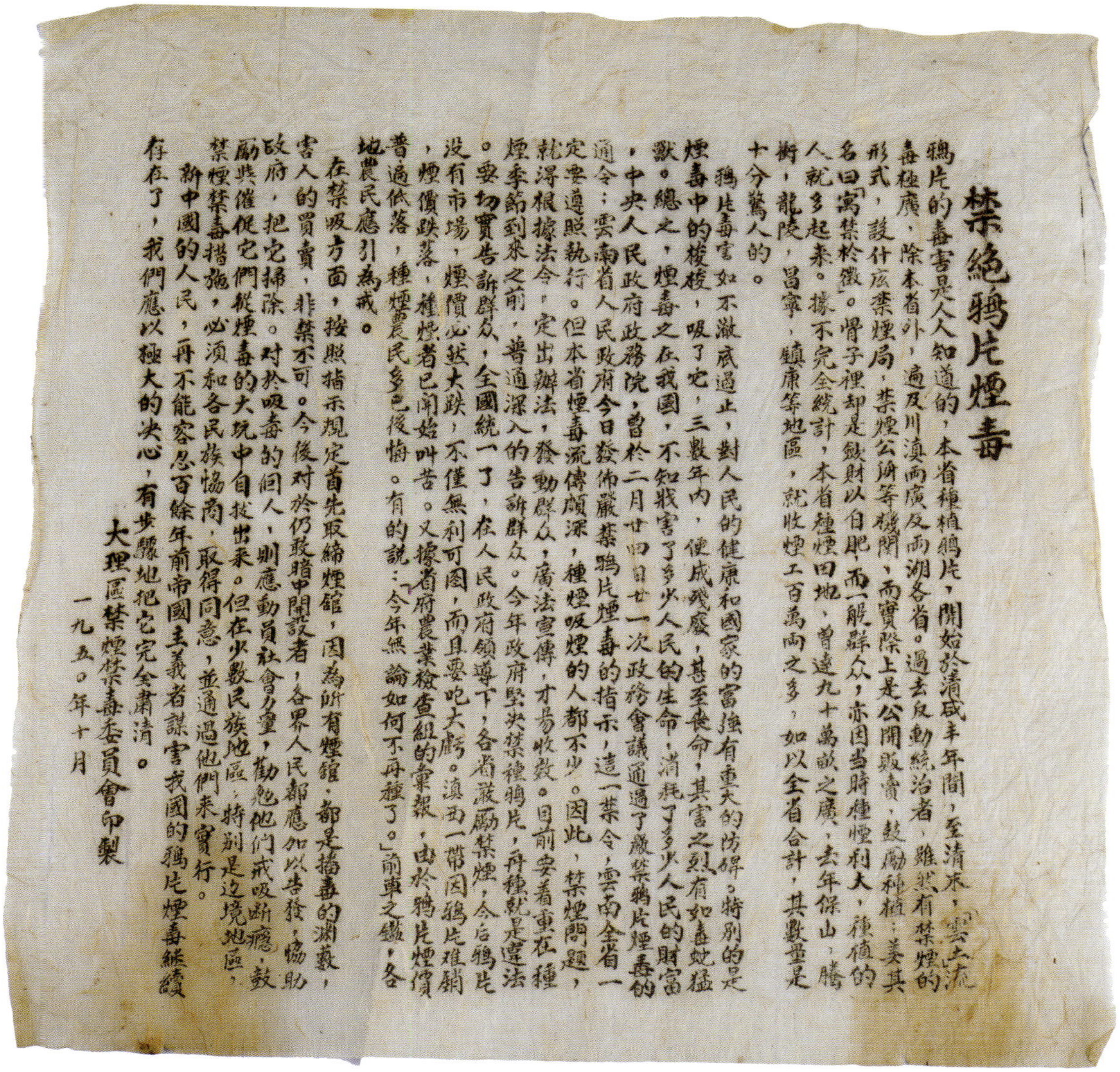

禁絶鴉片煙毒

鴉片的毒害是人人知道的，本省種植鴉片，開始於清咸豐年間，至清末，「雲土」流毒極廣，除本省外，遍及川滇兩廣及兩湖各省。過去反動統治者，雖然有禁煙的形式，設什麼禁煙局、禁煙公所等機關，而實際上是公開販賣，鼓勵種植，美其名曰「寓禁於徵」。骨子裡卻是斂財以自肥，而一般群众，亦因当時種煙利大，種植的人就多起來。據不完全統計，本省種煙田地，曾達九十萬畝之廣，去年保山、騰衝，龍陵，昌寧、鎮康等地區，就收煙土百萬兩之多，如以全省合計，其數量是十分驚人的。

鴉片毒害如不澈底遏止，對人民的健康和國家的富強有重大的妨碍。特別的是煙毒中的梭梭，吸了它，三數年内，便成残廢，甚至喪命，其害之烈，有如毒蛇猛獸。總之，煙毒之在我國，不知戕害了多少人民的生命，消耗了多少人民的財富，中央人民政府政務院，曾於二月廿四日廿一次政務會議通過了嚴禁鴉片煙毒的通令；雲南省人民政府今日發佈嚴禁鴉片煙毒的指示，這一禁令，雲南全省一定要遵照執行。但本省煙毒流傳頗深，種煙吸煙的人都不少。因此，禁煙問題，就得根據法令，定出辦法，發動群众，廣法宣傳，才易收效。目前要着重在種煙季節到來之前，普遍深入的告訴群众。今年政府堅决禁種鴉片，再種就是違法。要切實告訴群众，全國統一了，在人民政府領導下，各省嚴厲禁煙，今后鴉片没有市場，煙價必然大跌，不僅無利可圖，而且要吃大虧。滇西一帶因鴉片难銷，煙價跌落，種煙者已開始叫苦。又據省府農業檢查組的彙報，由於鴉片煙價普遍低落，種煙農民多已後悔。有的說：「今年無論如何不再種了。」前車之鑑，各地農民應引為戒。

在禁吸方面，按照指示規定首先取締煙館，因為所有煙館，都是播毒的淵藪，害人的買賣，非禁不可。今後对於仍敢暗中開設者，各界人民都應加以告發，協助政府，把它掃除。对於吸毒的個人，則應動員社會力量，勸勉他們戒吸斷瘾，鼓勵與催促它們從煙毒的大坑中自拔出来。但在少數民族地區，特別是边境地區，禁煙禁毒措施，必須和各民族協商，取得同意，並通過他們来實行。

新中國的人民，再不能容忍百餘年前帝國主義者謀害我國的鴉片煙毒繼續存在了，我們應以極大的决心，有步驟地把它完全肅清。

大理區禁煙禁毒委員會印製

一九五〇年十月

▲ 新中国云南大理区禁烟禁毒告示

新中国在 1950 年告示，禁绝鸦片

新中国的人民，再不能容忍百余年前帝国主义者谋害我国的鸦片烟毒继续存在了。

长 26 厘米　宽 25 厘米

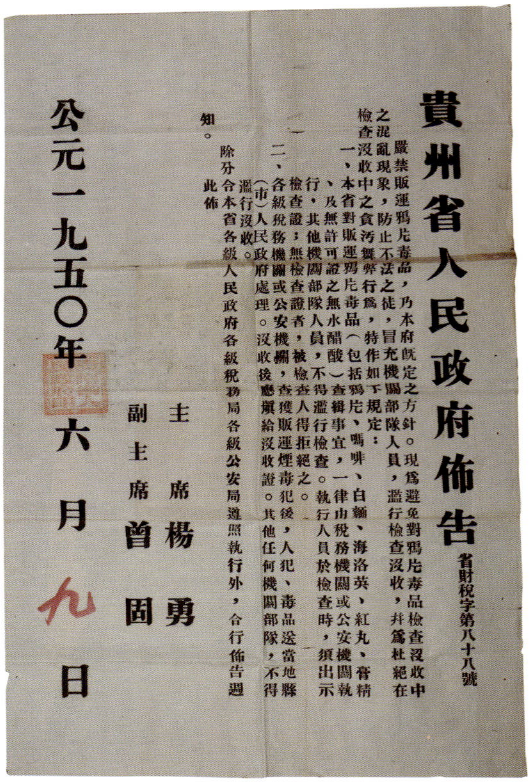

貴州省人民政府佈告

省財稅字第八十八號

嚴禁販運鴉片毒品，乃本府既定之方針。現爲避免對鴉片毒品檢查沒收中之混亂現象，防止不法之徒，冒充機關部隊人員，濫行檢查沒收，幷爲杜絶在檢查沒收中之貪污舞弊行爲，特作如下規定：

一、本省對販運鴉片毒品（包括鴉片、嗎啡、白麵、海洛英、紅丸、膏精、及無許可證之無水醋酸）查緝事宜，一律由稅務機關或公安機關執行，其他機關部隊人員不得濫行檢查。執行人員於檢查時，須出示檢查證；無檢查證者，被檢查人得拒絶之。

二、各級稅務機關或公安機關，查獲販運煙毒犯後，人犯、毒品送當地縣（市）人民政府處理。沒收後應摃給沒收證。其他任何機關部隊，不得濫行沒收。

除分令本省各級人民政府各級稅務局各級公安局遵照執行外，合行佈告週知。

此佈

主席 楊勇

副主席 曾固

公元一九五〇年六月九日

▲ 新中国贵州省人民政府禁毒布告

公元 1950 年 6 月，由省人民政府主席杨勇上将布告严禁贩运鸦片及其它毒品

长 86 厘米 宽 57 厘米

2014 年 3 月购于姚华先生处

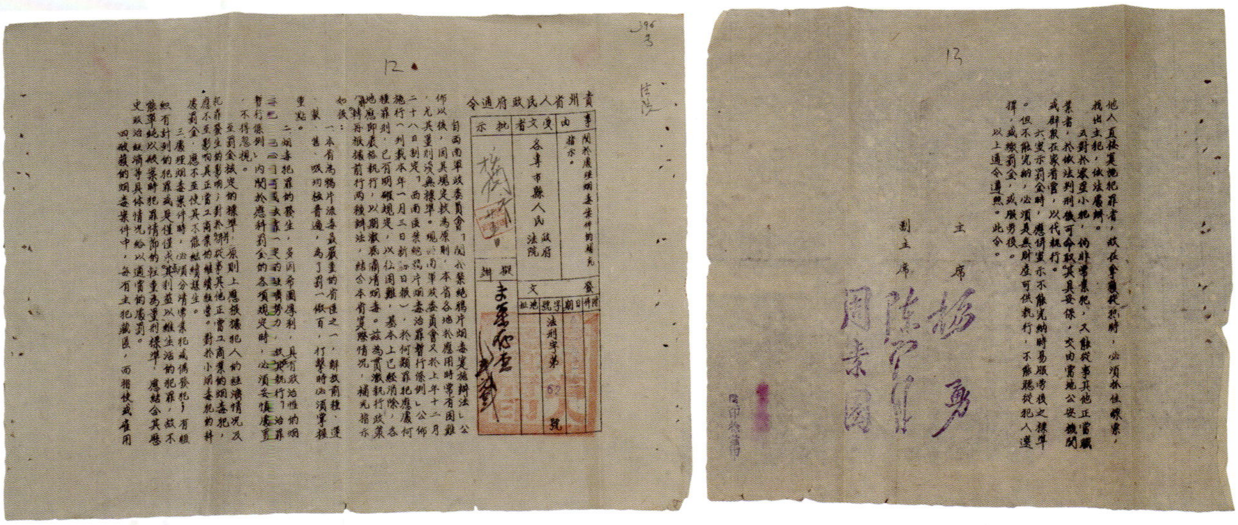

貴州省人民政府通令

以上通令遵照。此令。

▲ 新中国贵州省人民政府戒鸦片烟毒通令

1951 年发令

由省人民政府主席杨勇上将颁布严禁鸦片烟毒命令，命令发给各专市县人民政府法院

长 66 厘米 宽 28 厘米

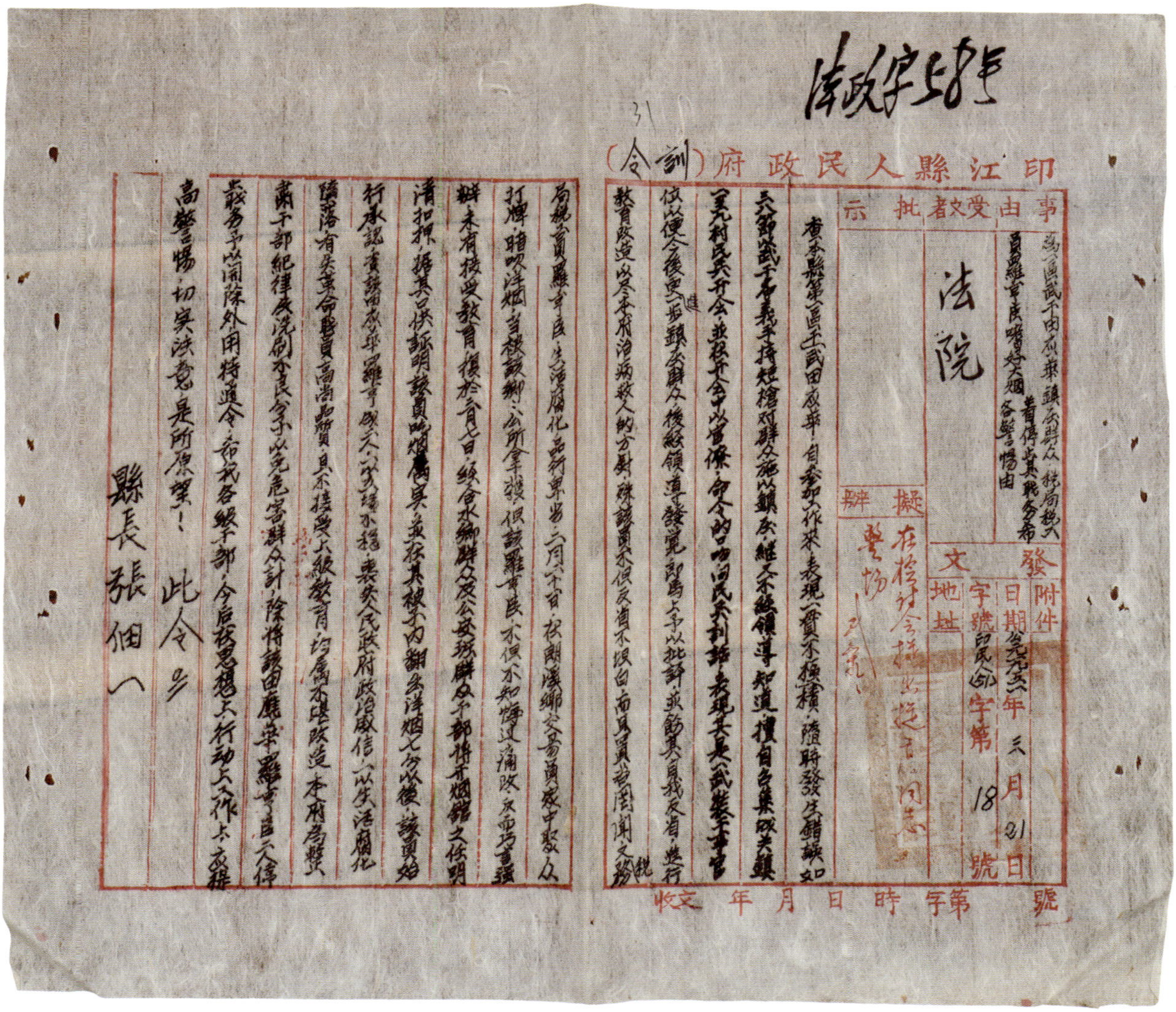

▲ 新中国印江县法院判决训令

本县第一区迁武田应华镇压群众，税局税员罗亨臣嗜好大烟，着停其职务，1951 年县长张佃一颁。

长 33 厘米　宽 28 厘米

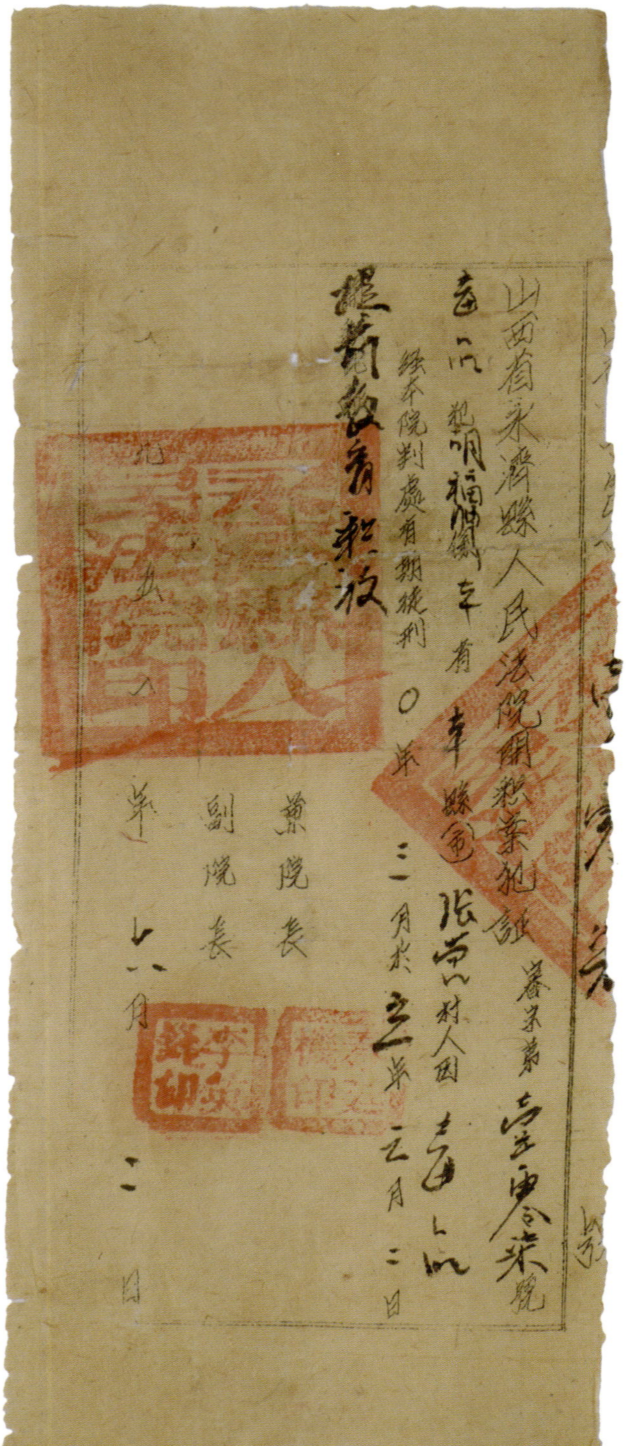
山西省永济县人民法院开释证

提前教育释放

院长

副院长

▲ 1951 年山西永济县人民法院开释证

胡姓人犯因贩毒品判有期徒刑三个月 于 1951 年六月二日提前教育释放。

法院印，院长、副院长印

长 26 厘米 宽 10 厘米

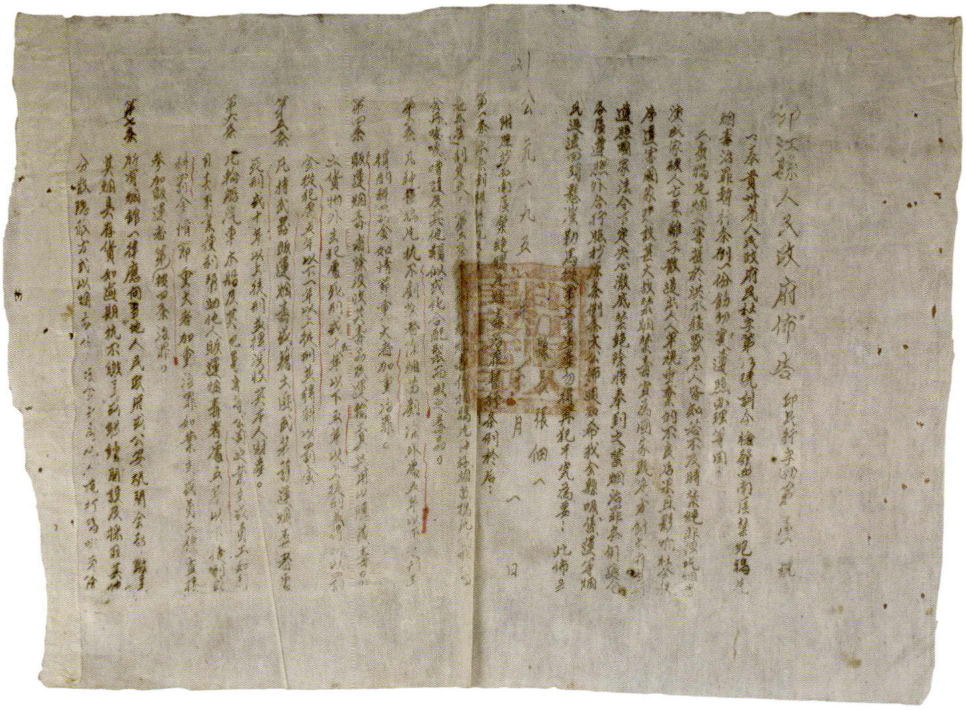

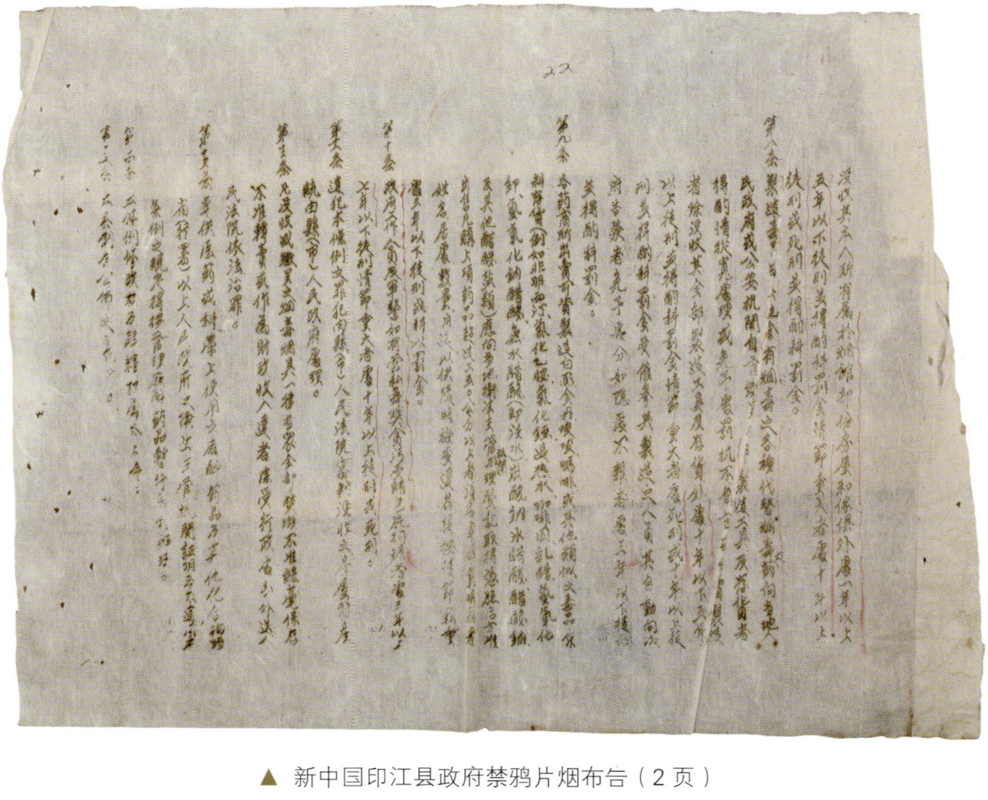

▲ 新中国印江县政府禁鸦片烟布告（2 页）

1951 年 2 月 1 日，县长张佃一，奉贵州省政府令，禁绝鸦片成品及烟苗并关闭烟馆，杜绝运输。

长 36 厘米　宽 28 厘米

▲ 解放后晋城县应捕杀控管制贩吸毒品犯调查登记表（十五份）

为1952年7月23号晋城城关派出所烟犯捕管草表

内容有原名、现名、化名、出身、身份、职务、哪科毒犯、原籍、地址、家庭情况、相貌特征、政治问题、主要社会关系、毒品性质、贩吸毒品情况、毒品来源、本人简历、罪恶事实、民愤大小、群众要求、专区办公室意见、各级处理意见……

每页长25厘米 宽18.5厘米

将以下十五份登记表总结如下：

姓名	曾用名	性别	年龄	成分职业	科由	意见
冯小锁	无	男	43	手工业	吸犯	民愤极大，应对该犯管制
马银全	圪了腰	男	42	皮匠	吸犯	一贯吸贩为生，屡教不改，群众要求管制
李改孩	无	女	48	针工	贩毒	群众对她非常不满，应强制管制
崔天侦	崔骡	男	35	镶牙	光吸	群众对该犯痛恨，要求对该犯管制
麻凤悟	麻小业	男	41	中农铁商	惯贩	屡教不改，就管制教育
张延秀	张贵生	男	58	退伍军人	吸贩	群众十分愤恨表示对该犯管制
张易芝	张小胖	女	31	针工	惯吸	群众对该犯十分痛恨，应管制
白立忠	白圪交	男	70	小商贩	吸贩	该犯在晋城吸贩，群众愤恨，要求法办，就捕
侯正东	侯新孩	男	47	农民	吸惯贩	群众对该犯万分痛恨，迫切要求拘捕
禹云升	禹四孩	男	47	小商贩	贩毒	根据贩毒事实，依法制裁
宋月英	宋小果	女	35	半农半商	吸贩	群众愤恨，要求拘捕法办
张金鱼	张捕猫	男	42	木匠	惯贩白的	事实重大，群众要求拘捕法办
贾玉龙	贾呵哩	男	35	皮匠	吸贩	群众对该犯非常不满，要求严格管制
刘要礼	富因	男	57	手工业	吸贩	群众愤恨极大，要求管制
王小元	无	男	23	皮匠	贩毒	经常贩卖毒品，屡教不改，群众要求拘捕

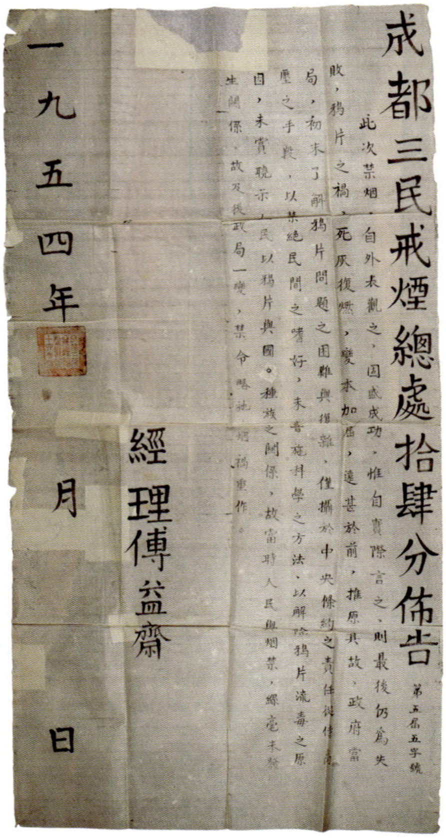

成都三民戒煙總處拾肆分佈告

第五屆五字號

此次禁烟，自外表觀之，固甚成功，惟自實際言之，則最後仍為失敗，鴉片之禍，死灰復燃，變本加厲，遠甚於前，推原其故，政府當局，初未了解鴉片問題之困難與複雜，僅據於中央條約之責任從傳壓之手段，以禁絕民間之嗜好，未嘗施科學之方法，以解除鴉片流毒之原因，未實曉示人民以鴉片與國。種族之關係，故當時人民與烟禁，絲毫未發生關係，故及政局一變，禁令略弛，烟禍重作。

一九五四年　月　日

經理傅益齋

▲ 成都三民戒烟总处布告

1954 年民间组织成都三民戒烟总处因禁烟未达成效布告呼吁再次严禁。

长 96 厘米　宽 50 厘米

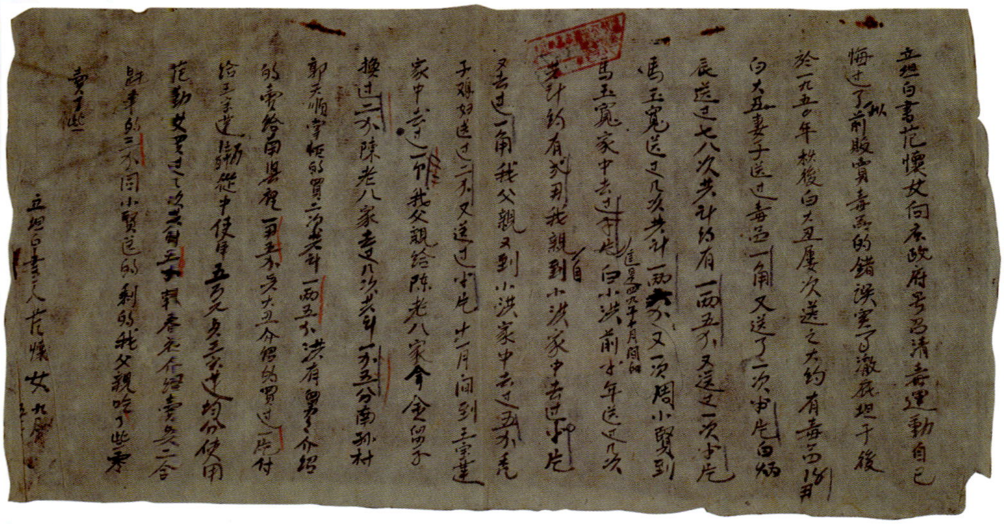

立坦白書范懷女向原政府号召清毒運動自己

悔过了前販賣毒品的錯误，实了徹底坦于後

▲ 新中国贩卖鸦片犯坦白书

犯人范怀女坦白，政府号召清毒运动而悔过，自 1950 年后多次贩卖毒品。

犯人文化水平不高，白字连篇。

长 38 厘米　宽 21 厘米

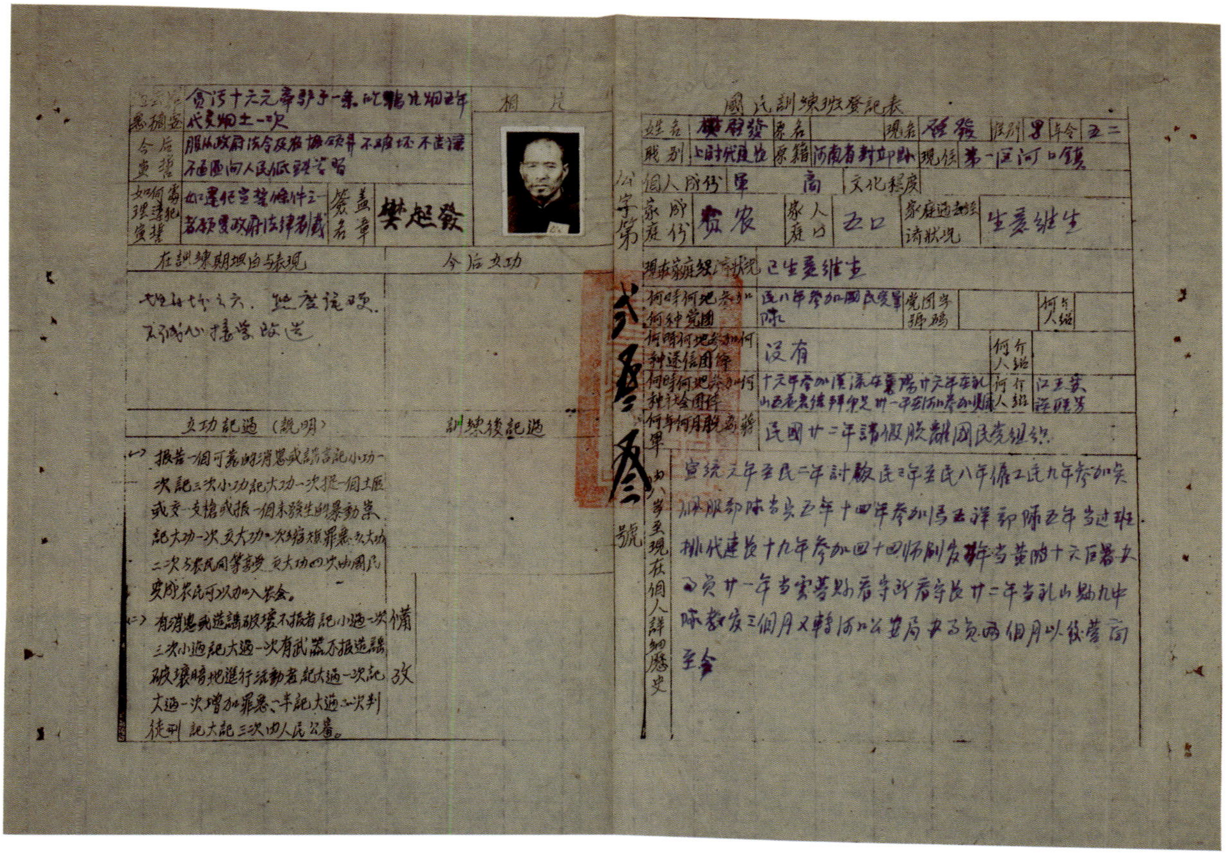
國民訓練班登記表

▲ 解放区改造国民训练班登记表

樊启发，男，五十二岁，职别上尉连长，原籍河南省封邱，罪恶摘要：贪污十六元牵驴子一条，吃鸦片烟五年，代买烟土一次。

今后宣誓：服从政府法令及农协领导，不破坏，不造谣，不通匪，向人民低头学习。

在训练期坦白与表现：坦白十分之六，态度强硬，不诚心接受改造。

长 37 厘米　宽 27 厘米

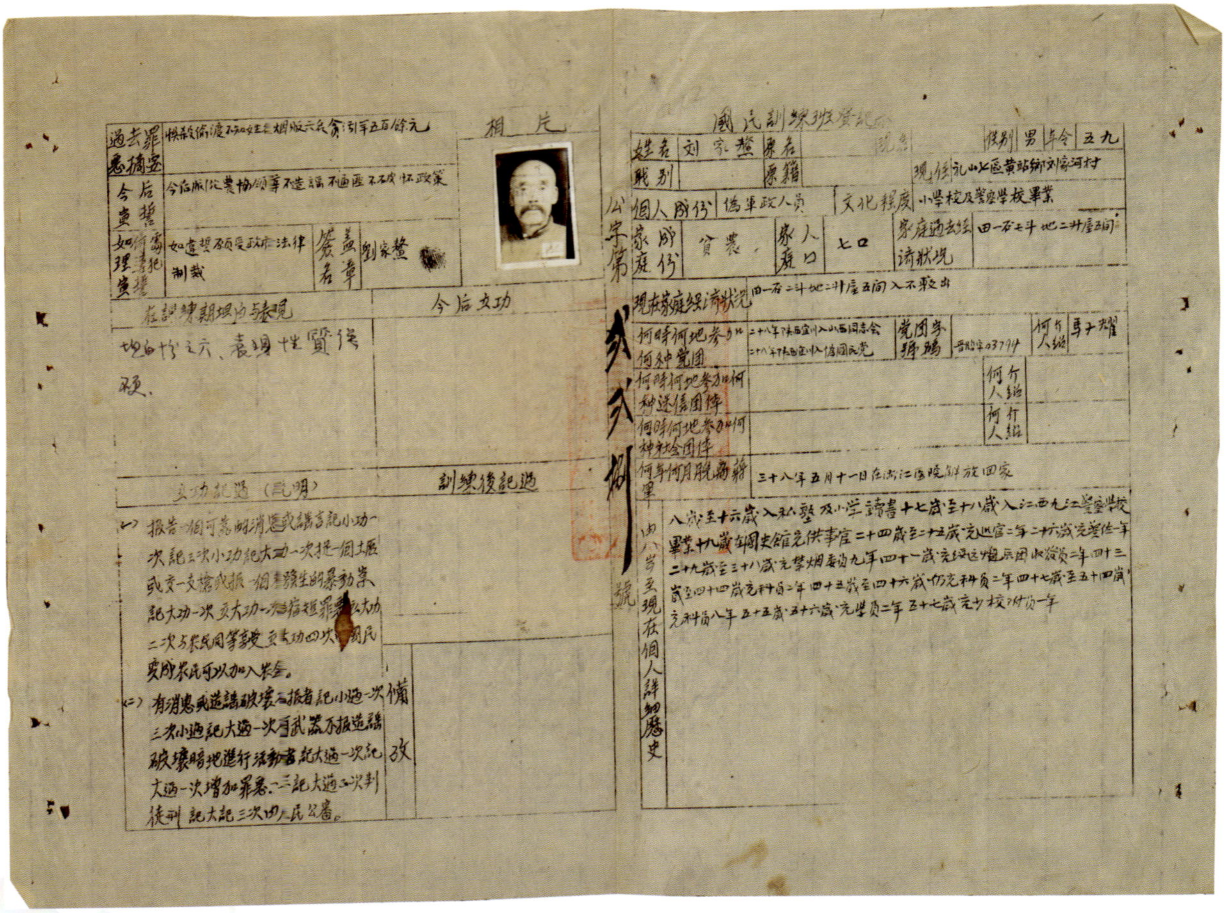

▲ 解放区改造国民训练班登记表

刘家鳌，男，五十九岁，礼山七区黄站乡刘家河村

罪恶摘要：误杀偷渡不知姓名烟贩六名，贪法洋五百余元

今后宣誓：今后服从农协领导，不造谣，不通匪，不破坏政策

在训练期间坦白与表现：坦白十分之六，表现性质强硬

长 37 厘米　宽 27 厘米

Chinese papercut of the Shanghai Massacre

widely used than opium smoking in Shanghai and increasing quantities were being smuggled into Hong Kong. By 1930, Hong Kong authorities were confiscating as much as 847 pounds of the stuff a year—more than was seized in any other country except France.

The syndicate was now no longer peddling heroin in the form of anti-opium pills, but was selling it mixed with tobacco and rolled into cigarettes. Great quantities of heroin were also bought by the American Mafia and smuggled into the United States.

In 1934 Chiang Kai-shek embraced Christianity and at the same time launched a New Life campaign to improve the morals of his subjects. This included a campaign against opium. He established a bureau to suppress the drug and ordered penalties ranging from life imprisonment to death for pushers. In 1935 he appointed himself Commissioner for Opium Suppression.

This campaign was directed primarily at breaking the power of the warlords in China's hinterland by depriving them of the opium tax.

By 1936, Chiang had rerouted the opium traffic northward to Hankow. It had previously been moving from Yunnan and Kweichou to the southeastern coast. From Hankow it went to Shanghai where the drug was confiscated by the government. It was not, however, destroyed. The suppression program which lasted from 1934 to 1937 netted the government an estimated 500 million Chinese dollars.

Japan and the Drug Traffic

In 1937 Japan extended her aggression into north and central China and the KMT retreated to Chungking in Szechuan Province. But the drug traffic within China continued. To all appearances Chiang and the Japanese militarists

12

were at war, but actually a great deal of trading went on between the invading Japanese and the Nationalist Government. Much of this traffic had to do with opium.

Japan had made opium the base of her revenue in occupied China. In 1938 its sale in the Northeast provinces accounted for some 28 percent of her income. Under the Japanese occupation, Nanking became a city of some fifty thousand heroin addicts. In Shanghai, almost a sixth of the one and a half million dollars that went every month for drugs was spent on heroin. The opium

Opium den in pre-liberation China

13

PAMPHLET SERIES NUMBER 2
25 CENTS
OPIUM AND CHINA
NEW CHINA
KICKED THE HABIT
FRIENDSHIP
Published by U. S.-CHINA PEOPLES FRIENDSHIP ASSOCIATION

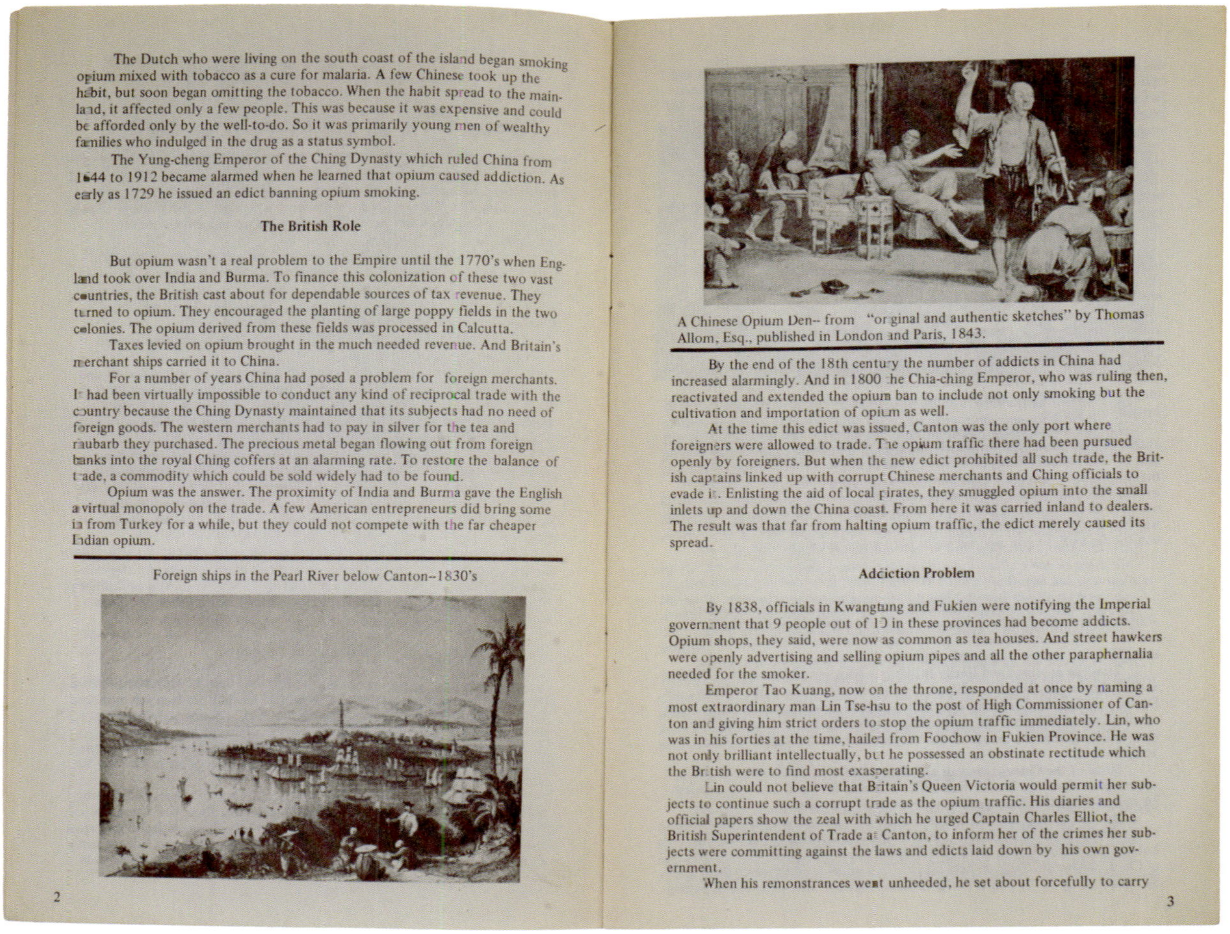

The Dutch who were living on the south coast of the island began smoking opium mixed with tobacco as a cure for malaria. A few Chinese took up the habit, but soon began omitting the tobacco. When the habit spread to the mainland, it affected only a few people. This was because it was expensive and could be afforded only by the well-to-do. So it was primarily young men of wealthy families who indulged in the drug as a status symbol.

The Yung-cheng Emperor of the Ching Dynasty which ruled China from 1644 to 1912 became alarmed when he learned that opium caused addiction. As early as 1729 he issued an edict banning opium smoking.

The British Role

But opium wasn't a real problem to the Empire until the 1770's when England took over India and Burma. To finance this colonization of these two vast countries, the British cast about for dependable sources of tax revenue. They turned to opium. They encouraged the planting of large poppy fields in the two colonies. The opium derived from these fields was processed in Calcutta.

Taxes levied on opium brought in the much needed revenue. And Britain's merchant ships carried it to China.

For a number of years China had posed a problem for foreign merchants. It had been virtually impossible to conduct any kind of reciprocal trade with the country because the Ching Dynasty maintained that its subjects had no need of foreign goods. The western merchants had to pay in silver for the tea and rhubarb they purchased. The precious metal began flowing out from foreign banks into the royal Ching coffers at an alarming rate. To restore the balance of trade, a commodity which could be sold widely had to be found.

Opium was the answer. The proximity of India and Burma gave the English a virtual monopoly on the trade. A few American entrepreneurs did bring some in from Turkey for a while, but they could not compete with the far cheaper Indian opium.

Foreign ships in the Pearl River below Canton--1830's

2

A Chinese Opium Den-- from "original and authentic sketches" by Thomas Allom, Esq., published in London and Paris, 1843.

By the end of the 18th century the number of addicts in China had increased alarmingly. And in 1800 the Chia-ching Emperor, who was ruling then, reactivated and extended the opium ban to include not only smoking but the cultivation and importation of opium as well.

At the time this edict was issued, Canton was the only port where foreigners were allowed to trade. The opium traffic there had been pursued openly by foreigners. But when the new edict prohibited all such trade, the British captains linked up with corrupt Chinese merchants and Ching officials to evade it. Enlisting the aid of local pirates, they smuggled opium into the small inlets up and down the China coast. From here it was carried inland to dealers. The result was that far from halting opium traffic, the edict merely caused its spread.

Addiction Problem

By 1838, officials in Kwangtung and Fukien were notifying the Imperial government that 9 people out of 10 in these provinces had become addicts. Opium shops, they said, were now as common as tea houses. And street hawkers were openly advertising and selling opium pipes and all the other paraphernalia needed for the smoker.

Emperor Tao Kuang, now on the throne, responded at once by naming a most extraordinary man Lin Tse-hsu to the post of High Commissioner of Canton and giving him strict orders to stop the opium traffic immediately. Lin, who was in his forties at the time, hailed from Foochow in Fukien Province. He was not only brilliant intellectually, but he possessed an obstinate rectitude which the British were to find most exasperating.

Lin could not believe that Britain's Queen Victoria would permit her subjects to continue such a corrupt trade as the opium traffic. His diaries and official papers show the zeal with which he urged Captain Charles Elliot, the British Superintendent of Trade at Canton, to inform her of the crimes her subjects were committing against the laws and edicts laid down by his own government.

When his remonstrances went unheeded, he set about forcefully to carry

3

▲ 美中友协出版“鸦片与中国”小册子

1975年8月出版 副标题是“新中国剔除鸦片陋习”。讲述新中国人民如何除断鸦片。该册在美售价25美分

长22厘米 宽14厘米

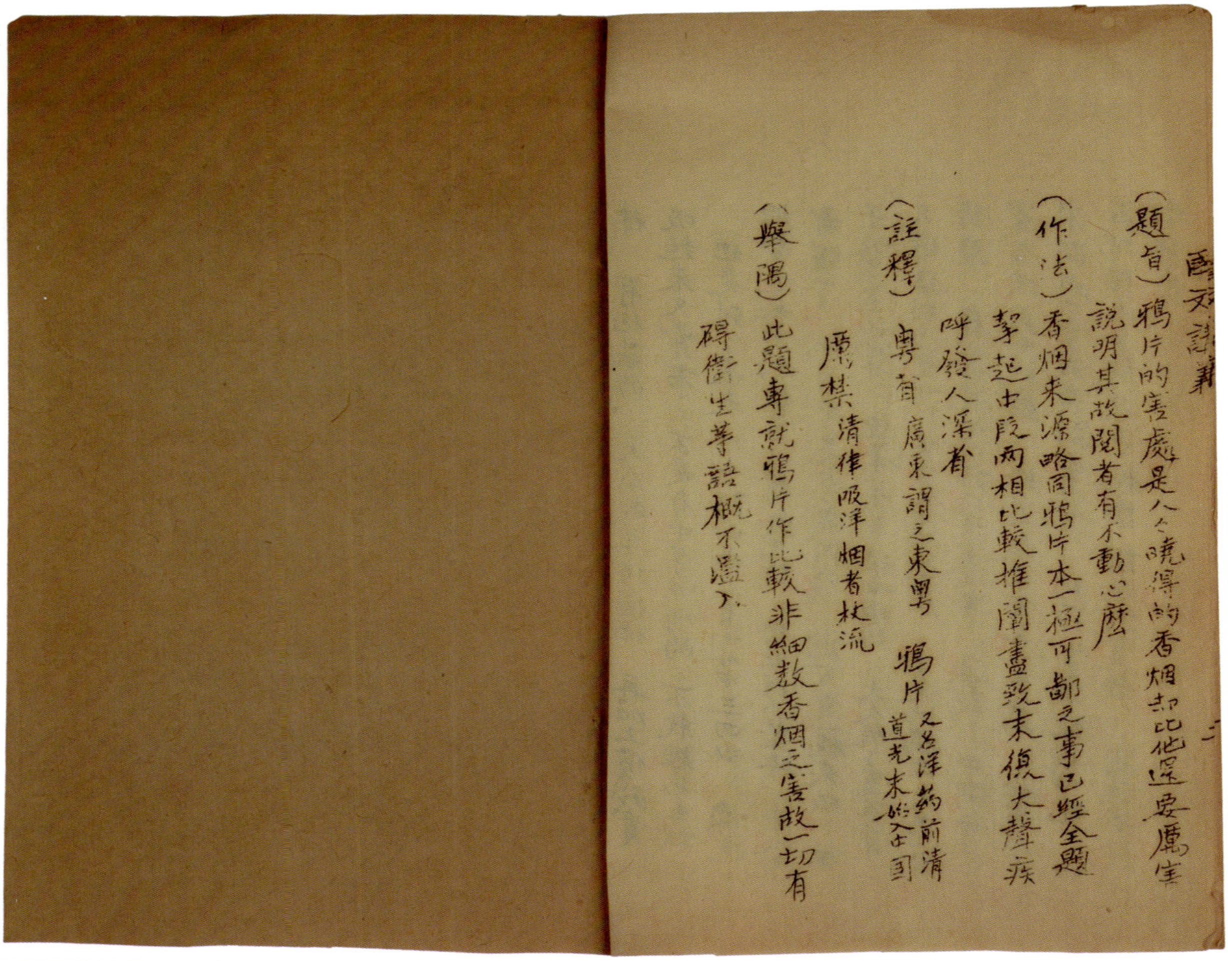
國文試題

(題旨)鴉片的害處是人人曉得的香烟却比他還要厲害

說明其故閱者有不動心麽

(作法)香烟來源略同鴉片本一極可鄙之事已經全題

挈起中段兩相比較推闡盡致末復大聲疾

呼發人深省

(註釋)粵有廣東謂之東粵　鴉片又名洋葯前清道光末始入中国

嚴禁清律吸洋烟者杖流

(舉隅)此題專就鴉片作比較非細數香烟之害故一切有

礙衛生等語概不羼入

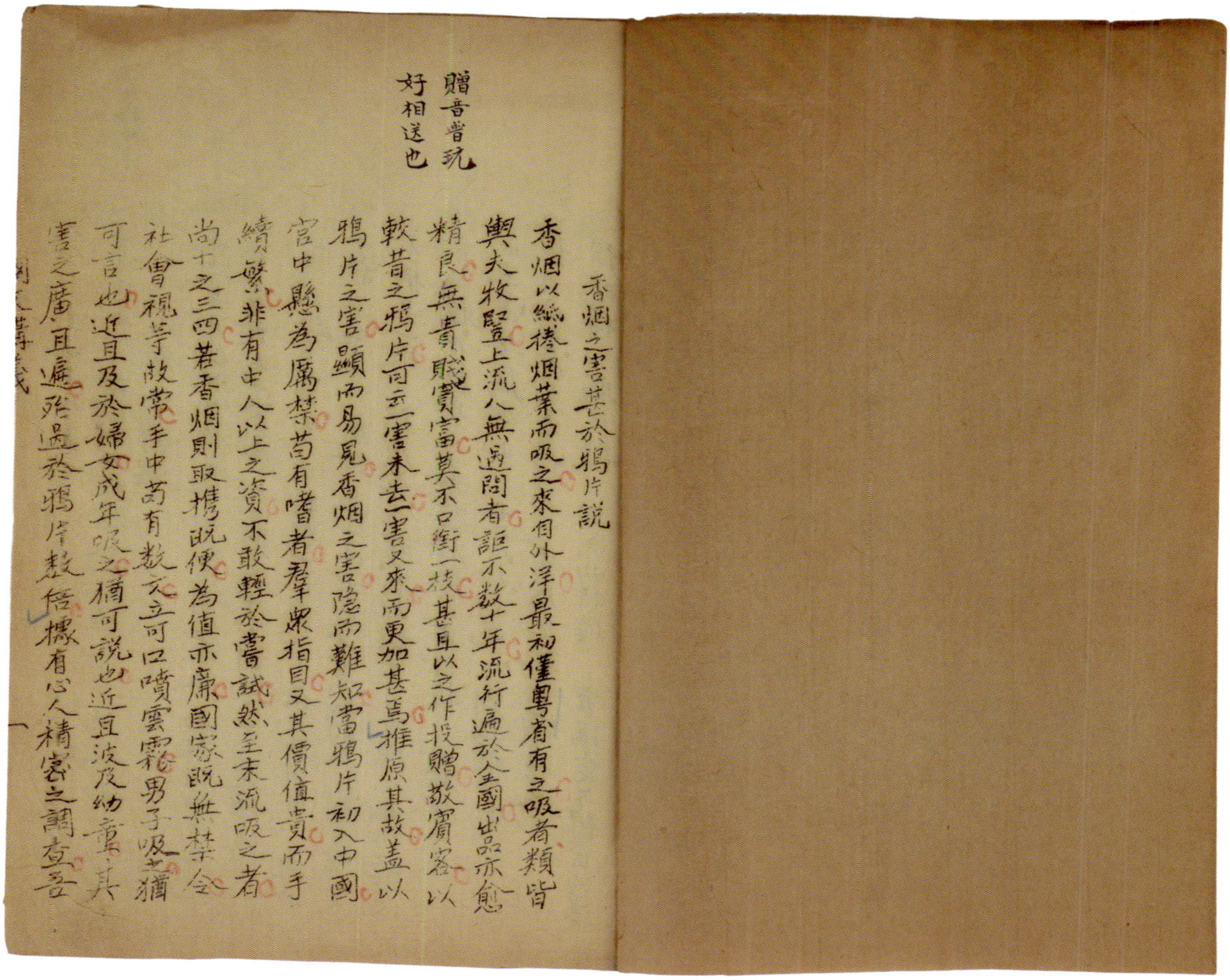

贈音曾玩好相送也

香烟之害甚於鴉片說

香烟以紙捲烟葉而吸之來自外洋最初僅粵省有之吸者類皆輿夫牧豎上流人無過問者詎不數十年流行遍於全國出品亦愈精良無貴賤貧富莫不口銜一枝甚且以之作投贈敬賓客以較昔之鴉片可云一害未去一害又來而更加甚焉推原其故蓋以鴉片之害顯而易見香烟之害隱而難知當鴉片初入中國宮中懸為厲禁苟有嗜者羣衆指目又其價值貴而手續繁非有中人以上之資不敢輕於嘗試然至末流吸之者尚十之三四若香烟則取携既便為值亦廉國家既無禁令社會視等故常手中苟有數文立可口噴雲霧男子吸之猶可言也近且及於婦女成年吸之猶可說也近且波及幼童其害之廣且遍殆過於鴉片數倍據有心人精密之調查吾

一

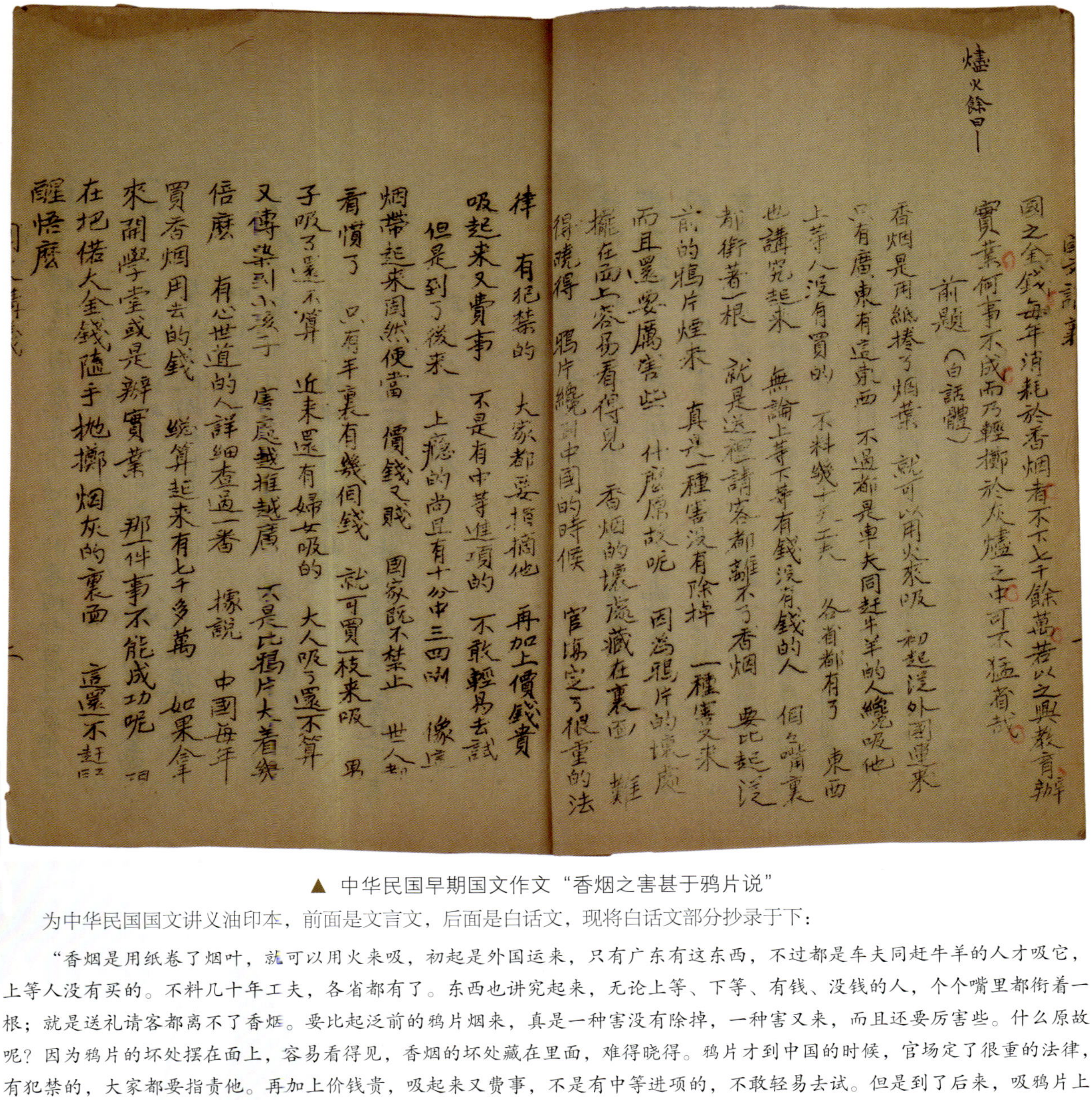
國之金錢每年消耗於香烟者不下七千餘萬若以之興教育辦
實業何事不成而乃輕擲於灰燼之中可不猛省哉
前題（白話體）
香烟是用紙捲了烟葉 就可以用火來吸 初起從外國運來
只有廣東有這東西 不過都是車夫同趕牛羊的人纔吸他
上等人沒有買的 不料幾十年工夫 各省都有了 東西
也講究起來 無論上等下等有錢沒有錢的人 個個嘴裏
都銜著一根 就是送禮請客都離不了香烟 要比起從
前的鴉片煙來 真是一種害沒有除掉 一種害又來
而且還要厲害些 什麼原故呢 因爲鴉片的壞處
擺在面上容易看得見 香烟的壞處藏在裏面 難
得曉得 鴉片纔到中國的時候 官場定了很重的法
律 有犯禁的 大家都要指摘他 再加上價錢貴
吸起來又費事 不是有中等進項的 不敢輕易去試
但是到了後來 上癮的尚且有十分中三四呢 像這
烟帶起來固然便當 價錢又賤 國家既不禁止 世人都
看慣了 只要手裏有幾個錢 就可以買一枝來吸 男
子吸了還不算 近來還有婦女吸的 大人吸了還不算
又傳染到小孩子 害處越推越廣 不是比鴉片大着幾
倍麼 有心世道的人 詳細查過一番 據說 中國每年
買香烟用去的錢 纔算起來有七千多萬 如果拿
來開學堂或是辦實業 那一件事不能成功呢 現
在把偌大金錢隨手拋擲烟灰的裏面 這還不趕緊
醒悟麼

▲ 中华民国早期国文作文“香烟之害甚于鸦片说”

为中华民国国文讲义油印本，前面是文言文，后面是白话文，现将白话文部分抄录于下：

“香烟是用纸卷了烟叶，就可以用火来吸，初起是外国运来，只有广东有这东西，不过都是车夫同赶牛羊的人才吸它，上等人没有买的。不料几十年工夫，各省都有了。东西也讲究起来，无论上等、下等、有钱、没钱的人，个个嘴里都衔着一根；就是送礼请客都离不了香烟。要比起泛前的鸦片烟来，真是一种害没有除掉，一种害又来，而且还要厉害些。什么原故呢？因为鸦片的坏处摆在面上，容易看得见，香烟的坏处藏在里面，难得晓得。鸦片才到中国的时候，官场定了很重的法律，有犯禁的，大家都要指责他。再加上价钱贵，吸起来又费事，不是有中等进项的，不敢轻易去试。但是到了后来，吸鸦片上瘾者尚且有国民十分中之三四呢。

像这香烟带起来固然便当，价钱又贱，国家既不禁止，世人都看惯了，只要手里有几个钱，就可以买一枝来吸。男子吸了还不算，近来还有妇女吸的；大人吸了还不算，又传染到小孩子。害处越推越广，不是比鸦片大着几倍么。有关心世道的人，详细查过一番，据说：中国每年买香烟用去的钱，总算起来有七千多万，如果拿来开学堂或是办实业，哪一件不能成功呢？现在把诺大金钱随手抛掷在烟灰里面，这还不赶紧醒悟么。

看了这近一个世纪前的戒烟文章，联想到中央政府出台的禁止公务员在办公场所吸烟的规定。戒烟斗争百年在持续。百年前只知道香烟浪费金钱。现代医学研究明确吸香烟可造成肿瘤，心脑血管、呼吸系统、消化系统等疾病。吸烟者比不吸烟者肺癌发病率高十倍，所以说香烟是隐性杀手，它要的是人的命。

长 25 厘米 宽 17 厘米

参考文献

[1] 沈维骧：戒烟说理 1906 年木板印刷

[2] 颜惠庆：阎锡山东等 民国十五年麻醉剂特刊，时兆报馆 1926

[3] 宗舒：烟犯鉴定法 司法部内部油印 1932

[4] 罗运炎：毒品问题 北京：商务印书馆 1936

[5] 林则徐：信及录 上海：上海书店 1982

[6] 徐珂：清稗类钞 北京：中华书局 1984

[7] 张馨保：林钦差与鸦片战争 福州：福建人民出版社 1989

[8] 金兆梓：近代中国史 文海出版社影印本

[9] 唐鲁孙：大杂烩 大地出版社 1981

[10] 唐鲁孙：什锦拼盘 大地出版社 1996

[11] 唐鲁孙：说东道西 大地出版社 2000

[12] 唐鲁孙：南北看 大地出版社 2002

[13] 黄月波：中外条约汇编 北京：商务印书馆 1936

[14] 彭泽益：中国近代手工业史资料 北京：中华书局 1984

[15] 牟安世：鸦片战争 上海：上海人民出版社 1982

[16] 姚薇元：鸦片战争史实考 北京：人民出版社 1984

[17] 麦天枢、王先明：昨天——中英鸦片战争纪实 北京：人民文学出版社 1992

[18] 林崇墉：林则徐传 北京：商务印书馆 1987

[19] 肖一山：清代通史 北京：中华书局 1985

[20] 高阳：名妓小凤仙传 北京：华艺出版社 1995

[21] 金易：宫女谈往录（上下册）北京：紫禁城出版社 2004

[22] 中国历史年代简表 北京：文物出版社 1994

[23] 林则徐奏稿 北京：中华书局 1965

[24] 林则徐日记 北京：中华书局 1962

[25] 中国近代史资料丛刊“第二次鸦片战争”上海：上海人民出版社 1978

[26] 陈重远：古玩史话与鉴赏 北京：国际文化出版公司 1992

[27] 吴敬梓：儒林外史 郑州：中州古籍出版社 1995

[28] 刘鹗：老残游记 上海：上海古籍出版社 1991

[29] 陈舜臣：鸦片战争实录 北京：中国友谊出版公司 1985

[30] 卓新平：中国基督教基础知识 北京：宗教文化出版社 2005

[31] 吴研人：二十年目睹之怪现状 北京：人民文学出版社 1998

[32] 阿英：鸦片战争文学集（上下册）北京：中华书局 1962

[33] 阿英：近代外祸史 自强书局 1947

[34] 蔡世英：宫里宫外李连英 北京：紫禁城出版社 2009

[35] 朱德：朱德自述 北京：国际文化出版公司 2009

[36] 韩济生：神经科学纲要 北京：北京医科大学出版社 1993

[37] 韩济生：神经科学 北京：北京大学医学出版社 2009

[38] 韩济生：疼痛学 北京：北京大学医学出版社 2012

[39] 韩济生：毒难戒 毒能戒 北京：高等教育出版社 2004

[40] 韩济生：中枢神经介质概论 北京：科学出版社 1950

[41] 韩济生：针刺镇痛原理研究 石家庄：河北教育出版社 2003

[42] 李真：广陵禁烟记 中国艺术出版社 1984

[43] 张翁童：鸦片恨 武汉：武汉通俗图书出版社 1950

[44] 曾朴：孽海花 上海：上海古籍出版社 1980

[45] 张鸿（燕谷老人）：续孽海花 哈尔滨：黑龙江人民出版社 1982

[46] 李劼人：暴风雨前 成都：四川人民出版社 1980

[47] 李劼：人大波（一、二、三、四部）成都：四川人民出版社 1980

[48] 顾学裘：鸦片 北京：商务印书馆 1933

[49] 我预言毒品问题（上、下）：北京：商务印书馆 1925

[50]（清）陈恭敏：戒烟全法 北京：中国书店 1998

[51]（清）程芝田：医学心传救服鸦烟膏毒 雷丰少光绪刋本

[52] 无名氏：奉调大鼓水淹兰桥会天津大胡同江东书局 1911—1930 版

[53] 张恨水：京尘幻影录 四川文艺出版社 2001

[54] Steven Martin: Opium Antigves, Silkworm Books,2007

[55] Benjamin Rapaport: The Chinese Opium Pipe, Arts of Asia Morth-April 1995

[56] Jack Beeching: The Chinese Opium Wars Houghton Harcovrt Publishing Company 1977

[57] Thomas De Quincey: Confessions of An English Opium Eator Oxford the Limited Editions Club 1930

[58] James Thacher: American New Dispensutory Opium Production Thomas B. Wait and W.T.Keener 1817

[59] Calvin Kingsley: Round the World, China, Beijing, Shanghai, Tientsin Opium Hitchcock and Walden 1871

[60] W.Travis Hores,Frank Senello:The Opium Wars Sourcebooks In Corporated 2004

[61] Barbara Hodgson: A Portrait of the Heavenly Demon

后记

虽然收集鸦片烟具已经有30多年，但因一直以收藏其它古玩为主，对鸦片烟具没有投入太大的精力和物力。

也曾有写一本鸦片烟具图录的愿望，但还是想再多收集一些上品烟具再动笔。最近自己也想明白了，资源是有限的，而人的欲望是无限的，追求完美并不现实，决定还是把这部不完美的图录献给大家。好在本书中的所有烟具和纸制品都是笔者藏品。

鸦片消费作为中华民族的劣文化，在新中国已经被消除了。但改革开放后，随着西方先进的科学技术和资金投入中国，也不可避免地带来一些负面的东西。如：鸦片的近亲和后裔——海洛因、大麻、古柯碱、摇头丸、K粉、冰毒等。在新新人类时尚活动中添加了吸粉、咳药、走板和溜冰。

中国的传统文化正在逐渐的沿袭和恢复，如儒家、道家学说，佛教文化，诗词歌赋，古典戏曲，武术，气功，中医中药，美食名饮……，可悲的是，罂粟这一朵美丽的毒花也悄悄地走到我们身旁。

1995年我和张国俊、韩维维、张连启等几个行内朋友到陕西省宝鸡市去抓货（收买古玩），当地的一个业内朋友请客，说要请我们去吃当地的特产。他带我们到了一条不太热闹的街上，进了一家不起眼的重庆火锅店。一进门就有一股带着邪香的热气迎面扑来。店很小，却是人挤人。多亏主人与店老板熟识，才给我们在角落里找了一副座头。火锅里的牛肉、羊肉醮上店里现炸的辣椒油，吃起来有股说不出的香味。朋友指着周围熙熙攘攘的食客说，这些都是回头客，吃上这一口，几天不吃都想得不行。随后压低了声音说：秘密就在这辣椒油里。店家把芝麻、大烟籽、大烟壳和干辣椒放在一起炸，当调料，让人吃了上瘾，也就还想再来。我们大家吃了好几斤牛羊肉。

2013年底，朋友马兄去云南买翡翠，边境的商贩（不知国籍），向他推荐一种干巴牛肉，他就买了几袋，回北京后，送了我一袋，我看包装袋上居然写着罂粟籽干巴，另有防腐剂，标明是亚硝酸钠（一种致癌剂），真是胆子超大，一包零食，明确地标明既要你灵魂，又要你性命。

除了毒品这条又开始往外长的尾巴外，国人的几条小辫子也不容小视。如大吃大喝、婚丧铺张、节日送礼、公德危机等，这都是中华民族向前的绊脚石。我们要正视缺点，忍住脚痛，踢开行进中的这些石头，稳步前行。

一个民族只有光大自己的优点，改善自身的缺陷，才能在世界人类史上作出贡献。

感谢我太太 Christina 的大力支持，感谢母亲对我图录文字的整理和修改，感谢父亲，感谢女儿 Vicky。感谢好友张维书、孟雅芝伉俪为本书输入及修改文字，感谢大学同学张金良教授亲自为本书排版制作及封面设计，感谢大学同学姜桓主任为本书作序，感谢周默先生对本书的推荐和介绍，感谢孙锦萍主任的精准审校，感谢符旭先生的专业摄影。

感谢以下各位对本书的各种帮助、指正和关心：李东清先生、庄德芩先生、黄思贤先生，王滋顺先生，杨京力先生，马明先生，姚华先生，祁亚明先生，史志广先生，吴锦荣先生，周艾若先生，王玉忠先生，刘连弟先生，凌海涛先生，张国俊先生，刘忠新先生，王有增先生，韩维维先生，张连启先生，张跃先生，高桂才先生，刘勇先生，王幼强先生，李德正先生，常忠义先生，杨志东先生，丛者光先生，张恩杰先生，安明义先生，程纪中先生，罗茂生先生，杨清先生，苏德正先生，王铁成先生，陈东资先生，宁建忠先生，张德祥先生，王秀英女士，戴勇先生，张清先生，汪坦先生，刘和平先生，黄维春先生，郑贺先生，廖国能先生，钱卓先生，赵德胜先生，沈松根先生，焦俊广先生，李全有先生，柴明远先生，李晓震先生，金磊先生，张砚宏先生，张强先生，王文斌先生，常生先生，马洪泉先生，杨小军先生，冻树新先生，李岩先生，宋四成先生，王伯东先生，赵本先生，王维民先生，穆崇久先生，齐兰根先生，徐肇庆先生，刘学贤先生，刘学东先生，杨广霖先生，李海龙先生，马骏昌先生，申力先生，惠增久先生，陈国胜先生，蒋芬菲女士，谭勇先生，刘玉章先生，齐继星先生，王德才先生，王宝才先生，杨劲先生，张德跃先生，戴强先生，苗玉路先生，李昂女士，邱宁先生，葛宝华先生，葛宝明先生，陈连升先生，常幼伟先生，舒德禄先生，汪澄先生，徐峰先生，毕健先生，黄立东先生，林健君先生，刀青女士，秦利生先生，梁溶刚先生，赵国效先生，刘百玉先生，杨彦先生，张宗和先生，汤维强先生，周敏先生，张维书先生，高玉明先生，米文杰先生，齐永阁先生，张卫强先生，张甦先生，周建设先生，叶美珠伉俪，陈士龙先生，张京先生，刘宝勇先生，范海洋先生，王宇清先生，曹燕女士，王为民先生，任同仁先生，白家琦先生，孙玉国先生，张德亮先生，井维东先生，岑大维先生，吴迪先生，李勇先生，李复河先生，戎树平先生，张亮先生，王幼强先生。

▲ 加罂粟籽干巴牛肉

200 克

▲ 旧中国各种非鸦片烟具

有水烟、旱烟、烟斗、纸烟。各种旧中国民众所用。

尺寸不同